"十二五"职业教育国家规划教材
经全国职业教育教材审定委员会审定

21世纪职业教育教材·经济贸易系列

新编国际贸易理论与实务

（第二版）

主　编　任金秀
副主编　刘晓鹏　肖素莹

图书在版编目(CIP)数据

新编国际贸易理论与实务/任金秀主编. —2版. —北京：北京大学出版社，2016.4
全国职业教育规划教材·经济贸易系列
ISBN 978-7-301-26717-2

Ⅰ.①新… Ⅱ.①任… Ⅲ.①国际贸易理论—高等职业教育—教材②国际贸易—贸易实务—高等职业教育—教材 Ⅳ.①F740

中国版本图书馆CIP数据核字（2016）第000354号

书　　　名	新编国际贸易理论与实务（第二版）
著作责任者	任金秀　主编
策划编辑	李　玥
责任编辑	李　玥
标准书号	ISBN 978-7-301-26717-2
出版发行	北京大学出版社
地　　　址	北京市海淀区成府路205号　100871
网　　　址	http://www.pup.cn　　新浪微博：@北京大学出版社
电子信箱	zyjy@pup.cn
电　　　话	邮购部 010-62752015　发行部 010-62750672　编辑部 010-62704142
印刷者	北京溢漾印刷有限公司
经销者	新华书店
	787毫米×1092毫米　16开本　18印张　460千字
	2011年8月第1版
	2016年4月第2版　2023年1月第8次印刷　总第12次印刷
定　　　价	38.00元

未经许可，不得以任何方式复制或抄袭本书之部分或全部内容。
版权所有，侵权必究
举报电话：010-62752024　电子信箱：fd@pup.pku.edu.cn
图书如有印装质量问题，请与出版部联系，电话：010-62756370

第二版前言

本书根据《2020年国际贸易术语解释通则》和《UCP600》的内容编写。本书可以作为高等职业院校国际贸易专业及开设本课程的相关专业的教材,也可以作为国际贸易从业人员的参考用书。

本书从一个初学者张燕的视角,通过项目导入创设的情景,让张燕一步步进入国际贸易知识的"殿堂"。每一个环节张燕的所思、所想、所问,正是学生在此刻最切实的想法,也是本部分内容所要解决的核心任务。张燕从初识国际贸易到完成一笔交易,这条主线贯穿全书,浑然一体。首先是认识国际贸易,即项目1—4的理论部分,按照"理论—政策—措施—问题"的思路进行编排;然后开始进行具体业务的操作,即项目5—12,以国际货物买卖合同为中心,阐述了国际货物交易的条件和进程、与贸易相关的国际惯例和法规、出口单证实务以及合同的签署和履行。附录中提供了全套的外贸单证,作为教师教学和读者自学的辅助性材料,使读者能够更加真实立体地理解进出口业务的内涵。

本书自首次出版以来,得到各院校教师的广泛认可,重印多次,博采众长,终成此稿。本书在借鉴前人研究成果及总结编者多年教学经验的基础上,力求突出作为职业教育教材的特点,坚持"理论够用,突出实践"的原则。和同类图书相比,本书理论部分结构清晰合理,实务部分强化了业务流程、计算和单证制作等内容。每个项目的开头,有该部分知识结构图,使知识点一目了然;项目导入起到提示任务、重点、难点的引导作用;内容叙述中,编写老师针对性地运用了"小资料""小思考""案例分析"和"阅读材料"等方式,以更好地帮助学生掌握知识点。

本书融合了多所职业教育院校一线教师的智慧和外经贸企业从业人员的经验,是他们共同劳动的结晶。本书由山东商业职业技术学院任金秀老师主编,刘晓鹏、肖素莹两位老师担任副主编。编写过程中得到了山东英才学院、山东外事翻译学院、山东工会管理干部学院等同仁的大力支持。肖素莹老师长期从事出口业务操作,有非常丰富的实践经验,感谢她为本书提供原汁原味的案例资料。为方便教师教学,本书还提供配套的课件和课后练习参考答案。

本书入选"十二五"职业教育国家规划教材,首先,感谢北京大学出版社的大力举荐及李玥编辑的鼎力支持;其次,感谢各位同仁对本书的认可、厚爱及支持。为使本书能够更好地为读者服务,跟上时代的步伐,我们此次对全书进行了大篇幅的修订。每篇增加了知识结构图、项目导入、配套练习和答案,并对部分内容进行了更新、增补或删减!

由于编者水平有限,书中难免有一些缺点和不足之处,敬请读者不吝批评、指正。作者电子邮箱 renjinxiu11@163.com。

编　者

2020 年 1 月

本书配有教学课件,如有老师需要,请加 QQ 群(279806670)或发电子邮件至 zyjy@pup.cn 索取,也可致电北京大学出版社:010-62704142。

目 录

项目 1　认识国际贸易 ……………………………………………………… (1)
　1.1　国际贸易的产生和发展 ………………………………………………… (2)
　1.2　国际贸易中的基本概念和分类 ………………………………………… (9)
　思考与练习 …………………………………………………………………… (14)

项目 2　国际贸易理论与政策 ……………………………………………… (15)
　2.1　自由贸易理论 …………………………………………………………… (16)
　2.2　保护贸易理论 …………………………………………………………… (20)
　2.3　国际贸易政策 …………………………………………………………… (24)
　思考与练习 …………………………………………………………………… (26)

项目 3　国际贸易措施 ……………………………………………………… (27)
　3.1　关税措施 ………………………………………………………………… (28)
　3.2　非关税措施 ……………………………………………………………… (35)
　3.3　其他对外贸易措施 ……………………………………………………… (42)
　思考与练习 …………………………………………………………………… (46)

项目 4　国际经济一体化 …………………………………………………… (48)
　4.1　国际贸易条约与协定 …………………………………………………… (49)
　4.2　世界贸易组织 …………………………………………………………… (53)
　4.3　关税同盟理论与区域经济一体化 ……………………………………… (61)
　思考与练习 …………………………………………………………………… (70)

项目 5　商品的品名、品质、数量和包装 ………………………………… (71)
　5.1　国际货物买卖合同 ……………………………………………………… (72)
　5.2　品名条款 ………………………………………………………………… (77)
　5.3　品质条款 ………………………………………………………………… (78)
　5.4　数量条款 ………………………………………………………………… (84)
　5.5　包装条款 ………………………………………………………………… (87)
　思考与练习 …………………………………………………………………… (94)

项目 6　国际贸易术语与商品价格 ………………………………………… (95)
　6.1　贸易术语的含义和有关的国际惯例 …………………………………… (96)
　6.2　《Incoterms® 2020》中适用水运的贸易术语 ………………………… (100)
　6.3　《Incoterms® 2020》中的全能贸易术语 ……………………………… (106)
　6.4　商品的价格 ……………………………………………………………… (117)

　　思考与练习 …………………………………………………………………………… (124)
项目 7　国际货物运输 ……………………………………………………………… (125)
　7.1　国际海上货物运输 …………………………………………………………… (126)
　7.2　国际陆上货物运输 …………………………………………………………… (135)
　7.3　国际航空货物运输 …………………………………………………………… (138)
　7.4　国际货物集装箱与多式联运 ………………………………………………… (141)
　　思考与练习 …………………………………………………………………………… (150)
项目 8　国际货物运输保险 ………………………………………………………… (151)
　8.1　海上货物运输保险承保的范围 ……………………………………………… (152)
　8.2　海上货物运输保险的险别 …………………………………………………… (157)
　8.3　其他运输方式下的货运保险 ………………………………………………… (164)
　8.4　国际货物运输保险实务 ……………………………………………………… (168)
　　思考与练习 …………………………………………………………………………… (174)
项目 9　货款的支付 ………………………………………………………………… (175)
　9.1　支付工具 ……………………………………………………………………… (176)
　9.2　支付方式 ……………………………………………………………………… (184)
　9.3　信用证 ………………………………………………………………………… (193)
　9.4　各种支付方式的选用 ………………………………………………………… (204)
　　思考与练习 …………………………………………………………………………… (206)
项目 10　检验、索赔、不可抗力和仲裁 …………………………………………… (207)
　10.1　商品检验 …………………………………………………………………… (208)
　10.2　索赔 ………………………………………………………………………… (212)
　10.3　不可抗力 …………………………………………………………………… (213)
　10.4　仲裁 ………………………………………………………………………… (215)
　　思考与练习 …………………………………………………………………………… (217)
项目 11　交易磋商与合同签订 ……………………………………………………… (218)
　11.1　交易磋商的形式与内容 …………………………………………………… (219)
　11.2　交易磋商的一般程序 ……………………………………………………… (221)
　11.3　进出口合同的签订 ………………………………………………………… (232)
　11.4　电子合同 …………………………………………………………………… (234)
　　思考与练习 …………………………………………………………………………… (236)
项目 12　进出口合同的履行 ………………………………………………………… (238)
　12.1　出口合同的履行 …………………………………………………………… (239)
　12.2　进口合同的履行 …………………………………………………………… (255)
　　思考与练习 …………………………………………………………………………… (260)
附表 …………………………………………………………………………………… (262)
参考文献 ……………………………………………………………………………… (280)

项目 1
认识国际贸易

本项目知识结构图

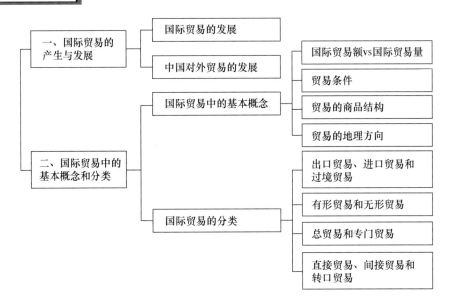

学习目标

国际贸易是社会发展的产物,它的产生需要具备两个条件,即存在可供交换的剩余产品和在各自为政的社会实体之间进行交换。到了资本主义社会,国际贸易才获得了迅速的发展;第二次世界大战之后,国际贸易出现了一些新的特点。中国对外贸易的发展经历了辉煌、闭关自守、被迫开放和迅速发展等四个主要阶段。贸易额、贸易量、贸易条件等概念都是我们经济统计中经常用到的指标,也是我们理解国际贸易的基础。

知识目标

- 了解世界贸易和中国贸易发展的几个阶段
- 掌握国际贸易的基本概念和分类

技能目标

- 能够理解外贸新闻报道中的概念
- 能够运用相关概念表述贸易现象

项目导入

张燕是一名国际商务专业的学生,开始学习"国际贸易理论与实务"课程,下面的一段话引起了她的兴趣:

2013年中国进出口贸易总额首次突破4万亿美元这一历史性关口,高达4.16万亿美元,取代美国成为全球最大贸易国,全世界给予强烈关注。

根据WTO发布的《2013世界贸易报告》:过去30年中,国际贸易的增长远远超过了全球产量的增长,最为显著的是发展中经济体的崛起。近几年,国际贸易市场的新主角不断出现。随着时间的推移,中国、印度、泰国等发展中国家在全球贸易(无论是制成品贸易还是服务贸易)中所占比重显著提升。特别是中国,已成为世界最大出口国。与此相反,美国和日本等发达国家在全球出口中的比重下降。

张燕想知道:国际贸易的发展是如何衡量的?中国在国际贸易中的地位经历了怎样的变化?

1.1 国际贸易的产生和发展

国际贸易(International Trade)指世界各国(地区)之间商品和劳务的交换活动,是各国(地区)之间分工的表现,反映了世界各国(地区)在经济上的相互依靠。从一个国家的角度来看,我们称之为对外贸易(Foreign Trade),一些岛国如日本、英国等也常用海外贸易(Overseas Trade)来表示。

一、国际贸易的产生和发展

（一）国际贸易产生的基本条件

国际贸易是在人类社会生产力发展到一定的阶段时才产生和发展起来的，它是一个历史范畴。国际贸易的产生必须具备两个基本的条件：一是有可供交换的剩余产品，二是有在各自为政的社会实体之间进行。这些条件不是人类社会一产生就有的，而是随着社会生产力的不断发展和社会分工的不断扩大而逐渐形成的。因此，从根本上说，社会生产力和社会分工的发展、商品生产和商品交换的扩大，以及国家的形成，是国际贸易产生的必要条件。

（二）国际贸易的产生与发展

在原始社会初期，人类处于自然分工状态，生产力水平低下，没有剩余产品可供交换，当然也谈不上国际贸易。

人类社会三次大分工，都促进了社会生产力的发展和剩余产品的增加，商品生产和流通更加频繁和广泛，从而也促进了私有制的发展和奴隶制的形成。在原始社会末期和奴隶社会初期，随着阶级和国家的出现，商品交换超出了国界，国家之间的贸易便产生了。可见，在社会生产力和社会分工发展的基础上，商品生产和商品交换的扩大，以及国家的形成，是国际贸易产生的必要条件。

原始社会末期到奴隶社会初期，当世界其他地方还比较落后的时候，处于亚欧非三大洲之间的中东地区就已经比较发达，中东地区除了是基督教、犹太教和伊斯兰教三大宗教的起源地，也是世界农业、城市、贸易的起源地。

1. 资本主义时期前的国际贸易

最早的国际贸易，或称之为"地区间的贸易"，仅局限于世界的一隅，从事国际贸易的国家主要有腓尼基、古希腊、古罗马等，这些国家在地中海东部和黑海沿岸地区主要从事贩运贸易。我国在夏商时代进入奴隶社会，贸易主要集中在黄河流域。

在奴隶社会，自然经济占主导地位，其特点是自给自足，生产的目的主要是为了消费，而不是为了交换。交换的商品也主要是奢侈品，如酒、宝石、装饰品、各种织物、香料等。

到了封建社会，国际贸易的范围明显地扩大。随着"丝绸之路"的发展，中国的四大发明以及丝、茶等商品源源不断地输往亚欧各国，而亚欧各国的蔬菜、种子等农产品也相继输入中国。亚洲国家之间的贸易也开始发展起来了，并由近海逐渐扩展到远洋。

在欧洲，在东罗马帝国时期，君士坦丁堡是当时最大的国际贸易中心。公元7—8世纪，阿拉伯人控制了地中海的贸易，通过贩运非洲的象牙、中国的丝绸、远东的香料和宝石，成为欧、亚、非三大洲的贸易中间商。11世纪以后，随着十字军东征，欧洲地区也日益广泛地融入国际贸易中。

十字军东征

在公元1096—1291年的近200年里，由西欧的封建领主和骑士以收复被阿拉伯人、突厥人等占领的土地的名义对地中海东岸国家发动的战争，前后共计九次，史称十字军东征。

西欧的基督教徒打着宗教的旗号对中东地区的伊斯兰教徒进行征讨。这些战争虽然未能在根本上动摇东西方的势力均衡,却暗地里改变着东西方的文化,使数学、造纸、印刷、建筑、商业和医学等传入了西方,使西欧从中古的沉睡中苏醒过来。

十字军东征促进了西方军事学术与军事技术的发展。西方人学会了使用中国人发明的火药和指南针,开始制造火器;海军战术有了新的发展,帆船取代了桡桨战船;重装骑兵走向衰落,轻装骑兵和步兵受到重视。

2. 资本主义时期的国际贸易

15—16世纪,一系列的地理大发现和殖民战争使世界上绝大多数地区被动地卷入到国际贸易中。

1488年,葡萄牙人迪亚士发现好望角;1492年,意大利人哥伦布发现美洲新大陆;1497—1498年,葡萄牙航海家达·伽马从欧洲绕道好望角,在印度登陆,发现通往印度的海路;1519—1522年,葡萄牙航海家费尔南多·麦哲伦率领船队完成的环球航行,证明地球是圆的。

这一时期正是资本主义原始积累时期,争夺殖民地的战争不断,新航道和新大陆的发现,使得新兴资产阶级开始疯狂的掠夺。地理大发现的结果,实际上是把原来各自发展的各国联系起来了。18世纪末到19世纪中叶,随着以工业革命为特征的资本主义生产方式的确立,真正意义上的世界贸易也由此发展起来了。马克思曾经指出:"对外贸易的扩大,虽然在资本主义生产方式的幼年时期是这种生产方式的基础,但在资本主义生产方式的发展中,由于这种生产方式的内在必然性,由于这种生产方式要求不断扩大市场,它成为这种方式本身的产物。"马克思的这一科学论断,揭示了国际贸易与资本主义生产方式之间的本质联系。可以说,只有到了资本主义阶段,国际贸易才真正获得巨大的发展。

工业革命使国际贸易获得巨大发展。18世纪中期开始的工业革命又为国际贸易的空前发展提供了十分坚实而又广阔的物质基础。一方面,蒸汽机的发明和使用开创了机器大工业时代,生产力迅速提高,物质产品大为丰富,从而真正的国际分工开始形成。另一方面,交通运输和通信联络的技术和工具都有突飞猛进的发展,各国之间的距离似乎骤然变短,这就使得世界市场真正得以建立。正是在这种情况下,国际贸易有了惊人的巨大发展,并且从原先局部的、地区性的交易活动转变为全球性的国际贸易。这个时期的国际贸易,不仅贸易数量和种类有长足增长,而且贸易方式和机构职能也有创新发展。显然,国际贸易的巨大发展是资本主义生产方式发展的必然结果。

3. 第二次世界大战后国际贸易的发展

从1914—1945年这一阶段,两次世界大战和几次大的世界性的经济衰退,大大削弱了欧洲各国的经济实力和军事实力,也极大地影响了国际贸易的发展。第二次世界大战后,国际贸易出现了飞速地增长,其速度和规模都远远超过19世纪工业革命以后的贸易增长。这一时期的国际贸易也出现了一些新的特点。

(1) 国际贸易发展速度加快。

1950—2000年的50年间,世界商品出口额从610亿美元增加到64 450亿美元,增长了100多倍,超过历史上任何时期。2006年,世界商品出口额达到了117 620亿美元,服务贸易出口额达到了27 100亿美元。

第二次世界大战后,国际贸易迅速发展的原因是多方面的。首先是战后较长的和平时期促进了经济的发展。西方各主要工业国都饱受战乱之苦,都不愿再轻易卷入大规模的战争,尽管在较长的时期还存在着两大阵营的对立,但对经济的破坏作用是有限的。20世纪90年代初"冷战"结束,各国之间的政治经济关系进一步得到改善,有力地促进了各国经济贸易的发展。

其次是科技及信息技术革命极大地促进了生产的发展。20世纪四五十年代,第三次科技革命爆发,它以原子能、电子计算机、空间技术和生物工程的发明和应用为主要标志。这一方面意味着大量新的工业产品的出现,使交换的内容更加丰富;另一方面也意味着劳动生产率的提高,国际分工的日益扩大和深入,造就了20世纪50年代至70年代资本主义发展的黄金时期。

最后是国际经济秩序的改善。第二次世界大战后,以布雷顿森林体系(Bretton Woods system)的建立以及关税及贸易总协定(General Agreement on Tariffs and Trade,GATT)历次谈判所形成的法律文件为代表,建立起了国际货币与国际贸易的协调机制,为国际贸易提供了一个相对稳定、公平和自由的环境。

(2) 国际贸易的地理方向发生了变化。

国际贸易的地理方向表明了世界上各国和地区在国际贸易中所占的地位。这一指标通常以各国或地区的进出口贸易额占世界的进出口贸易额的比重来表示。

发达资本主义国家在国际贸易中占据主导地位,发展中国家的地位在波动中下降。发达国家中,美、日、欧三足鼎立;发展中国家中,石油输出国随油价的波动而变化,新兴工业化国家的地位上升。

截至1995年,在世界出口贸易中,主要发达国家所占的比重为70%,主要发展中国家所占的比重为26%。随着中国对外贸易的迅速发展,这一比例进一步发生变化,到2014年,主要发达国家在世界出口贸易中所占的比重下降到52%,而主要发展中国家所占的比重上升为44%。

(3) 国际贸易商品结构发生变化。

在国际贸易中,除了传统的商品贸易,服务贸易、技术贸易的发展也日益引人注目,并大有后来居上之势。

在传统商品贸易中,工业制成品所占比重日益明显地超过初级产品。长期以来,初级产品在国际贸易中一直占有重要地位,1953年,国际贸易中工业制成品所占的比重首次超过初级产品。到2000年,工业制成品在国际贸易中所占的比重达到了74.85%。与此同时,在制成品构成中,高技术产品已占据主要地位。在发达国家制成品出口中,高技术产品已高达60%。

服务贸易日益发展,成为国际贸易中的重要组成部分。第二次世界大战后初期,服务贸易在国际贸易商品结构中所占的比重极低,没有引起人们重视,但自20世纪70年代以来,服务贸易发展迅速,已成为国际贸易中的重要组成部分。根据世界贸易组织(WTO)的统计资料,1970年,世界出口贸易值800多亿美元,2000年世界商业性服务贸易出口额(不包括政府服务)为14 350亿美元,2004年首次突破20 000亿美元,2017年达到51 900亿美元,是1970年的60多倍,服务贸易占整个世界贸易额的比重近20%,部分数据见表1-1。

表 1-1　2008—2017 年世界服务贸易与货物贸易出口额增长的变化

年份/年	世界服务出口额/亿美元	世界货物出口额/亿美元
2008	38 464	161 600
2009	34 814	125 540
2010	38 197	152 830
2011	42 583	183 190
2012	43 499	184 010
2013	46 450	188 160
2014	48 600	184 937
2015	47 540	159 847
2016	47 700	154 939
2017	51 900	171 748

资料来源：根据 WTO 统计资料、《国际统计年鉴》整理。

伴随着世界科学技术的进步，由技术、信息和智能构成的"软技术"已成为国际贸易中的独立贸易商品。20 世纪 60 年代中期，世界技术贸易总额为 25 亿美元，70 年代中期增加到 110 亿美元，80 年代中期又突破 500 亿美元，平均每十年翻两番。目前，技术贸易主要在工业发达国家中进行。发达国家之间的技术贸易约占世界技术贸易总额的 80%，发达国家与发展中国家的技术贸易只占世界技术贸易总额的 10%。在世界技术贸易中，跨国公司控制了相当的份额。

二、中国对外贸易的发展

（一）中国古代对外贸易的辉煌篇章

中国的对外贸易史堪称源远流长，早在葡萄牙人、西班牙人、英国人漂洋过海进入殖民开拓之前的一千多年前，中国就有与中东、欧洲往来的"丝绸之路"。公元前 139 年和前 119 年，汉武帝派张骞两次出使西域，带去的主要是中国的丝绸、铁器等，带回的有香料、象牙、宝石、金银、亚麻布、兽皮等。

中国的第二个外贸辉煌时期是唐朝。之前由于战乱不断，社会经济受到很大破坏，所以直到隋唐盛世，经济才得以恢复。由于唐朝的国君注重对外贸易，如李世民主张对内励精图治，对外怀柔绥抚，实行自由贸易政策，采取减免关税、保护外商遗产、惩治外贸中的贪官污吏等措施，从而使通往中亚、西亚的陆路贸易继续发展，并得到加强，包括在西域建立完整的军政机构，沿途设驿站等。此外，唐朝时期还开辟了海路贸易：一条是东向到朝鲜、日本；另一条是南下西向，经中南半岛、马来半岛、马六甲海峡、印度半岛，最终与阿拉伯半岛和东非沿岸连接，通往波斯湾一带。

到了南北宋时期，唐代的政策得以继续推行，进出口商品结构无大的变化，但贸易通道由以陆路为主变为以海路为主。主要原因是国内的宋金战争、中东及西域各国的分割与战争，使得陆路衰退。

1271—1368 年的元朝时，中国的对外贸易从理念上和规模上都达到了一个高峰。元朝的一大特点是政府更重视商业，其思想从根本上有异于传统的"重农抑商"。成吉思汗及其后裔征服了欧亚大陆的大部分领土，陆路贸易又有所恢复。

（二）中国近代史上的闭关自守

在明朝(1368—1644)以前，中国与世界各国相比，一直是实行比较自由的贸易政策，经济技术比较发达，贸易处于出超。但这一状况到明清两代有了变化。

首先是明初实行的"海禁"和"朝贡贸易"。1371年，明朝刚刚建立4年后朱元璋为巩固政权，削弱海外反明势力，下令全面禁海，规定"片板不许入海"，这项政策实行了将近200年，直到1567年隆庆皇帝宣布开禁。陆路贸易也随着蒙古国的崩溃以及阿拉伯国家的封锁占领而逐渐衰弱。

在实行海禁的同时，明王朝积极推行"朝贡贸易"。所谓朝贡贸易实际上不是商业上的等价交换，而是天子对臣国或蛮夷的一种恩赐行为。每次由各国的贡使带来本国特产作为"供品"，朝廷则回赠大大超过供品价值的礼物，并且免费为贡使提供食宿交通，还授予他们一些贸易特权，以体现天国上朝的气度与势力。这种贸易虽然造成了一种"万国来朝"的盛世景象，但实际上并不是正常的贸易发展。而且，这种贸易的结果不仅不会促进中国的生产和消费，反而对明朝经济和政府财政造成沉重的负担。

明朝永乐年间，明政府7次派宦官郑和率领庞大船队，载无数宝物，远涉重洋，遍访亚非36国，在人类航海史上写下了辉煌的一页。

尽管郑和七下西洋极大地加强了中国与其他国家的交往，开辟了中国与亚非国家的海上交通网络，但这次远航本身政治行为远超过经济行为，也不表示明朝时期中国的对外开放思想和对贸易利益的追求。这就是为什么当时浩浩荡荡的海上探险后来说停就停的原因，也是为什么中国最早具有这样的探险能力而没有最早发现新大陆并为中国带来利益的主要原因。

明朝后期开放了海禁，恢复了对外贸易，贸易有所发展，但这一时期正是哥伦布发现新大陆、达迦马绕道好望角、麦哲伦环球航行，整个欧洲疯狂向外扩张的时期。此时的中国已变得非常被动和落后。1517年，葡萄牙商人到了广州；1553年，葡萄牙占领澳门，并以澳门为基地从事中国、日本、印度、东南亚之间的贸易，而且还控制了中国与欧洲的主要贸易。

16世纪末17世纪初，荷兰人和英国人也来到中国。荷兰人侵占了台湾，并以此为基地，中国成为欧洲国家通过贸易进行原始积累的一个组成部分被卷入世界市场。

清朝初期，明朝的闭关自守政策得以延续，禁海政策也多次执行。后来由于鸦片的输入，在1865年，中国首次出现贸易入超。1838年，清政府派林则徐到广州禁烟，有了著名的"虎门销烟"事件。英国以此为借口，于1840年对中国发动了一场旨在保护"鸦片贸易"和打开中国门户的侵略战争。战争失败后，清政府割地赔款之外，最重要的是不得不对英国实行自由贸易和全面开放。

（三）西方列强强迫下的对外开放

清朝从鸦片战争开始，签订了一系列丧权辱国的不平等条约，中国的主权一点点沦丧，中国沦为半殖民地半封建社会。所谓"倾巢之下，焉有完卵"，中国的对外贸易完全掌握在外国人手中，甚至中国的海关也基本由外国人掌握。在很长的一段时间里，中国的海关主管由英国人充任，从总税务司到各海关的税务司及其他高级职员，清一色是外国人。中国无权自行决定自己的关税税率，需要与外国人协商，中国成为当时世界关税税率最低的国家之一。

西方想打开中国的大门绝非偶然，中国自然资源丰富，对西方所求不多，而西方则对中国生产的社会必需品的需求很大。因此,自罗马帝国开始,西方对中国的贸易就一直处于逆差地位。到了近代,西方对中国的产品需求增加更快,而清王朝则仍然严密地控制和限制贸易,对西方紧闭大门。清朝乾隆皇帝答复英国国王乔治三世要求建立贸易关系的信中写道:"正如你的大使亲眼看到的那样,我们拥有一切东西,我根本不看重奇特或精巧的物品,因而,不需要贵国的产品。"对西方来说,要改变这种状况,必须打开中国的大门。

清朝灭亡后,民国政府于1930年前后收回了关税自主权,并将进口关税从当时的4%左右提高到20世纪30年代的27%左右,但仍然保持对外开放的状况。

(四)中华人民共和国建立后的对外贸易

1949年10月1日,中华人民共和国建立以后,中国摆脱了列强的控制,但大门又一次被关上了,不过这一次的闭关锁国并非完全出于自愿。

第二次世界大战后,尤其是朝鲜战争爆发后,以美国为首的资本主义国家妄图把社会主义的中国扼杀在摇篮中。1952年,在美国的操纵下,15国成立了臭名昭著的"巴黎统筹委员会",对社会主义国家实行封锁和禁运,到1953年,对中国实行贸易禁运的国家达45个。甚至在1951年5月,美国操纵联合国大会,非法通过对中国和朝鲜实行禁运的协议。

随着国际形势的变化,1969年后,美逐步放宽对中国的禁运,到1994年4月1日起,"巴黎统筹委员会"宣告解散。

整个20世纪50年代,中国的贸易伙伴基本上是苏联和东欧等社会主义国家,与社会主义国家的贸易约占整个中国对外贸易的70%左右。中国也和一些亚非拉国家建立贸易关系。60年代,西方国家对中国的禁运尚未解除,中苏关系恶化,中国变得更加封闭。从1959年到1969年,中国的对外出口额从22.61亿美元降到22.04亿美元,进出口总额从43.81亿美元减少到40.29亿美元。而同时,世界出口总额则从1145亿美元增加到2742亿美元,中国出口在世界上的比重从1.9%降至0.8%。1978年,中国的出口总额只有97.75亿美元,在世界出口总额中的比重降至0.74%。20世纪60—70年代是中国有史以来最封闭的时期。

1978年,中国开始实行全面的改革开放,外贸体制也进行了改革,在不断地摸索前进中,中国的对外贸易出现了快速的发展。1978年,中国的进出口总额为206.4亿美元,国际排名32位;1999年,中国的进出口总额为3606亿美元,国际排名首次进入前10位,排名第10。之后一年一个台阶,2006年中国的进出口总额达到了17 600多亿美元,国际排名第3位,外汇储备余额达到10 663亿美元,居世界第一位。2013年中国跃居世界第一货物贸易大国,之后继续保持这一地位。如表1-2所示。进入21世纪,中国的对外贸易在沉默了1000多年后再次引起了世人的关注。

表1-2　1978年以来中国对外贸易额

单位:亿人民币元/美元

年　份	进出口总额	出　口	进　口	差　额
2019	315446	172298	143148	29150
2018	305050.4	164176.7	140873.7	23303.0
2017	277920.92	153318.32	124602.60	28715.72

续表

年　份	进出口总额	出　口	进　口	差　额
2016	243386.46	138419.29	104967.17	33452.12
2015	245502.93/39586.44	141166.83/22765.74	104336.1/16820.70	36830.73/5945.04
2014	43 024.63	23 425.95	19 598.67	3 827.28
2013	41589.93	22090.04	19499.89	2 590.15
2012	38 671.19	20 487.14	18 184.05	2 303.09
2011	36 418.64	18 983.81	17 434.84	1 548.97
2010	29 740.01	15 777.54	13 962.47	1 815.07
1978	206.4	97.5	108.9	−11.4

资料来源：根据海关总署统计数据整理，2015年以前统计数据为美元，2015年统计数据"/"前为人民币金额，"/"后为美元金额，2016年及以后统计数据为人民币。

1.2　国际贸易中的基本概念和分类

一、国际贸易中的基本概念

（一）贸易额（值）和贸易量

（1）贸易额（值）：以货币或金额表示的贸易的规模，多以通用货币（如美元）表示，可以分为国际贸易额和对外贸易额。

国际贸易额（Value of International Trade），是指一定时期内世界上所有国家（地区）的进口总额或出口总额按同一种货币单位换算后相加所得的和，所以，又将其称为世界进口总额或世界出口总额。从理论上讲，一个国家（地区）的出口肯定表现为另一个国家（地区）的进口，所以世界出口总额和进口总额应该是相等的。而在实际统计中，一般各国统计本国的进口额用CIF价格，而统计本国的出口额用FOB价格，因此实际统计出的出口额小于进口额的总和。由于进口额中包含了运费和保险费，显然出口额的总和更准确地反映了国际贸易的规模，因此，在国际贸易统计中，国际贸易额是世界各国（地区）出口贸易额的总和。

对外贸易额是以金额表示的一国（地区）在一定时期内的对外贸易规模，由一国（地区）在一定时期内从国外进口的商品（货物和服务）总额加上该国（地区）同一时期向国外出口的商品总额构成。对外贸易额是站在一个国家的角度看待该国的对外贸易发展状况，又可以分为出口贸易额和进口贸易额。

（2）贸易量（Quantum of International Trade）：以不变的价格计算贸易值来表示的贸易规模。贸易量的计算以固定年份为基期，排除了价格变动的影响，能够比贸易额更加科学地表示贸易的规模。贸易量可以分为国际贸易量和对外贸易量。

【例题1.1】1995年，甲国某单件服装出口价格为15美元/件，该年的该服装出口贸易额为150亿美元。1996年，甲国该单件服装出口价格为18美元/件，该年的该服装出口贸易额为160亿美元。请问：1995年与1996年相比，甲国服装出口贸易规模是扩大了还是减少了？

仅从出口贸易额来看，160亿美元＞150亿美元，表面上是贸易规模扩大了，但这种扩大受到一个重要因素的影响,那就是价格,价格上涨是导致服装贸易额扩大的重要因素。所以,对外贸易额不能确切反映出一国的对外贸易规模,为了剔除价格变动的影响,并能准确反映一国的对外贸易规模的变化,我们制定了贸易量这个指标。

以上题为例:以 1995 年为基期,计算 1995 年和 1996 年的对外贸易量。

解:依题意,1995 年价格指数为 100,则:

1996 年价格指数:$100 \times (18/15) = 120$

1995 年对外贸易量:$150/100 = 1.5$ 亿美元

1996 年对外贸易量:$160/120 = 1.33$ 亿美元

可见,1996 年对外贸易量实际比 1995 年下降了。

(二) 贸易差额

贸易差额(Balance of Trade)是指一国(地区)在一定时期内进口额与出口额之间的差额。其反映了一国的进出口贸易收支状况。一国的进出口贸易收支是其国际收支中经常项目的重要组成部分,是影响一个国家国际收支的重要因素。

如果在一定时期内一国(地区)出口额大于进口额,我们称之为贸易顺差(Trade Surplus),也称贸易出超或贸易黑字。

如果在一定时期内一国(地区)出口额小于进口额,我们称之为贸易逆差(Trade Deficit),也称贸易入超或贸易赤字。

如果在一定时期内一国(地区)出口额等于进口额,该国的对外贸易出现平衡,称作贸易平衡。

(三) 贸易条件

贸易条件(Terms of Trade)是指一个国家(地区)在一定时期内出口商品价格与进口商品价格之间的对比关系,又称交换比价或贸易比价。即一个单位的出口商品可以换回多少进口商品,是用出口价格指数与进口价格指数来计算的,用来说明一国在对外交换中的获利状况。

商品贸易条件,又称净贸易条件的计算公式:

$$N = (P_X/P_M) \times 100$$

式中,N 是指净贸易条件,

P_X 是指出口价格指数,

P_M 是指进口价格指数。

如果 $N > 100$,说明贸易条件比基期改善;如果 $N < 100$,说明贸易条件比基期恶化,交换效益劣于基期。

【**例题 1.2**】某国以 1990 年为基期,2000 年的出口价格指数下降 5%,进口价格指数上升 10%,试计算该国 2000 年的净贸易条件。

解:2000 年该国的出口价格指数为:

$$P_X = 100 \times (1 - 5\%) = 95$$

2000 年该国的进口价格指数为:$P_M = 100 \times (1 + 10\%) = 110$

则 2000 年该国的净贸易条件为:$N = (P_X/P_M) \times 100 = (95/110) \times 100 = 86.36$

可以看出,2000 年该国的贸易条件恶化了。

（四）对外贸易依存度

对外贸易依存度（Ratio of Dependence on Foreign Trade），又称对外贸易系数，是指一国对外贸易额（即进出口贸易额）在该国的国民生产总值（GNP）或国内生产总值（GDP）中所占的比重。对外贸易系数可以分为出口系数和进口系数。它是开放经济的重要指标之一，可以衡量一国（地区）对世界经济变动的敏感程度。

$$对外贸易依存度 = \frac{进出口总额}{GDP(GNP)} \times 100\%$$

（五）贸易的商品结构

贸易的商品结构是指各类商品（一般分为初级产品和工业制成品）在贸易中所占的比重，可以分为国际贸易的商品结构和对外贸易商品结构。

国际贸易的商品结构（Commodity Composition of International Trade），是指一定时期内各大类商品或某种商品在整个国际贸易中的构成，即各大类商品或某种商品贸易额与整个世界出口贸易额相比，以比重表示。它可以反映出整个世界的经济发展水平、产业结构状况和科技发展水平。

对外贸易商品结构（Commodity Composition of Foreign Trade），是指一定时期内一国（地区）进出口贸易中各种商品的构成，即某大类或某种商品进出口贸易与整个进出口贸易额之比，以份额表示。它可以分为出口商品结构和进口商品结构，可以反映出一国（地区）的生产力水平、科技发展水平以及在国际贸易中的实力地位和贸易效益。

（六）贸易的地理方向

贸易的地理方向是指各国（地区）在贸易中所占的比重，即贸易主要在哪些国家之间发生，可以分为国际贸易的地理方向和对外贸易的地理方向。

国际贸易的地理方向（Direction of International Trade），又称国际贸易的地区分布，是指各大洲、各国（地区）或各经济集团在国际贸易中所占的比重。如根据WTO的统计，2000年，发达国家在国际贸易中所占的比重为71.6%，发展中国际所占的比重为24.2%。

对外贸易地理方向，又叫对外贸易地区分布或国别结构，指一定时期内各个国家或国家集团在一国对外贸易中所占的地位。其可以表明该国同世界各国、各地区的经济贸易联系程度。如2015年中国前三大贸易伙伴为欧盟、美国、东盟等。

二、国际贸易分类

国际贸易所包含的种类繁多，性质复杂，按不同分类标准可分为不同类型。

（一）按商品流向分类

（1）出口贸易（Export Trade）：是指将本国生产和加工的产品和服务运往他国市场销售。

（2）进口贸易（Import Trade）：是指将国外生产的产品和服务输入本国国内市场销售。

与此相关的还有另外两组概念——净出口和净进口，复出口和复进口。净出口是指一国在同类商品上既有进口又有出口，当出口大于进口时叫净出口；反之，则为净进口。复出口（re-export）是指输入本国的商品未经加工又输出国外市场进行销售，复进口（re-import）是指输出本国的商品未经加工又输入本国市场进行销售。

(3) 过境贸易(Transit Trade)：是指甲国经丙国国境向乙国运送商品，对丙国来讲，就叫过境贸易。

（二）按商品形式分类

(1) 有形贸易(Visible Trade)：又称有形商品贸易(Tangible Goods Trade)，即交易的标的物是传统的有具体实物形态的可以看得见的商品，如汽车，纺织品等。其通常会显示在海关统计上。

(2) 无形贸易(Invisible Trade)：又称服务贸易，即交易的标的物是无形的劳务，如运输、保险、金融、旅游、技术等。其通常不显示在海关的统计上，但却是一国（地区）国际收支的组成部分。

（三）按统计标准分类

(1) 总贸易(General Trade)：是指以国境为标准划分进出口的贸易。凡进入一国国境的货物列为该国的进口，凡离开一国国境的货物列为该国的出口。使用该统计标准的国家有中国、日本、加拿大等。

(2) 专门贸易(Special Trade)：是指以关境为标准划分进出口的贸易。如货物进入了一国的国境，但放在保税区，没有进入该国的关境，则不列为本国的进口。使用该统计标准的国家有德国、意大利、瑞士等。

关境与国境的区别

关境是各国政府海关管辖内的并要执行海关各项法令和规章的区域，也称为关税领域。国境就是一国的国界线。从一般情况看，关境与国境是一致的，但有些国家境内设立经济特区，而这些经济特区不属于关境范围之内，这时，关境就比国境小。有些国家相互间缔结关税同盟，把参加关税同盟国家的领土连成一片，在整个关税同盟的国境范围设立关境，这时的关境就比国境大。比如，欧盟的国家都是位于同一关境内，但是不同国境，所以他们的关境大于国境。

我国的关境范围是除享有单独关境地位的地区以外的中华人民共和国的全部领域，包括领水、领域和领空。目前我国的单独关境有香港特别行政区、澳门特别行政区和台、澎、金、马单独关税区。在单独关境内，各自实行单独的海关制度。除此之外，我国目前还有很多自由贸易区、出口加工区之类的经济特区，这些地方属于我国的国境，但不属于关境。商品从国内其他地区进入这些区域或从这些区域进入国内其他地区，也视为出口和进口。因此，我国的关境小于国境。

（四）按是否有第三国参加分类

(1) 直接贸易(Direct Trade)：是指商品生产国与消费国直接进行买卖的活动，对生产国与消费国而言，此种贸易活动属于直接贸易。

(2) 间接贸易(Indirect Trade)：是指商品生产国与消费国通过第三国进行买卖的活动，生产国是间接出口，消费国是间接进口，此种贸易活动属于间接贸易。

(3) 转口贸易(Entrepot Trade)：是商品生产国与消费国通过第三国进行买卖的活动，

对第三国而言,此种贸易活动属于转口贸易。交易的货物可以由出口国运往第三国,在第三国不经过加工(改换包装、分类、挑选、整理等不作为加工论)再销往消费国;也可以不通过第三国而直接由生产国运往消费国,但生产国与消费国之间并不发生交易关系,而是由中转国分别同生产国和消费国发生交易。转口贸易的发生,主要是有些国家(或地区)由于地理的、历史的、政治的或经济的因素,其所处的位置适合于作为货物的销售中心。

（五）按交易方式不同分类

(1) 商品贸易(Goods Trade)：是指以商品买卖为目的的纯商业方式所进行的贸易活动。它包括经销、代理、寄售、拍卖、投标和展卖等。

(2) 加工贸易(Process Trade)：是指利用本国的人力、物力或技术优势,从国外输入原材料、半成品、样品或图纸,在本国国内加工制造或装配成成品后再向国外输出的、以生产加工性质为主的一种贸易方式。它包括来料加工、来样定做和来件装配。

(3) 补偿贸易(Compensation Trade)：是指参与两国间贸易的双方,一方是以用对方提供的贷款购进机器、设备或其他技术,或者是以用对方提供的机器、设备或技术进行生产和加工活动,待一定时期后,该方用该项目下的产品或其他产品或者是产品销售后的收入去偿还对方的贷款或设备技术款项的一种贸易方式。

(4) 租赁贸易(Renting Trade)：是指出租人在一定期限内将商品使用权出让给承租人,并收取租金的一种贸易方式。该贸易方式的特点是,租赁商品大多为价格高昂的商品,如大型设备、飞机、轮船等。

（六）按清偿工具的不同分类

(1) 现汇贸易/自由结汇贸易(Cash Trade)：是指以现汇结算方式进行的贸易。即每笔交易都通过银行支付货款,是国际贸易活动中运用最普遍的一种。

(2) 记账贸易(Clearing Account Trade)：由两国政府间签订协定或贸易支付协定,按照记账方法进行结算的贸易。如曾经的中国和苏联的支付协定。

(3) 易货贸易(Barter Trade)：是指商品交易的双方依据相互间签订的易货协定或易货合同,以货物经过计价作为结算方式,即以货换货。

（七）按货物运输方式分类

(1) 陆路贸易(Trade by Roadway)：即货物运输通过陆路完成。

(2) 海路贸易(Trade by Seaway)：即货物运输通过海运完成。

(3) 空运贸易(Trade by Airway)：即货物运输通过空运完成。

(4) 邮购贸易(Trade by Mail Order)：即货物运输通过邮政等完成。

（八）按参与国经济发展水平不同分类

(1) 水平贸易(Horizontal Trade)：是指经济发展水平比较接近的国家之间开展的贸易活动。例如,发达国家之间展开的贸易或者发展中国家之间所展开的贸易活动。

(2) 垂直贸易(Vertical Trade)：是指经济发展水平不同国家之间开展的贸易活动。发达国家与发展中国家之间进行的贸易大多属于这种类型。

项目拓展

请查找中国1978—2019年的对外贸易额,每年是贸易顺差还是贸易逆差?在国际上的排名如何?并列表对比分析,讨论一下你从中发现了什么问题?

重点名词

国际贸易额　国际贸易量　贸易条件　对外贸易系数　转口贸易　总贸易　专门贸易

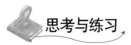
思考与练习

1. 中国的对外贸易早于西欧国家,但为什么现在中国对外贸易的发展速度和规模都不及西欧国家?

2. 在双边贸易中,一方向另一方的出口值应该等于另一方从它进口的进口值,但双方在统计时却存在着偏差,为什么?

3. 以2005年为基期,2006年中国的出口商品价格指数为102,进口商品的价格指数为105,请计算2006年中国的净贸易条件是多少?并和基期进行比较。

项目 2
国际贸易理论与政策

本项目知识结构图

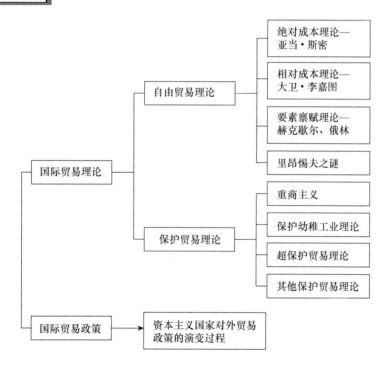

学习目标

一国为什么要进行对外贸易？应该采取什么样的贸易政策？回答这些问题的国际贸易理论是从现实的经济生活中产生和发展的，其理论模型是突破自身的局限性而逐步完善的。本章主要介绍了国际贸易自由理论、保护理论以及国际贸易政策等内容。通过本章的学习，将有利于我们梳理有关国际贸易的思想脉络，了解并学习相关的贸易理论，深刻理解各国的贸易政策。

知识目标

- 理解国际贸易发生的原因
- 了解世界贸易政策的演变轨迹

技能目标

- 能够运用相关贸易理论分析问题
- 能简单分析中国贸易政策

项目导入

中国每年会出口大量的产品，也会从国外进口大量的产品，我们为什么要和其他国家交换产品或服务？一定是有利可图的，那我们能否从理论上解释这个问题，张燕看到了下面这段话：

有一个牧牛人和一个种土豆的农民，他们每人都既喜欢吃牛肉又都喜欢吃土豆。如果牧牛人只生产牛肉，农民只生产土豆，那么，贸易的好处是最明显的。但是，如果他们都既能生产牛肉又能生产土豆，情况会怎样？

如果，牧牛人生产牛肉的能力高于农民，而农民生产土豆的能力高于牧牛人，那么双方分工专事自己擅长的领域，贸易的好处仍是很容易理解的。

但如果牧牛人在生产牛肉和土豆方面的能力都比农民强，那么还应该牧牛人专门从事牧牛而农民专门从事种植土豆吗？

近200年前，英国经济学家大卫·李嘉图给我们提供了答案。

——摘自曼昆《经济学原理》

2.1 自由贸易理论

进入17世纪后，资本主义在西欧有了迅速的发展，特别是英国资本主义经济的增长更为显著，资本的原始积累正在逐渐完成其历史使命而让位于资本主义的积累。产业资本在社会经济中不断扩大自己的阵地，但旧的封建生产关系仍然束缚着生产力的发展。为了扫除资本主义发展道路上的障碍，1648年，英国爆发了资产阶级革命；1789年，法国也爆发了资产阶级革命。这些历史性的变革，也反映到经济思想上来，这就是重商主义的衰弱和自由贸易理论的兴起。

一、绝对成本论——亚当·斯密

（一）绝对成本论（Theory of Absolute Advantage）的基本内容

亚当·斯密（Adam Smith）是英国产业革命前夕工场手工业时期的经济学家。产业革命是指从工场手工业转向机器大生产的过渡，但封建主义和重商主义是实现这一变革的障碍。亚当·斯密代表工业资产阶级的要求，在1776年出版了他的代表作《国富论》。全书贯串了他主张自由放任的观点。在对外贸易方面，他主张实行自由贸易。

亚当·斯密认为，分工与交换可以提高劳动生产率，从而增加社会财富总量。分工与交换的国际化便产生了国际贸易，国际分工与交换可以增加参与各方的利益，提高了参与各国的劳动生产率，使参与贸易的各方都获得利益。他认为，只有在自由贸易的条件下，各国才能充分享受到地域分工的利益。

另外，亚当·斯密还认为，国际贸易的基础是各国生产率之间的绝对差别。一国之所以向他国出口商品，是因为该国在这一商品的生产上耗费的劳动要比他国少，即绝对成本要低于贸易国。一国之所以进口另一国的商品，是因为该国在这种商品的生产上耗费的劳动要多于其贸易国，即绝对成本要高于贸易国。每个国家都应该专门分工生产自己有绝对优势的产品，并且进行交换，这样对双方都是有利的。

（二）绝对成本论的数学证明

假设英国和葡萄牙都生产布匹和酒两种商品。其中葡萄牙生产1单位布匹需要耗费80个单位的劳动，生产1单位酒需要耗费50个单位的劳动；英国生产1单位布匹需要耗费50个单位的劳动，生产1单位酒需要耗费80个单位的劳动，情况如图2-1所示。

国　别	布（1单位）	酒（1单位）
葡萄牙	80	50
英国	50	80
总量	2单位	2单位

图2-1　分工前（1）

从图2-1中可以清楚地看出，同样生产1单位布，英国只需要50个单位劳动，而葡萄牙却需要80个单位劳动，英国的生产成本比葡萄牙低，处于一种绝对优势；同理，在酒的生产上葡萄牙处于绝对优势。按照亚当·斯密的理论，各国应该按照各自的绝对优势进行分工，然后进行交换。假如1单位的布可以交换1单位的酒，则分工和交换后的情况如图2-2、图2-3所示。

国　别	布（1单位）	酒（1单位）
葡萄牙		2.6单位
英国	2.6单位	
总量	2.6单位	2.6单位

图2-2　分工后（1）

国　别	布（1单位）	酒（1单位）
葡萄牙	1单位	1.6单位
英国	1.6单位	1单位
总量	2.6单位	2.6单位

图2-3　交换后（1）

可以看出,分工贸易是两国在不增加劳动投入的条件下,世界的财富总量和各国的财富总量均增加了(世界财富总量增加了 0.6 单位的布和 0.6 单位的酒,葡萄牙交换后增加了 0.6 单位的酒,英国增加了 0.6 单位的布)。

二、相对成本论——大卫·李嘉图

英国经济学家大卫·李嘉图(David Ricardo),在其代表作《政治经济学及赋税原理》一书中对相对成本论(Theory of Comparative Advantage)做出了系统地阐述。相对成本论继承和发展了亚当·斯密的绝对成本论,弥补了绝对成本论中存在着一些缺陷,为国际贸易的发展排除了理论上的障碍。

相对成本论是在英国资产阶级争取自由贸易斗争中发展起来的。1815 年,英国政府颁布了《谷物法》,粮价上涨,地租猛增,严重地损害了工业资产阶级的利益。围绕《谷物法》的存废,英国工业资产阶级和土地贵族阶级展开了激烈的斗争。工业资产阶级迫切需要从理论上论证废止《谷物法》,实行谷物的自由贸易。于是,作为工业资产阶级代言人,李嘉图提出了相对成本论。

(一)相对成本论的主要内容

相对成本论研究的是两个国家、两种产品,一个国家在两种产品的生产上均处于绝对优势,而另一个国家在两种产品的生产上均处于绝对劣势。

大卫·李嘉图认为:在国际分工和国际贸易中起决定作用的不是绝对成本而是相对成本,其基本原则是"两优取其更优,两劣取其次劣"。根据这一原则,各国集中生产和出口相对成本低的产品,可以增加世界的产量,节约劳动成本,形成互惠互利的国际分工和贸易。

(二)相对成本论的数学证明

假定英国和葡萄牙两国同时生产酒和布匹,其成本如图 2-4 所示。

国 别	布(1 单位)	酒(1 单位)
葡萄牙	90 天	80 天
英国	100 天	120 天
总量	2 单位	2 单位

图 2-4 分工前(2)

该表说明葡萄牙生产 1 单位布需要劳动时间 90 天,生产 1 单位酒需要劳动时间 80 天;而英国生产上述产品则分别需要 100 天和 120 天。

按亚当·斯密的理论,在以上的情况下,英、葡两国之间不会发生贸易,因为英国两种产品劳动成本都绝对高于葡萄牙,英国没有什么东西可以卖给对方。但是,经过大卫·李嘉图的分析,即使在这种情况下,两国仍能进行对双方都有利的贸易。葡、英两国布和酒的相对成本分别是:

葡萄牙布的相对成本:90/80=1.125 单位酒

英国布的相对成本:100/120=0.833 单位酒

所以英国布的相对成本低,英国应该分工生产布,葡萄牙应该分工生产酒,然后进行交换。假如 1 单位的酒可以交换 1 单位的布,如图 2-5、图 2-6 所示。

国　别	布(1 单位)	酒(1 单位)
葡萄牙	0	2.125 单位
英国	2.2 单位	0
总量	2.2 单位	2.125 单位

图 2-5　分工后(2)

国　别	布(1 单位)	酒(1 单位)
葡萄牙	1	1.125 单位
英国	1.2 单位	1
总量	2.2 单位	2.125 单位

图 2-6　交换后(2)

正如我们看到的,分工和交换使得商品总量增加的同时,使每一个参与国家的财富也得到了增加,分工对世界和每个国家都有利。

三、赫-俄的要素禀赋论

要素禀赋论(Theory of Factor Endowments)主要是由瑞典经济学家赫克歇尔(Heckscher)和他的学生俄林(Ohlin)共同创立的。俄林早期师承瑞典著名经济学家赫克歇尔而深受启发,在 1933 年出版的《区域贸易和国际贸易》一书中系统地提出了自己的贸易学说,标志着要素禀赋说的诞生。俄林批判地继承了大卫·李嘉图的比较成本说,提出了要素禀赋论。

要素禀赋是指一国拥有各种生产要素,包括劳动力、资本、土地、技术、管理等生产要素的数量。如果在一国的生产要素禀赋中,某种要素供给所占比例大于别国同种要素的供给比例,而价格相对低于别国同种要素的价格,则该国的这种要素相对丰富;反之,如果某种要素供给所占比例小于别国同种要素的供给比例,而价格相对高于别国同种要素的价格,则该国的这种要素相对稀缺。

一个国家应该专门分工生产并且出口利用本国丰富要素生产的产品,进口利用本国稀缺要素生产的产品。

上述结论是基于这样的推理:各国相同商品之间的价格差异是国际贸易产生的直接原因,商品价格的差异是由生产成本的差异决定的,成本的差异是由生产要素的价格差异决定的,要素的价格差异是由要素的供求关系决定的,其中,要素的供给是由各国的要素禀赋决定的。从这个推导过程可以知道,一国只要拥有一种丰富的生产要素,就会导致该国在用这种要素生产的商品上拥有价格优势,从而直接导致国际贸易的产生。

四、里昂惕夫之谜

里昂惕夫之谜(Leontief Paradox)由美国著名经济学家里昂惕夫(Wassily W. Leontief)提出。要素禀赋论提出后,渐渐被人们广泛接受,并成为国际贸易理论的主流理论。里昂惕夫用投入-产出模型对美国 20 世纪 40 年代和 50 年代的对外贸易进行分析研究,结果却得出了和赫-俄理论相反的结论,称为里昂惕夫悖论或里昂惕夫之谜。

里昂惕夫主要考察了美国出口产品的资本-劳动比和美国进口产品的资本-劳动比。提出了一个统计指数:

$$里昂惕夫指数 = \frac{(K/L)_m}{(K/L)_x}$$

在这里，$(K/L)_m$ 指进口产品的资本－劳动比率，$(K/L)_x$ 指出口产品的资本－劳动比率。根据要素禀赋理论，资本要素丰富的国家里昂惕夫指数应该小于1，而美国1947年的这一指数为1.3。

这个结果与里昂惕夫和许多经济学家的预料完全相反，因为在一般人的心目中美国资本相对充裕，而劳动力则相对短缺，按照传统的要素禀赋理论，美国应该出口资本密集型商品，进口劳动密集型商品。

围绕里昂惕夫之谜，人们给出了种种解释，如劳动熟练说、人力资本说、要素密度反向说等，从而出现了第二次世界大战后国际贸易理论的百花齐放和百家争鸣。

2.2 保护贸易理论

一、重商主义

重商主义（Mercantilism）是15—17世纪西欧资本主义生产方式准备时期，代表商业资本利益的经济思想和政策体系。重商主义认为货币是财富的唯一形式，认为一国拥有的黄金和白银越多，就越富有。金银是衡量国家富裕程度的唯一尺度。

（一）早期重商主义（15—16世纪中叶）

早期重商主义又叫重金主义、货币差额论，代表人物是英国的斯坦福。强调绝对的贸易顺差（出超），主张采取行政手段，控制商品进口，禁止货币输出，以积累货币财富；在贸易上，他们主张多卖少买或不买。

（二）晚期重商主义（16世纪下半期—18世纪）

晚期重商主义又叫贸易差额论，代表人物是英国的托马斯·孟（Thomas Mun）（1571—1641）。重视长期的贸易顺差和总体的贸易顺差，认为在一定时期内的外贸逆差是允许的，只要最终的贸易结果能保证顺差，保证货币最终流回国内就可以；不一定要求对所有国家都保持贸易顺差，允许对某些地区的贸易逆差，只要在对外贸易的总额保持出口大于进口（顺差）即可。

二、汉密尔顿的保护关税理论

汉密尔顿是美国独立后第一任财政部长，当时美国在政治上虽然独立，但经济上仍是英国的附庸，国内产业结构以农业为主，工业方面仅限于农产品加工和手工业品的制造，处于十分落后的水平。在这样的背景下，汉密尔顿代表工业资产阶级的愿望和要求，于1791年12月向国会递交了《关于制造业的报告》，明确提出实行高关税，发展本国工业的主张。

他的主张被国会采纳了一部分，但对美国政府的内外经济政策产生了重要和深远的影响。1816年，美国提高了制造品进口关税，这是美国第一次实行以保护为目的的关税政策。1828年，美国再度加强保护措施，工业制造品平均税率（从价税）提高到49%的高度。

三、李斯特的保护贸易幼稚工业理论

弗里德里希·李斯特（F. List）（1789—1846）是19世纪德国著名的经济学家，资产阶级

政治经济学历史学派的主要先驱者,保护贸易的倡导人。他将汉密尔顿的关税保护理论加以发扬,建立了一套以生产力为基础,以保护关税制度为核心,为发展中国家所适用的保护贸易幼稚工业理论(Infant Industry Theory)。

所谓幼稚工业,是指根据国民经济的动态发展,现在尚处于不成熟、经不起国际竞争阶段的,但又具有潜在的优势和动态的外部经济效应的支柱产业。

(一) 生产力理论

李斯特所谓的生产力是指一切创造财富的能力,其发展是一国财富力量的根本源泉。他认为财富的生产力比财富本身要重要得多。发展生产力是推动一个国家强盛兴旺的根本途径,而工业在发展生产力上所起的作用十分巨大,所以发展国内工业是发展社会生产力最有效的途径,国家应该高度重视。他主张德国和一些经济落后国家应实行保护关税政策,以保护国内工业和市场。

采取保护关税政策阻止廉价的英国工业品进口,可能会暂时损失一些财富,但由此却获得了生产力的发展是值得的。

(二) 历史发展阶段论

李斯特把各国的经济发展分为原始未开化时期、畜牧时期、农业时期、农工时期和农工商时期五个阶段。各国在经济发展的不同阶段,采取的贸易政策也应不同。除农工时期应该采取保护贸易政策,其他阶段均应采取自由贸易政策。德国和美国处在农工时期;法国处在由农工时期向农工商时期转变的阶段;只有英国是处在农工商时期。所以,李斯特认为德国应实行保护幼稚工业政策。

(三) 国家干预论

李斯特批评了古典学派忽视国家干预经济的重要性,认为国家经济的发展,特别是落后国家的经济发展,必须借助于政府的力量。在培植国家生产力,尤其是发展民族工业方面,国家应当是一个理性的"植树人"。

(四) 保护的对象与时间

李斯特提出保护对象的条件是:① 农业不需要保护。只有那些刚从农业阶段跃进的国家,距离工业成熟尚远,才适宜保护;② 一国工业虽然幼稚,但在没有强有力的外部竞争时,也不需要保护;③ 只有刚刚开始发展且有强有力的外国竞争者的幼稚工业才需要保护。李斯特提出,保护期限以30年为最高期限,如果在这个期限内仍然不能成长起来的产业,政府就不应该继续保护下去了。

(五) 保护幼稚工业的主要手段

通过禁止输入与征收高关税的办法来保护幼稚工业,以免税或征收轻微进口税方式鼓励复杂机器进口。

四、超保护贸易理论

超保护贸易理论(Neo-Mercantilism)是在20世纪30年代提出的凯恩斯主义的国际贸易理论,它试图把对外贸易和就业理论联系起来。约翰·梅纳恩·凯恩斯(John Maynard Keynes)是英国资产阶级经济学家,凯恩斯主义的创始人,他的代表作是1936年出版的《就业、利息和货币通论》。凯恩斯在20世纪30年代之前是一个自由贸易论者,但1929—1933年的"经济大危机"彻底改变了他的立场,他转而成为一个保护贸易论者。他认为保护贸易的政策确实能够保证经济繁荣,扩大就业。

（一）政策主张

1. 认为古典学派的国际贸易理论已经过时,反对自由贸易

凯恩斯主义认为,古典学派理论的前提条件,即充分就业事实上并不存在,现实社会存在着大量失业。古典学派理论在现实社会中失去了其指导意义。

2. 鼓吹贸易顺差有益,逆差有害

凯恩斯主义认为,贸易顺差可为一国带来黄金,可以扩大支付手段,压低利息率,刺激物价上涨,扩大投资,这有利于国内危机的缓和与扩大就业量。

3. 扩大有效需求的目的在于救治危机和失业

凯恩斯的拥护者们以提高有效需求为借口,极力提倡国家干预对外贸易活动,运用各种保护措施,以扩大出口,减少进口,争取贸易顺差。

（二）超保护贸易政策的理论依据

凯恩斯主义者由凯恩斯的投资乘数理论进一步引申出了对外贸易乘数理论,认为一国的顺差像国内投资一样,可以乘数倍地增加国民收入,而一国的逆差则像国内的储蓄一样,所以乘数倍地减少国民收入。因此,一国应干预本国对外贸易,追求顺差,避免逆差。

五、其他国际贸易理论

20世纪60年代以来,随着科学技术的进步和生产力的不断发展,国际贸易的规模越来越大,格局也发生了显著的变化。20世纪90年代,产业内贸易已经占到了世界贸易总额的60%,已经完全取代了传统的贸易形式,并成为发达国家贸易利益的主要来源。对出现的新情况,传统的贸易理论已经很难做出合理的解释,新的理论也就出现了。

（一）偏好相似说

偏好相似说(Overlapping Demand Theory)又称为需求重叠说,它是由瑞典经济学家林德尔(S. Linder)在1961年首先提出来的。该理论从需求方面探讨了国际贸易产生的原因。

林德尔认为不同国家由于经济发展程度不同,需求偏好并不相同。根据要素禀赋论,两国的资本—劳动比率越接近,比较成本的差异将越小,两国的贸易将越小。但根据偏好相似说,两国的资本—劳动比率越接近,表明两国的经济发展、生活方式越接近,因而人均收入的差距将越小,人们的需求偏好将越相似,贸易的可能性就越大。要素禀赋论只能解释初级产品的贸易,而不能解释工业品的贸易。国际上工业品贸易的发生,往往是先由国内市场建立起生产规模和国际竞争力,而后再拓展国外市场,因为厂商总是出于利润动机首先为他所熟悉的国内市场生产新产品,当发展到国内市场有限时才会开拓国外市场。

两国经济发展、生活方式越接近,人均收入越接近,需求偏好越相似,相互需求就越大,贸易的可能性就越大。

因此,需求偏好相似说更适合解释发达国家之间的贸易。但该理论也存在缺陷,更多的贸易可能是由于较低的运输成本、信息成本和文化的相似性而导致的。

（二）产业内贸易理论

第二次世界大战后，国际贸易发展出现了新的特点，即多数贸易是在禀赋相似的国家（如发达国家）之间进行，而大部分贸易又是在相同产业内进行的，甚至是相同产品的互相买卖，比如美国进口德国的奔驰轿车，同时德国也进口美国的别克轿车，而且当代贸易并没有引发大规模的资源重新配置和收入的再分配。传统的贸易理论不能很好地解释这些情况，于是产业内贸易理论（Theory of Intra-industry Trade）应运而生。

20世纪70年代中期，美国经济学家格鲁贝尔（H. G. Grubel）等人发表论文，提出产业内贸易理论；80年代初，产业内贸易理论已经形成了较系统的理论体系，成为国际贸易理论的新的理论分支。

产业内贸易理论又称部门内贸易理论或水平贸易理论，是解释一国对同一类产品既有进口，又有出口的贸易理论，或是解释贸易双方彼此买卖着同一产业所生产的产品的理论。一般将产业内贸易的商品分为两类：同质产品和差别产品。

(1) 同质产品：是指相互之间可以完全替代的产品。其贸易原因主要有：运输成本的差异；转口贸易造成的进出口商品的雷同；季节性产品的贸易，如季节性瓜果蔬菜的进出口；政府干预产生的价格扭曲，使进出口同类产品有利可图。

(2) 差别产品：又称为异质产品，指的是相互之间存在代替性但又不能完全代替的产品。差别产品是产业内贸易的主流，其原因主要有：产业内贸易利益的来源在于规模经济；消费者的偏好；两国需求的重叠程度。

（三）产品生命周期学说

产品生命周期学说（Theory of Product Life Cycle）是解释一国在不同时期由某种产品的出口国（进口国）变为进口国（出口国）的贸易理论，即产品生命周期不同阶段比较优势的动态变化理论。该理论由美国哈佛大学著名经济学教授雷蒙·弗农（Raymond Vernon）于1966年提出，最初运用于市场销售战略中，后来被引入国际贸易理论，用来解释国际贸易形成的原因，也是战后解释工业制成品贸易流向的著名理论。

产品生命周期理论认为，一个新产品的技术发展大致有三个阶段，以美国为例。

(1) 产品创新阶段。在这一阶段，产品的生产技术还不成熟，处于变动发展的状态之中，此时，产品的需求市场在美国，相应的生产、销售也都在美国。

(2) 产品成熟阶段。在这一阶段，产品的生产过程已经部分标准化，规模经济开始发挥作用，美国开始向其他国家出口该产品。并且，为降低生产成本获得更多的利益，还会向其他发达国家转移生产，这些国家慢慢达到生产的技术要求，同时劳动力成本低于美国，所以价格更低。这些产品不仅在当地排挤美国本土产品，而且还会流回美国，使美国本土的生产萎缩。

(3) 产品标准化阶段。在这一阶段，产品的生产已经全部标准化并且广为生产者所掌握。发展中国家凭借更低的劳动力成本和原料成本成为这类产品的生产和出口国，美国和其他国家则变成了此类产品的进口国。

（四）战略贸易理论

20世纪70年代后，发达国家的经济增长速度普遍放慢。在欧洲，失业率不断增加；在美国，由于工资水平上涨缓慢，导致实际购买力的下降；在日本，经济增长也开始停滞与下降。

发达国家为了改善其经济发展的现状,提出了一种新的、要求国家干预,通过对某些所谓战略产业扶持以刺激经济增长的理论观点,即战略贸易理论。

战略贸易理论将博弈论引入到国际贸易的研究中,认为现在的国际市场是一个不完全竞争的市场,在一个不完全竞争的市场中,企业的行为必然会对产业内其他企业造成影响,从而影响到各企业间的利益分配,那么各企业在决定其行动方案时,都会将其他企业的反应考虑进去,这种考虑了竞争对手的行动方案称为"战略"。

2.3 国际贸易政策

一、对外贸易政策的目的和构成

对外贸易政策是对各国在一定时期对进出口贸易进行管理的原则、方针和措施手段的总和。其包含的基本因素有:政策主体、客体、目标、内容及政策手段。

(一) 对外贸易政策的目的

对外贸易政策一般有以下几个目的:

(1) 保护国内市场;

(2) 扩大本国产品的国外市场;

(3) 优化产业结构;

(4) 积累发展资金;

(5) 维护和发展同其他国家和地区的政治经济关系及其他。

(二) 对外贸易政策的构成

对外贸易政策,一般由三个部分内容构成。

(1) 对外贸易总政策:其中包括进口总政策和出口总政策。这是根据本国国民经济的总体情况,制定的在一个较长时期内实行的对外贸易基本政策。

(2) 进出口商品政策:这是在对外贸易总政策的基础上,根据不同商品在国内外的需求和供应情况,以及在世界市场上的竞争能力,分别制定的适用于不同类别商品的对外贸易政策。

(3) 国别对外贸易政策:这是根据对外贸易总政策及世界经济政治形势,分别制定的适应特定国家(或地区)的对外贸易政策。

二、对外贸易政策的主要类型及演变过程

(一) 对外贸易政策的主要类型

从国际贸易的历史考察,以国家对外贸的干预与否为标准,可以把对外贸易政策归纳为两种基本类型:自由贸易政策、保护贸易政策。

(1) 自由贸易政策:是指国家对商品进出口不加干预,对进口商品不加限制,不设障碍;对出口商品也不给以特权和优惠,放任自由,使商品在国内外市场上自由竞争。

(2) 保护贸易政策：是指国家对商品进出口积极加以干预，利用各种措施限制商品进口，保护国内市场和国内生产，使之免受国外商品竞争；对本国出口商品给予优待和补贴，鼓励扩大出口。

（二）对外贸易政策的演变过程

16—17世纪资本主义生产方式准备时期，欧洲各国普遍实行重商主义的保护贸易政策，重商主义代表商业资本的利益，追求的目标是把金银财富集中在国内，实现资本积累。

18—19世纪资本主义自由竞争时期，理论上盛行的是古典自由贸易理论，但自由贸易政策只是昙花一现，并且只有英国实行过比较彻底的自由贸易政策；美国、德国等后起的资本主义国家，由于工业处于刚刚起步的幼稚阶段，缺乏竞争力，没有力量与英国的工业品竞争，实行的是以保护幼稚工业理论为基础的保护贸易政策。同时也采取一些鼓励出口的措施，提高国内商品的竞争力，以达到保护民族幼稚工业发展的目的。

19世纪末至第二次世界大战期间，处于资本主义垄断时期，各资本主义国家普遍实行保护贸易政策。这一政策的理论基础可以看作是凯恩斯的新重商主义。在这一时期，垄断代替了自由竞争，成为社会经济生活的基础。同时，资本主义社会的各种矛盾进一步暴露，世界市场的竞争开始变得激烈。于是，各国垄断资产阶级为了垄断国内市场和争夺国外市场，纷纷要求实行保护贸易政策。但是，这一时期的保护贸易政策与自由竞争时期的保护贸易政策有明显的区别，是一种侵略性的保护贸易政策，因此称其为超保护贸易政策。

第二次世界大战后，出现了全球范围内贸易自由化的浪潮。但20世纪70年代中期的经济危机再一次使贸易保护主义抬头，但在GATT等国际组织的约束下，关税并没有明显的提高，而代之以非关税壁垒的加强，我们称之为新贸易保护主义，不同于20世纪30年代的贸易保护主义。

20世纪80年代以来，在国际经济联系日益加强而新贸易保护主义重新抬头的双重背景下，为了既保护本国市场，又不伤害国际贸易秩序，保证世界经济的正常发展，各国政府纷纷加强了对外贸易的管理和协调，从而逐步形成了管理贸易政策或称为协调贸易政策。它是指国家对内制定一系列的贸易政策、法规，加强对外贸易的管理，实现一国对外贸易的有秩序、健康的发展；对外通过谈判签订双边、区域及多边贸易条约或协定，协调与其他贸易伙伴在经济贸易方面的权利与义务。管理贸易是介于自由贸易和保护贸易之间的一种对外贸易政策，是一种协调和管理兼顾的国际贸易体制。

三、对外贸易政策的制定与执行

（一）对外贸易政策的制定

对外贸易政策的制定一般反映本国统治阶级的利益和意志。一个国家对外贸易政策的制定，一般是由该国的立法机构进行。在资本主义国家是由其议会直接通过贸易法案，或由议会授权总统或政府制定、颁布有关的法令或规章，如进出口商品关税的提高或降低、进出口商品的限额、是否实行许可证制、商品检验规章，以及与外国签订贸易协定等。各国在制定过程中，要考虑以下因素：

(1) 本国经济结构与比较优势；
(2) 本国产品在世界市场上的竞争能力；

(3) 本国与别国经济、投资的合作情况；

(4) 本国国内的物价、就业状况；

(5) 本国与他国的政治关系；

(6) 本国在世界经济、贸易组织中享受的权利与应尽的义务；

(7) 各国政府领导人的经济思想与贸易理论。

(二) 对外贸易政策的执行

在对外贸易政策的执行和贯彻方面，国家一般设立一系列专门机构，按照对外贸易政策的规定对进出口商品进行管理。如在政府中设立外贸部或商业部作为对外贸易的行政管理机构；在对外开放的口岸地点设立海关作为进出口商品的通道，对商品进行监督查验、征收关税、查禁走私；设立进出口银行，从金融上支持商品的进出口，发放出口信贷、办理国际支付结算；设立商品检验局和卫生检疫机构，从进出口商品的质量、卫生和技术标准等方面进行把关。

项目拓展

分小组讨论，能不能说自由贸易政策是先进的，是好的？保护贸易政策是落后的？是坏的？请举出实例说明。

重点名词

绝对成本　比较成本　自由贸易政策　保护贸易政策

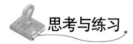思考与练习

1. 中日两国基本生产要素供给比较。

表 2-1 是 2000 年中国和日本两国一些主要的基本生产要素的状况，这些基本生产要素的状况在一定程度上决定了中国和日本两国之间的国际分工。

表 2-1　2000 年中日两国主要基本生产要素的状况

基本生产要素 国家	资本/劳动 （美元）	批准居民专利 （件）	可耕地总面积 （万公顷）	可耕地/劳动 （公顷）	一次能源总供给 （亿吨）
中国	554	6475	9567	0.270	3698.81
日本	19132	112269	450.3	0.070	150.84

[资料来源：国际统计年鉴 2001；中国统计年鉴 2001；WIPO(world intellectual property organization)2001]

思考题：

(1) 表 2-1 体现了哪一个传统国际贸易理论？

(2) 这个贸易理论决定了中日两国之间应该采取什么样的贸易方式？

(3) 这个贸易理论有什么局限性？

2. 简述自由贸易理论与保护贸易理论的要点。

项目 3

国际贸易措施

本项目知识结构图

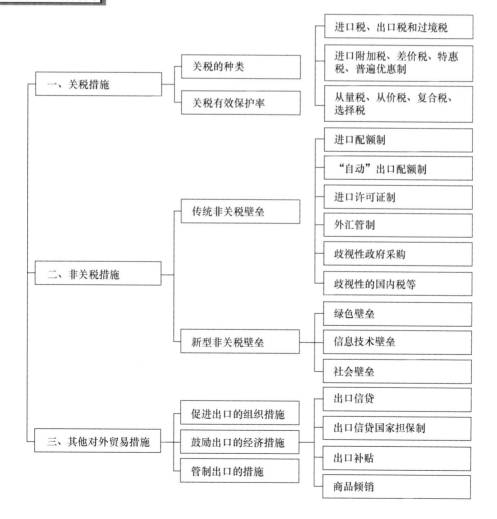

学习目标

随着经济全球化,倡导贸易自由化成为世界经济发展讨论的主题,而现实中,所有的国家都会对国际贸易采取一些限制措施,这些措施包括关税壁垒(Tariff Barriers)、非关税壁垒(Non-tariff Barriers)措施以及面临"不公平"贸易时可采取的贸易救济措施("两反一保",即反倾销、反补贴和保障措施)。由于这些限制措施和法规与一国的对外贸易密切相关,因而通常被称为国际贸易措施或政策(International Trade Measures or Policies)。

通过本章的学习,应当理解和掌握:关税征收的主要方法;有效保护率的计算;非关税壁垒措施的主要种类;技术性贸易壁垒的内容及应对;贸易救济措施的内容、运行、应对及其合理利用。

知识目标

- 掌握关税征收的方法
- 了解非关税壁垒及发展趋势
- 掌握出口促进措施
- 了解WTO所允许的合法贸易救济措施

技能目标

- 掌握中国关税情况
- 能够分析和理解国际贸易纠纷

项目导入

3月份,张燕在浏览商务部网站时,看到了下面的新闻:

世贸组织裁定美国对华25起双反调查违规

3月27日裁定,世界贸易组织专家组裁定美国商务部在2006—2012年间对华发起的25起反倾销反补贴调查中未能进行避免双重救济的税额调整,违反世贸规则。本案年涉案金额逾72亿美元,涉及中方重大贸易利益。

通过继续学习,张燕了解到,中国是世界反倾销和反补贴最大的受害国,张燕感到好奇,什么是倾销?一国能以便宜的价格买到国外的商品,为什么进口国政府要反倾销呢?反倾销和反补贴能否同时使用?关税和非关税给进口国带来的好处显而易见,那么反倾销呢?

3.1 关税措施

一、关税的种类与特征

(一) 关境、海关与关税的概念

1. 关境

关境(Customs Territory)又称关税境或关境域,是指海关法适用的领域。关境是一个国家的关税法令完全实施的境域,关境与国境应是一致的,但有时又不一致。若国家境内设立经济特区,经济特区不属于关境范围之内,这时关境就比国境小;若国家与邻国之间划出一个地带为海关监管区,这个区域可以在国境内,也可以在国境外,在境外的就要比国境大;若国家相互间缔结关税同盟,参加关税同盟国家的领土连成了一片,在整个关税同盟的国境范围内设立关境,这时的关境就比国境大。

2. 海关

海关(Customs)是国家行政机关,设置在对外开放口岸的进出口监督管理机关。它的主要职能是:对进出关境的货物和物品、运输工具进行实际的监督管理、稽征关税和代征法定的税费;查禁走私。

3. 关税

关税(Customs Duty;Tariff)是主权国家或单独关税区海关对进出关境的货物或物品征收的流转税。它是一国政府从本国经济利益出发,依据本国的海关法和海关税则,由海关代表国家所征收的税负。关税与其他国内税负一样,具有强制性、无偿性和固定性。关税有进口关税和出口关税。

(二) 关税的种类

关税种类繁多,按不同的标准可以有不同的分类。

1. 关税按照征收的对象或商品流向分类

(1) 进口税。

进口税(Import Duty)是指进口商品进入一国关境或从自由港、出口加工区、保税仓库进入国内市场时,由该国海关根据海关税则对本国进口商所征收的一种关税。进口税又称正常关税(Normal Duty)或进口正税。

进口税是保护关税的主要手段。通常所说的关税壁垒,实际上就是对进口商品征收高额关税,以此提高其成本,从而削弱其竞争力,起到限制进口的作用。关税壁垒是一国推行保护贸易政策所实施的一项重要措施。

(2) 出口税。

出口税(Export Duty)是出口国家的海关在本国产品输往国外时,对出口商所征收的关税。目前大多数国家对绝大部分出口商品都不征收出口税。因为征收出口税会抬高出口商品的成本和国外售价,削弱其在国外市场的竞争力,不利于扩大出口。目前,世界上仍有少数国家征收出口税。

(3) 过境税。

过境税(Transit Duty)又称通过税或转口税,是一国海关对通过其关境再转运第三国的外国货物所征收的关税。其目的主要是增加国家财政收入。第二次世界大战后,关贸总协定规定了"自由过境"的原则。目前,大多数国家对过境货物只征收少量的签证费、印花费、登记费及统计费等。

2. 按照差别待遇和特定的实施情况分类

(1) 进口附加税。

进口附加税(Import Surtax)又称特别关税,是一种临时性的特定措施,是指进口国海关对进口的外国商品在征收进口正税之外,出于某种特定目的而额外加征的关税。进口附加税不同于进口税,在一国(海关税则)中找不到,也不像进口税那样受到世界贸易组织(WTO)的严格约束而只能降不能升,其税率的高低往往视征收的具体目的而定。

进口附加税主要有反倾销税、反补贴税、紧急关税、惩罚关税和报复关税等。

反倾销税(Anti-Dumping Duty):是对实行倾销的进口货物所征收的一种临时性进口附加税。征收反倾销税的目的在于抵制商品倾销,保护本国产品的国内市场。因此,反倾销税税额一般按倾销差额征收,由此抵消低价倾销商品价格与其正常价格之间的差额。

反补贴税(Countervailing Duty):又称反津贴税、抵消税或补偿税,是指进口国为了抵消某种进口商品在生产、制造、加工、买卖及输出过程中接受的直接或间接奖金或补贴而征收的一种进口附加税。征收反补贴税的目的在于增加进口商品的价格,抵消其所享受的补贴金额,削弱其竞争能力,使其不能在进口国的国内市场上进行低价竞争或倾销。

紧急关税(Emergency Tariff):是为消除外国商品在短期内大量进口而对国内同类产品生产造成重大损害或重大威胁而征收的一种进口附加税。由于紧急关税是在紧急情况下征收的临时性关税,因此,当紧急情况缓解后,紧急关税必须撤除,否则会受到别国的关税报复。

惩罚关税(Penalty Tariff):是指出口国某商品违反了与进口国之间的协议,或者未按进口国海关规定办理进口手续时,由进口国海关向该进口商品征收的一种临时性的进口附加税。这种特别关税具有惩罚或罚款性质。例如,1988年日本半导体元件出口商因违反了与美国达成的自动出口限制协定,被美国征收了100%的惩罚关税。

报复关税(Retaliatory Tariff):是指一国为报复他国对本国商品、船舶、企业、投资或知识产权等方面的不公正待遇,对该国进口的商品所课征的进口附加税。通常在对方取消不公正待遇时,报复关税也会相应取消。然而,报复关税也像惩罚关税一样,易引起他国的反报复,最终导致关税战。

(2)差价税。

差价税(Variable Levy)又称差额税,是当本国生产的某种产品的国内价格高于同类进口商品的价格时,为削弱进口商品的竞争力,保护本国生产和国内市场,按国内价格与进口价格之间的差额征收的关税。征收差价税的目的是使该种进口商品的税后价格保持在一个预定的价格标准上,以稳定进口国内该种商品的市场价格。

对于征收差价税的商品,有的规定按价格差额征收,有的规定在征收一般关税以外另行征收,这种差价税实际上属于进口附加税。差价税没有固定的税率和税额,而是随着国内外价格差额的变动而变动,因此是一种滑动关税(Sliding Duty)。

(3)特惠税。

特惠税(Preferential Duty)又称优惠税,是对来自特定国家或地区的进口商品给予特别优惠的低关税或免税待遇。使用特惠税的目的是为了增进与受惠国之间的友好贸易往来。特惠税有的是互惠的,有的是非互惠的。目前,仍在起作用且最有影响力的是洛美协定国家之间的特惠税,它是欧共体(现欧盟)向参加协定的非洲、加勒比海和太平洋地区的发展中国家单方面提供的特惠关税。按照洛美协定,欧共体在免税、不限量的条件下,接受受惠国的全部工业品和96%的农产品,而不要求受惠国给予反向优惠,并放宽原产地限制。

(4) 普遍优惠制。

普遍优惠制(Generalized System of Preferences,GSP)是发达国家(给惠国)给予发展中国家(受惠国)出口产品的一种普遍的、非歧视的、非互惠性的减免关税的优惠制度,是在最惠国税率基础上进一步减税或全部免税的优惠待遇。普惠制项下的出口产品关税比最惠国税率还要低1/3左右。

普惠制的目的是通过给惠国对受惠国的受惠商品给予减、免关税优惠待遇,使发展中的受惠国增加出口收益,促使其工业化水平的提高,加速国民经济的增长。从1968年联合国第二届贸发会议通过普惠制决议至今,目前全世界已有190多个发展中国家和地区享受普惠制待遇,给惠国达40个,对发展中国家的出口起了一定的积极作用。但由于各给惠国在提供关税优惠的同时,又制定了种种烦琐的规定和严厉的限制措施,使得建立普惠制的预期目标没有真正实现。

至今,世界上共有39个给惠国对我国出口的制成品、半制成品给予普惠制关税待遇,分别为欧盟27国、瑞士、挪威、日本、新西兰、澳大利亚、加拿大、俄罗斯、白俄罗斯、乌克兰、哈萨克斯坦、土耳其和列支敦士登公国。美国虽然是普惠制给惠国,但至今未给予我国普惠制关税优惠待遇。

3. 按关税的征收方法分类

一般来说,按关税的征收方法或征收标准可分为从量税、从价税、复合税和选择税。

(1) 从量税。

从量税(Specific Duty)是以进口货物的重量、数量、长度、容量和面积等计量单位为标准计征的关税。其中,重量单位是最常用的从量税计量单位。从量税的计算公式为:

$$从量税税额 = 货物计量单位数 \times 从量税率$$

以重量为单位征收从量税应注意在实际应用中各国计算重量的标准各不相同,一般采用毛重、半毛重和净重。毛重(Gross Weight)指商品本身的重量加内外包装材料在内的总重量。半毛重(Semi-Gross Weight)指商品总重量扣除外包装后的重量。净重(Net Weight)则指商品本身的重量,不包括内外包装材料的重量。

按从量税计征关税的特点是:手续简便,不需审定货物的规格、品质、价格,便于计算;税负并不合理,同一税目的货物,不管质量好坏、价格高低,均按同一税率征税,税负相同;不能随价格变动做出调整,当国内物价上涨时,税额不能随之变动,使税收相对减少,保护作用削弱;物价回落时,税负又相对增高,不仅影响财政收入,而且影响关税的调控作用;难以普遍采用。

从量税的税收对象一般是谷物、棉花、食品、饮料和动、植物油等大宗产品和标准产品。美国约有33%税目栏是适用从量税的,挪威从量税也占28%。对某些商品如艺术品及贵重物品(古玩、字画、雕刻、宝石等)不便使用从量关税。

(2) 从价税。

从价税(Ad Valorem Duty)是以货物价格为标准,制定一定百分比征收的关税。从价税的计算公式为:

$$从价税税额 = 进口货物总值 \times 从价税率$$
$$= 应纳税进口货物数量 \times 单位完税价格 \times 从价税率$$

征收从价税的一个重要问题是确定进口商品的完税价格(Dutiable Value)。所谓完税价格,是指经海关审定的作为计征关税依据的货物价格,一般以 CIF 价为准。

按从价税计征关税的特点是:税负合理,同类商品质高价高,税额也高;质次价低,税额也低;加工程度高的商品和奢侈品价高,税额较高,相应的保护作用较大;物价上涨时,税款相应增加,财政收入和保护作用均不受影响;但在商品价格下跌或者别国蓄意对进口国进行低价倾销时,财政收入就会减少,保护作用也会明显减弱;各种商品均可使用;从价税率按百分数表示,便于与别国进行比较;完税价格不易掌握,征税手续复杂,大大增加了海关的工作负荷。

由于从量税和从价税都存在一定的缺点,因此关税的征收方法在从量税和从价税的基础上,又产生了混合税。

(3) 复合税。

复合税(Compound Duty)是征税时同时使用从量、从价两种税率计征,以两种税额之和作为该种商品的关税税额。

(4) 选择税。

选择税(Alternative Duty)是对某种商品同时订有从量和从价两种税率,征税时一般由海关选择其中税额较高的一种税率征税。在物价上涨时使用从价税,物价下跌时使用从量税。

由于复合税结合使用了从量税和从价税,扬长避短,哪一种方法更有利,就使用哪一种方法或以其为主征收关税,因而无论进口商品价格高低,都可以起到一定的保护作用。目前,世界上大多数国家都使用复合税,如美国、欧盟、加拿大、澳大利亚、日本,以及一些发展中国家,如印度、巴拿马等。

实际使用时需要注意,以上所讲述的四种关税征收方法是就世界范围内而言的,中国征收关税的方法为从价税、从量税、复合税和滑准税。即在中国的《海关税则》中没有选择税,而对进口的关税配额外的棉花采用了滑准税的征收方法。

二、关税的有效保护程度

一般来说,关税水平的高低大体上可以反映一国的保护程度,但两者并不完全相同,因为保护程度还与关税结构等其他因素有关。

(一) 名义保护率

名义保护率(Nominal Rate of Protection,NRP)也称名义关税税率,是指由于实行保护而引起的国内市场价格超过国际市场价格的部分占国际市场价格的百分比。

名义保护率与关税水平衡量一国关税保护程度不同,名义保护率衡量的是一国对某一类商品的保护程度。由于在理论上,国内外差价与国外价格之比等于关税税率,因而在不考虑汇率的情况下,名义保护率在数值上和关税税率相同。名义保护率的计算一般是把国内外价格都折成本国货币价格进行比较,因此受外汇兑换率的影响较大。在其他条件相同的情况下,NRP 越高,对本国同类商品的保护程度就越强。

表 3-1　2018 年部分国家平均关税水平一览表

国家	简单平均关税税率(%)(simple average duty percent)
中国	9.8
美国	3.5
日本	4.0
韩国	13.9
印度	13.4
俄罗斯联邦	11.3
南非	7.7

资料来源：根据 WTO 资料整理

（二）有效保护率

有效保护率（Effective Rate of Protection，ERP）也称实际保护率或有效/实际关税税率，是指由于整个关税制度而引起的国内增值的提高部分与自由贸易条件下增值部分相比的百分比。由此，有效保护率被定义为：征收关税所引起国内加工增加值同国外加工增加值的差额占国外加工增加值的百分比。

名义保护率与有效保护率的区别在于：名义保护率是关税和产品总的价格之比，而有效保护率是关税与增加值（Value Added）之比，即名义保护率只考虑关税对某种产品的国内市场价格的影响，有效保护率则着眼于生产过程的增值，考察了整个关税制度对被保护商品在生产过程中的增加值所产生的影响，它不但注意了关税对产成品的价格影响，也注意了投入品（原材料或中间产品）由于征收关税而增加的价格。

表 3-1 列出了美国、日本、欧共体在 20 世纪 70—80 年代的名义关税税率和实际关税税率。有效保护理论认为，对生产被保护产品所消耗的投入品征税，会提高产出品的成本，减少产出品生产过程的增值，从而降低对产出品的保护。因此，一个与进口商品相竞争的行业中的企业，不仅要受到对进口商品征收关税的影响，而且要受到对所使用原材料和中间产品征税的影响。

表 3-2　美国、日本、欧共体 20 世纪 70—80 年代的名义关税税率和实际关税税率(%)

国家与税率 产品分级	美 国		日 本		欧 共 体	
	名义税率	有效税率	名义税率	有效税率	名义税率	有效税率
牛奶、奶酪和黄油	10.8	36.9	37.3	248.8	22.0	59.9
可可产品和巧克力	4.2	16.2	22.8	80.7	12.8	34.6
棉籽油	59.6	465.9	25.8	200.3	11.0	79.0
豆油	22.5	252.9	25.4	286.3	11.0	148.1
烟草和香烟	68.0	113.2	339.5	405.6	87.1	147.3

（资料来源：陈宪. 国际贸易-理论与政策、案例[M]. 上海：上海财经出版社，2004.）

有效保护率的计算公式表示如下。

(1) 全部使用国产材料时的有效保护率：

$$\text{有效保护率} = \text{名义保护率}/\text{产品增值比重} \times 100\%$$

即

$$ERP = T/V \times 100\%$$

式中，ERP 为有效保护率，T 代表关税税率，V 代表商品增值比重。因此，有效保护率主要是关税制度对加工工业的保护。有效保护率计算的是某项加工工业中受全部关税制度影响而产生的增值比。

(2) 使用进口原材料时的有效保护率：

$$\text{ERP} = \frac{T - P \cdot t}{1 - P} \times 100\%$$

式中，ERP 为有效保护率，T 代表关税税率，P 代表未征税前原材料在该商品中所占的比重，t 代表原材料的名义保护率。

【例题 3.1】 某国需直接进口电冰箱，也需进口压缩机在国内生产，电冰箱的价格是 300 美元/台，压缩机的价格是 150 美元/台。如对电冰箱和进口压缩机分别课以如下税率，计算电冰箱行业的有效保护率。

(1) $T = 50\%$, $t = 30\%$；
(2) $T = 50\%$, $t = 50\%$；
(3) $T = 20\%$, $t = 50\%$。

解： (1) $T = 50\%$, $t = 50\%$, $P = 150/300 = 50\%$

则 $$\text{ERP} = \frac{T - P \cdot t}{1 - P} \times 100\% = \frac{50\% - 50\% \times 30\%}{1 - 50\%} = 70\%$$

同样的道理，可以计算 (2) 中 ERP 为 50%，(3) 中 ERP 为 -10%，说明这样的税率结构对本国的电冰箱产业是一种负保护。

根据以上计算结果得出，有效保护率和最终产品名义关税之间存在以下关系：

(1) 当最终产品的 NRP 高于原材料的 NRP 时，对最终产品的 ERP 高于对其征收的 NRP；

(2) 当最终产品的 NRP 等于原材料的 NRP 时，对最终产品的 ERP 等于对其征收的 NRP；

(3) 当最终产品的 NRP 小于原材料的 NRP 时，对最终产品的 ERP 小于对其征收的 NRP，甚至会出现负保护。

这意味着生产者虽然创造了价值，但由于不加区别地对进口成品和原材料征收关税，使这种价值减低，生产者无利可图，从而鼓励了成品的进口。

(三) 关税升级

关税升级 (Tariff Escalation)，也称关税升级制度、关税结构、关税税率结构或瀑布式关税结构 (Cascading Tariff Structure)，是设定关税的一种方式，是指关税税率随产品加工程度逐步深化而不断增加的现象。世界各国的关税结构通常是制成品的关税税率高于中间产品的关税税率，中间产品的关税税率高于初级产品的关税税率。

瀑布式关税结构现象是上述有效保护率在实践中的运用，关税升级的关税结构使关税的有效保护率大大高于税则中的名义关税税率。当某一成员关税结构中对加工程度低的原材料或初级产品征收较低关税、对加工程度高的制成品征收较高关税时，就属于关税升级。

关税升级通常对某一特定产业使用的进口原材料设置较低的关税，甚至是零税率，而随着加工程度的提高，半制成品、制成品的关税税率也相应地提高。关税升级能够较为有效地达到限制附加值较高的半成品和制成品进口的效果，是一种较为常见的贸易壁垒，发达国家使用较普遍，目的在于鼓励发展中国家出口初级产品，并限制这些国家制成品的进口。

海关税则

海关税则又称关税税则、关税税率表,是指一国制定和公布的对进出其关境的货物征收关税的条例和税率的分类表。海关税则包括两个部分:海关课征关税的规章条例及说明、关税税率表。关税税率表主要包括:① 税则号列,简称税号;② 货物分类目录;③ 税率。

根据一种商品适用税率的种类不同,海关税则可以分为单式税则和复式税则;根据制定税则是否需要和他国协商,又分为自主税则(固定税则)和协定税则。我国的海关税则属于复式税则,自主税则(固定税则)。

说到商品分类不得不提到"协调制度",即《商品名称及编码协调制度》,又称"HS"(The Harmonized Commodity Description and Coding System 的简称),是在原《海关合作理事会商品分类目录》和《国际贸易标准分类目录》(SITC)的基础上,由海关合作理事会协调国际上多种商品分类目录而制定的一部多用途的国际贸易分类目录。2007 年版 HS 将商品分为 21 类 97 章,其中 77 章为空章。1988 年 1 月 1 日正式实施,世界上已有 200 多个国家、地区使用 HS,全球贸易总量 90% 以上的货物都是以 HS 分类的,我国于 1992.1.1 正式采用 HS 编码制度。

(数据来源:根据网络资料整理)

3.2 非关税措施

目前,在国际贸易中,非关税措施客观存在并被普遍使用。由于缺乏必要的行为准则,加上非关税措施具有的特性,在合法的规则与滥用贸易保护之间的界限并不清晰,使得国际贸易中非关税措施问题显得更加突出与复杂。由于非关税措施种类繁多,范围广泛,影响复杂,迄今对其尚没有统一、明确的定义,人们只是做一些概括性界定。现实中,非关税措施、非关税壁垒、非关税扭曲等概念也是混淆使用。

一、非关税措施的概念

非关税措施(Non-Customs Duty Measures),又称非关税壁垒(Non-Tariff Barriers,简称NTBs),是指关税以外的一切限制进口的各种措施。非关税措施是与关税措施相对而言的,在 WTO 成员之间,一成员对其他成员实施的完全符合世贸组织规则的非关税措施一般不视为"非关税壁垒",不单独采取相应措施,而是通过世贸组织的谈判进行削减。

二、传统非关税壁垒措施

(一)进口配额制

进口配额(Import Quotas System),又称进口限额,是一国政府在一定时期(如一季度、半年或一年)以内,对于某些商品的进口数量或金额增加的直接限制。在规定的期限内,配额以内的货物可以进口,超过配额不准进口,或者征收更高的关税、附加税或罚款后才能进口。进口配额有绝对配额与关税配额两种。

1. 绝对配额(Absolute Quotas)

绝对配额是指在一定时期内,对某些商品的进口数量或金额规定一个最高额数,达到这个额数后,便不准进口。绝对配额可分为全球配额和国别配额两种形式。

(1) 全球配额(Global Quotas;Unallocated Quotas):属于世界范围的绝对配额,对于来自任何国家或地区的商品一律适用。主管当局通常按进口商的申请先后或过去某一时期的进口实际额批给一定的额度,直至总配额发放完为止,超过总配额就不准进口。

(2) 国别配额(Country Quotas):是指在一定时期的总配额内,按国别和地区对某些商品的进口数量或金额规定一个最高数额,达到这个数额后,便不准进口。国别配额又分为两种:一是协议配额(Agreement Quotas),又称双边配额(Bilateral Quotas),是指经双方政府或民间团体通过协商而确定分摊的限额,这种方式较为温和;另一种是自主配额(Autonomous Quotas),又称单方面配额,是指进口国事先不与有关国家进行磋商而单方确定的限额;采取自主配额通常会招致其他国家的不满并引起报复。

2. 关税配额(Tariff Quotas)

关税配额是指对商品进口的绝对数额不加限制,而对在一定时期内,在规定配额以内的进口商品,给予低税、减税或免税的待遇;对超过配额的进口商品则征收较高的关税。

例如,2020年,我国继续对食糖、羊毛、毛条、棉花等农产品和尿素、复合肥、磷酸氢二铵等3种化肥实行关税配额管理;2020年化肥进口关税配额总量为1365万吨。其中,尿素330万吨,磷酸二铵690万吨,复合肥345万吨,暂定税率均为1%。

(二) "自愿"出口配额(Voluntary Export Quota System)

"自愿"出口配额制,又称"自愿"出口限制(Voluntary Export Restrain,VER),是指出口国或地区在进口国的要求或压力下,在一定时期内"自动"限制某项或某类商品对进口国的出口额。"一定时期内"一般为3~5年,它是一种限制进口的手段。"自动"出口配额制主要有以下两种形式。

(1) 非协定的"自动"出口配额:即不受国际协定的约束,而是由出口国迫于来自进口国方面的压力,自行单方面规定出口配额,限制商品出口。这种配额有的是由政府有关机构规定配额,并予以公布,出口商必须向有关机构申请配额,领取出口授权书或出口许可证才能输出;有的是由本国大的出口厂商或协会"自动"控制出口。

(2) 协定的"自动"出口配额:即进出口双方通过谈判签订"自限协定"(Self-restraint Agreement)或"有秩序销售协定"(Orderly Marketing Agreement)。在协定中,规定有效期内某些商品的出口配额,出口国应据此配额实行出口许可证制或出口配额签证制(Export Visa),自行限制这些商品出口。进口国则根据海关统计进行检查。"自动"出口配额大多数属于这一种。目前各种"自限协定"或"有秩序销售协定"内容不尽相同,一般包括配额水平、自限商品的分类、限额的融通、保障条款、出口管理规定、协定的有效期限几方面的主要内容。例如,20世纪80年代中期至90年代初,日本与美国签署出口"自动"限制协议,日本单方面自愿限制了对美汽车出口就是该方面的经典案例。

中国纺织品出口遭遇的"自愿"出口限制

2005年6月10日,中欧就纺织品争端达成协议,协议规定如下。

中国将在2007年年底之前,保证出口到欧洲的纺织品增长平稳过渡;欧盟承诺到2008年不再限制中国纺织品,而在2007年年底之前,只对10种中国纺织品设置增长率限制。欧盟承诺对源自中国的棉布、T恤衫、套头衫、裤子、女式衬衫、床单、女连衣裙、胸衣、桌布、亚麻纱等10类纺织品终止调查。中欧双方同意,从2005年6月11日到2007年年底,对上述10类纺织品合理确定基数,并按照每年8%~12.5%的增长率确定中方对欧出口数量。欧盟承诺在2005—2007年间,对于上述10类产品之外的2005年实现一体化的中国纺织品克制使用中国加入WTO报告书第242条款;2008年,对所有2005年实现一体化的中国纺织品克制使用第242条款(特别保障条款)。

中国和美国于2005年11月8日就纺织品争议达成协议。双方同意在未来3年内对21类中国输美纺织品进行数量限制。根据双方达成的谅解备忘录,数量限制将以相关产品2005年的输美数量为基数,逐年增长,2006年的增长率为10%~15%,2007年的增长率为12.5%~16%,2008年的增长率为15%~17%。此外,与中国和欧盟间的协议相同,中美协议也规定,美国将克制援引《中国"入世"工作组报告》第242条款。

(三)进口许可证制

进口许可证制(Import License System),是进口国采用的行政管理手续,是指进口国家规定某些商品进口必须事先领取许可证,才可进口,否则一律不准进口。

为了简化各缔约方实施进口许可证的手续,GATT在"东京回合"谈判中,制定了《进口许可证手续协议》,"乌拉圭回合"又达成了一个新的协议,目的是简化国际贸易中进口许可证使用的管理程序和习惯做法,使之具有透明度并确保公平合理地应用和实施这些手续和做法。

(四)外汇管制

外汇管制(Foreign Exchange Control),是指一国政府通过法令对国际结算和外汇买卖进行限制来平衡国际收支和维持本国货币的汇价稳定的一种制度。在外汇管制下,出口商必须把他们出口所得到的外汇收入按官定汇率卖给外汇管制机关;进口商也必须在外汇管制机关按官定汇价申请购买外汇,本国货币的携出入国境也受到严格的限制等。这样,国家的有关政府机构就可以通过确定官定汇价、集中外汇收入和批汇的办法,控制外汇供应数量,来达到限制进口商品品种、数量和原产国别的目的。外汇管制的方式较为复杂,一般可分为以下几种。

1. 数量性外汇管制

所谓数量性外汇管制,是指国家外汇管理机构对外汇买卖的数量直接进行限制和分配,旨在集中外汇收入,控制外汇支出,实行外汇分配,以达到限制进口商品品种、数量和国别的目的。一些国家实行数量性外汇管制时,往往规定进口商必须获得进口许可证后,方可得到所需的外汇。

2. 成本性外汇管制

所谓成本性外汇管制,是指国家外汇管理机构对外汇买卖实行复汇率制度,利用外汇买卖成本的差异,间接影响不同商品的进出口。所谓复汇率制,是指一国货币的对外汇率不止有一个,而是有两个以上的汇率。其目的是利用汇率的差别来限制和鼓励某些商品进口或出口。各国实行复汇率制不尽相同,但主要原则大致相似。

在进口方面:① 对于国内需要而又供应不足或不生产的重要原料、机器设备和生活必需品,适用较为优惠的汇率;② 对于国内可大量供应和非重要的原料和机器设备适用一般的汇率;③ 对于奢侈品和非必需品只适用最不利的汇率。

在出口方面:① 对于缺乏国际竞争力但又要扩大出口的某些出口商品,给予较为优惠的汇率;② 对于其他一般商品出口适用一般汇率。

3. 混合性外汇管制

所谓混合性外汇管制,是指同时采用数量性和成本性的外汇管制,对外汇实行更为严格的控制,以影响控制商品进出口。

(五)贸易国家垄断

贸易国家垄断(State Monopoly on Trade)即进口和出口国家垄断,是指在对外贸易中,对某些或全部商品的进、出口规定由国家机构直接经营,或者是把某些商品的进口或出口的专营权给予某些垄断组织。

西方国家的进口和出口的国家垄断主要集中在三类商品上面:第一类是烟和酒,这些国家的政府机构从烟和酒的进出口垄断中,可以获取巨大的财政收入;第二类是农产品,这些国家把对农产品的对外垄断销售作为国内农业政策措施的一部分,美国的农产品信贷公司,就是西方国家最大的农产品贸易垄断企业,它高价收购国内的"剩余"农产品,然后以低价向国外倾销,或按照所谓"外援"计划向缺粮国家,主要是发展中国家大量出口;第三类是武器,西方国家的武器贸易多数是由国家垄断。

(六)歧视性政府采购政策

歧视性政府采购政策(Discriminatory Government Procurement Policy),是指国家制定法令,规定政府机构在采购时要优先购买本国产品的做法。许多西方国家都有类似的制度,如英国限定通信设备和电子计算机要向本国公司采购。日本有几个省规定,政府机构使用的办公设备、汽车、计算机、电缆、导线、机床等不得采购外国产品。

(七)国内税

国内税(Internal Taxes)是指在一国的国境内,对生产、销售、使用或消费的商品所应支付的捐税,一些国家往往采取国内税制度直接或间接地限制某些商品进口。这是一种比关税更灵活、更易于伪装的贸易政策手段。国内税通常是不受贸易条约或多边协定限制的。国内税的制定和执行属于本国政府机构的权限,有时甚至是地方政权机构的权限。一些国家利用征收国内税的办法来抵制国外商品。

(八)进口最低限价制和禁止进口

1. 进口最低限价制(Minimum Price)

有些国家采用所谓最低限价的办法来限制进口。最低限价就是一国政府规定某种进口商品的最低价格,凡进口货价低于规定的最低价格,则征收进口附加税或禁止进口以达到限制低价商品进口的目的。例如,1985年智利对绸坯布进口规定每公斤的最低限价为52美元,低于此限价,将征收进口附加税。

2. 禁止进口(Prohibitive Import)

当一些国家感到实行进口数量限制已不能走出经济与贸易困境时,往往颁布法令,公布禁止进口的货单禁止一些商品的进口。

(九)进口押金制

进口押金制(Advanced Deposit)又称进口存款制。在这种制度下,进口商在进口商品时,必须预先按进口金额的一定比率和规定的时间,在指定的银行无息存入一笔现金,才能进口。这样就增加了进口商的资金负担,影响了资金的周转,从而起到了限制进口的作用。例如,巴西的进口押金制规定,进口商必须按进口商品船上交货价格交纳与合同金额相等的为期360天的存款,方能进口。

(十)海关估价制

海关为了征收关税,确定进口商品价格的制度为海关估价制(Customs Valuation)。有些国家根据某些特殊规定,提高某些进口商品的海关估价,来增加进口货的关税负担,阻碍商品的进口,就成为专断的海关估价。乌拉圭回合达成的《海关估价协议》,规定了主要以商品的成交价格为海关完税价格的新估价制度。其目的在于为签字国的海关提供一个公正、统一、中性的货物估价制度,不使海关估价成为国际贸易发展的障碍。

(十一)进口商品征税的归类(Customs Coding of Goods Classified)

进口商品的税额取决于进口商品的价格大小与税率高低。在海关税率已定的情况下,税额大小除取决于海关估价外,还取决于征税产品的归类。海关将进口商品归在哪一税号下征收关税,具有一定的灵活性。进口商品的具体税号必须在海关现场决定,在税率上一般就高不就低。这就增加了进口商品的税收负担和不确定性,从而起到限制进口的作用。例如,美国对一般打字机进口不征收关税,但如归为玩具打字机,则征收35%的进口关税。

(十二)海关管理的限制

一些国家的政府为了限制进口,减少进口商品的数量,拖延外国商品进口的时间,往往在海关管理上给进口商品制造种种麻烦、设置种种限制。

例如,日本海关对于进口许可证签署的日期有着非常严格的规定;巴西海关关员办理各种清关手续时,其速度之慢世界闻名。

三、新型非关税壁垒措施

(一)技术性贸易壁垒

新型非关税壁垒措施近年来被频繁使用,其是指一国以维护国家安全或保护人类健康和安全、保护动植物的生命和健康、保护生态环境或防止欺诈行为、保证产品质量等为由,采取一些强制性或非强制性的技术性措施,从而起到限制外国商品进口和销售的作用。其名义合理、内容合法。技术性贸易壁垒(Technical Barriers to Trade,简称TBT)是当今世界应用最广、发展最快、影响最大的非关税措施,主要包括复杂苛刻的技术标准、合格评定程序、严格的商品包装和标签的规定、严格的卫生检疫规定、绿色技术性贸易壁垒等。

1. 严格复杂的技术标准与法规(Technical Standard and Regulation)

技术标准,是指经公认机构批准的、非强制执行的、供通用或重复使用的产品或相关工艺和生产方法的规则、指南或特性的文件。有关专门术语、符号、包装、标志或标签要求也是标准的组成部分。技术法规是指必须强制执行的有关产品特性或其相关工艺和生产方法,包括:法律和法规,政府部门颁布的命令、决定、条例、技术规范、指南、准则、指示,专门术语、符号、包装、标志或标签要求等。

西方国家对于许多制成品规定了种类繁多、极为严格、烦琐的技术标准。发达国家凭借他们在技术上的优势,制定较高的技术标准,而且这些标准经常变化,使得发展中国家要么无从知晓、无所适从,为迎合标准就要付出高昂的成本,从而失去在国际市场上的竞争力。例如,欧盟的技术标准约有 10 万个(德国一国就有 1.5 万个标准);日本设有繁杂且极其严格的工业标准和农产品标准;美国的技术标准和法规更是多得不胜枚举,而且大多数技术标准要求非常苛刻。

2. 合格评定程序(Conformity Assessment Procedure)

合格评定程序,是指任何直接或间接用以确定产品是否满足技术标准和法规要求的相关程序,包括抽样、检验和检查程序;符合性评估、验证和合格保证程序;注册、认可和批准程序;上述各项程序的综合。一般可分为认证、认可和相互承认三种形式,影响较大的是第三方认证。

认证是指由授权机构出具的证明,一般由第三方对某一事物、行为或活动的本质或特征,经当事人提出的文件或实物审核后给予的证明,通常被称为"第三方认证"。认证可以分为产品认证和体系认证。产品认证主要指产品符合技术规定或标准的规定,其中因为产品的安全性直接关系到消费者的生命健康,所以产品的安全认证为强制认证。例如,欧盟对欧洲以外的国家的产品进入欧洲市场要求符合欧盟指令和 CE 标准。体系认证是指确认生产或管理体系符合相应规定。目前,最为流行的国际体系认证有 ISO 9000 质量管理体系认证和 ISO14000 环境管理体系认证;行业体系认证有 QS 9000 汽车行业质量管理体系认证、TL9000 电信产品质量管理体系认证等。

3. 严格的商品包装和标签的规定(Packaging and Labeling Regulation)

许多西方国家对于在国内市场上销售的商品,规定了种种包装和标签条例。这些规定内容复杂,手续麻烦。进口商必须符合这些规定,否则不准进口或禁止在其市场上销售。许多外国产品为了符合有关国家的这些规定,不得不重新包装和改换商品标签,因而费时费工,增加了商品成本,削弱了商品竞争能力,影响了商品销路。

此外,一些西方国家对于包装物料、罐头、瓶型均有具体的规定和要求。这些规定都在不同程度上限制了外国商品的进口,特别是限制了从发展中国家进口的商品。近十几年来,发达国家相继采取措施,大力发展绿色包装。采取的措施有:以立法形式规定禁止使用某些包装材料;建立存储返还制度,许多国家规定,啤酒、软性饮料和矿泉水一律使用可以循环使用的容器,消费者在购买这些物品时,向商店缴存一定的保证金;税收优惠或处罚,即对生产和使用包装材料的厂家,根据其生产包装的原材料或使用的包装是否全部或部分使用可以再循环的包装材料给予免税、低税优惠或征收较高的税负,以鼓励使用可再生资源。欧盟对纺织品等进口产品还要求加贴生态标签。

4. 严格的卫生检疫规定(Health and Sanitary Regulation)

主要适用于农副产品及其制品。基于保护环境和生态资源,确保人类和动植物的健康,许多国家,特别是发达国家,制定了严格的产品卫生检疫、检验制度。

随着贸易战的加剧,发达国家更加广泛地利用卫生检疫的规定限制商品的进口,要求卫生检疫的商品越来越多,卫生检疫规定越来越严。例如,美国规定其他国家或地区输往美国的食品、饮料、药品及化妆品,必须符合美国的《联邦食品、药品及化妆品法》,否则不准进口。由于各国环境和技术标准的指标水平与检验方法不同,以及对检验指标设计的任意性,从而使环境和技术标准成为技术性贸易壁垒。

5. 绿色技术性贸易壁垒(Green Barrier to Trade,GBT)

绿色技术性贸易壁垒是指那些为了保护环境而直接或间接采取的限制甚至禁止贸易的措施。为了避免人类健康和生态环境遭到灾难性的危害,国际社会签订了一系列国际公约,如《濒危野生动植物物种国际贸易公约》《保护臭氧层维也纳公约》《生物多样化公约》《联合国气候变化框架公约》《生物安全协定书》等。

国际标准化组织(ISO)1996年公布的ISO 14000系列标准,要求企业建立全过程的环境管理体系,这是一种自愿性标准。目前,ISO 14000正成为企业进入国际市场的绿色技术壁垒。

主要发达国家还先后在空气、噪声、电磁波、废弃物等污染防治、化学品和农药管理、电力资源和动植物保护等方面制定了多项法律法规和许多产品的环境标准;以保护环境为名,对一些发展中国家的出口产品频频征收环境保护税,还要求根据"谁污染,谁治理"原则,污染者应该彻底治理污染,并将所有治理费用计入成本,也就是使环境资源成本内在化,否则便是进行生态倾销,应该向其征收生态反倾销税。绿色壁垒涉及的内容非常广泛,从对环境产生影响的角度出发,其内容可以从商品的生产、加工方法、包装材料、销售方式、消费方式,甚至商品废弃后的处理方式等诸多方面加以限制。

(二) 信息技术壁垒(Information Technical Barriers)

电子商务是21世纪全球商务的主导模式。发达国家在电子商务的主导技术、信息技术水平和应用程度上都明显超过发展中国家,并获得了战略性竞争优势;而发展中国家,尤其是不发达国家,在出口时,因信息基础设施落后、信息技术水平低、企业信息化程度低、市场不完善和相关的政策法规不健全等而受到影响,在电子商务时代,处于明显劣势:信息不透明,如合格认定程序;信息传递不及时,如技术标准更改;信息传递途径不畅通等。这样,在发达国家与发展中国家、不发达国家之间便形成了新的技术壁垒——信息技术壁垒(Information Technical Barriers)。

(三) 社会壁垒

社会壁垒(Social Barriers)指为削弱发展中国家企业因低廉劳动报酬、简陋工作条件所带来的产品低成本竞争优势,以劳动者劳动环境和生存权利为借口采取的贸易保护措施。

社会壁垒由社会条款而来,社会条款并不是一个单独的法律文件,而是对国际公约中有关社会保障、劳动者待遇、劳工权利、劳动标准等方面规定的总称,它与公民权利和政治权利相辅相成。国际上对此关注由来已久,相关国际公约有 100 多个,包括《男女同工同酬公约》《儿童权利公约》《经济、社会与文化权利国际公约》等。发展中国家,劳工成本是其最大的比较优势,社会壁垒将大大削弱发展中国家在劳动力成本方面的比较优势。

3.3 其他对外贸易措施

其他对外贸易措施是指除关税、非关税以外的其他鼓励出口(有时是管制出口)的措施,包括鼓励出口的经济措施、促进出口的组织措施以及管制出口的措施等,本节主要介绍鼓励出口的经济措施。

一、鼓励出口的经济措施

(一)出口信贷(Export Credit)

出口信贷是指一国政府为鼓励本国商品的出口,加强其国际竞争能力,鼓励本国的银行对本国的出口厂商或外国的进口厂商提供的利率较低的贷款。这是一国的出口厂商利用本国的银行贷款扩大商品出口的重要手段,特别是扩大那些金额较大、生产期限较长的商品的出口,如成套设备、船舶、飞机等。

1. 出口信贷的特点

(1)利率低,低于国际金融市场的利率。

(2)出口信贷与信贷保险相结合。

(3)信贷资金一般占出口金额的 80%~85%。

(4)信贷与出口项目相结合。

(5)国家一般有专门机构提供信贷,如中国的进出口银行、美国的进出口银行、日本的输出入银行、法国的对外贸易银行等。

2. 出口信贷的类型

出口信贷可以分为卖方信贷和买方信贷两类。

(1)卖方信贷(Supplier's Credit):出口国的银行向本国出口商提供优惠贷款的目的是鼓励出口商采用延期付款的方式,贷款可以帮助其融通资金。

(2)买方信贷(Buyer's Credit):出口国的银行直接向国外进口商或进口国的银行提供的贷款。这是一种约束性贷款,所贷款项必须用来购买债权国的商品。

(二)出口信贷国家担保制

出口信贷国家担保制(Export Credit Guarantee System)是指对本国出口厂商或银行向国外进口商或银行提供的信贷,由国家设立专门机构出面担保,当外国债务人无力或拒绝付款或还款时,由该机构按照承保的数额给予补偿。

出口信贷国家担保制担保的项目通常为普通商业保险公司不承保的政治风险和经济风险;担保金额:政治风险一般是 85%~95%,经济风险是 70%~80%,有时甚至达到 100%。其担保的对象可以是出口厂商,也可以是提供出口信贷的银行。担保期限通常分为短期、中期和长期。短期信贷担保为 6 个月左右;中长期信贷担保为 2~15 年。

(三) 出口补贴

1. 补贴

WTO《反补贴协议》对补贴的定义为:补贴是指成员方政府或任何公共机构(以下统称"政府")提供的财政资助或其他任何形式的收入或价格支持,其目的是影响市场价格和比较优势,限制外国产品的进口,鼓励本国产品的出口。

补贴具有以下几个基本特点:补贴是一种政府行为;补贴是一种财政措施;补贴的对象是国内生产者和销售者;补贴的结果是增强国内企业生产的产品在国内和国际市场上的竞争地位。

根据补贴对象的不同,补贴可分为以下四种。

(1) 国内补贴(Domestic Subsidies)或称生产补贴(Subsidies to Production):指为产品生产而支付给国内生产者的财政资助。政府为促进某一产业的发展而选择使用生产性的补贴措施,要比使用关税和非关税壁垒的手段阻挠进口的做法更可取一点。因此对生产性补贴,各国采取比较温和的态度。

(2) 出口补贴(Exports Subsidies):可促进出口的直接财政资助。出口补贴是各国都反对的,被给予严厉对待。尽管如此,一些国家在反对其他国家出口补贴的同时,本国也进行着大量的出口补贴。

(3) 出口信贷补贴(Export Credit Subsidies):即政府为了促进本国产品出口,提供低利息优惠贷款,分为卖方信贷和买方信贷。

(4) 边境税收调整(Border-tax Adjustments):是一种有争议的补贴形式,指当商品通过边境后,政府将国内所征收的增值税退还给出口商,有的叫边境退税(Border Tax Reimbursement),有的称出口退税(Tax Reimbursement for Export)。一些不征收增值税的国家认为,这种退税是一种不公平的补贴,而许多征收增值税的国家认为,边境税收调节不能看作是补贴的一种形式。

2. 出口补贴

出口补贴,又称出口津贴,是一国政府为降低出口商品的价格,加强其在国外市场上的竞争能力,在出口某种商品时给予出口厂商的现金补贴或财政上的优惠待遇。出口补贴有直接补贴和间接补贴两种形式。

(1) 直接补贴:是指出口某种商品时政府直接付给出口商的现金补贴。如:美国和欧共体对农产品出口的补贴。

(2) 间接补贴:是指政府对某项出口商品给予财政上的优惠待遇。如对出口商减免出口税或国内税;对加工、改制后再出口的进口原料和半制成品给予暂时免征进口税或出口时退还进口税的优惠待遇;对出口商品实行延期付税、降低运费、提供低息贷款等。

3. 补贴的分类

根据是否符合 WTO 反补贴规则,可以将补贴分为三类。

(1) 禁止性补贴(Prohibited Subsidies):指不允许成员方政府实施的补贴,一旦实施,任何受其影响的其他成员方可以直接采取反补贴措施,又称为"红色补贴"。

根据《补贴与反补贴措施协议》第 3 条的规定,下列补贴为禁止性补贴:在法律上或事实上对出口行为的应急补贴;对使用国产品进行补贴,而对使用进口产品不予以补贴。《补贴与反补贴措施协议》附件1具体列举了12种对出口的补贴行为。

(2) 可申诉补贴(Actionable Subsidies):是指在一定范围内允许实施,但如果其实施对其他成员方的经济贸易利益造成了损害,受到损害的成员方可就此采取反补贴措施的补贴,又称为"黄色补贴"。这类补贴的特点是:因其具有存在的合理性,因而WTO规则允许其存在;但如果它的实施损害到其他成员方的利益时,就具有不合理性,这时它就不为WTO规则所承认,反而要受到一定的制裁。所谓可申诉的补贴就是因为它具有在一定条件下被提起诉讼的可能性,但如果运用得适当,也可以不被提起诉讼。

(3) 不可申诉补贴(Non-actionable Subsidies):是成员方政府为鼓励研究活动、发展落后地区经济、保护环境而实施的补贴,又称"绿灯补贴",是可以实施的补贴。《补贴与反补贴措施协议》将其分为两种:一是不具专向性的补贴,即可普遍获得的,不针对特定企业、特定产业和特定地区的补贴;二是符合特定要求的专向性补贴,包括在研究与开发、贫困地区、环保上的补贴。

(四) 商品倾销(Dumping)

WTO《反倾销协议》对倾销的定义为:倾销是指一国商品以低于正常价值的办法挤入另一国的市场,由此而对进口国国内同类产业造成实质性损害或实质性损害威胁;或对进口国国内某一工业的新建造成了实质型的阻碍。商品倾销的目的是打开进口国市场,战胜竞争对手,扩大销售或垄断市场。

按照倾销的目的和时间的不同,商品倾销可以分为以下四类。

1. 偶然性倾销(Sporadic Dumping)

偶然性倾销是指因为偶然的原因或情势,以不正常低价在国外市场上销售。如产品销售旺季已过,或公司改营其他在国内市场上很难售出的积压库存;货物因自身性质不易长期保存;资金紧缺等原因。由于此类倾销持续时间短、数量小,对进口国的同类产业没有特别大的不利影响,进口国消费者反而受益,获得廉价商品,因此,进口国对这种偶发性倾销一般不会采取反倾销措施。

2. 间歇性或掠夺性倾销(Intermittent or Predatory Dumping)

间歇性或掠夺性倾销是指以低于国内价格或低于成本价格在国外市场销售,达到打击竞争对手、形成垄断的目的。待击败所有或大部分竞争对手之后,再利用垄断力量抬高价格,以获取高额垄断利润。这种倾销违背公平竞争原则,破坏国际经贸秩序,故为各国反倾销法所限制。因具有明显的"掠夺"市场的目的,又被称为"掠夺性倾销"。

3. 长期性或持续性倾销(Long-run or Persistent Dumping)

长期性或持续性倾销是指出口商将产品长期以低于国内市场价格的办法在国外市场上销售,其目的是通过规模经济效应来降低生产成本,或因其接受了出口国政府的补贴。

4. 隐蔽性倾销

隐蔽性倾销是指出口商按国际市场上的正常价格出售商品给进口商,但进口商以倾销性的低价在进口国市场上抛售,其亏损部分由出口商补贴给进口商。

补贴和倾销都是WTO所反对的,在WTO中有专门的《补贴与反补贴措施协议》和《反倾销协议》，反倾销和反补贴都是为了反对不公平的贸易，促进公平竞争。

（五）外汇倾销（Foreign Exchange Dumping）

外汇倾销是指一国政府利用本国货币对外贬值的机会扩大出口的措施。本币对外贬值可以促进出口，抑制进口。一国货币贬值以后，出口商品以外币表示的价格降低，提高了该商品的竞争能力，从而扩充出口；以本币表示的外国商品的价格提高，从而减少了进口。

但外汇倾销要达到有效促进出口的目的，需要同时具备三个条件：货币贬值的幅度要大于国内物价上涨的幅度；出口商品有充分的弹性；其他国家不同时采取货币贬值或其他的报复性措施。

二、促进出口的组织措施

除以上所述的经济措施之外，许多国家也会采取一些组织措施以鼓励出口。如：

（1）设立专门组织，研究和制定出口的策略；

（2）建立商业情报网，加强商业情报的服务工作，如英国设立的"出口情报服务处"等；

（3）设立永久性贸易中心，组织贸易展览会等；

（4）组织贸易代表团出访和接待外国贸易代表团来访，其费用大部分由政府补贴；

（5）组织出口评奖活动，如日本将每年6月28日定为贸易纪念日，对出口成绩卓著的出口商予以鼓励。

三、管制出口的措施

除了鼓励出口的措施外，一国往往也会出于某种目的，对本国的出口予以管制。

（一）出口管制的商品

（1）军火、武器、军事设备等战略物资以及先进技术资料；

（2）国内生产所需的原材料、半制成品或供应不足的商品，如美国对某些化工用品、可可等实行管制；

（3）战略物资、尖端技术及先进产品，通常严格限制甚至禁止出口；

（4）在国外压力下，实行"自限"的商品；

（5）对某国或地区采取经济制裁而限制或禁止出口的商品；

（6）对古董、艺术品等管制出口。

（二）出口管制的形式

出口管制的形式可以分为单方面出口管制和多方面出口管制。单方面出口管制是指一国根据本国情况，制定出口管制法令和规定，设立专门的执行机构，对本国某些商品的出口实行管制。多方面出口管制是指由几个国家达成多边协议，协调彼此的出口管制政策和措施，建立国际性的多边出口管制机构，规定出口管制的具体办法等，以达到共同的政治、军事和经济目的。如1949年成立的"巴黎统筹委员会"就是一个典型的多边出口管制机构。

中国农产品出口遭遇日本绿色贸易壁垒

2006年5月起,日本正式施行《食品中残留农业化学品肯定列表制度最终草案》,该草案明确设定了进口食品、农产品中可能出现的734种农药、兽药和饲料添加剂的近5万个暂定标准,大幅抬高了进口农产品、食品的准入门槛。目前全球约有700种农药,即便是拥有先进设备和检测人员的日本横滨进口食品检疫检查中心也只有检测其中200种农药的能力。即使这200种农药的检测,也因化验数据收集和管理工作量大、设备和人手严重不足而影响工作进度。据日方承诺,他们要在2007年年底才能把所有项目的检测方法公布出来。"肯定列表"制度规定每种食品、农产品涉及的残留限量标准平均为200项,有的甚至超过400项。专家称,按照"肯定列表"的标准,吃一棵菜要检测200个项目。因此到目前为止,日本的"肯定列表"制度被认为是"最为严苛的检测标准"。残留控制和农药检测所发生的费用将使我国输日产品的成本大幅增加。日本作为中国农产品的第一大出口市场,"肯定列表"的实施已严重影响我国农产品对日本的出口。

2006年6月2日,中国出口日本的甜豌豆被日方要求收回,成为"肯定列表"制度实施后首件超标被查的农产品。此后,我国鳗鱼、干青梗菜、大粒花生、冷冻木耳、天然活泥鳅等产品被陆续查出药残超标。据海关统计,去年6月,我国对日农产品出口大幅下降,当月出口额同比下降18%,其中水产品的对日出口基本停止增长。据专家保守估计,日本"肯定列表"的实施将对我国对日农产品出口总额的1/3产生致命影响。

据此思考以下问题:
1. 日本为什么要颁布如此严格苛刻的农产品监测标准?
2. 根据此案谈谈我国出口企业应如何应对日益频繁的技术性贸易壁垒。

 项目拓展

2~4人一组,每人选一种你感兴趣的产品,找到其产业链(如对汽车感兴趣,可以找到它的上游产品发动机、轮胎、钢材等),然后查找中国对各产品的进口关税税率(可通过"商品名+编码",从海关网站查询到相关进口关税税率),分析其税率结构是否符合关税升级?分析原因并讨论。

 重点名词

进口附加税 普遍优惠制 有效保护率 进口配额制

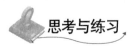 **思考与练习**

1. 关税有哪些种类?
2. "关税能为政府带来收入并且能为国内产业提供保护,因此,关税税率越高,政府的

收入越多,且对国内产业保护越好"。请对此观点进行评析。

3. 什么是技术性贸易壁垒?为什么技术性贸易壁垒在世界范围内盛行?我国应如何应对技术性贸易壁垒?

4. 倾销有哪些类型?我国出口企业为何频遭反倾销大棒?应如何应对?

5. 进口一台高清等离子彩电的价格为1万元,征收20%的从价税,该彩电的原材料价格为6 000元,若政府对进口彩电的零部件等原材料不征税、对原材料进口征收5%或20%或35%的从价税,该国的有效保护率分别为多少?通过计算,可以推出哪些有关有效保护率的一般结论?

6. 国内某公司,从日本购进该国生产的广播级电视摄像机40台,其中有20台成交价格为CIF境内某口岸4000美元/台,其余20台成交价格为CIF境内某口岸5200美元/台。已知适用中国银行的外汇折算价为1美元=人民币6.8396元,计算应征进口关税。(原产国日本关税税率适用最惠国税率,经查关税税率为:每台完税价格低于或等于5000美元的,关税税率为单一从价税35%;每台完税价格高于5000美元的,关税税率为12 960元从量税再加3%的从价税。)

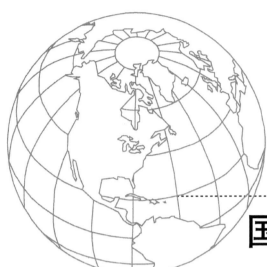

项目 4
国际经济一体化

本项目知识结构图

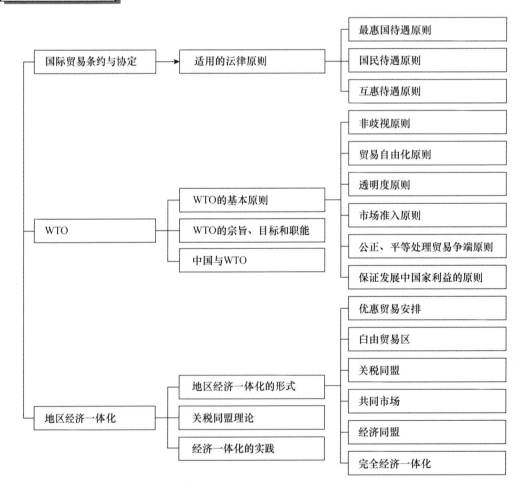

项目4 国际经济一体化

学习目标

国际经济一体化是当今国际贸易领域出现的重要问题之一。其在20世纪50年代起源于西欧,并在20世纪60—80年代在世界各地迅速发展。国际经济一体化是从区域经济一体化开始的,首先发生于贸易领域,对区域内外采取不同的贸易政策,国际经济一体化对国际贸易和国际分工产生了广泛而深远的影响。本章主要介绍了国际贸易条约与协定的概念、WTO和区域经济一体化的发展。WTO是一个促进国际贸易自由化的组织,是促进国际经济一体化的重要力量,而区域经济一体化是国际经济一体化的中间阶段,也是目前国际经济形势下比较现实的选择。

知识目标

- 掌握最惠国待遇和国民待遇原则;
- 了解WTO的宗旨、主要原则和职能;
- 掌握地区经济一体化的形式;
- 了解欧盟等主要地区一体化组织。

技能目标

理解中国入世和加入地区经济一体化的意义。

项目导入

经历了15年漫长的谈判,2001年12月11日,中国正式成为WTO第143个成员。根据加入世界贸易组织的承诺,中国扩大了在工业、农业、服务业等领域的对外开放,加快推进贸易自由化和贸易投资便利化。入世15年,中国由世界第九大经济体跃升至世界第二大经济体;2013年以来货物贸易稳居世界第一,入世给我们的生活带来巨大的变化。

2013年5月,李克强总理出访亚欧四国,分别在印度宣布倡导构建孟中印缅经济走廊、在巴基斯坦提出构建中巴经济走廊,很显然,中国区域经济一体化将开创新局面。张燕在想,中国为什么要加入WTO,并积极开展地区经济合作呢?

4.1 国际贸易条约与协定

一、贸易条约与协定的含义

贸易条约与协定(Commercial Treaty and Agreement)是两个或两个以上的主权国家为了确定彼此间在经济、贸易关系方面的权利和义务关系而缔结的书面协议。

早在资本主义以前就有贸易条约与协定,资本主义生产方式诞生后,随着国际贸易的发展,贸易条约与协定又增添了新的内容。贸易条约与协定按照参加国家的多少,可分为双边和多边贸易条约与协定两种。

贸易条约与协定是国际条约与协定的一种，是国家间经济贸易往来的法律文件形式和法律依据之一。从历史上看，最初贸易条约与协定主要用来调整缔约国之间关于自然人与法人相互来往的贸易关系问题。随着资本主义的发展和各国间经济关系的加强，在贸易条约与协定中，一般将缔约国政府本身的相互经济与贸易关系作为主要内容。

二、国际贸易条约与协定的种类

（一）贸易条约（Commercial Treaty）

这里所讲的贸易条约，是狭义上的概念，又称通商航海条约（Treaty of Commercial and Navigation），是全面规定缔约国之间经济、贸易关系的条约。其内容相当广泛，涉及缔约国经济、贸易、航海等各个方面的问题，主要包括：关税的征收及海关手续的规定，船舶航行与使用港口的规定，关于缔约双方的公民和企业组织在对方国家所享受待遇的规定，有关知识产权保护的规定，关于进口商品征收国内捐税的规定，关于铁路运输和过境的规定，关于仲裁裁决的规定等。

由于贸易条约的内容关系到国家的主权与经济权益，因此，这种条约是以国家或国家首脑的名义签订的，由国家或国家首脑特派全权代表签订。双方代表在条约上签字之后，还需按有关缔约国的法律程序完成批准手续，缔约国之间互相换文后才能生效，有效期限一般比较长。

（二）贸易协定（Trade Agreement）

贸易协定是缔约国之间为调整和发展相互间经济贸易关系而签订的书面协议。其特点是，与贸易条约相比，所涉及的面比较窄，对缔约国之间的贸易关系往往规定得比较具体，有效期较短，签订程序也较简单，一般只需签字国的行政首脑或其代表签署即可生效。

贸易协定的内容通常包括：贸易额、双方出口货单、作价办法、使用的货币、支付方式、关税优惠等。

（三）贸易议定书（Trade Protocol）

贸易议定书是缔约国就发展贸易关系中某项具体问题所达成的书面协议。此议定书常用来规定个别贸易协定中的某些条款或有关贸易方面的专门技术问题，也用来规定延长条款或协定的有效期。贸易议定书往往是作为贸易协定的补充、解释或修改而签订的，内容因而比较简单。其签订程序比贸易协定更为简单，一般经签字国有关行政部门的代表签署后即可生效。

（四）支付协定（Payment Agreement）

支付协定大多为双边支付协定，是规定两国间关于贸易和其他方面债权债务结算方法的书面协议。其主要内容包括：清算机构的确定、清算账户的设立、清算项目与范围、清算货币、清算办法、差额结算办法的规定等。

外汇管制促使了支付协定的产生。在实行外汇管制的条件下，一种货币不能自由兑换另一种货币，对一国所具有的债权不能用来抵偿对第三国的债务，结算只能在双边基础上进行，因而需要通过缔结支付协定来规定两国间的债权债务结算方法。这种通过相互抵账来清算两国间的债权债务的办法，既有助于克服外汇短缺的困难，亦有利于双边贸易的发展。

自1958年以来,西方一些主要资本主义国家相继实行货币自由兑换,双边支付清算逐渐为多边现汇支付清算所代替。但对于一些目前仍实行外汇管制的发展中国家,往往还签订支付协定。

(五)国际商品协定(International Commodity Agreement)

国际商品协定是某项商品的主要生产国(出口国)和消费国(进口国)就该项商品的购销、价格等问题,经过协商达成的政府间多边协定。其目的是为了稳定该项商品的价格和供销,消除短期和中期的价格波动。

国际商品协定的主要对象是发展中国家所生产的初级产品。发展中国家为了保障自身的利益,希望通过协定维持合理的价格;而作为主要消费国的工业发达国家则相反,只有当价格上涨时,才想通过协定保证价格不至上涨过高并保证供应,才有签订协议的要求。因此,在谈判和签订协定的过程中,生产国与消费国之间充满着矛盾。在第二次世界大战以前,只签订了小麦(1933年)和糖(1937年)两种国际商品协定。第二次世界大战后,共签订了糖(1953年)、锡(1956年)、咖啡(1962年)、橄榄油(1958年)、小麦(1949年)、可可(1973年)、天然橡胶(1979年)等七种国际商品协定。

国际商品协定主要通过设立缓冲库存(Buffer Stock)、签订多边合同(Multilateral Contracts)、规定出口限额(Export Quotas)或出口限额与缓冲库存相结合等办法来稳定价格。

缓冲库存,即协定执行机构向成员国筹措的缓冲基金(包括存货和现金),当协定商品价格偏低时,即以现金购买商品以避免价格下跌;当价格偏高时,即抛出存货以抑制价格上涨,国际锡协定和国际天然橡胶协定就是采用这种方法来稳定价格。

多边合同通过规定在协定规定的价格幅度内,进口国向各出口国购买一定数量的有关商品,出口国也向各进口国出售一定数量的有关商品来稳定商品价格。国际小麦协定就是采用这种办法来稳定小麦价格。

出口限额则通过控制商品供应量来稳定价格,即先规定一个基本的年度出口配额,再根据市场需求情况作相应的增减。采取这种办法的有国际咖啡协定和国际糖协定。国际可可协定则采用出口限额与缓冲存货相结合的办法来稳定价格。

应该指出,国际商品协定最多只对协定商品的短期价格发挥一些稳定作用,对于长期价格的稳定并不能产生任何重大影响,有些协定甚至在签订之后就形同虚设,对协定商品价格的稳定未曾发生任何作用。

三、贸易条约与协定适用的法律原则

在贸易条约与协定中,通常所适用的法律原则有以下三个。

(一)最惠国待遇原则(Most-Favored Nation Treatment)

最惠国待遇原则是贸易条约和协定的一项重要条款。其基本含义是:缔约国一方现在和将来所给予任何第三国的一切特权、优惠或豁免,也同样给予缔约对方。其基本要求是:使缔约一方在缔约另一方享有不低于任何第三国所享有的待遇。也就是说,施予最惠国待遇的一方,对于一切外国人或外国企业要给予同等地位,享有同样的待遇,不给予任何一国

（地区）歧视待遇。

最惠国待遇条款既可以适用于两国经济贸易关系的各个方面，也可以只在贸易关系中某一个问题上适用。其适用范围主要包括：有关进口、出口、过境商品的关税及其他各种捐税；有关商品进口、出口、过境、存仓和换船方面的海关规则、手续和费用；进、出口许可证的发给及其他限制措施；船舶驶入、驶出和停泊时的各种税收、费用和手续；关于移民、投资、商标、专利及铁路运输方面的待遇。

最惠国待遇一般规定不适用的限制和例外条款，常见的有以下几种。

（1）边境贸易。一些国家往往把边界两边 15 公里以内的小额贸易在关税、海关通关手续上给予减免等优待作为例外。

（2）关税同盟。一国在参加其他地区经济一体化组织时所做出的贸易方面的承诺。

（3）沿海贸易和内河航行。

（4）多边国际条约或协定承担的义务。

（5）区域性特惠条款。

（6）其他例外，如沿海捕鱼、武器进口、金银外币的输出入以及文物、贵重艺术品的出口限制和禁止等。

（二）互惠待遇原则（Reciprocally Treatment）

互惠待遇原则是法律待遇条款的一种。其基本要求是：缔约国的双方根据协议相互给予对方的法人或自然人以对等的权利和待遇。这项原则不能单独使用，必须与其他特定的权利或制度的内容结合在一起，才能成为独立的单项条款。例如，1979 年的《中华人民共和国和美利坚合众国贸易关系协定》第六条规定：双方同意在互惠基础上，相互给予法人、自然人申请商标的使用权。互惠的法律意义在于：基本上可以防止一国及其法人、自然人在另一国单方面享有特权，也可以保证这些组织和个人在外国享有的对等权利不受限制或歧视。互惠待遇在现代国际贸易中被广泛使用，对于一国产品开拓海外市场，促进两国贸易关系，维持两国贸易平衡，尤其是对于显示两国相互尊重的平等精神，保持长期的经济与贸易关系具有重要意义。

（三）国民待遇原则（National Treatment）

国民待遇原则是法律条款之一。其基本含义是指：缔约国一方保证缔约国另一方的公民、企业和船舶在本国境内享受与本国公民、企业和船舶同等的待遇。例如，《中华人民共和国和朝鲜民主主义人民共和国通商航海条约》第九条规定："一方船舶在别国，在相同情况下给予本国船舶同样的待遇。"

国民待遇条款一般适用于外国公民或企业的经济权利。如外国产品所应缴纳的国内税捐，利用铁路运输和转口过境的条件，船舶在港口的待遇，商标注册、著作权及发明专利权的保护等。但是，国民待遇条款的使用具有一定的范围，并不是将本国公民或企业所享有的一切权利都包括在内。像沿海航行权、领海捕鱼权、购买土地权等，通常都不包括在国民待遇条款的范围之内，这些权利一般都不给予外国侨民或企业，只准本国公民和企业享有。

一个时期以来，帝国主义国家在国外签订贸易条约和协定时，往往要求列入国民待遇条款，以便其商品和资本可以畅通无阻地渗入对方国家。

4.2 世界贸易组织

世界贸易组织(WTO)的前身——关税与贸易总协定(General Agreement on Tariff and Trade,简称 GATT)是 1947 年 10 月 30 日由 23 个国家在日内瓦签订的一项关于关税与贸易规划的多边国际条约,它是当今世界涉及范围最广、影响最大的多边贸易协定,对世界经济贸易的发展起着非常重要的作用。

一、关税与贸易总协定

关税与贸易总协定是指第二次世界大战后,在美国的积极推动下,23 个国家的代表于 1947 年 10 月 30 日在日内瓦签订并于 1948 年 1 月 1 日生效的、协调各缔约国对外经济贸易政策和国际经济贸易关系相互权利和义务的国际多边协定。其宗旨是:通过彼此削减关税及其他贸易壁垒,消除国际贸易上的歧视待遇,以充分利用世界资源,扩大商品生产和交换,保证充分就业,增加实际收入和有效需求,提高生活水平。

关税与贸易总协定总部设在瑞士日内瓦,其组织机构主要有缔约国大会、代表理事会、委员会、工作组和专门小组、18 国咨询组、总干事和秘书处。

关贸总协定从 1948 年 1 月 1 日开始实施到 1995 年 12 月 31 日正式退出历史舞台,前后存续了 48 年。48 年间,关贸总协定的内容和活动领域不断扩大,缔约方不断增多,其在国际贸易领域发挥的作用日益加强,主要表现在以下几个方面:

(1) 促进了国际贸易的发展和贸易规模的扩大;
(2) 缓和了各缔约方之间的贸易摩擦和矛盾;
(3) 形成了一套国际贸易政策和措施的规章;
(4) 为发展中国家对外贸易的开展提供了一定的便利。

但是,由于关贸总协定产生背景的特殊性,其发展过程中不可避免地存在一些局限。随着国际经济的不断发展,其本身难以克服的局限性日益突出,已经不能适应国际贸易和世界经济的发展。

二、世界贸易组织的产生与发展

关贸总协定作为一份临时起草的协议,目的是在国际贸易组织正式成立之前,能尽快推行贸易自由化。后来因为美国国会未批准成立国际贸易组织,关贸总协定虽成为国际贸易谈判的场所,但始终处于临时性的地位,其权威性不强。随着国际经济贸易形势的发展,关贸总协定在法律地位、职能范围、管辖内容和运行机制等方面的局限性日益明显,建立国际贸易组织的呼声和建议在关贸总协定实施的四十多年中未曾中断。学术界更是关心成立国际贸易组织问题,并提出一系列构想。

当 1986 年"乌拉圭回合"多边贸易谈判开始时,其中的 15 个议题中并没有建立世界贸易组织的问题,只是设立了一个关于修改和完善关贸总协定体制职能的谈判小组,但是在新议题中已涉及货物贸易以外的问题,如知识产权保护、服务贸易以及与贸易有关的投资措施等。而对这些非货物贸易的重要议题,很难在关税与贸易总协定的旧框架内来谈判,而有必

要创立一个正式的国际贸易组织通过分别谈判来解决。因此,在1990年年初,欧共体时任主席国意大利首先提出了建立一个多边贸易组织的倡议。这个倡议后来以12个成员国名义正式提出,得到美国、加拿大等主要西方大国的支持,并于同年12月召开的布鲁塞尔部长会议上正式做出决定,责成体制职能小组负责"多边贸易组织协议"的谈判。历经1年的紧张谈判,小组于1991年12月形成了一份"关于建立多边贸易组织的协定草案",后来又经过2年的修改和完善,最终于1993年12月15日"乌拉圭回合"结束时根据美国的建议把"多边贸易组织"(MTO)改名为"世界贸易组织"。《建立世界贸易组织协议》于1994年4月15日在摩洛哥的马拉喀什部长会议上获得通过,至此,一个国际贸易领域的正式组织——世界贸易组织宣告成立,并于1995年1月1日开始运作,从而结束了四十多年关贸总协定临时适用的历史。

世界贸易组织总部设在瑞士日内瓦,截至2015年7月已有162个国家和地区成为其成员。中国是GATT的原始缔约方,因历史原因与GATT中断了联系。1986年,中国提出恢复GATT原始缔约方地位的申请,主要是由于美国的阻挠,没能成功。1995年WTO正式生效后,中国又重新申请加入WTO,历经15年的谈判。2001年12月11日,中国正式成为WTO的成员。

三、世界贸易组织的宗旨、目标和职能

(一)宗旨与目标

世界贸易组织在其建立协议的序言中指出了其宗旨与目标,即:提高生活水平,保证充分就业,大幅度稳步地提高实际收入和有效需求;扩大货物、服务的生产和贸易;坚持走可持续发展之路,各成员应促进对世界资源的最优利用、保护和维护环境,并以符合不同经济发展水平下各成员需要的方式,加强采取各种相应的措施;积极努力以确保发展中国家,尤其是最不发达国家,在国际贸易增长中获得与其经济发展水平相应的份额和利益。

(二)职能

(1)促进世界贸易组织目标的实现,监督和管理其统辖范围内的各项协议的贯彻实施;

(2)组织实施各项多边贸易协议,为各成员方提供多边贸易谈判的场所,按WTO的争端解决规则与程序,主持解决各成员方之间的贸易纠纷;

(3)按照有关贸易政策审议机制,负责定期审议各成员方的贸易制度和与贸易有关的国内经济政策;

(4)协调与国际货币基金组织和世界银行的关系,以保障全球经济决策的一致性;

(5)编写年度世界贸易报告和举办世界经济贸易研讨会;

(6)向发展中国家和经济转型国家提供必要的技术援助。

四、世界贸易组织的组织机构和基本原则

(一)组织机构

世界贸易组织的最高决策权力机构是部长会议,下设总理事会和秘书处,负责世界贸易组织日常会议和工作。总理事会设有货物贸易、非货物贸易(服务贸易)、知识产权三个理事会和贸易与发展、预算两个委员会。总理事会还下设争端解决机构和贸易政策核查机构。

1. 部长会议

它是世界贸易组织的最高决策机构(非常设机构),由世界贸易组织成员方的部长组成。部长会议定期举行(至少每2年一次),对国际贸易重大问题做出决策,在适当时候发动多边贸易谈判。

2. 总理事会

它是世界贸易组织的核心机构,负责对日常世界贸易组织的领导和管理。在部长会议休会期间代为执行各项职能。

3. 秘书处

它负责处理日常工作,由部长会议任命的总干事领导。总干事和秘书处的职责具有国际性,在履行职务中,不得寻求和接受任何政府或世界贸易组织以外组织的指示。

4. 分理事会

总理事会下设三个分理事会:货物贸易理事会、服务贸易理事、与贸易有关的知识产权理事会,分别履行不同的职责。

5. 争端解决机构和贸易政策审议机构

争端解决机构(Dispute Settlement Body,简称DSB)和贸易政策审议机制(Trade Policy Review Mechanism,简称TPRM)均直接隶属于部长会议或总理事会。争端解决机构下设专家小组和上诉机构,负责处理成员方之间基于各有关协定、协议所产生的贸易争端;贸易政策审议机构负责定期审议各成员方的贸易政策、法律与实践,并就此做出指导。

6. 专门委员会

部长会议下设四个专门委员会来分别负责处理相关事宜,它们分别是:贸易与发展委员会、贸易与环境委员会、国际收支调控委员会以及财政和行政预算委员会。

(二)世界贸易组织的基本原则

世界贸易组织适用的基本原则主要来自关税与贸易总协定、服务贸易总协定以及历次多边贸易谈判,特别是"乌拉圭回合"谈判达成的一系列协议。它由若干规则和一些规则的例外组成,这些规则是互相联系或相互补充的。

1. 非歧视原则

这一原则承袭了关贸总协定的非歧视原则,具体体现为最惠国待遇原则和国民待遇原则,这两条重要的法律原则几乎贯穿于WTO的所有法律条文中。世贸组织成员相互给予无条件的最惠国待遇和国民待遇,即要求每一成员方在进出口方面应以相等的方式对待所有其他成员方,而不应采取歧视待遇;同时,要求每一成员方对进入本国市场的任何其他成员国的产品在本国内或其他国内商业规章等方面给予和本国产品同等待遇,而不应歧视。其中,国民待遇原则与最惠国待遇原则的义务是互补的。

2. 贸易自由化原则

贸易自由化原则从本质上说就是限制和取消一切妨碍和阻止国际贸易开展与进行的障碍,包括法律、法规、政策和措施等。而世界贸易自由化从根本上来说,是通过削减关税、弱化关税壁垒以及取消和限制形形色色的非关税壁垒措施来实现的。因此,这一原则又是通

过关税减让原则和一般取消数量限制原则等来实现的。

3. 透明度原则

这一原则继承了关贸总协定的贸易政策法规在全国统一实施的透明度原则,是世贸组织成员在货物和服务贸易中必须遵守的基本原则之一,它要求有关成员方政府在实施与贸易有关的法律和规章时,必须予以公布,接受其他成员对其政策法规进行检查、监督和纠正,以保证成员方有关法规真正符合建立世界贸易组织协议的规定。

4. 市场准入原则

对于一个出口企业来说,无论其存在于一个小国还是大国,重要的是市场准入,而世贸组织保证了这种市场准入。所谓市场准入,是指一国允许外国的货物、劳务与资本参与国内市场的程度。市场准入原则旨在通过增强各国对外贸易体制的透明度,减少和取消关税、数量限制和其他各种强制性限制市场进入的非关税壁垒,以及通过各国对开放本国特定市场所做出的具体承诺,切实改善各缔约国市场准入的条件,使各国在一定的期限内逐步放宽市场开放的领域,从而达到促进世界贸易的增长,保证各国的商品、资本和服务可以在世界市场上公平自由竞争的目的。

5. 公正、平等处理贸易争端原则

国际贸易争端是随着国家间经济交往而产生的不可避免的一种现象。在关贸总协定所规定的争端解决程序和对其修改、补充的基础上形成的世界贸易组织争端解决机制,体现了贸易争端处理的公正、平等原则。具体体现在以下几个方面:实行调解制度,建立上诉机构,从全体一致通过机制到全体一致否决机制的转变,对发展中国家及最不发达国家的特殊规定及世界贸易组织的道义压力。公平竞争常常会直接与市场准入发生冲突,因为政府获取公平的手段往往是一种贸易壁垒,然而,这样的贸易壁垒却是完全合法并且也是允许使用的。

6. 给予发展中国家和最不发达国家优惠待遇原则

世界贸易组织除了继续对发展中国家的贸易与经济发展方面实行关税和其他特殊优待之外,还在以下几个方面给发展中国家一定的优惠待遇:

(1) 允许发展中国家用较长时间履行义务,或有较长的过渡期;

(2) 允许发展中国家在履行义务时可有较大的灵活性;

(3) 规定发达国家向发展中国家提供技术援助,以便发展中国家更好地履行义务。

五、世界贸易组织的运行机制

(一)决策机制

世界贸易组织的决策机制是指世界贸易组织对有关事项在通过决议、规章、规则或决定等法律文件时应遵循的程序规则。在部长会议和总理事会上,每个世界贸易组织成员均有且只有一票投票权,并且任一成员方都没有否决权。这是世界贸易组织同联合国、国际货币基金组织和世界银行决策机制的根本区别。这一机制保证了世界贸易组织的决策不受少数国家特别是大国意志的左右。

按照世界贸易组织的规定,世界贸易组织的决策首先考虑适用协商一致原则,不能达成协商一致的实行多数票规则,包括简单多数规则、2/3多数通过规则、3/4多数通过原则,但某些决策必须实行协商一致规则,有些决策甚至实行必须接受原则(如涉及决策制度的修改和最惠国待遇原则的修改等)。同时,为适应争端解决机制的需要,还在某些特殊决策中实行反向一致原则。

（二）世界贸易组织的争端解决机制

争端解决机制的主要程序包括以下几个方面。

1. 磋商

某一成员方认为另一成员方的贸易措施影响了其利益时,可以提出书面磋商申请,如果收到申请的成员方在规定的时间内未做出答复,或未进行磋商或双方未能解决争端,申请磋商一方可要求成立专家小组。

2. 斡旋、调解和调停

在另一成员方收到磋商请求后,双方中的任何一方可以要求第三方进行斡旋、调解和调停。此程序是各当事方同意而自愿选择的程序,不影响任何一方采取进一步程序的权利。

3. 成立专家小组

如果当事方请求成立专家小组,则世贸组织争端解决机构(世贸组织总理事会在履行争端解决职责时则被视为争端解决机构,简称DSB)最迟应在该请求被首次列入DSB会议议程的下一次DSB会议上成立专家小组。专家小组由3～5名在国际经贸领域有丰富经验的资深政府和非政府人员组成。专家小组组成后,应制定工作时间表。

4. 上诉审议

当争端一方对专家小组的报告持有异议时,可向争端解决机构提交上诉报告。世贸组织争端解决机构设立常设上诉机构处理有关案件,该常设上诉机构的主要职能是:仅审查专家小组报告中涉及的法律问题和专家小组做出的法律解释。上诉机构可以维持、修改和推翻专家小组的法律裁决或结论。

5. 对执行建议和裁决的监督

专家小组或上诉机构报告或建议,经争端解决机构通过后的30天内,有关成员应通知争端解决机构其执行建议或裁决的意向。若不能履行,则应在"合理的时限"内达到与协议的规定一致。如果建议和裁决不能在"合理时限"内执行完毕,则各方应共同协商达成可行的赔偿方案,以通过赔偿的方式来执行建议和裁决。如果当事方未能在"合理时限"期满日之后20天内达成令人满意的赔偿协议,任一当事方可请求争端解决机构授权"报复",即中止履行有关协定项下的减让或其他义务。

六、世界贸易组织的成员、加入与退出

（一）成员

世界贸易组织的成员分为两类。

1. 创始成员方

只有在《建立世界贸易组织协议》生效之日(1995年1月1日)已是1947年关贸总协定的缔约方,接受《建立世界贸易组织协议》和多边贸易协议,并在1994年关贸总协定中附有

承诺和减让表,以及在服务贸易总协定中附有市场准入承诺表者,才能成为世贸组织的创始成员方。

2. 加入成员方

世贸组织是一个开放性的国际组织,任何主权国家和拥有完全自主权的独立关税区,按其与世贸组织达成的条件,均可成为世贸组织的成员方。

(二) 加入程序

一国或地区要成为世贸组织的加入成员方,必须要经过必要的程序。

1. 提出申请

申请加入国或单独关税区的政府,应首先向世贸组织提出正式申请。在提出申请时,必须以备忘录的形式对其有关的贸易和经济政策加以全面说明,并就世贸组织的提问进行解释和答疑。

2. 工作组审议

由处理该国或单独关税区申请的世贸组织工作组对申请者的贸易体制进行审议,以确定申请者的贸易体制是否符合世贸组织的基本原则与规则。

3. 双边谈判

当工作组在审议原则和政策方面取得足够进展时,申请加入者要与世贸组织所有成员方(除非成员方自动放弃)进行一对一的谈判,即双边谈判。任何双边谈判中达成的协议内容,将根据非歧视原则自动地适用到其他世贸组织成员方。

4. 完成加入条件

当工作组完成了对申请者贸易体制的审议,并且双边谈判结束后,工作组便可以进入最终完成加入条件阶段。在这一阶段,工作组将审议贸易体制的结果和双边谈判达成的协议,完成工作组报告、加入议定书及减让表。

5. 通过

将工作组报告、加入议定书和减让表组成的最后一揽子文件提交世贸组织总理事会或部长级会议审议,如果世贸组织成员方 2/3 多数同意,申请者即可签署议定书,成为正式的成员方。

(三) 退出

世界贸易组织的任何成员方均可以退出世贸组织,但这种退出必须在世贸组织总干事收到退出的书面通知之日起 6 个月后才能生效。

七、中国与世界贸易组织

中国是关贸总协定的原始缔约国之一,但在中华人民共和国成立后不久,台湾当局就非法退出了关贸总协定,使中国与关贸总协定的关系长期中断。为扩大开放、深化改革,中国政府于 1986 年 7 月向关贸总协定正式提出"复关"申请,并从此踏上"复关"的征途,直至 1995 年世贸组织建立,中国"复关"未果。1996 年世贸组织事实取代关贸总协定后,中国"复关"谈判成了"入世"谈判。历尽艰辛,1999 年 11 月 15 日中美签署中国"入世"双边协议,中

国在"入世"谈判中取得重大突破。"入世"后的权利为中国经济发展带来机遇,但"入世"后应尽的义务也给中国带来一定挑战。

(一)中国与关贸总协定

中国是关贸总协定的 23 个创始国之一,并参加了总协定第一轮和第二轮关税减让谈判。中华人民共和国成立后,台湾当局因不甘心让中国内地坐享关税减让的实惠,于 1950 年以"中华民国"的名义非法退出总协定,1965 年,又非法取得关贸总协定的观察员资格。直到 1971 年中华人民共和国恢复在联合国的合法席位,台湾当局的关贸总协定观察员身份才被取消。当时由于中国政府对关贸总协定的情况不够了解,以及国内实行高度集中的计划经济,加之对外贸易在中国国民经济发展中的作用不大,因此,中国政府未在关贸总协定问题上作过任何表态,从而与关贸总协定的关系长期中断。

1986 年 7 月,中国正式提出了恢复在关贸总协定缔约国地位的申请,同时阐明了"以恢复方式参加关贸总协定,而非重新加入;以关税减让作为承诺条件,而非承担具体进口义务;以发展中国家地位享受相应待遇,并承担与我国经济和贸易发展水平相适应的义务"等三项重返关贸总协定的原则。1987 年 2 月,中国向关贸总协定正式递交了《中国对外贸易制度备忘录》,同年 3 月关贸总协定成立了中国问题工作组,开始进行恢复中国的关贸总协定缔约国地位的谈判。

但是,在此期间,国际经济与政治形势发生了剧烈的变化,苏联解体,东欧国家巨变,以美国为首的西方国家出于对社会主义国家的歧视与偏见,对中国"复关"的要价层层加码,超过了我国的承受能力,从而使得谈判一拖再拖,直至 1994 年 12 月仍未能达成中国"复关"的协议。

(二)中国与世界贸易组织

世界贸易组织成立后,中国原先的"复关"问题转变为中国"入世"问题。1995 年 7 月 11 日,中国正式提出了加入 WTO 的申请,并于 1996 年 3 月开始正式谈判。

在从"复关"到"入世"的谈判进程中,中国政府一贯持积极态度,并明确表示愿意在乌拉圭回合协议的基础上,根据中国的经济发展水平和按照权利与义务平衡的原则,本着灵活务实的态度,与各成员方进行认真的谈判,以早日加入世界贸易组织。因为"入世"不仅是中国对外开放的需要,更是中国进行经济体制改革和建立社会主义市场经济体制的需要。

从"入世"谈判以来,中国在贸易自由化方面做出了巨大的努力。在关税方面,中国多次自主降低关税,并承诺到 2005 年,将工业品平均关税降到 10%;在非关税方面,中国承诺在世界贸易组织纺织品配额取消之时,按照一个明确的时间表取消所有的非关税措施;在服务贸易方面,中国承诺对 30 个部门的服务业市场实行不同程度的开放。这些都表明了中国加入世界贸易组织的决心,以及愿意在经济发展水平允许的限度内承担相应的义务。

但是,以美国为首的西方发达国家出于其政治、经济的战略考虑,对中国加入世界贸易组织的谈判进行阻挠,要价超过了我国经济发展水平的承受能力。尽管如此,我国在入世谈判过程中,克服了许多困难,在平等互利的基础上与各成员国进行耐心的谈判,终于在 1999 年 11 月 15 日与美国就中国加入世界贸易组织问题达成了双边协议。中美谈判的结束,为中国加入世界贸易组织扫清了最大的障碍,也为中国与其他主要贸易伙伴的谈判奠定了基础。2001 年 9 月 13 日,中国与墨西哥就我国加入世界贸易组织达成了双边协议,完成了中国加入世界贸易组织的第37份也是最后一份双边市场准入协定,从而结束了与WTO成员的所有双边市场准入谈判。

双边谈判解决了市场准入问题,从2000年6月开始,WTO工作组将谈判重点转向多边,起草中国加入世界贸易组织的法律文件——加入议定书和工作组报告书。经过1年多的努力,2001年9月17日,世界贸易组织中国工作组举行18次会议,通过了中国加入世界贸易组织的所有法律文件,并决定将这些文件提交世界贸易组织总理事会审议。同时宣布工作组完成了各项工作,结束了历时14年零6个月的历史使命。

2001年11月9日至13日,世界贸易组织在卡塔尔首都多哈举行了第四次部长级会议,讨论启动新一轮多边贸易谈判。11月10日,会议审议并通过了中国入世议定书。30天后,即2001年12月11日,中国正式成为世界贸易组织的第143个成员。

(三)"入世"后中国面临的机遇与挑战

中国加入世界贸易组织不仅有利于中国,而且有利于世界贸易组织的所有成员,有助于多边贸易体制的发展,是中国和世界"双赢"的结果;同时,入世也意味着我国在开展对外经济关系时必须遵守WTO的"游戏规则",接受WTO新议题的考验,这必将对我国经济的各个方面带来一定的冲击和压力。

1. 中国加入世界贸易组织享受的权利和义务

"入世"后,中国享有世界贸易组织成员可享受的一切权利,承担世界贸易组织要求承担的义务,主要包括以下几个方面。

(1)能在151个现有成员中享受多边的、无条件的和稳定的最惠国待遇和国民待遇,现行双边贸易中对中国的歧视性做法将被取消或逐步取消,中国受到的一些不公正待遇将被取消;同时中国对其他成员承担和履行非歧视原则的义务。

(2)享受降低贸易壁垒的权利,同时对其他成员方承担和履行降低关税和非关税壁垒的义务。

(3)作为发展中国家,中国除了能够享受世界贸易组织成员方所能享受的权利外,还可享受发展中国家的权利,即享受一定范围的普惠制待遇及发展中国家成员的大多数优惠或过渡安排;但不必向发达国家提供相应的义务。

(4)全面参与多边贸易体制。入世后,我国有权参与各个议题的谈判,与其他成员平等地参与有关规则的制定、修改以及多边贸易体制的建设。

(5)享受贸易自由化的成果,同时承担货物贸易、服务贸易和投资自由化,加强知识产权保护的义务。

(6)享受了解其他成员方政策措施的权利,同时也要承担向世界贸易组织其他成员提供本国经贸政策的义务。

2. "入世"给中国经济带来的机遇

加入世界贸易组织获得的上述权利将为中国带来如下机遇。

(1)有利于进一步地对外开放,在更大的范围内参与经济全球化,更快、更好地融入国际经济社会,促进中国经济高速增长。

(2)有利于维护中国的利益,更好地反映发展中国家的要求。通过参与多边贸易体制谈判,将大大增强中国在世界事务,尤其是国际贸易方面的发言权和主动权,维护中国在世界贸易中的地位和合法权益,并在建立国际经济新秩序、维护发展中国家利益等方面发挥更大的作用。

(3) 有利于扩大出口贸易。通过享受其他WTO成员开放或扩大货物、服务市场准入的利益,将使中国的产品拥有比过去更为有利的竞争条件,促进中国出口贸易的发展,特别是中国具有优势产品的出口。

(4) 有利于公平、客观、合理地解决与其他国家的经贸摩擦,从而为我国对外经济贸易的发展营造良好的外部环境。

(5) 有利于发展与世界各国的经贸合作和技术交流,更多地利用外资,拓宽我国接受世贸组织发达成员方的经济正传递的渠道。这将有利于中国社会主义市场经济体制的尽快确立。

3. "入世"给中国经济带来的挑战

当然,中国进入世贸组织后也要承担相应的义务,承受国际竞争的压力。在经济实力和综合国力都不够强的情况下与世界经济接轨,并在高层次和高水平上参与国际分工,将使中国面临严峻的挑战。

首先,中国的产品要到国外去参与国际竞争,同时中国必须向经济实力较强的发达国家开放国内市场,成本高于国外同类产品、非价格竞争因素劣于国外同类产品的行业将受到严重冲击。

其次,中国进入世贸组织需要承担相应的义务,如要向其他成员方提供最惠国待遇,降低关税,不得随意实行进口限制,增加外贸政策的透明度,公布实施的贸易限制措施,开放服务贸易,扩大对知识产权的保护范围,放宽对引进外资的限制等。这就把质量不同的经济实体——中国的企业与发达国家的企业放在了相同的竞争环境里,使中国企业失去了赖以生存的保护环境,面临国际竞争的严峻挑战。

此外,进入世贸组织将使中国的国内市场成为世界统一大市场的有机组成部分,世界经济的波动将对中国的经济发展产生或多或少的直接和间接影响。

总而言之,加入世贸组织对我国的经济利大于弊。这不仅是对我国加入世界贸易组织后的权利与义务、责任与利益相比较而言,更重要的是"入世"有利于促进我国建成能按经济规律办事、按国际规范管理、经得起国际竞争考验、能对市场做出及时正确反应的宏观调控和微观管理体系,使中国在世界经贸舞台上与其他成员共同竞技,合作发展。

 项目拓展

查找相关资料,写一篇小文章,描述中国和WTO之间关系的历史渊源,中国加入WTO的历程以及加入WTO给中国带来的变化。

4.3 关税同盟理论与区域经济一体化

区域经济一体化是第二次世界大战以后世界经济领域出现的一种新现象。它发端于欧洲,并于20世纪60年代至80年代在世界各地获得迅速发展。20世纪90年代以来,其发展趋势明显加强。各种类型的区域性经济贸易集团无一例外地采取歧视性的贸易政策,即对成员国实行完全取消贸易壁垒的政策,而对非成员国则继续保持贸易壁垒,因而对国际分工和国际贸易乃至世界经济、政治格局产生了广泛而深远的影响。区域经济一体化和贸易集团化已成为当今世界经济贸易发展的重要特征和趋势。

一、区域经济一体化概述

(一) 区域经济一体化的含义

区域经济一体化(Regional Economic Integration)是指随着世界生产力的发展,特别是随着生产和资本国际化的迅猛发展,区域各国间的经济联系和相互依存关系日益增强,逐步形成有组织的、可协调的、能有效运转的国际经济体系,使区域经济成为一个有机整体的过程。区域经济一体化的具体表现形态则是区域经济集团化。

所谓区域经济集团化,是指地理区域上接近的两个或两个以上的国家通过条约组成经济贸易集团,在集团内成员国之间打破疆界实行紧密的经济合作和国际协调,并建立一系列超国家的制度性组织机构,制定和执行统一的对内对外政策,使成员国联结成为一个有机的、排他性的经济实体。

由此可见,区域经济一体化和区域经济集团化既有联系又有区别,前者是后者形成的客观基础,后者是前者的具体表现形式。

(二) 区域经济一体化的形式

按经济一体化的程度,可将区域经济一体化划分为以下几种形式。

1. 优惠贸易安排(Preferential Trade Arrangement)

这是经济一体化最低级最松散的一种形式,指成员国间通过协定等形式对全部或部分商品规定特别的关税优惠。1932年,英国与自治领、殖民地之间建立的"英帝国特惠制"、第二次世界大战后建立的"东南亚国家联盟""非洲木材组织"等就属于此类。

2. 自由贸易区(Free Trade Zone)

这是一种松散的经济一体化形式,签订自由贸易协定的成员国之间取消关税和数量限制,但对非成员国保持贸易壁垒,使商品在区域内自由流动。该形式的特点是在成员国间与非成员国间用关税手段实行差别待遇。如欧洲自由贸易联盟、北美自由贸易区等。

3. 关税同盟(Tariff Ally)

该形式比自由贸易区一体化程度又前进了一步,指为在内部实现自由贸易而在同盟成员国间完全取消关税和其他壁垒,对非成员国实行统一关税率,其目的和作用是使成员国商品在统一关税内的市场上处于有利地位,排除非成员国商品的竞争,其开始带有超国家的性质。欧洲共同体实行经济一体化的基础就是完全的关税同盟。

4. 共同市场(Common Market)

共同市场是指除了在成员国之间取消关税和数量限制并建立对非成员国的共同关税,实现商品自由流动的同时,还实现了生产要素(劳动力、资本等)的自由流动。欧共体在1993年1月1日启动的欧洲共同市场就已接近此形式。

5. 经济同盟(Economic Ally)

该形式的一体化程度从商品交换扩展到生产、分配乃至整个国民经济,指成员国之间除了实行商品和生产要素的自由流动及建立共同对外的关税外,还制定和执行一致、共同的经济政策和社会政策,逐步废除政策方面的差异,从而形成一个庞大的、有机的经济实体。欧洲联盟就是最具代表性的经济同盟。

6. 完全经济一体化(Complete Economic Integration)

完全经济一体化比经济同盟更进了一步。它除了要求成员国完全消除商品、资本和劳动力流动的人为障碍外,还要求各成员国在货币政策、财政政策、福利政策等方面协调一致,进而在经济、政治上结成更紧密的联盟,统一对外经济、政治、防务政策,建立统一的金融机构,发行统一的货币。

二、关税同盟理论(Tariff Ally Theory)

美国经济学家范纳(Jacob Viner)与李普西(K. G. Lipsey)先后研究并完善了关税同盟经济效果的理论。他们认为,关税同盟应具备三个条件:①完全取消各参加国间的关税;②对来自非成员国或地区的进口设置统一的进口关税;③通过协商方式在成员国之间分配关税收入。这使得关税同盟自始至终存在着两种矛盾的功能:对内实行贸易自由化;对外则实行差别待遇。因此,关税同盟具有以下静态和动态效果。

(一)关税同盟产生的静态效果

1. 贸易创造效果(Trade Creation Effect)

贸易创造效果由生产利得和消费利得构成。关税同盟成立后,在比较优势的基础上实行专业化分工。这样就会使资源的使用效率提高,生产效率也得到提高,生产成本也会随之降低,最终扩大了生产所带来的利益;同时,通过专业化分工,使本国该项产品的消费支出减少,扩大了社会需求,从而使贸易量增加。贸易创造的结果是关税同盟国的社会福利水平提高。

2. 贸易转移效果(Trade Diversion Effect)

假定缔结关税同盟前关税同盟国不生产某种货物而采取自由贸易的立场,无税(或关税很低)地从世界上生产效率最高、成本最低的国家进口产品;关税同盟成立后,同盟成员国的该产品转由从同盟内生产效率最高的国家进口。如果同盟内生产效率最高的国家不是世界上生产效率最高的国家,则进口成本较同盟成立前增加,消费支出扩大,使同盟国的社会福利水平下降,这就是贸易转移效果。

贸易创造与贸易转移的根本差别在于缔结关税同盟前的情况不相同。同盟国在贸易创造情况下由于有保护关税的存在,各国所有的货物都是典型的不完全专业生产,因而在关税同盟缔结之后发生变化;在同盟国内实现专业化,自由贸易和贸易扩大,而与同盟外的关系则暂时没有变化。

3. 贸易扩大效果(Trade Expansion Effect)

成立关税同盟后,A 国 X 货物的价格在贸易创造和贸易转移的情况下都要比成立前低。这样,当 A 国 X 货物的需求弹性大于 1 时,则 A 国 X 货物的需求会增加,并使其进口数量增加,这就是贸易扩大效果。

贸易创造效果和贸易转移效果是从生产力方面考察关税同盟的贸易影响,而贸易扩大效果则是从需求方面进行分析的。关税同盟无论是在贸易创造还是在贸易转移情况下,由于都存在使需求扩大的效应,从而都能产生扩大贸易的效果。因而,从这个意义上讲,关税同盟可以促进贸易的扩大,增加经济福利。

(二)关税同盟产生的动态效果

(1)关税同盟的建立使成员国的市场竞争加剧,专业化分工向广度和深度拓展,使生产要素和资源更加优化配置。

(2)关税同盟成立后,成员国国内市场向统一的大市场转移,自由市场扩大,从而使成员国获取专业与规模经济利益。

(3)关税同盟的建立,市场的扩大,投资环境的大大改善,会吸引成员国厂商扩大投资,也能吸引非成员国的资本向同盟成员国转移。对同盟成员国而言,为提高货物竞争能力、改进货物品质、降低生产成本则需增加投资;对非成员国而言,为了获得消除关税的好处、突破同盟成员国的歧视性贸易措施,会以扩大投资方式提高自己厂商的竞争能力。

(4)关税同盟建立后,由于生产要素可在成员国间自由移动,因此市场趋于统一并且竞争加剧,投资规模扩大,从而促进了研究与开发的扩大,技术进一步的提高,加速了各成员国经济的发展。

三、区域经济一体化对国际贸易的影响

区域经济一体化是世界经济和国际贸易发展的产物。它反映了社会生产力高度发展的要求,体现了通过国际经济合作发展经济,维护区域经济利益和政治权益的愿望。因此,无论何种形式的区域经济一体化集团,都会对国际贸易产生一定的影响,而影响程度的大小则取决于不同集团本身的实力以及区域经济一体化的发展程度。

(一)区域经济一体化对集团内部贸易的影响

(1)促进了集团内部的贸易自由化,推动了区域内贸易量的迅速增长;

(2)促进了集团内部规模经济的发展,推动了集团内部国际分工和国际技术合作;

(3)促进了集团内成员国的产业结构调整。

(二)区域经济一体化对集团外部贸易的影响

集团贸易作为国际贸易的重要组成部分,其本身的发展亦成为世界范围内贸易增长的一部分,并推动整个国际贸易和世界经济的发展。

(1)促使世界范围内的贸易摩擦和贸易竞争的加剧;

(2)促进各国加快技术革新,在竞争中大规模夺取技术制高点;

(3)减少了集团外部国家的贸易机会。

四、区域经济一体化的实践

(一)欧洲联盟

1. 欧洲联盟的概况

1951年,比利时、法国、意大利、联邦德国、卢森堡、荷兰六国在巴黎共同签署了《巴黎条约》,成立了欧洲煤钢共同体(ECSC),协调六国在这两个行业上的生产、销售及其他一些事

务。之后,这六个国家又于1957年签署了《欧洲经济共同体条约》和《欧洲原子能共同体条约》(统称为《罗马条约》),将彼此间的合作向前推动了一大步,并决定建立欧洲经济的共同体(EEC)和欧洲原子能委员会(Euratom),这两份条约于1958年1月1日生效,并连同先前的《巴黎条约》一起构成了欧共体的基本架构。1967年7月,欧洲经济共同体与欧洲煤钢共同体、欧洲原子能委员会合并,合并后称为欧洲共同体。当时的《罗马条约》的目标是建立一个关税同盟,1968年7月欧洲共同体取消了对共同体内部贸易的关税并开始实行共同外部关税,建立了关税同盟,并且成功地开始实施共同农业政策。

20世纪60年代,成员国间的贸易迅速增长,世界贸易也迅速增长。整个欧共体在1961—1970年间实际GNP的年增长率为4.8%,人均GNP的增长率为4%,比美国3.8%和2.5%的水平要高得多。但是,20世纪70年代中期的石油危机使各成员的经济陷入了困境,经济增长放慢、失业率上升,欧共体希望寻求新的扩张机会。

1973年1月1日,丹麦、爱尔兰、英国从欧洲自由贸易联盟(EFTA)"临阵脱逃",加入欧共体(欧洲自由贸易联盟成立于1960年,成员包括奥地利、丹麦、挪威、葡萄牙、瑞典、瑞士、英国等7国,后芬兰和冰岛于1970年加入)。之后,欧共体又进行了几次扩大,1981年希腊加入,1986年葡萄牙和西班牙加入,奥地利、芬兰和瑞典于1995年加入。此时,欧共体已成为包括15个成员国的一体化组织。1993年11月起,欧共体被正式称为"欧洲联盟"(European Union),即欧盟。

2004年5月1日欧盟进一步扩张,中东欧的10个国家成为新成员国被接纳,包括波兰、匈牙利、斯洛伐克、拉脱维亚、立陶宛、爱沙尼亚、塞浦路斯、捷克、斯洛文尼亚、马耳他。

2007年1月1日,罗马尼亚、保加利亚加入,欧盟的成员数增加到27个。欧盟东扩之后,成为拥有440万平方公里的土地和近5亿人口(2007年1月)的巨大一体化区域。

2. 欧盟一体化的成就

欧洲经济共同体成立后的第一步是建立关税同盟,《罗马条约》中提出了明确的时间安排,即应在1958年1月1日至1969年12月31日的12年间完成。这个计划分三个阶段进行,每个阶段是4年,内容包括逐步削减内部成员间的关税,各国逐步调整工业品及农产品的对外关税,以便建立共同的对外关税。到1968年,上述计划提前完成了。

建立关税同盟之后,欧洲经济共同体继续朝着建立经济与货币联盟,乃至统一大市场的目标前进。1979年欧共体创建了欧洲货币体系(EMS)和欧洲货币单位(ECU),并重申了最终建立货币联盟的决心。经过努力,1985年6月,欧洲委员会发表了《完成内部市场的建设:委员会提交给欧洲会议的白皮书》,提出了进一步消除内部市场壁垒,建立要素自由流动的统一市场的具体建议。1986年2月,欧共体签署了《单一欧洲法案》(Single European Act),该法案于1987年7月1日正式生效,目标是在1992年12月31日前建立统一的欧洲市场。

建立统一欧洲市场的计划进展顺利,到1992年年底,12个成员国已经基本拆除了各种阻碍商品和要素自由流动的壁垒。一个商品、服务、人员、资本自由流动的统一大市场基本形成,这标志着欧洲经济一体化一个阶段的完成。

为了继续推动欧洲的全面统一,1991年12月各成员签署了《经济与货币联盟条约》,即《马斯特里赫特条约》(简称《马约》),其目标是在1999年1月1日起建成欧洲货币联盟,实行单一的货币,而且要为更紧密的政治合作铺平道路。《马约》提出的重要的新目标包括:单一的金融货币体系(单一货币欧元)、共同的外交和防务政策、统一的公民权、代表普通公民声音的欧洲议会。

1993年11月《马约》正式生效,欧洲经济共同体也正式更名为"欧洲联盟"。为了促进其一体化目标的实现,同时增强政治上的凝聚力,欧盟建立了包括5个机构的政治结构:欧洲理事会(The Council of Europe Union)由各成员国的政治领导人组成,解决主要的政策问题,负责确定政策的方向;欧洲委员会(The European Commissions)是个行政机构,负责提出和执行欧盟的法律、条约并监督各成员的服从;部长理事会(The Council of Ministers)代表各成员的利益,拥有欧盟内部最终的控制权,是裁决欧盟范围内事务的决策单位;欧洲议会(The European Parliament)由成员国的选民选出,负责讨论欧洲委员会递交并由欧洲理事会转交的立法议案;欧洲法院(The European Court of Justice)诠释章程并处理争议。

统一货币的计划已经顺利实现。1999年1月,欧元正式诞生,奥地利、比利时、芬兰、法国、德国、爱尔兰、意大利、卢森堡、挪威、葡萄牙、西班牙将欧元作为其官方货币。2001年,希腊加入欧元区。2002年1月1日,欧元正式进入流通。

3. 欧盟一体化的前景

目前,欧盟的一体化进程所产生的积极影响已获得学者们的肯定,对欧盟东扩后经济发展的预期也是比较乐观的。一般认为,欧盟东扩将为欧盟经济注入新的活力,东扩后的联盟经济综合实力将进一步增强,从2014年占美国GDP的82.69%到2014年GDP超过美国位居世界第一,成为能与美国相抗衡的重要力量。

但是,对于欧洲经济一体化的成败仍存在不同的看法。2001—2004年,欧盟经济平均增长速度一直低于1%,失业率居高不下,财政赤字高悬,社会福利下降;2005年5月和6月,法国和荷兰分别以55.96%、63%的反对票否决了《欧盟宪法条约》,这不仅引发了宪法条约的审批危机,而且也将对欧洲经济一体化带来不可忽视的负面影响。这些负面影响表现在以下三点:一是《欧盟宪法条约》至少在未来三五年内都无法生效。欧盟要付出几年的时间来消化东扩的后果,包括缩小新老成员国之间的收入差距,防止出现大规模的移民潮,缓和高收入国家下层居民弱势化的问题,填平政治精英与平民之间的意识鸿沟;二是东扩会带来巨大的财政和人口问题;三是经济一体化方向开始受到质疑,特别是欧元没有对经济发挥预想的作用,使得今后欧盟面临的主要任务应是巩固经货联盟,即欧元区成员国与欧洲央行政策的磨合,以及成员国政策利益之间的协调。

(二)北美自由贸易区

除了欧盟以外,另一个影响较大的经济一体化组织就是北美自由贸易区。从产生到现在,北美自由贸易区也经历过很长的过程和努力,并且还有可能向更大的范围发展。

1. 北美自由贸易区的形成与发展

1988年美国与加拿大签订了《美加自由贸易协定》(U.S.—Canada Free Trade Agreement),并于1989年1月1日生效。其目标是立即消除,或在5年或10年分阶段消除两国间的所有双边关税,在1999年1月1日前必须全部完成此项目标。此外,两国建立了一套解决贸易纠纷的制度和机构,还达成了逐步减低对投资和服务业限制的规定。

1991年6月,美、加、墨三国开始就建立自由贸易区中各项主要议题进行谈判,内容涉及市场准入、贸易规范、劳务投资、知识产权和纠纷等。1992年12月17日,三国首脑签署了《北美自由贸易协定》(North American Free Trade Agreement,简称NAFTA)。经三国先

后批准，1994年1月，北美自由贸易区宣告成立。这是一个覆盖面积超过2100万平方公里、人口超过3.8亿、国内生产总值超过10万亿美元的、唯一能与欧盟相匹敌的区域经济集团。

北美自由贸易协定的主要内容涉及降低与取消关税，放宽对外资的限制，开放金融保险市场，公平招标以及服务贸易、知识产权保护等许多方面。除上述主要内容外，北美自由贸易协定还就三国的海关管理、卫生和植物卫生检疫措施、紧急措施、技术标准、公共部门的采购、竞争垄断和国有企业、商务人员的临时入境、贸易争端解决、环境保护、劳工标准等专门做了详细规定。

2. 美洲自由贸易区

北美自由贸易区只是美国推动区域内贸易自由化的第一步，下一步是以墨西哥为桥梁，推动南北美洲的经济联合，将自由贸易区的区域进一步扩大到包括整个中、南美洲共34个国家。

1994年12月，除古巴之外的34个美洲国家在美国迈阿密召开首届美洲首脑会议，克林顿提出了在2005年前建立包含34个国家的美洲自由贸易区的倡议。2001年4月23日，上述国家首脑签署了《美洲自由贸易区协定》（Free Trade Area for the Americas，简称FTAA），这是迄今为止最雄心勃勃的半球经济合作计划。

根据美国的计划，美洲自由贸易区将采取逐个谈判、逐个吸收拉美成员的方式向南进行扩张，所有拉美国家都以独立身份加入北美自由贸易区。但是拉美国家，尤其是巴西等南方共同市场国家反对这种做法，主张以集团对集团的方式进行谈判，保持各次区域经济集团的独立性，以增强谈判的力量，避免被美国各个击破从而丧失更多的利益。

美洲自由贸易区的前景是广阔的，所有美洲国家都将从中获益。但由于经济发展水平上的差距和各国在主要问题上的分歧和争议，每前进一步都将非常艰难。

（三）其他区域经济一体化组织

1. 亚太经济合作组织

亚太经济合作组织（简称"亚太经合组织"或APEC）成立之初是一个区域性经济论坛和磋商机构，经过十几年的发展，已逐渐演变为亚太地区重要的经济合作论坛。它在推动区域贸易投资自由化，加强成员间经济技术合作等方面发挥了不可替代的作用。

1989年1月澳大利亚前总理霍克提出召开亚太地区部长级会议、讨论加强相互间经济合作的倡议。这一倡议得到美国、加拿大、日本和东盟的积极响应。

1989年11月6日至7日，亚太经合组织12个成员在澳大利亚首都堪培拉举行了第一届部长级会议。这12个成员是澳大利亚、文莱、加拿大、印度尼西亚、日本、韩国、马来西亚、新加坡、菲律宾、新加坡、泰国和美国。此次会议标志着亚太经合组织的成立。

1991年11月，亚太经合组织第一届部长级会议在韩国首都汉城（现译为首尔）通过了《汉城宣言》，正式确立该组织的宗旨与目标，即相互依存，共同利益，坚持开放的多边贸易体制和减少区域贸易壁垒。1991年11月，中国以主权国家身份，中国台北和香港（1997年7月1日起改为"中国香港"）以地区经济名义正式加入亚太经合组织。

APEC自1989年诞生以来，发展迅速，成效显著。现成员有21个国家和地区，其总人口占世界人口的40%，国民生产总值占世界的50%，对外贸易占世界的45%，总体规模超过了欧盟和NAFTA，成为世界上最大的经济合作体。近年来，APEC成员经济持续高速增

长,经济规模、市场容量不断扩大,在世界经济中的地位和作用日益加强,并将在21世纪成为带动世界经济增长的"火车头"。与NAFTA和欧盟为代表的封闭型的区域经济集团(对内相互给予优惠,对外则筑起壁垒、设置障碍,是具有歧视性和排他性的经济圈)不同,APEC极力倡导"外放的地区主义"原则。

2. 东南亚国家联盟

东南亚国家联盟(Association of South East Asian Nations,简称ASEAN,也称亚细安)于1967年8月8日成立,其总部设在印度尼西亚雅加达。其前身是马来西亚、菲律宾和泰国于1961年7月31日在曼谷成立的东南亚联盟。亚细安设立时的成员为印度尼西亚、马来西亚、菲律宾、新加坡和泰国。此后,文莱于1984年1月8日加入该联盟,越南与柬埔寨于1995年7月28日加入该联盟,老挝和缅甸于1999年4月30日加入该联盟,联盟成员国达到10个。为加强各成员国之间的贸易关系,东盟于1992年的峰会中,采纳了强化经济合作关系架构协议,通过消除关税和非关税障碍,其成员国已达成协议:从1993年1月1日起,用15年的时间,完全消除成员国之间的贸易壁垒,建立东盟自由贸易区(ASEAN Free Trade Area,简称AFTA),关税从0到5%,以加强成员国之间的经济效益、生产力和竞争力。一旦东盟自由贸易区正式落实,东盟区域将成为一个庞大的经济体,因为东盟区域拥有约5亿人口,面积450万平方公里。

在贸易方面,东盟提供庞大的经商机会,在2000年前三季度,东盟贸易增加保持强劲的成长趋势,贸易总额达到5413亿美元,与1999年同期比较,增长了26.5%,其中出口额为2999亿美元,而进口额为2414亿美元。

3. 中国—东盟自由贸易区

2000年11月,在新加坡举行的第四次中国—东盟领导人会议上,朱镕基总理首次提出建立中国—东盟自由贸易区的宏伟构想。2001年双方领导人在文莱举行的第五次中国—东盟领导人会议上,宣布决定在10年内建成中国—东盟自由贸易区(China ASEAN Free Trade Area,简称CAFTA)。2002年11月,中国与东盟正式签署了《中国与东盟全面经济合作框架协议》,这标志着中国—东盟自由贸易区进程正式开始启动。中国与东盟双方于2005年开始进行正常轨道的降税,并计划于2010年与东盟老成员(印度尼西亚、马来西亚、菲律宾、新加坡、泰国、文莱)建成自由贸易区,2015年与东盟新成员(越南、柬埔寨、缅甸、老挝)建成自由贸易区。中国—东盟自由贸易区建成之后,将成为包括17亿人口、GDP为2万多亿美元、对外贸易额达1.23万亿美元的规模很大的自由贸易区。

4. 南方共同市场

1991年,阿根廷、巴西、巴拉圭和乌拉圭成立了南方共同市场(South Cone Common Market,简称MERCOSUR),这是拉美一体化协会内最大的次区域集团。该组织的目标是实现成员国间商品、服务、生产要素的自由流动,推动共同的外贸、财政等宏观经济政策,并实行共同外部关税,1994年年底正式建成关税同盟。MERCOSUR成员的总人口超过了2亿,总GDP超过1万亿美元。各国已对在2006年1月1日之前实现贸易自由化的方案达成了协定,并就共同外部关税也签署了协议。MERCOSUR还对拉美一体化组织的其他成员玻利维亚、哥伦比亚、厄瓜多尔、墨西哥、秘鲁和委内瑞拉给予特惠关税待遇,并于近期同智利达成了一项自由贸易协定。

项目 4 国际经济一体化

5. 西非经济共同体

1970年5月,象牙海岸(科特迪瓦前身)、尼日尔、马里、塞内加尔、毛里塔尼亚等国在巴马科举行首脑会议,成立"西非国家关税同盟"。1973年上述5国和贝宁、布基纳法索等7国又根据巴马科会议精神,建立了"西非国家经济共同体"(Economic Community of West African Stantes,CEAO)。

1991年,西非国家经济共同体要求成员国在四年时间内消除非关税壁垒,逐步取消和降低工业制成品的关税。1995年7月,西非国家经济共同体决定在2000年建立西非关税同盟和实行统一货币,2005年全面建成"西非经货同盟"。1999年7月,西非国家经济共同体又决定在16个成员国中发行一种旅行支票,这一措施被视为统一货币开始在西非地区流通。西非国家经济共同体还建成了"西非电讯网"和"西非高速公路网",同时出台了兴建"西非海运和航空网"计划。

6. 安第斯集团

安第斯集团(Andean pact)是由一批不满拉美自由贸易协会现状的中小国家成立的一个次区域经济集团。1966年8月,哥伦比亚、智利、厄瓜多尔、秘鲁、委内瑞拉、玻利维亚签署了《波哥大声明》。1969年5月上述6国中的5国在卡塔赫纳签署《安第斯区域一体化协定》,安第斯集团正式成立。该组织的宗旨主要是协调成员国的政策,加速经济增长,建立共同关税和实行比拉美自由贸易协会更快的贸易自由化计划,并进而为《蒙得维的亚条约》(简称"蒙约")所预定的一体化进程提供便利,加快拉美共同市场的建立。1996年3月该组织更名为"安第斯一体化体系"(SAI)。1998年9月该体系同南方共同市场签署了逐步消除贸易壁垒的协定,并决定集体加入南方共同市场。

7. 加勒比共同体

加勒比共同体(CARICOM)的前身是1968年成立的"加勒比自由贸易协定"。1973年,巴巴多斯、牙买加等四国签署《查瓜拉马斯条约》,改称加勒比共同体,之后又有伯利兹、多米尼加等9个成员先后加入。该组织的宗旨是消除贸易壁垒,实现区域内自由贸易和形成对外共同关税,推动成员国的协调发展和经济领域合作。但由于其成员多属小国,经济结构单一,使得合作成效在20世纪80年代之前非常有限。进入20世纪90年代后,加勒比共同体经济合作也渐趋活跃。1994年7月在加勒比共同体基础上成立了加勒比国家联盟,共有25个独立成员国和12个非独立成员国参加。1997年,在牙买加蒙特哥贝首脑会议上决定从1999年起开始在该地区创建统一市场。

CEPA

CEPA(Closer Economic Partnership Arrangement)为《关于建立更紧密经贸关系的安排》的英文简称。它包括中央政府与香港特区政府签署的《内地与香港关于建立更紧密经贸关系的安排》、中央政府与澳门特区政府签署的《内地与澳门关于建立更紧密经贸关系的安排》。

2003年6月29日,中华人民共和国商务部副部长安民代表中央政府与香港特别行政区财政司司长梁锦松,共同签署了《内地与香港关于建立更紧密经贸关系的安排》。总体目标是:逐步减少或取消双方之间实质上所有货物贸易的关税和非关税壁垒;逐步实现服务贸易的自由化,减少或取消双方之间实质上所有歧视性措施;促进贸易投资便利化。实施与今后修订的原则是:遵循"一国两制"的方针;符合世界贸易组织的规则;顺应双方产业结构调整和升级的需要,促进稳定和可持续发展;实现互惠互利、优势互补、共同繁荣;先易后难,逐步推进。

2003年10月17日,中国商务部副部长安民与澳门特区政府经济财政司司长谭伯源分别代表中央政府和澳门特区政府在澳门正式签署了《内地与澳门关于建立更紧密经贸关系的安排》及其六个附件文本。双方就全部内容达成一致,内容主要包括:货物贸易和服务贸易的自由化、以及贸易投资便利化三个方面。

 项目拓展

请查找相关资料,写一篇小文章,描述中国参加地区经济一体化的程度以及对中国的影响。

 重点名词

经济一体化　最惠国待遇原则　国民待遇原则　自由贸易区　关税同盟　共同市场　经济同盟

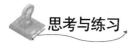 思考与练习

1. 世界贸易组织的基本原则是什么?
2. 区域经济一体化的主要形式有哪些?
3. 什么是贸易创造、贸易转移?
4. 经济一体化对世界经济贸易有何影响?

项目 5
商品的品名、品质、数量和包装

本项目知识结构图

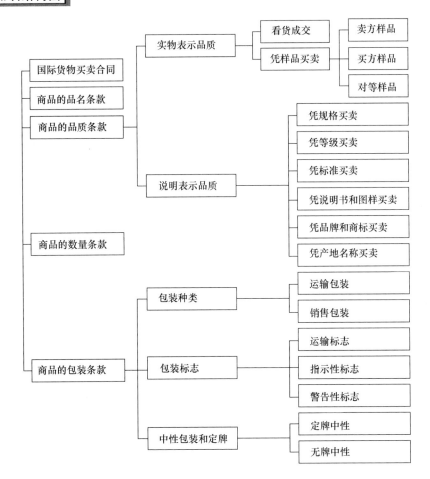

学习目标

商品的品名、品质、数量和包装是合同中的主要条款,也称为合同的要件。任何一方违反要件,被违约方有权要求解除合同并索赔,所以签订严密的买卖合同可以防患于未然。本章主要介绍国际货物买卖合同的主要内容,在合同中规定品名、品质、数量和包装时需要考虑哪些因素,注意哪些问题。

知识目标

- 掌握表示品质的方法
- 熟悉样品的类型
- 掌握中性包装和定牌

技能目标

- 能科学签订相关合同条款

项目导入

经过几个月的学习,张燕对国际贸易有了基本的认识,开始进入国际贸易实际业务部分的学习。来到舸乐博公司,老师先给大家看一份公司签订的买卖合同,合同条款签订科学、合理,有助于合同的顺利履行;反之,合同条款的不严密,会给合同履行带来麻烦甚至巨大的经济损失。如我国某服装出口企业,在签订合同时有这样的条款,"货物需买方或其代理人现场检验合格,并签字确认后才能装运。"这样的条款对买方非常有利,却为卖方的及时、顺利履约埋下了极大的隐患。

张燕开始认真学习国际贸易合同有哪些条款以及签订每个条款时需要注意哪些问题?

在国际贸易中,交易的每种商品都有其具体的名称,并表现为一定的品质。每笔交易都离不开一定的数量,且交易的大多数商品,都需要有一定的包装。因此,在国际贸易合同中,商品的名称、品质、数量和包装条款都是重要的条款内容,是对贸易商品的最基本也是最重要的描绘,是进行贸易的前提条件。

5.1 国际货物买卖合同

国际货物贸易是最常见的贸易方式,本书实务部分以国际货物贸易为例,以合同条款为主线,讲述各个贸易环节中需要注意的问题以及相关国际贸易惯例的规定。

在国际贸易中,合同(Contract)起着十分重要的作用,在业务活动的各个具体运转环节上,几乎都是通过合同这个形式将有关的当事人联系起来。他们各自按照规定的义务去履行合同,从而使整部国际商业活动的大机器有秩序、有节奏地运行。国际货物买卖合同与其

他合同一样,是双方当事人意思表示一致的结果。合同一经成立并生效,就对双方当事人产生约束力,任何一方不能单方面修改合同内容或不履行合同义务,否则将承担违约的责任。

一、国际货物买卖合同的概念

(一)合同的一般概念

合同是指两个或两个以上的当事人,以发生、变更或消除某种民事法律关系为目的而达成的协议。民事法律关系一般是指法律规范在当事人之间形成的民事权利与义务的关系。这种民事关系主要是指财产所有权的关系、债权关系、继承权关系。由于合同涉及不同的民事法律关系内容,因此,合同也就有不同的种类。例如:在商业合同中,就有货物买卖合同、租赁合同、借贷合同、技术转让合同、保险合同及运输合同等。本章所涉及的合同是国际货物买卖合同。

(二)货物买卖合同

货物买卖合同(Sales Contract of Goods)是买卖合同的一种,它买卖的标的是货物而不是任何其他东西。货物买卖合同通常是指两个或两个以上的当事人,就指定的货物所有权,由卖方有偿地转让给买方而达成的协议。该协议的主要内容是:卖方将属于他所有的货物交付给买方所有,而买方接受所交付的货物,并支付货款。这种口头的或书面的协议,就是货物买卖合同。

(三)国际货物买卖合同

国际货物买卖合同(Contract for the International Sale of Goods)是货物买卖合同中的一种,但它含有涉外因素。这种货物买卖合同从国与国的关系来看,称之为国际货物的买卖合同;从一个国家的角度来看,称之为对外贸易合同,或者出口贸易合同。国际货物买卖合同与国内贸易合同的主要区别是前者含有涉外因素。涉外因素一般反映在以下几个方面。

(1)合同的主体:从当事人一方来看,货物是存在国外的,货物的交付必须是受外国法律所支配的人。

(2)合同的客体:从当事人一方来看,货物是存在国外的,货物的交付必须从卖方当事人国境内运往另一当事人国境内,或者第三国国境内。

(3)合同的内容:即权利和义务。如双方当事人发生权利和义务的纠纷或争议,可能发生法律冲突,从而在解决纠纷时可能出现法律适用、法律选择以及国际惯例的引用等问题。由于国际货物买卖合同含有涉外因素,因此解决国际贸易的纠纷要比解决国内贸易的纠纷复杂很多。

二、国际货物买卖合同的形式

合同的形式,是指合同当事人意思表示一致的外在表现形式。《联合国国际货物销售合同公约》(以下简称《公约》)第 11 条规定:"销售合同无须以书面订立或书面证明,在形式方面也不受任何其他条件的限制。销售合同可以用包括人证在内的任何方法证明。"这说明国际货物买卖合同在形式上不受限制。《中华人民共和国民法典》第 469 条规定:"当事人订立合同,可以采用书面形式、口头形式或者其他形式。"可见我国对于合同形式一般也是没有限制,除非有特殊规定。从以上法律规定来看,合同的形式有以下几种。

（一）书面形式

《中华人民共和国民法典》第 469 条规定："书面形式是合同书、信件、电报、电传、传真等可以有形地表现所载内容的形式。以电子数据交换、电子邮件等方式能够有形地表现所载内容，并可以随时调取查用的数据电文，视为书面形式。"在实践中，书面形式是当事人最为普遍采用的一种合同约定形式。

在国际贸易中，当交易一方提出发盘，交易另一方做出有效接受之后，买卖双方之间即达成买卖合同关系。买卖双方在交易磋商过程中的往来函电即为双方买卖合同的书面证明。但为了明确起见，买卖双方一般还要在交易磋商的基础上，签订书面合同或成交确认书将双方的权利义务及各项交易条件明文规定下来。书面合同的作用表现在：它是合同成立的依据，是履行合同的依据，是仲裁、诉讼的依据，有时还是合同生效的依据。重要的合同应该采用书面形式。

在国际贸易实际中，对于货物买卖合同的形式及名称，没有特定限制。只要双方当事人同意，既可采用正式的合同（Contract）、确认书（Confirmation），也可采用协议（Agreement）、订单（Purchase Order）等形式。我国对外贸易中，主要使用合同和确认书。

1. 合同

买卖合同是一种非常正式的货物买卖协议。它的内容比较全面、详细，除了交易的主要条件如品名、品质、数量、包装、价格、交货、支付外，还有保险、商品检验、索赔、不可抗力、仲裁等条件。交易中，由卖方根据磋商结果草拟的称为"销售合同"（Sales Contract）；由买方根据协商条件拟订的称为"购货合同"（Purchase Contract）。

2. 确认书

确认书是一种内容比较简单的贸易合同。它与前面所说的合同相比，仅包括买卖交易的主要条件，而不包括买卖交易的一般条件。其中，卖方出具的称为"销售确认书"，买方出具的称为"购货确认书"。

以上两种形式的合同，虽然在格式、条款项目和内容的繁简上有所不同，但在法律上具有同等效力。在我国对外贸易业务中，对大宗商品或成交金额比较大的交易，一般采用合同形式；对金额不大，批数较多的小土特产品和轻工业品，或者已订有包销或代理等长期协议的交易一般采用确认书形式。货物买卖合同或确认书，一般由我方根据双方磋商的条件缮制正本一式两份，我方签字后寄交给对方，经对方查核签字后，留存一份，另一份寄还我方，双方各执一份，以此作为合同订立的证据和履行合同的依据。

（二）口头形式

口头形式的合同，简称口头合同，是指当事人只以口头意思表示而不用文字表达协议内容的合同。口头形式优点在于方便快捷，缺点在于发生合同纠纷时难以取证，不易分清责任。口头形式适用于能及时结清的合同关系。对于不及时结清的和较重要的合同，不宜采用口头形式。

（三）其他形式

订立合同的其他形式主要指以行为方式表示接受订立的合同。如根据当事人之间长期交往中形成的习惯做法,或发盘人在发盘中已经表明受盘人无需发出接受通知,可直接以行为做出接受而订立的合同,就属于这种形式。另外随着计算机和网络技术的普及,电子合同也逐渐被贸易各方所接受,有关电子合同的知识,我们将在项目十一中叙述。

以上几种合同的形式,都是合同的法定形式,因而都具有相同的法律效力。

需要说明的是,我国是《公约》的成员国,我国在加入该《公约》时,为了与当时我国涉外经济合同法相一致,也考虑到我国的实际情况,对《公约》中的合同形式规则作了保留,即在我国订立和履行的涉外合同,必须以书面形式订立。我国法律不保护口头约定的合同。尽管《中华人民共和国民法典》中对合同形式的规定与《公约》基本一致,但在我国放弃《公约》中关于合同形式的保留之前,凡是在我国境内签订,或在我国履行的涉外合同,一定要遵守我国的该项保留,即采用书面形式。如果合同订立地和履行地都在国外,则该项保留对此没有强制力,但是也要尽量采用书面形式签约,以备他方违约时有证可查。

三、书面合同的基本内容

一份完整的国际货物买卖合同一般由三部分组成。

（一）约首

约首包括公司名称(Company's Name)、地址(Address)、电话(Tel No.)、传真(Fax No.)、合同编号(Contract No.)、签约日期(Date of Contract)、签约地点(Place of Contract)。

（二）本文

合同的基本条款,包括以下内容:
(1) 货物名称及规格(Name of Commodity and Specifications);
(2) 数量(Quantity);
(3) 成交单价和价格条款(Unit Price and Term);
(4) 总值(Total Amount);
(5) 溢短装条款(More or Less Clause);
(6) 包装(Packing);
(7) 装运唛头(Shipping Mark);
(8) 装运期限(Time of Shipment);
(9) 装运口岸(Port of Shipment / Port of Loading);
(10) 卸货口岸,也称目的港(Port of Discharge / Port of Destination);
(11) 付款条件(Term of Payment);
(12) 保险(Insurance);
(13) 检验(Inspection);
(14) 附则或其他约定事项(Remarks)。

合同的一般条款,包括以下内容:
(1) 不可抗力(Force Majeure);
(2) 异议索赔(Discrepancy and Claim);
(3) 仲裁(Arbitration)。

(三)约尾:确认签署(Confirmed by / Signed by)

签订合同时应做到明确、具体、详细、前后一致,使合同的履行顺利进行,以免发生贸易纠纷。

四、书面合同示例

售 货 确 认 书
SALES' CONFIRMATION

编号 No. LD-DRGSC01
日期 Date April 1st 2001

the sellers:
浙江省纺织品进出口公司
Zhejiang textiles I/E corp.
Add:165 ×× Road Hangzhou China   Post Code:310001

the buyers:
TO MESSRS:UNITED TEXTILES LTD.
ADD:1180 Church Road New York, PA 19446 U.S.A.
TEL: FAX:

兹确认售予你方下列货品,其成交条款如下:
We hereby confirm having sold to you the following goods on the terms and conditions as specified below:

(1) 货物名称及规格 Name of Commodity and Specifications	(2) 数量 Quantity	(3) 单价 Unit price	(4) 总值 Total Amount
		CIFC3 NEWYORK	
Bed sheets article no. bs-12	2400DOZENS	127.52	306048.00
article no. bs-14	2400DOZENS	139.52	334848.00
pillow cases article no. pc-12	4800DOZENS	22.33	107184.00
article no. pc-14	4800DOZENS	28.34	136032.00
		TOTAL	884112.00

(5)包装
Packing:ART. NO. bs-12 & bs-14 to packed in cartons of 12 dozens each
        ART. NO. pc-12 & pc-14 to packed in cartons of 24 dozens each
        one 20' FCL for each Art. No.
(6)装运唛头
Shipping Mark:
(7)装运期限:收到可以转船及分批装运之信用证后 2001 年 5 月份装出。
Time of Shipment:in May 2001 after receipt of L/C allowing transshipment and partial shipment.
(8)装运口岸   目的地:
Port of Shipment:NINGBO   Destination:NEWYORK
(9)付款条件:开给售方 100% 不可撤回即期付款及可转让可分割并无追索权之信用证,并须注明可在上述装运日期后 15 天内在中国议付有效。
Terms of payment:By 100% Confirmed, Irrevocable, Transferable, Divisible and without Recourse Letter of Credit to be available by sight draft and to remain valid for negotiation in China until the 15th day after the before said time of shipment.
(10)保险:由卖方按发票金额的 110%,按照中国人民保险公司海洋运输货物保险条款(1981 年 1 月 1 日)投保一切险和战争险。
Insurance:to be covered by the seller for 110% of total invoice value against all risks and war risk as per the ocean marine cargo clauses of the people's insurance company of china, datedJan 1st, 1981.

项目 5　商品的品名、品质、数量和包装

(11) 买方须于 2001 年 4 月 15 日前开出本批交易的信用证(或通知售方进口许可证号码)。否则,售方有权:不经通知取消本确认书,或接受买方对本售货确认未执行的全部或部分,或对遭受的损失提出索赔。
The Buyer shall establish the covering Letter of Credit(or notify the Import Licence Number)before April 15th, 2001 failing which the Seller reserves the right to rescind without further notice, or to accept Whole or any part of this Sales confirmation unfulfilled by the Buyer, or to lodge a claim for direct losses sustained if any.

(12) 凡以 CIF 条件成效的业务,保额为发票价的 110%,投保险别以本售货确认书中所开列的为限,买方如要求增加保额或保险范围应以装船前经售方同意,因此而增加的保险费由买方负责。
For transactions concluded on C.I.F basis it is understood that the insurance amount will be for 110% of the invoice value against the risks specified in the Sales Confirmation, If additional insurance amount or coverage is required, the Buyer must have the consent of the Seller before shipment, and the additional premium is to be borne by the Buyer.

(13) 品质/数量异议:如买方提出索赔,凡属品质异议须于货到目的口岸之日起 2 个月内提出,凡属数量异议须于货到目的口岸之日起 15 天内提出,对所装货物所提任何异议属于保险公司、轮船公司及期货有关运输机构所负责者,售方不负任何责任。
QUALITY/QUANTITY DISCREPANCY:In case of quality discrepancy, claim Should be filed by the Buyer within 2 months after the arrival of the goods at the port of destination while for quantity discrepancy claim should by filed by the Buyer within 15 days after the arrival of the goods at the port of destination It is understood that Seller shall not be liable for any discrepancy of the goods shipped due to causes for which the Insurance Company Shipping Company other transportation organization/or Post Office are liable.

(14) 本确认书内所述全部或部分商品,如因人力不可抗拒的原因,以致不能履约或延迟交货,售方概不负责。
The Seller shall not be held liable for failure or delay in delivery of the entire lot or Portion of the goods under this Sales Confirmation in consequence of any Force Majeure incidents.

确认签署 Confirmed by

浙江省纺织品进出口公司
Zhejiang Textiles I/E Corp.

_____　　　　　　_____
　买方(the buyers)　　　　　　　　　　　卖方(the sellers)

5.2　品名条款

一、商品品名

商品的名称或品名(Name of Commodity)是指能使某种商品区别于其他商品的一种称呼和概念。商品品名也代表商品通常应有的品质,它是合同中不可缺少的主要交易条件。国际货物买卖合同中的品名条款并无统一格式,一般都比较简单。就一般商品而言,只要列明商品的名称即可,如"品名:印花棉布"(Commodity:Printing Cotton)。

品名条款所规定的商品名称应当明确、具体、符合国际惯例,并与实际品质保持一致。若卖方交付的货物不符合约定的品名,买方有权提出损害赔偿要求,甚至拒收货物或撤销合同。因此,在国际货物买卖合同中列明具体的商品名称,具有重要的法律和实践意义。

二、表明商品品名的方法

商品的品名在一定程度上体现了商品的自然属性、用途以及主要的性能特征,其命名方法一般有以下几种。

(1) 以其主要成分或原料命名——反映出商品的质量、内涵,如:玻璃杯、冰糖燕窝等。

(2) 以其主要用途命名——便于消费者按其需要购买,如:旅游鞋、杀虫剂等。

(3) 以名胜古迹、著名人物命名——引起消费者的注意或兴趣,如:孔府家酒、西湖龙井茶等。

(4) 以其自身的外观造型命名——有利于消费者从名字上了解商品特征,如:喇叭裤、平底锅等。

(5) 以制作工艺命名——提高商品的威望,增强消费者的信心,如:脱脂奶粉、精制油等。

(6) 以响亮的褒义词命名——突出商品的使用效能、对象和特征,如:脑白金、黄金搭档等。

三、规定品名条款的注意事项

国际货物买卖合同中,品名条款是合同中的主要条款。因此,在规定此项条款时,应注意下列事项。

(1) 说明品名的文字应当具体、确切,切忌空泛、笼统。否则,会给以后的合同履行带来麻烦,甚至导致贸易纠纷。

(2) 有些商品的名称,各地叫法不一,为了避免误解,应尽可能使用国际上通用的名称,若使用地方性的名称,交易双方应事先就其含义取得共识。对于某些商品的定名及其译名,应力求准确、易懂,并符合国际上习惯称呼。

(3) 应针对商品实际做出实事求是的规定。条款中规定的品名,必须是卖方能够供应并且买方所需要的商品,凡做不到或不需要的描述性的词句都不应列入。

(4) 有些商品具有不同的名称,因而存在着同一商品因名称不同而交付关税和班轮运费不一的现象,且其所受的进出口限制也不同。所以应注意选用合适的品名,以利减低关税、方便进出口和节省运费开支。

5.3 品质条款

一、品质的重要性

商品品质(Quality of Goods)是商品的内在质量和外观形态的综合。商品的内在质量是指商品的机械性能、物理性能、化学成分、生物特征、技术指标和要求等,如肉禽类商品的各种菌类含量、机械商品的精密度等。商品的外观形态则是指通过人们的感觉器官可以直接获得的商品的外形特征,如商品的大小、长短、造型、款式、味觉等。

在国际贸易中,品质的优劣直接影响到商品的使用效能、销路和市场价格,关系到买卖双方的利益。

合同中的品质条件是构成商品说明的重要组成部分,是买卖双方交接货物的依据。英国货物买卖法把品质条件作为合同的要件。《联合国国际货物销售合同公约》规定卖方交货必须符合约定的质量条件,如卖方交货不符合约定的品质条件,买方有权要求损害赔偿,也可要求修理或交付替代货物,甚至拒收货物和撤销合同。这就进一步说明了品质的重要性。

二、表示商品品质的方法

国际贸易中买卖的商品种类繁多、特点各异,加上市场交易习惯各不相同,故表示品质的方法多种多样。归纳起来,表示商品品质的方法包括凭实物表示和凭说明表示两类。

(一)凭实物表示商品品质

这种方法包括看货成交和凭样品买卖两种情况。

1. 看货成交

看货成交是指买卖双方根据成交商品的实际品质进行交易。通常先由买方或其代理人在卖方所在地验看货物,达成交易后,卖方即应按验看过的货物交付。只要卖方交付的是验看过的货物,买方就不得对货物质量提出异议。

由于交易双方往往远隔两地,买方到卖方所在地验看货物有诸多不便,即使卖方有现货,买方通常也由代理人代为验货。故采用看货买卖并不多见,多用于拍卖、寄售和展卖业务中,尤其适用于具有特殊性质的商品,如珠宝、字画及特定工艺制品等。

2. 凭样品买卖

样品(Sample)通常是指从一批商品中抽出来的或由生产使用部门设计、加工出来的,足以反映和代表整批商品品质的少量实物。凡以样品表示商品品质并以样品作为交货依据的买卖,称为"凭样品买卖"(Sale by Sample)。它特别适用于工艺品、土特产品、服务、轻工产品等品质没有标准化又不容易用语言来描述的商品的交易。

在凭样品买卖的交易中,被买卖双方认可的样品经过铅封就成为标准样品(Standard Sample),用以衡量卖方交货的品质。卖方要保证所交货物的品质不低于样品,否则买方可以拒收货物并提出索赔。

按样品提供者的不同,凭样品买卖又可分为凭卖方样品买卖、凭买方样品买卖和凭对等样品买卖三种。

(1)凭卖方样品买卖(Sale by Seller's Sample)。凭卖方样品买卖是指凭卖方样品作为交货依据。通常在合同中列明:"品质以卖方样品为准"(Quality as per Seller's Sample)。采用凭卖方样品买卖时应注意以下几个问题。

① 卖方所提供的样品不能侵犯第三方的工业产权或其他知识产权。

② 卖方所提供的样品必须是具有代表性的样品,该样品质量不能定得过高,以免造成生产和履约的困难;但也不能定得过低,以免在价格上吃亏。

③ 卖方在向买方提供样品时应保留至少一份(件)与送交样品品质完全一样的样品,即"留样"(Keep Sample)或"复样"(Duplicated Sample),并列明相同的编号及送交买方的具体日期,以备交货或处理品质纠纷时核对之用,或日后作联系、洽谈交易之参考。同时,留存的复样应妥善保管,以保证样品品质的稳定。

(2)凭买方样品买卖(Sale by Buyer's Sample)。凭买方样品买卖是指买卖双方凭买方提供的样品磋商交易和订立合同,并作为衡量卖方交货品质合格与否的最后依据。凭买方样品买卖也被称为"来样成交",其优点在于卖方可以借此生产出适销对路的产品、扩大产品的销售。通常在合同中列明:"品质以买方样品为准"(Quality as per Buyer's Sample)。

(3) 凭对等样品买卖(Sale by Counter Sample)。在国际贸易中,谨慎的卖方往往不愿意承接凭买方样品交货的交易,以免因交货品质与买方样品不符而招致买方索赔、甚至退货的危险。在此情况下,卖方可根据买方提供的样品,加工复制出一个类似的样品交买方确认,这种经确认后的样品,称为"对等样品"或"回样",也有称之为"确认样品"(Confirming Sample)。一旦对等样品被买方确认,则日后卖方所交货物的品质必须以对等样品为准。

应该指出,采用以样品表示商品品质的方法,容易在履约过程中在交货品质方面产生争议。因此,单纯用样品表示商品品质的方法在实际业务中已不多见,只有在不能用文字说明表示商品品质的交易中,才可以酌情采用这种方法。

案例 5.1

我内地某出口企业与外商签订一份买卖合同,条件为:铸铁井盖5000吨,分十批装运,货物由买方提供图样生产,经买方验收后方可接收,品质条款规定:铸件表面应光洁,铸件不得有裂纹、气孔、砂眼、缩孔、夹渣和其他铸造缺陷;交货前需买方签署质量合格证书,否则买方有权拒收货物。我方签约后迅速投入生产,货样生产出来后即让外商来验货,但外商借口业务繁忙,一拖再拖,最后提出先请当地商检部门代为验货。我商检部门仔细审查合同后发现,光洁是一个比较含糊的概念,容易引起纠纷,使我方处于被动地位。于是封存样品,并要求买方立即前来验货。外商接到通知后,不但不来验货,反而称卖方不能在规定的期限内生产出合格的产品,属于单方面违约,并要通过法律程序解决。卖方这才意识到,外商是在利用合同进行诈骗。

请问:该案例中的出口商犯了哪些错误?应从中吸取哪些教训,谈谈你的感受。

【评析】

(1) 关于表示商品品质的方法。在合同中应根据不同商品的特性,正确使用表示品质的方法,同时还要注意条款的科学性和灵活性。在本案例中,对于铸铁井盖这样一个商品,没有必要规定表面光洁的要求,并且光洁是一个含糊和感观的概念,没有办法通过科学的检验来证实,因此容易引起纠纷,使我方处于被动地位。

(2) 在凭买方样品买卖时卖方应该回样。本案是一个由买方提供图样生产并经买方验收后方可接收的合同,这种合同的条款对卖方非常不利,主动权完全在买方。因此,贸易欺诈的可能性很大。由于卖方没有从事国际贸易的经验,因此造成损失。

(3) 关于检验权的问题。应慎重对待凭买方签署的合格证书交货的问题,一般应规定由商检部门检验。但本案由于合同的品质条款订立存在失误,使得我商检部门无法检验,由此造成卖方处于完全被动状况。

(二) 用说明表示商品品质

所谓凭说明表示品质,是指用文字、图表、照片等方式来说明成交商品的品质,其具体表示方法有以下几种。

1. 凭规格买卖(Sale by Specifications)

商品的规格(Specification),是指用以反映商品品质的一些主要指标,如成分、含量、纯度、尺寸、不合格品率等。规格的内容随着商品的特点而不同,如机器设备的规格还包括产量(output)等。用规格来确定商品品质的方法称为凭规格买卖。例如,东北大豆的出口规格如下:

水分(最高)	15%
含油量(最低)	17%
杂质(最高)	1%
破碎率(最高)	7%

凭规格买卖比较方便、准确,所以在国际贸易中应用较广。

2. 凭等级买卖(Sale by Grade)

商品的等级(Grade of Goods)是指同一类商品按其规格上的差异,用大、中、小、甲、乙、丙、一、二、三等文字、数码所做的分类。凭等级买卖是指买卖双方在交易中以商品的等级表示商品品质。如我国出口的钨砂,主要根据其三氧化钨和锡含量的不同,可分为特级、一级、二级和三级,而每一级又规定有下列相对固定的规格。

	三氧化钨	锡	砷	硫
	最低	最高	最高	最高
特级	70%	0.2%	0.2%	0.8%
一级	65%	0.2%	0.2%	0.8%
二级	65%	1.5%	0.2%	0.8%

凭等级买卖时,由于不同等级的商品具有不同的规格,为了便于履行合同和避免争议,在品质条款列明等级的同时,最好一并规定每一等级的具体规格。使用等级表示商品的品质可让交易双方在磋商中以对等级的讨论代替对多种规格的讨论,从而简化交易,也有利于安排生产和加工整理工作的进行。但是,应当说明,由个别厂商制定的等级通常并没有强制性的约束力,买卖双方完全可以在订约时根据自己的意愿予以调整或改变。

3. 凭标准买卖(Sale by Standard)

商品的标准(Standard)是指将商品的规格和等级予以标准化。

世界各国都有自己的标准,如英国为 BS,美国为 ANSI,法国为 NF,德国为 DIN,日本为 JIS 等。此外,还有国际标准化组织 ISO 标准,国际电工委员会(IE)等制定的标准。商品的标准通常是由政府、科学技术协会、贸易协会、同业公会和商品交易所等机构、团体所制定和公布的规格和等级。这些标准有的具有强制性,有的没有强制性。

在国际市场上买卖农副产品时一般凭统货或大路货买卖,常用的品质标准如下。

(1) 良好平均品质(Fair Average Quality,简称 FAQ),指在一定时期内以某地出口商品的中等平均品质为标准。在采取这种笼统标准成交时,必须约定以哪一地、哪一年甚至哪一季的良好平均品质为标准。例如,"东北大豆,1993 年收成,良好平均品质"(North-East Soybean 1993 Crop, F.A.Q.)。

这种不确切的品质规格容易发生争议,因此一般还需要提供样品,有时还需增加一些主要规格指标,使品质标准具体化。

例如,中国花生仁(China Ground Nut)F. A. Q. 2003 的规格为:

水分(Moisture)最高(Max)13%

含油量(Oil Content)最低(Min)44%

不完善粒(Imperfect Grains)最高(Max)5%

对于良好平均品质的标准,宜在合同内定明由我国进出口商品检验局确定。

(2) 上好可销品质(Good Merchantable Quality,简称 GMQ),一般指卖方所交货物"品质上好,合乎市场营销标准"。这种品质标准多用于无法利用样品来明确品质的商品。例如:原木、冷冻鱼等。这种"标准"的含义较良好平均品质更为笼统,容易引起争议,一般不予采用。

4. 凭说明书和图样买卖(Sale by Descriptions and Illustrations)

国际贸易中的某些商品,如机械、仪表、电器等,由于其构造复杂,性能、设计、材料不可能用几个简单的指标来说明其品质的全部内容,而必须详细说明其构造、用材、性能以及使用方法,有时还必须附上图纸、数据、照片等来说明。按这种方法成交的买卖即为凭说明书和图样进行的买卖。采用此种方式的买卖,买卖合同中一般都定有品质保证条款和技术服务条款,明确规定卖方在一定期限内要保证其商品的品质须符合说明书规定的标准。如在保证期内发现商品的品质低于说明书的规定标准,买方有权要求卖方赔偿损失,卖方有责任消除其商品的缺陷,并承担由此而引起的各项费用。

5. 凭品牌或商标买卖(Sale by Brand or Trade Mark)

品牌(Brand)是指工商企业给其制造或销售的商品所冠定的名称,以便与其他企业的同类产品区别开来。商标(Trade Mark)是指生产者或销售商用来表明其所生产或销售商品的标志,它可由一个或几个具有特色的单词、字母、数字、图形或图片等组成。一个品牌可用于一种产品,也可用于一个企业的所有产品。

凭商标、品牌买卖是指对某些品质比较稳定且在市场上已树立了良好信誉的货物,买卖双方在交易洽谈和签订合同时,可采用这些商品的商标或品牌作为品质条件的依据。如美国羊毛事务局所制定的世界性商标"全新羊毛(All New Wool)""日本索尼(SONY)"彩电等,不需样品,也不需说明书,只要商标就能够确定其品质标准。商标或品牌作为品质标准一经约定,则卖方日后所交商品必须完全符合这些标准。

6. 凭产地名称买卖(Sale by Name of Origin)

有些产品,特别是农副、土特产品,受产地自然条件和传统的生产技术、加工工艺的影响,在品质上具有其他地区产品所不具备的独特风格或特色,因而深受消费者的欢迎而声誉卓著,产地的名称就成为代表商品品质的标志。在这种情况下,习惯上可以凭产地名称成交,如我国的"龙口粉丝""天津红小豆""北京烤鸭""贵州茅台""绍兴花雕酒""嘉定蒜头"等。

三、合同中的品质条款

常见的规定方法有以下两种。

1. 品质公差(Quality Tolerance)

品质公差是指国际上公认的产品品质的误差,即允许交付货物的特定质量指标有公认的差异。在工业品生产过程中,产品的质量指标产生一定的误差有时是难以避免的,这种误差若为某一国际同行业所公认,即为品质公差。即使合同没有规定,只要卖方交货品质在公差范围内,也不能视为违约。品质公差常用于对精度要求较高的工业制成品的交易中。

2. 品质机动幅度(Quality Latitude)

某些初级产品(如农副产品等)的质量不甚稳定,为了便于交易的顺利进行,在规定其品质指标的同时,可另定一定的品质机动幅度,即允许卖方所交货物的品质指标在一定幅度内有灵活性。它通常可以采取以下三种规定方法。

(1) 规定一定的范围。即对某项货物的品质指标规定允许发生差异的一定范围,例如:

品质:漂布,幅宽 35/36 英寸

(2) 规定一定的极限。即对商品的某种品质规格规定上限或下限。例如,在买卖东北大豆时,其品质规格表示为:

Quality: Broken grains 35%(max)　　　品质:碎粒　　　35%(最高)
　　　　　Moisture 15%(max)　　　　　　水分　　　　　15%(最高)
　　　　　Oil content 60%(min)　　　　　含油量　　　　60%(最低)

(3) 规定上下差异。即规定允许上、下差异的幅度。例如:

Quality: Grey duck feather, Down content 18%, 1% more or less(灰鸭毛,含绒量 18%,上、下 1%)。

应当注意的是,除非合同另有规定,在品质机动幅度和品质公差范围之内,其价格一般不作调整。但是在有些情况之下,特别是在初级产品交易时,往往在品质机动幅度和品质公差条款中加进价格调整条款。这就是我国进出口业务中所说的品质增减价条款。

四、规定品质条款时应注意的问题

(一) 正确采用表示商品品质的方法

品质条款的内容,必然涉及表示品质的方法。究竟采用何种表示品质的方法,应视商品的特性而定。一般来讲,凡能用科学的指标说明其质量的商品,则适于凭规格、等级或标准买卖;有些难以规格化或标准化的商品,如工艺品等,则适于凭样品买卖;某些质量好,并具有一定特色的名优产品,适于凭商标或品牌买卖;某些结构、性能复杂的机器、电器和仪表等商品,适于凭说明书和图样或产品目录买卖;具有地方风味和特色的商品,则可凭产地名称买卖。

此外,在出口业务中,凡能够用一种方法表示品质的,一般不宜采用两种或两种以上方法表示,以免受制过多而给交货带来困难。

(二) 实事求是地规定品质指标

订立品质指标必须符合实际情况,要符合买卖双方的具体要求和能力,既不能定得过高,也不能定得过低,以免影响合同的顺利履行。

(三) 品质条款要科学合理以及有一定的灵活性

品质条款应力求明确、具体、完整、简洁,不宜采用诸如"大约""合理公差"之类的模糊、笼统字眼。对某些制成品和初级产品,应根据货物特性和实际需要规定品质机动幅度和品质公差,必要时订立品质增减价条款。

5.4 数量条款

商品的数量（Quantity）是指用度量衡表示的重量、个数、长度、面积、体积的量。确定货物数量是国际买卖合同中主要条款之一，它包括明确计量单位、确定数量的多少及方法。一般情况下，多交或少交都是不允许的。按《联合国国际货物销售合同公约》第52条第2款规定："如果卖方交付的货物数量大于合同规定的数量，买方可以收取也可以拒绝收取多交部分的货物。如果买方收取多交部分的货物的全部或一部分，则必须按合同价格付款。"另外，根据《公约》的规定，如果卖方交货少于合同规定的数量，卖方应在规定的交货期届满时补交，但不得使买方遭受不合理的不便或承担不合理的开支，即便如此，买方仍有要求卖方损害赔偿的权利。"为此，卖方必须正确掌握成交的数量，并严格按约定的数量交货，以免遭受不必要的损失。

一、商品的计量单位

商品数量的确定必须借助一定的计量单位，目前世界上用来表示商品数量的计量单位还无法统一。现在，国际上常用的度量衡制度有：国际单位制（the International System of Units，代号 SI）、英制（The British System）、美制（The U.S. System）等。我国现行的度量衡制度是国际单位制。

从国际贸易的实际情况来看，经常被采用的计量单位有6种。

（一）按重量单位计算

按重量单位计算是目前国际贸易中使用最多的一种计量方法，重量单位一般有公吨（Metric Ton，M/T）、长吨（Long Ton）、短吨（Short Ton），经常使用的是公吨。在上述按重量计算的计量方法下，又有许多具体的计算重量的方法，常见的有以下几种。

(1) 毛重（Gross Weight），系指商品本身重量加上包装重量。对一些价值不高的大宗商品，或者因包装与商品不便分别计算的商品习惯上按毛重计算，即以毛作净（Gross for Net），如麻袋装谷物、饲料、卷筒卫生纸等。

(2) 净重（Net Weight），即货物本身的实际重量。如合同中未规定是按毛重或净重计价，一般按惯例均按净重计价。

要计算净重首先要去除皮重，即包装物的重量。常用的去除包装物重量的方法有：按实际皮重（Actual Tare）、按平均皮重（Average Tare）、按习惯皮重（Customary Tare）和按约定皮重（Computed Tare）。

(3) 净净重（Net Net Weight），又称实物净重。将毛重除去外包装的重量为净重，再将净重除去内包装的重量就是净净重。如服装除去外包装后为净重，再除去塑料袋、内衬的垫板和别针的重量，剩下的重量就是实物重量。

(4) 法定重量（Legal Weight）。某些商品的计价重量除了包括商品的净重外，还必须包括一些包装材料的重量，如销售包装等一些直接接触商品的包装材料的重量，即为法定重量。一些国家的海关法规定，在征收从量税时，商品的重量以法定重量计算。

(5) 公量(Conditioned Weight)，是指对某些吸湿性强、水分含量不稳定、受周围环境影响水分含量易变化而使商品重量变化的商品，如棉花、羊毛、生丝等，国际上一般采用科学方法除去其中所含的水分，再加上标准水分以得出其真实的重量即为公量。其计算公式为：

$$公量 = 实际重量(1+标准回潮率)/(1+实际回潮率)$$

(6) 理论重量(Theoretical Weight)。它适用于某些固定规格和固定尺寸的商品，如钢板、马口铁等，只要尺寸相同，其重量也基本相等，然后根据件数推算出总量。

（二）按数量单位计算

按数量单位计算即按个数单位计算。适用的商品主要有日用工业品、轻工产品、机械产品、部分土特产品及杂货类产品，如服装、手帕、袜子、鞋、玩具、纸张和小五金工具等。其往往采用套(Set)、打(Dozen)、副(Pair)、只(Piece)、罗(Gross＝12 Dozens)、卷(Roll, or Coil)、辆(Unit)、头(Head)为单位，有些产品也可按箱(Carton, Case)、包(Bale)、桶(Barrel)、袋(Bag)等计量单位。

（三）按长度单位计算

按长度单位计算主要用于金属绳索、纺织品匹头、电线电缆、钢管等商品的交易。如：码(Yard, yd)、英尺(Foot, ft)、米(Meter, m)、厘米(Centimeter, cm)等。

（四）按面积计算

有些贸易商品，如地毯、皮革、玻璃板等，一般习惯用面积计算。常用的计量单位有：平方米(Square meter, sq. M)、平方英尺(Square foot, sq. Ft)、平方码(Square yard, sq. Yd)等。

（五）按体积计算

凡是木材、天然气和化学气体的计量，都采用按体积计算的方法。常用的计量单位有：立方米(Cubic Meter)、立方英尺(Cubic Foot)、立方码(Cubic Yard)、立方英寸(Cubic Inch)等。

（六）按容积计算

按容积计算一般适用于谷物及一些流体、气体物品的交易。如，汽油、酒精等用升(Litre, L)、加仑(Gallon, gal)，小麦用蒲式耳(Bushel, bu)等。

二、数量的机动幅度

在国际贸易实践中，由于商品本身的特性、生产条件的制约、运输条件的影响，卖方交货有时难以达到在数量上十分精确的程度。为了解决这个问题，国际贸易领域逐渐形成了规定商品数量机动幅度的做法。

（一）规定数量机动幅度的方法

合同中规定数量机动幅度的方法在国际上主要有以下两种。

1. "约"量(Approximate, About)

运用有伸缩性的文字来表示数量的机动幅度，即在合同的数量前加"约""大约""近似""左右"等，以说明合同的量是一个约量，卖方的实际交货数量可以有一定的灵活性。但是，由于"约"的含义在国际上解释不一，所以，双方当事人应事先明确对允许增减的幅度进行约定，以免引起纠纷。在采用信用证付款的方式时，根据《跟单信用证统一惯例》（国际商会第

600号出版物)(以下简称《UCP600》)的解释,凡"此类意义的词语"用于信用证金额或信用证所列的数量或单价时,应理解为允许对有关金额或数量或单价有不超过10%的增减幅度。

2. 溢短装条款(More or Less Clause)

通过溢短装条款来说明数量的机动幅度,即在合同的数量条款中明确规定可以增减的具体百分比,习惯上这种条款称为"溢短装条款"。有些大宗商品,比如粮食、矿砂、化肥、食糖等,由于货源变化、船舶容量、装载技术等原因,往往难以准确地按约定数量交货,因而一般在合同中规定溢短装幅度。例如,数量一万公吨,百分之三伸缩(Quantity 10 000 M/T with 3% more or less)。

在实务中,"more or less"也可用"plus or minus"(增加或减少)或用"+/-"符号代替。

如果合同中未明确规定溢短装条款时,为便于装运,根据国际商会《UCP600》的规定,凡属散装货物,准许有5%的增减幅度。

在采用溢短装条款时,具体的百分比水平,一般由双方根据交易商品的特性、行业习惯、运输和包装方式、相关的利益影响等因素来共同商定,通常控制在2%~5%范围内。

(二) 数量机动幅度的选择权

在使用溢短装条款时,应该由谁来行使多交或少交的权利呢?很显然,应该由履行交货义务的卖方来行使这个权利,即所谓"由卖方决定"。但这只是一般的情况。如果是买方负责安排货物的装运,而装运工具的装载能力又是既定的,那么也可以规定由买方行使这个权利,即所谓"由买方选择"。在交货数量与承载货物的船只的舱容关系十分密切的情况下,一般都规定由负责安排运输工具的一方行使选择权,或者直接规定由运输方行使选择权。不管是谁行使选择权,最好在合同中加以规定。

(三) 数量机动幅度的计价问题

在合同规定了溢短装条款的情况下,通常还要规定相应的计价条款。一般的做法有:按合同价格计价;按装船日的市价或到货日的市价计算;按部分合同价、部分市价计算。其中,按合同规定的价格计算总货价,这种做法最为普遍。

三、规定数量条款应注意的几个问题

合同中的数量条款是买卖双方交接货物的量的依据,卖方必须严格按照合同规定的数量交货。因此,在交易磋商和合同中,必须重视以下几个问题。

(1) 要定明具体的计量方法。特别要注意在按个数成交的条件下商品的数量与包装件数之间的协调,防止出现零头商品无法包装和装运的情况。

(2) 在交易商品的数量容易受到各种因素影响而发生比较明显的变化的情况下,最好在合同中明确是按运出数量还是按运到数量来检查履约情况,以防止日后双方争执。

(3) 在合同中明确所采用的度量衡制度。如果一种商品可以用不同的计量单位计算,那么应采用国际上最常用的计量单位。在我国,还必须选定法定计量单位。

(4) 要充分使用溢短装条款。凡是交货数量难以确切把握的商品,在规定数量时最好都要订立溢短装条款,必要时还应具体明确溢短装条款的选择权问题和计价问题,以防止日后发生纠纷。

合同中的数量条款示例:

项目5　商品的品名、品质、数量和包装

"中国大米3000公吨,卖方可溢短装2%。"
(China Rice,3000 metric tons with 2% more or less at Seller's Option.)
"数量:200箱。"
(Quantity:200 cases.)
"数量:100公吨,以毛作净。"
(Quantity:100 m. t.,Gross for Net.)
"数量:500公吨,卖方可多交或少交1%。"
(Quantity:500 m. t.,with 1% more or less at seller's option.)

5.5　包装条款

在国际贸易中,除少数商品之外,绝大多数商品都需要进行包装。商品包装是商品生产的继续,凡需要包装的商品,只有通过包装,才算完成生产过程,商品才能进入流通领域和消费领域,才能实现商品的使用价值和价值。经过适当包装的商品,不仅便于运输、装卸、搬运、储存、保管、清点、陈列和携带,而且不易丢失和被盗,为各方面提供了便利。

在当前国际市场竞争十分激烈的情况下,许多国家都把包装作为加强对外竞销的重要手段之一。因为,良好的包装不仅可以保护商品,而且还能起到宣传和美化商品,提高商品身价,吸引顾客,扩大销路,增加商品附加价值的作用,并在一定程度上显示出口国家的科技、文化艺术水平。

此外,在国际贸易中,包装还是说明货物的重要组成部分,包装条件是买卖合同中的一项主要条件。

一、包装的种类

国际贸易的商品,按照在流通过程中有无包装来划分,分为包装货、裸装货和散装货。包装货(Packed Cargo)是指有包装的商品,多数商品属于这一类。裸装货(Nude Cargo)是指将商品略加捆扎或以其自身进行捆扎。裸装方法适用于一些形态上自然成件,能抵抗外界影响,或品质稳定,难以包装的货物,如钢材、橡胶、木材和汽车等。散装货(Bulk Cargo)是指未加任何包装,直接付运或用以销售的货物。散装方法通常适用于不需要包装即可直接进入流通领域,或不容易包装或不值得包装的货物,如散装的石油、粮食、矿砂、水泥等。但有时散装货也可因采用包装而成为包装货,如桶装的石油、袋装的水泥等。

商品包装如按照它在流通中的不同作用,可分为运输包装和销售包装两大类。

(一)运输包装(Packing for Shipment)

运输包装,又称为大包装或外包装(Outer Packing),其主要作用是保护商品、方便装卸和储存,便于计数和分拨。

运输包装的方式和造型多种多样,用料和质地各不相同,包装程度也多有差异。运输包装的种类可以按以下几种方式进行分类。

1. 按包装方式分类

按包装方式,可装运输包装分为单件运输包装和集合运输包装。

（1）单件运输包装是指每件货物单件包装。一般价值较高、容易受损的商品大都用箱装，箱装依使用材料不同又可分为木箱（Wooden Case）、板条箱（Crate）和纸箱（Carton）等；液体、半液体以及粉状等商品，一般用桶装，桶装依使用材料的不同可分为木桶（Wooden Cask）、铁桶（Iron Drum）和塑料桶（Plastic Cask）等；有些农产品及化学原料等常用袋装，袋装依使用材料的不同可分为麻袋（Gunny Bag）、布袋（Cloth Bag）和塑料袋（Plastic Bag）等。此外，还有包（Bale）装、瓶（Bottle）装和罐（Can）装等。

（2）集合运输包装是指将若干件单件运输包装组合成一件大包装，以便更有效地保护商品、提高装卸效率和节省运输费用。在国际贸易中，常见的集合包装有以下几种。

① 集装包或集装袋（Flexible Container）。一般是指用合成纤维或复合材料编织成的圆形大口袋或者方形大包。集装包或袋的容量，随着使用的材料和生产工艺的不同而有所区别，一般是 1~4 吨，最高可达 13 吨左右。集装袋适于装粉状、粒状的化工产品、矿产品、农产品及水泥等散装商品。

② 托盘（Pallet）。一般是指用木材、金属或塑料制成的托板。将货物堆放在托板上方，并用箱板纸、塑料薄膜或金属绳索加以固定，组合成一件包装。托盘下面有插口，供铲车起卸使用。托盘也分一次性使用和回收周转使用两种。

③ 集装箱（Container）。指一种用金属板或木材、纤维板制成的长方形大箱，可装载 5~40 吨重的商品。有的集装箱内还装有空气和温度调节设备。

此外，还有集装架，多适用于短途装载新鲜瓜果、蔬菜等类商品。

2. 按包装材料分类

按包装材料，可将运输包装分为纸制包装、金属制包装、木制包装、塑料包装等。如纸箱（Carton）、木箱（Wooden Case）、布袋（Cloth Bag）、铁桶（Iron Drum）等。

在国际贸易中，买卖双方选择包装运输种类应根据商品的特性、形状、运输方式、贸易习惯的要求及相关国家的法律，在保证包装牢固的前提下尽可能节省费用。故选择确定运输包装方式时，应注意以下几个问题。

（1）包装的合理性。在国贸长途运输过程中，会有各种各样的危险因素对运输包装件造成损坏。产品包装的保护性能低，达不到克服运输环境中危险因素的水平，就是包装不足，可能使产品的损坏率加大；而产品包装的保护性能过高，远超过运输环境的要求，就是过分包装，增加了产品的包装成本。因此，一定要强调合理的包装。

（2）包装应该满足国际上愈来愈受重视的环保要求。应积极引用可循环回收、可再生或降解的绿色环保材料，淘汰污染材料，杜绝污染源的产生。

（3）要考虑生产、加工及运输仓储等的效率，适应大批量生产加工的需要，方便运输和仓储。

（4）采用国际包装标准。

国际包装标准的种类

ISO 标准：ISO（国际标准化组织）规定了很多包装测试的方法、试验设备的要求以及试验的步骤。可以说，ISO 标准是一些最基础、最通用的标准。

ASTM 标准：ASTM 是美国材料试验协会，该协会制定的此项标准是目前在国际包装领域使用得非常广泛的一个标准系列。由于 ASTM 标准非常贴近实际情况，很多组织的标准都引用它作为试验方法的基础。

IEC 标准：国际电工委员会标准，主要是针对机电设备的标准。

ISTA 标准：国际安全运输委员会标准。此标准对各种不同形状、不同重量、不同产品的运输包装件规定了各自独立的实验方案。

（二）销售包装（Sales Packing）

销售包装又称内包装（Inner Packing），是直接接触商品并随商品进入零售网点、与消费者直接见面的包装。这类包装除必须具有保护商品的功能外，更应具有促销的功能。随着国际市场的竞争日益加剧，超级市场和连锁商店的迅速发展，商品的销售包装可以起到"无声售货员"的作用。因而各国厂商无不竞相改进包装，借以扩大销路，争夺市场。现在设计包装不仅要独具匠心，力求包装美观新颖以激发消费者的购买欲望，而且还要重视介绍使用商品的知识，以期赢得顾客的赞许，使之乐于选用。

1. 销售包装的分类

销售包装可采用不同的包装材料和不同的造型结构与式样，这就导致销售包装的多样性。究竟采取何种销售包装，主要根据商品特性和形状而定。常见的销售包装有以下几种。

（1）堆叠式包装：采用包装的上边盖部和底部能吻合的造型设计，以便商品堆叠陈列。

（2）挂式包装：采用挂钩、吊袋、网袋、挂孔等包装设计，以便于商品的悬挂、陈列、销售。

（3）易开包装：指带有手拉盖等设计的易开罐、易开瓶和易开盒等。

（4）便携式包装：包装上有手提袋装置设计或附有携带包装，方便顾客携带。

（5）配套包装：指把有关联的不同规格品种的商品搭配成套的包装，如成套餐具包装盒等。

（6）喷雾包装：包装上带有自助喷出和关闭装置，适用于液体商品，使用便利。

（7）礼品包装：要求外观精美、大方、名贵，专为送礼的包装。

（8）复用包装：除用作商品包装外，还可提供消费者观赏、再使用等的包装。

此外，还有便于选购的透明或窗式包装，不同用途的真空包装和适用于药品、调味品等一次性使用的包装。

2. 对销售包装的要求

在销售包装上，一般都附有装潢画面和文字说明，有的还印有条形码的标志，在设计和制作销售包装时，应一并做好以下几方面的工作。

销售包装的设计和制作要便于陈列展售，便于携带和使用；还要搞好文字说明，便于识别商品；装潢画面要美观大方，富有艺术上的吸引力，并突出商品特点，图案和色彩应适应有关国家的民族习惯和爱好，做到投其所好，以利扩大出口。

3. 销售包装的标志和说明

（1）装潢画面和文字说明。

在销售包装上应有必要的文字说明，如商标、品牌、品名、产地、数量、规格、成分、用途和使用方法等，文字说明要同装潢画面紧密结合，互相衬托，彼此补充，以达到宣传和促销的目的，使用的文字必须简明扼要，并让销售市场的顾客能看懂，必要时也可以中外文同时并用。

在销售包装上使用文字说明或制作标签时,还应注意有关国家的标签管理的规定。

(2) 条形码标志。

商品条形码是指由一组规则排列的条、空及其对应字符组成的标识,用以表示一定的商品信息。其中条为深色、空为浅色,用于条形码识读设备的扫描识读。其对应字符由一组数字组成,供人们直接识读或通过键盘向计算机输入数据使用。这一组条、空和相应的字符所表示的信息是相同的。

目前世界上常用的码制有 EAN 条形码、UPC 条形码、二五条形码、交叉二五条形码、库德巴条形码、三九条形码和 128 条形码等,而商品上最常使用的就是 EAN 商品条形码。

EAN 商品条形码亦称通用商品条形码,由国际物品编码协会制定,通用于世界各地,是目前国际上使用最广泛的一种商品条形码。我国目前在国内推行使用的也是这种商品条形码。

二、包装标志

包装标志是指在运输包装上用文字、图形和数字制作的标记,其作用是方便在运输过程中识别货物,防止错运。制作包装标志时要简明清晰、易于辨认;着色牢固,防止海水或雨水冲湿褪色;在每件货物对侧的相同部位上刷制相同的标志以便工作人员在货物调换摆放位置时也能看到该标志;防止印刷错误,以免影响货物报关和装卸工作。

包装标志按其用途可分为运输标志、指示性标志和警告性标志等,以便识别和提醒人们操作时注意。

(一) 运输标志(Shipping Mark)

运输标志通常俗称唛头,由一些数字、字母及简单的文字组成,通常刷印在外包装明显的部位。唛头是唯一体现在装运单据上的包装标志。

ISO 建议的标准运输标志是:行数为四行,每行不得超过 17 个字母(或数字或符号),不得采用几何图形。

(1) 收货人名称的英文缩写或简称;

(2) 参照号,如订单、发票或运单号码;

(3) 目的地;

(4) 件数号。

例如: ABC CO
   LS20030
    NEW YORK
     CTN/NOS. 1~1500

运输标志中的参照号通常用合同号、信用证号和发票号码等。目的地表明货物最终抵运地点,通常为港口。如需转运则表明转运地点,例如,London Via HongKong,这里的 London 是卸货港,而 Hong Kong 则是转运港。运输标志中的件数号主要说明整批货与本件货物的关系。假如该批货物只有一种规格时,货物的件号可以是一个,如 C/NOS. 1~100,如果一批货物有 100 箱,每一箱的包装数量和品种规格均不相同时,则可以采用顺序件号的方法,即在货物包装上用 C/NOS. 1~100、C/NOS. 2~100、C/NOS. 3~100……来表示,以便理货清查短损。C/NOS. 3~100 中的 C 表示 Carton 纸箱,3~100 中的 100 表示该批货物共计100件,3则表示本件是100件的第三件。在业务往来函电中,有时会见到这样的写法"C/NO-UP",这表示包装件数待定,装运时按实际情况确定。

(二) 指示性标志(Indicative Mark)

指示性标志又称操作标志,是指在某些易碎、易坏、易潮的商品外包装上用醒目的图形或文字表示的标志,以便提醒搬运人员注意,保障货物及人员的安全。指示性标志可以用文字表示,如"小心轻放(Handle with Care)""请勿用钩(Use No Hooks)""此端向上(This Side Up)""保持干燥(Keep Dry)"等。同时,在长期的国际贸易实践中,国际上也逐渐形成了一整套各国普遍采用的指示符号。

值得注意的是,我国有自己的一套完整的指示标志体系。在这个体系中,有的标志和国际上通用的标志相近,但也有不少标志与国际通用标志不同。为了使我国进出口贸易的做法符合国际惯例,在包装过程中采用国际通用的指示标志乃是大势所趋。以下是一些常用的指示性标志。

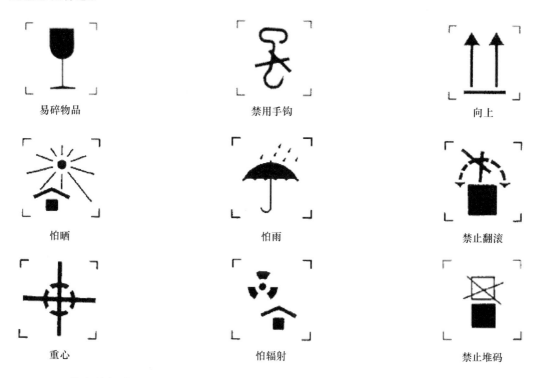

(三) 警告性标志(Warning Mark)

警告性标志也叫危险品标志,是指在易燃、易爆、有毒和有放射性等危险品的外包装上标志的醒目的图形和文字,以警告有关人员在货物的运输、保管和装卸过程中,根据商品的性质,采取相应的防护措施,以保护货物和人身安全。

对于警告性标志,许多国家都有自己的规定,我国也不例外。但是,联合国政府间海事协商组织也制定了关于国际海运运输危险品的规则。因此,我国在出口带有危险性的商品时,在外包装上除了刷有国内规定的危险品标志外,还要刷有国际海运危险品的标志,以使货物运输更加安全。以下是一些常用的警告性标志。

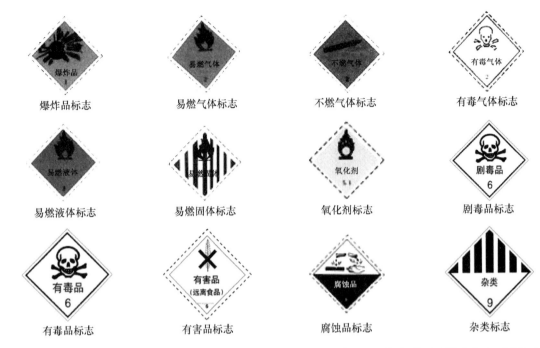

此外,在国际贸易中,还有一种原产地标志。原产地标志是指货物由哪国生产、制造和加工的标志。例如我国出口商品都注明"中国制造"(Made in China)字样。

(四) 其他标志

除上述包装标志外,在货物的包装上一般还需刷制每件货物的品名、货号、装箱数量及配比、毛重(Gross Weight)、净重(Net Weight)、包装容器的体积(Measurement)和货物的产地(Country of Origin)等标志,其中磅、码、产地标志必须刷制。

三、中性包装与定牌

(一) 中性包装

中性包装(Neutral Packing)是一种不标明生产国别、地名、厂名的商品包装。在国际贸易中,中性包装的目的是为了打破进口国实行关税壁垒等限制进口的歧视性措施。

在国际市场上,中性包装已成为国际贸易中的一种习惯做法,它是推销出口商品的一种手段。如果合同规定采用中性包装,生产厂家就必须严格按出口合同的要求组织生产。我国接受中性包装,主要是为了打破某些国家和地区对我国商品实行高关税和不合理的配额限制,以便使我国商品能顺利进入这类国家的市场。

(二) 定牌生产

定牌是指商品包装上不采用卖方自己的商标、牌号而采用买方指定的商标或牌号。一般而言,定牌有三种做法。

1. 定牌中性包装

接受买方指定的商标或牌号,不注明生产国别标志,即为定牌中性包装。对于某些国外大量的、长期的、稳定的订货客户,可以接受这种做法。

2. 注明生产国别

接受买方指定的商标、牌号,注明卖方的生产国别,如注明"中华人民共和国制造"或"中国制造"字样。

3. 定牌定产地

接受买方指定的商标、牌号,在商标或牌号下注明卖方某工厂制造,即定牌定产地。

定牌的原因有:出口商商品质量、规格都适合进口商的要求,但牌号不适合进口国的要求;进口商在国内建立了同类产品的良好品牌,进口其他厂牌的商品,对竞争不利;进口国政府对出口国的贸易限制,为了绕过这种限制。

定牌业务要注意的问题是,买方指定的商标是否存在侵权行为。为了避免在定牌业务中造成被动,可以在合同中规定:买方指定的商标,当发生被第三者控告侵权时,应由买方与控告者交涉,与卖方无关;由此给卖方所造成的损失应由买方负责赔偿。

四、合同中的包装条款

买卖合同中的包装条款主要包括包装材料、包装方式、包装费用和运输标志等内容。如:

"木箱装,每箱30匹,每匹40码"

(In wooden cases containing 30 pcs. of 40 yds, each)

"铁桶装,每桶净重25千克"

(In iron drums of 25 kgs net each)

五、订立包装条款的注意事项

(一)对包装的规定要明确具体

约定包装时,应明确具体,不宜笼统规定。例如,"适合海运包装"(Seaworthy Packing)、"习惯包装"(Customary Packing)和"卖方惯用包装"(Seller's Usual Packing)之类的术语,此类术语无统一解释,易引起纠纷,除非是长期合作的贸易伙伴,已经取得一致认识,否则不宜采用。

(二)要结合货物特点和不同运输方式选择包装

货物的特性、形状和使用的运输方式不同,对包装的要求也不相同。在约定包装材料、包装方式、包装规格和包装标志时,必须考虑货物在储运和销售过程中的实际需要,来确定适宜的包装。

(三)明确包装物料提供与费用负担的相关事项

出口货物的包装通常由卖方提供,包装费用一般包括在货价之内(Packing Charges Included)。如果买方有额外包装要求,由买方承担费用并规定具体的支付办法;如果包装材料由买方供应,还应定明包装材料最迟到达卖方的时限和逾期到达的责任。

(四)明确装箱细数及其配比

装箱细数是指每个包装单位内所装的商品个数。如果整批货只有一个规格或尺码,则按要求的数量装箱即可;如果有多个规格尺码或多种颜色,则要注意每件包装内容的搭配

(Assortment)。

（五）明确唛头的指定

按照国际贸易惯例，唛头一般由卖方决定，无须在合同中作具体规定。如果买方要求特定唛头，可在合同中列明，以便卖方据以刷制唛头（Marking）；如果买方要求合同订立后由其指定，则应明确指定的最后时限，并定明"若到时未收到有关唛头通知，卖方可自行决定。"

项目拓展

请从阿里巴巴国际站，或者速卖通、亚马逊等跨境电商平台，找出一种你感兴趣的商品，并用中文和英文描述这种商品的品名、品质、数量单位和包装等情况。

重点名词

品质机动幅度　样品　卖方样品　买方样品　对等样品　唛头　中性包装　定牌

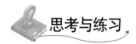思考与练习

1. 为什么在出口商品外包装上要刷"运输标志"？"运输标志"一般由哪些内容组成？哪些内容是必不可少的？试按一般要求设计一个运输标志。

2. 某外商欲购我方"菊花"牌手电钻，但要求改用"鲨鱼"牌商标，并在包装上不得注明"Made in China"字样，问我方是否可以接受？应注意什么问题？

3. 日本某公司（简称日方）拟从我国进口某冷冻海产品，签约前日方有关人员在我国某出口公司（简称中方）业务人员的陪同下，先后到甲、乙和丙三个产地看货，最终决定购买丙地产品，双方即在丙地谈判成交，并签署书面确认书。该确认书上列明货物的规格，但未表明"凭样品买卖"。而日方签约后提出在丙地货物中抽样并封样，并未遭中方反对。不久，中方收到买方通过银行开立的信用证，经审查无误后即办理备货、报验，并取得商检合格证书。装船前，日方派人对装运货物用所封样品加以对照，结论是货样不一致，不允许装船。日方声称卖方违反品质担保，提出保留索赔权利。而中方则认为货物已经商检部门检验并认可，日方无权拒收货物。试析：中日双方争论的焦点是什么？为什么会出现争议？从该案例中可得到什么教训？

4. 在荷兰某一超级市场上有黄色竹制罐装的茶叶一批，罐的一面刻有中文"中国茶叶"四字，另一面刻有我国古装仕女图，看上去精致美观颇富民族特色，但国外消费者少有问津，其故何在？

项目 6

国际贸易术语与商品价格

本项目知识结构图

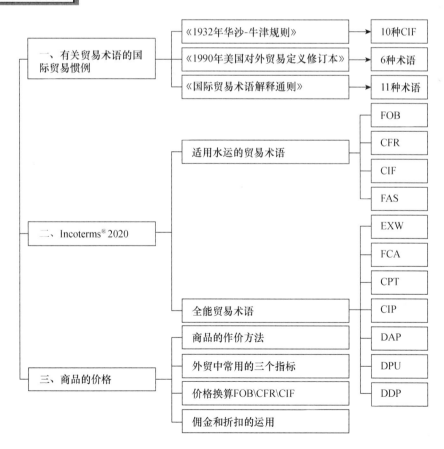

学习目标

在国际货物买卖中,交易双方相距甚远,所交易的商品往往需要经过长途运输,需要涉及海关、商检、银行、保险等方方面面,因此,国际贸易价格组成不同于国内贸易,所涉及的成交条件和交易过程都更加复杂。

本章主要介绍国际贸易术语的含义,有关贸易术语的三个国际贸易惯例,并对《Incoterms® 2020》中11种贸易术语的内容及其应用进行了详细的阐述;着重介绍了如何选用合适的贸易术语及各贸易术语间的换算。

知识目标

- 熟悉《Incoterms® 2020》
- 掌握常用的6种贸易术语

技能目标

- 能合理、准确签订合同中的价格条款
- 会计算价格,并能在不同价格术语间熟练换算

项目导入

对产品逐渐熟悉后,张燕收到了意大利客户的询盘,要求报1000公吨的卷钢价格。张燕向老师请教,对外报价如何计算?国内单价和国际贸易单价的组成有什么不同吗?国际贸易单价中包含了哪些费用?

在老师的指导下,张燕开始在国内询价,卷钢国内采购价格是人民币5200元/公吨,从工厂到港口的运费约为90元/公吨,此种商品增值税率16%,出口退税是13%。报关费150/票,商检费100/票,港杂费用约75元/公吨,银行手续费用为发票金额的0.125%,"FROM QINGDAO TO VENICE,ITALY"运费为1000 USD/20GP;保险金额一般为成交价格的110%,平安险保险费率为0.80%,假设公司的利润为成交价格的10%,人民币对美元汇率为6.80:1,资金占用利息1%/月(请只考虑货物成本的利息,其他不考虑),预计占用2个月。(注:每个20GP装25公吨)

张燕据此计算出FOB、CFR、CIF的报价。(答案可参见本章最后的"项目导入分析")

6.1 贸易术语的含义和有关的国际惯例

一、贸易术语的含义及作用

(一)贸易术语(Trade Terms)

贸易术语又称价格术语或交货条件,它是用一个简短的概念或三个字母的缩写来说明

价格的构成及买卖双方有关责任、费用和风险的划分,以确定买卖双方在交接货物过程中应尽的责任和义务。例如"装运港船上交货"或用英文字母表示的"FOB",就具有特定的责任、费用和风险的归属要求。

"责任"是指因交货地点不同而产生的租船订舱、装货、卸货、投保、申请进出口许可、报关等项事宜;"费用"是指因货物的移动而产生的运杂费、保险费、关税、仓储费、码头捐等;"风险"是指由于各种原因导致货物被盗、串味、锈蚀、水渍、灭失等危险。

(二)贸易术语的作用

1. 明确责任,规范、简化手续

简短的术语涵盖了双方承担的责任、费用和风险,简化了洽商的内容和手续,缩短了成交过程,节省了业务费用。例如,USD 25/dozen FOB Shanghai,虽然只有几个字母,但其含义在国际商会的解释中却有千字篇幅。国际贸易中使用价格术语,可以简化交易磋商的内容,缩短磋商的时间和节省费用。

2. 影响买卖合同的性质

国际货物买卖合同基本包括启运合同、装运合同和到达合同三种,它们的分类主要取决于交货地点,而交货地点的不同,又决定着双方承担的责任、风险和费用划分的不同。所谓启运合同是指卖方在产地交货的合同;装运合同是指卖方在双方约定的装运地点完成交货的合同;到达合同是指卖方在约定的到货地点完成交货的合同。在签订合同时,注意不要把违背该项术语的内容写进合同,造成自相矛盾,改变合同性质。

3. 具有法律作用

如果合同中采用了某一贸易术语,并标明该术语以某一惯例解释为准,则该术语的惯例对双方就有法律约束力。

二、有关贸易术语的国际惯例

在国际贸易中使用贸易术语,始于19世纪,但是,最初各国对各种贸易术语并无统一解释,某种特定行业对各种贸易术语也有各自特定的解释和规定,因此,常常出现矛盾和分歧。为解决这些矛盾,以便于国际贸易的发展,国际商会、国际法协会等国际组织以及美国一些著名商业团体经过长期的努力,分别制定了解释国际贸易术语的规则。这些规则在国际上被广泛采用,成为一般的国际贸易惯例。

惯例本身不是法律,它对贸易双方不具有强制性,所以买卖双方有权在合同中做出与某项惯例不符的规定。但是,国际贸易惯例对贸易实践仍具有重要的指导作用。这体现在,一方面,买卖双方都同意采用某种惯例来约束该项交易,并在合同中做出明确规定,另一方面,如果双方在合同中未排除也未注明运用某项惯例,则在合同执行中发生争议时,受理该争议案的司法和仲裁机构往往会引用某一国际贸易惯例进行判决或裁决。所以,在我国的对外贸易实践中,在平等互利的前提下,适当采用这些国际惯例,有利于外贸业务的开展。而且,通过学习和掌握有关国际贸易惯例的知识,可以帮助我们避免或减少贸易争端。即使发生争议,也可以引用有关惯例来争取有利地位,减少不必要的损失。

为了避免各国在对贸易术语解释上出现分歧和引起争议,有些国际组织和商业团体便分别就某些贸易术语做出统一的解释与规定,其中影响较大的主要有:国际商会制定的《国际贸易术语解释通则》(International Rules for the Interpretation of Trade Terms,简称 Incoterms),国际法协会为解释 CIF 合同而制定的《1932 年华沙-牛津规则》(Warsaw-Oxford Rules 1932),以及美国一些商业团体制定的《1941 年美国对外贸易定义修订本》(Revised American Foreign Trade Definition 1941),本定义在 1990 年再次进行了修订。

（一）《1932 年华沙-牛津规则》

为了对 CIF 合同双方的权利与义务做出统一的规定与解释,国际法协会特制定了《华沙-牛津规则》,为那些按 CIF 贸易术语成交的买卖双方提供了一套可在 CIF 合同中使用的统一规则,供买卖双方自愿采用。在买卖双方缺乏标准合同格式或共同交易条件的情况下,买卖双方可以约定采用此项规划。《华沙-牛津规则》自 1932 年公布后,一直沿用至今,并成为国际贸易中颇有影响的国际贸易惯例。这是因为,此项《规则》在一定程度上反映了各国对 CIF 合同的一般解释。不仅如此,其中某些规定的原则,还可适用于其他合同。例如,《华沙-牛津规则》规定,在 CIF 合同中,货物所有权移转于买方的时间,应当是卖方把装运单据（提单）交给买方的时刻,即以交单时间作为所有权移转的时间。此项原则,虽是针对 CIF 合同的特点制定的,但一般认为也可适用于卖方有提供提单义务的其他合同。

（二）《1990 年美国对外贸易定义修订本》

《1990 年美国对外贸易定义修订本》是由美国几个商业团体制定的,并于 1941—1990 年进行了修订。该定义对以下六种贸易术语作了解释：① EXW(EX Works)（产地交货）；② FOB(Free on Board)（在运输工具上交货）；③ FAS(Free Along Side)（在运输工具旁边交货）；④ CFR(Cost and Freight)（成本加运费）；⑤ CIF(Cost,Insurance and Freight)（成本加保险费、运费）；⑥ DEQ(Delivered Ex Quay)（目的港码头交货）。

《美国对外贸易定义修订本》主要在北美国家采用。由于它对贸易术语的解释,特别是对第 2 种和第 3 种术语的解释与国际商会的《国际贸易术语解释通则》有明显的差异,所以,在同北美国家进行交易时应加以注意。

（三）《国际贸易术语解释通则》

《国际贸易术语解释通则》(International Rules for the Interpretation of Trade Terms)是国际商会为统一各种贸易术语的不同解释于 1936 年制定的,命名为《1936 年国际贸易术语解释通则》。随后,为适应国际贸易实践发展的需要,国际商会先后于 1953、1967、1976、1980、1990、2000、2010、2020 年进行过多次修订和补充,以便为国际贸易中使用的各种术语提供准确解释。最新版本《国际贸易术语解释通则 2020》（以下称 Incoterms® 2020）由国际商会(ICC)于 2019 年 9 月 10 日向全球发布,2020 年 1 月 1 日正式生效。新版本的实施并不意味着以前版本的停用,但随着时间的推移,新版术语将会被广泛接受。

1.《国际贸易术语解释通则》的使用范围

只有在合同中明确约定适用《国际贸易术语解释通则》的情况下,《国际贸易术语解释通则》中的贸易术语才会适用。《国际贸易术语解释通则》的使用范围只限于国际贸易买卖合同中与货物买卖（有形货物）有关的部分事宜,而不涉及为履行买卖合同而订立的运输合同、保险合同、支付合同及融资合同等。因此,买卖双方还须考虑为完成国际货物买卖所需要的各种合同与术语的关系。《国际贸易术语解释通则》只限于为双方设定若干特定义务,如卖方将货物交给买方处置,或将货物交承运人或在目的地交货的义务；买卖双方之间关于货物风险和费用的划分;货物出口与进口的清关义务;货物的包装义务;买方受领货物的义务;相互提供信息;货物的检验等。但贸易术语不涉及与买卖合同密切相关的货物所有权和其他产权转移、违约及其救济、豁免等问题。为此,买卖双方必须在合同中对此予以明确规定。考虑到一些大的区域贸易集团,如欧盟,国与国之间的海关手续已不那么重要了。新版本明确,这些术语不仅适用于国际销售合同,而且还适用于国内销售合同。

2.《Incoterms® 2020》的重大变化

和《Incoterms® 2010》规则相比,《Incoterms® 2020》规则增加了贸易术语的图示,调整了术语内容解释的顺序,但依然包括11种贸易术语。概括起来,有如下7个主要的变化:

(1) 已装船批注提单和 FCA Incoterm® 规则;

(2) 费用(如已列出);

(3) CIF 和 CIP 中保险险别的不同级别;

(4) 在 FCA、DAP、DPU、DDP 中使用卖方或买方自己的运输工具安排运输;

(5) 将 DAT 的三个首字母缩写改为 DPU;

(6) 在运输义务和费用中加入与安全有关的要求;

(7) 用户解释说明;

下面分别解释一下这7个改变。

(1) 已装船批注提单和 FCA Incoterm® 规则

在使用 FCA 术语经由海运方式运输时,卖方通常在装船之前已经完成交货。根据运输合同,只有货物实际装船后,承运人才有义务并有权利签发已装船提单。但是在一般情况下,已装船提单是银行在信用证项下的常见单据要求,因此对 FCA 规则的修订充分考虑到这一市场上的实际情况。

为解决这一矛盾,《Incoterms® 2020》规则 FCA 中 A6/B6 提供了一个附件选项。买卖双方可以约定,买方将指示承运人在货物装船后向卖方签发已装船提单。这种情况下,卖方有义务,通常通过银行,向买方提交上述已装船提单。即使采用了这种可选机制,卖方对买方也不承担运输合同条款的义务。

如果卖方在装船前通过集装箱货物移交给承运人来交货给买方的话,相较于 FOB,《Incoterms® 2020》更推荐使用 FCA 术语。

(2) 费用(如已列出)

在《Incoterms® 2020》规则条款的新排序中,费用划分显示在每条的 A9/B9 中。相较于《Incoterms® 2010》规则中 A6/B6 费用划分条款,其变化是篇幅更长,提供了"一站式费用清单",以便卖方或买方可以在一个地方找到其在 Incoterms® 规则特定术语下负责的所有费用。当然,各费用项目也在其本身条款中提到。例如:FOB 术语 A7B7 中提到出、进口清关手续并支付费用,在 A9/B9 中显示:按照 A7/B7 办理出、进口清关有关的关税、税款和任何其他费用。

(3) CIF 和 CIP 中保险险别的不同级别

在《Incoterms® 2010》中,CIF 和 CIP 的 A3 条款均强制规定卖方有义务自付费用投买货物保险,该保险需至少符合《协会货物保险条款》ICC(C) 或类似的最低险别的条款。

在 ICC《Incoterms® 2020》中,CIF 保持相同的保险水平,即要求卖方至少投保 ICC(C) 险别,但对 CIP 术语,要求了更高的保险险别,即卖方必须取得符合《协会货物保险条款》条款

(A)的保险险别。其原因是，CIF更多地用于大宗商品贸易，CIP作为多式联运术语，更多地用于制成品。当然，在CIF和CIP术语中，双方当事人仍可以自由商定较高或较低的保险险别。

（4）在FCA、DAP、DPU、DDP中使用卖方或买方自己的运输工具安排运输

当采用FCA、DAP、DPU和DPP术语进行贸易时，买卖双方可以使用自有运输工具，而不再像2010版那样推定使用第三方承运人进行运输。

（5）将DAT的三个首字母缩写改为DPU；

《Incoterms® 2010》中的DAT(Delivered at Terminal)术语在《Incoterms® 2020》中已被重命名为DPU(Delivered at Place Unloaded)，内容基本没变。这是为了反映作为目的地的交货地点可以是任何地方而不仅仅是终点。

（6）在运输义务和费用中加入与安全有关的要求

目前，国际运输安全（例如对集装箱进行强制性检查）要求越来越普遍。这些要求增加了成本，不满足这些要求，就有延误的风险。《Incoterms® 2010》首次涉及安全要求及其费用的责任问题，现在更多了。由于与运输要求有关，与安全相关的义务的明确划分现已添加到《Incoterms® 2020》规则每个术语的A4和A7中。这些要求产生的费用在A9/B9条款中，也占有更为突出的地位。

（7）用户解释说明

在《Incoterms® 2010》中，每个术语开头出现的"使用说明"（GUIDANCE NOTE）在《Incoterms® 2020》中变为"用户解释说明"（EXPLANATORY NOTES FOR USERS）。这些说明解释了每个《Incoterms® 2020》规则的基本原理，何时选用，风险、费用如何划分等。主要作用一是帮助用户在特定交易中更准确、高效地选择合适的术语；二是为调整的争议或合同提供解决方案或咨询者就可能需要解释的事项提供指南。

6.2 《Incoterms® 2020》中适用水运的贸易术语

一、FAS

FAS术语的中文译名为装运港船边交货（……指定装运港），其原文为Free Alongside Ship(…named port of shipment)。装运港船边交货，是指卖方把货物送到指定的装运港船边，即履行其交货义务。该术语仅适用于海运或内河运输。

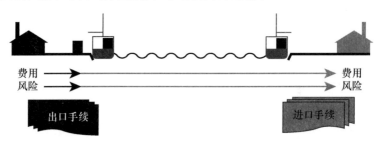

按 FAS 术语成交,卖方要在约定的时间内将合同规定的货物交到指定的装运港买方指定的船边,在船边完成交货义务。卖方必须在完成交货之前遵守任何与运输有关的安全要求。买卖双方负担的风险和费用均以船边为界。如果买方所派的船只不能靠岸,卖方则要负责用驳船把货物运至船边,仍在船边交货。买方承担装船费用。

该术语只适用于海运或内河运输。在大宗货物的贸易中,特别是小麦、棉花、大豆、矿石等初级产品贸易中,出口商通常采用该术语。

《1990年美国对外贸易定义修订本》中的6个贸易术语包括FAS,但对FAS的解释与这里不同,为 Free Along Side,即运输工具旁边交货。注意与《Incoterms® 2020》中对FAS解释的区别。

二、FOB

Free On Board(…insert named port of shipment)"装运港船上交货",又称"船上交货",使用这一贸易术语,要注明装运港名称。此术语是装运港交货的贸易术语之一,指卖方将货物装上买方指定的船舶时,或取得已交付至船上的货物(链式销售或连环贸易)时,卖方即完成其交货义务,买方自此时之后,承担货物灭失或损坏的一切风险和费用。卖方负担货物装上船之前为止的一切费用和风险。FOB 可能不适合货物在装上船舶之前已交付给承运人的情况。例如,在集装箱运输时,通常在集装箱码头交货。此类情况下,应使用FCA术语。

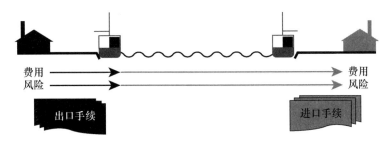

(一)买卖双方基本义务的划分

买卖双方具体义务规定如下:

1. 卖方义务

(1)在合同规定的时间或期限内,在装运港,按照习惯方式将货物交到买方指派的船上,并及时通知买方。卖方必须在完成交货之前遵守任何与运输有关的安全要求。

(2)自负风险和费用,取得出口许可证或其他官方批准证件。在需要办理海关手续时,办理货物出口所需的一切海关手续。

(3)负担货物在装运港交到船上前的一切费用和风险。

(4)自付费用提供证明货物已交至船上的通常单据。如果买卖双方约定采用电子通信,则所有单据均可被具有同等效力的电子数据交换(EDI)信息所代替。

2. 买方义务

(1)自负风险和费用取得进口许可证或其他官方批准的证件。在需要办理海关手续时,办理货物进口以及经由他国过境的一切海关手续,并支付有关费用及过境费。

(2)负责租船或订舱,支付运费,并给予卖方关于船名、装船地点和要求交货时间的充分的通知。

(3) 负担货物在装运港交到船上后的一切费用和风险。注意卖方没有为运输途中的货物投买保险的义务，这里保险责任实际是落在买方身上。

(4) 接受卖方提供的有关单据，受领货物，并按合同规定支付货款。

(二)《1990年美国对外贸易定义修订本》对FOB的解释

《1990年美国对外贸易定义修订本》对FOB的解释分为六种，其中只有：指定装运港船上交货(FOB Vessel, …named port of shipment)与《Incoterms® 2020》对FOB术语的解释相近。所以，《1990年美国对外贸易定义修订本》对FOB的解释与运用，同国际上的一般解释与运用有明显的差异，这主要表现在下列几方面：

(1) 美国惯例把FOB笼统地解释为在某处某种运输工具上交货，其适用范围很广，因此，在同美国、加拿大等国的商人按FOB订立合同时，除必须标明装运港名称外，还必须在FOB后加上"船舶"(Vessel)字样。如果只订为"FOB San Francisco"而漏写"Vessel"字样，则卖方只负责把货物运到旧金山城内的任何处所，不负责把货物运到旧金山港口并交到船上。

(2) 在风险划分上，不是以货物在装运港交到船上为界，而是以船舱为界，即卖方负担货物装到船舱为止所发生的一切丢失与损坏。

(3) 在费用负担上，规定买方要支付卖方协助提供出口单证的费用以及出口税和因出口而产生的其他费用。

(三) 注意事项

(1) 运输责任。在以FOB条件成交的交易中，买方往往要求卖方代办运输事宜，此时，卖方可以接受，但一定注意卖方仅仅提供协助服务，其风险和费用仍然由买方承担。

(2) 装运通知。卖方在交货后应及时向买方发出装运通知，以便买方安排投保、通关、接货。若卖方怠于此项通知，致使买方无法投保，即使货物已在装运港装上船舶，但有关货物在此情况下的风险并不被认为已由卖方转移给买方。

(3) 船货衔接问题。在该术语下，卖方负责装运，买方有义务安排运输事宜，并将相关的船名、装货地、交货地及交货时间等信息及时通知卖方。若买方怠于此项通知，或所指定船舶未按时抵达，或不能装运货物，或提前截止装货，则货物的风险和费用可提前转移，只要货物已经特定化。

(4) 风险规避。为防止货物因意外事故致损，而买方又拒绝付款，卖方最好投保"出口信用保险"或"卖方利益险"；为防止货物在装运前的内陆运输风险，卖方应投保"陆运险"。

三、CFR

CFR即Cost and Freight(…insert named port of destination)，即成本加运费(……指定目的港)。"成本加运费"，是指卖方在装运港装上船交货或以取得已经这样交付的货物方式交货(此处"取得"一词适用于商品贸易中常见的交易链中的多层销售或链式销售)。货物灭失或损坏的风险在装上船舶时转移。卖方须订立运输合同，支付货物运至指定目的港的运费。使用该术语时，卖方将货物交付给承运人时，即完成其交货义务，而不是货物到达目的地之时。

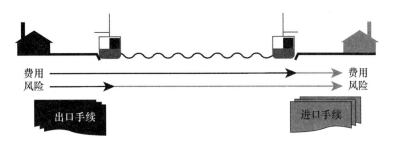

该术语下,风险转移和费用转移的地点是两个不同的地点,即该术语下,风险和费用(如运费)的划分点相分离。因此,双方应尽可能确切地规定装运港口和目的港口。若卖方按照运输合同在目的港交货点发生了卸货费用,则除非双方事先另有约定,否则卖方无权向买方要求补偿该项费用。

CFR 术语是装运港交货的贸易术语之一。卖方在装运地或发货地完成交货义务,因此,该术语下的买卖合同常被称为"装运合同"。

CFR 并不适合于货物在上船前已经交给承运人的情况。例如,用集装箱运输的货物通常在集装箱码头交货。在此类情况下,应当使用 CPT 术语。

(一)买卖双方基本义务的划分

1. 卖方义务

(1)在合同规定的时间或期限内,在装运港,按照习惯方式将货物交到船上,运往指定的目的港,并及时通知买方。

(2)自负风险和费用,取得出口许可证或其他官方批准证件。在需要办理海关手续时,办理货物出口所需的一切海关手续。

(3)负责租船或订舱,并支付至目的港的正常运费。卖必须遵守运至目的地过程中任何与运输有关的安全要求。

(4)负担货物在装运港交到船上前的一切费用和风险。

(5)自付费用提供证明货物已交至船上的通常单据。如果买卖双方约定采用电子通信,则所有单据均可被具有同等效力的电子数据交换(EDI)信息所代替。

2. 买方义务

(1)自负风险和费用取得进口许可证或其他官方批准的证件。在需要办理海关手续时,办理货物进口以及经由他国过境的一切海关手续,并支付有关费用及过境费。

(2)负担货物在装运港交到船上后的一切风险。注意 CFR 术语下卖方没有为运输途中的货物投买保险的义务,这里保险责任实际是落在买方身上。

(3)接受卖方提供的有关单据,受领货物,并按合同规定支付货款。

(二)使用 CFR 的注意事项

(1)船货衔接。出口商应根据货源和船源的实际情况合理规定装运期。

(2)装船通知的特殊重要性。因为 CFR 是卖方办理运输,买方办理保险,所以货物装运后,出口商及时和充分地向进口商发出装船通知显得尤为重要,否则因卖方迟发或漏发装运通知导致买方漏报问题,出口商不能免责。

(3)指定船公司或船名。使用 CFR 贸易术语,对进口商而言,可能存在船货双方联合诈骗的风险。如出口商与船方勾结,使用不适航的船舶运货、造假单据、发假通知等,实际没有装货或人为造船,造成进口商或保险人的损失。因此,实际业务中一般可接受进口商指定船公司,或在合同中对船级、船龄等加以限制,但不可接受进口商指定船名。

四、CIF

CIF 即 Cost,Insurance and Freight(…insert named port of destination),即成本、保险费加运费(……指定目的港)。"成本、保险费加运费"是指卖方在(装运港)船上交货或取得已经如此交付的货物。货物灭失或损坏的风险在货物交到船上时转移。卖方须签订运输合同或者取得一份这样的合同,并支付必要的成本和运费,将货物运至指定的目的港。卖方还要为买方在运输途中货物的灭失或损坏风险办理保险。

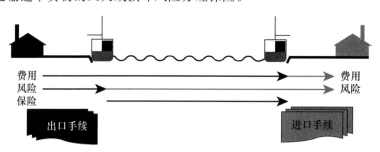

CIF 是装运港交货的贸易术语之一。当使用 CIF 术语时,卖方将货物交付给承运人时,即完成其交货义务,而不是货物到达目的地之时,所以采用 CIF 术语的合同属于"装运合同"。

由于卖方需承担将货物运至目的地具体地点的费用,双方应尽可能确切地在指定目的港内明确该地点。若卖方按照运输合同在目的港产生了卸货费用,则除非双方事先另有约定,卖方无权向买方要求补偿该项费用。

CIF 可能不适合于货物在装船前已经交给承运人的情况,例如,集装箱运输货物通常在集装箱码头交货。在此类情况下,应该使用 CIP 术语。

(一)买卖双方基本义务的划分

1. 卖方义务

(1)在合同规定的时间或期限内,在装运港,按照习惯方式将货物交到船上,运往指定的目的港,并及时通知买方。

(2)自负风险和费用,取得出口许可证或其他官方批准证件。在需要办理海关手续时,办理货物出口所需的一切海关手续。

(3)负责租船或订舱,并支付至目的港的正常运费。卖方必须遵守运至目的地过程中任何与运输有关的安全要求。

(4)负责办理货物运输保险,并支付保险费。除非另有约定,投买 ICC(C)条款或任何适用于运输方式的类似条款。

(5)负担货物在装运港交到船上前的一切费用和风险。

(6)自付费用提供证明货物已交至船上的通常单据。如果买卖双方约定采用电子通信,则所有单据均可被具有同等效力的电子数据交换(EDI)信息所代替。

2. 买方义务

(1)自负风险和费用取得进口许可证或其他官方批准的证件。在需要办理海关手续时,办理货物进口以及经由他国过境的一切海关手续,并支付有关费用及过境费。

(2)负担货物在装运港交到船上后的一切风险。

（3）接受卖方提供的有关单据，受领货物，并按合同规定支付货款。

（二）使用 CIF 术语应注意的事项

1. 象征性交货问题

从交货方式上看，CIF 是一种典型的"象征性交货"，即卖方按合同规定的时间在装运港将货物装船后，并提交了全套合格单据后，就完成了交货义务，而无须保证到货。即使货物中途灭失，卖方可凭有关单据结汇。反之，卖方提交的单据不符合合同或 L/C 要求，即使货物安全到达目的地也不算完成交货义务，也不能结汇，买方可以拒绝付款。在 CIF 下，卖方凭单交货，买方凭单付款；卖方只保证按时交货，但不保证按时到货，交单视为交货；买方凭单付款，而非凭货付款。因此，从某种意义上说，CIF 下的单据比货物更重要。

2. 卖方办理保险的责任

CIF 条件与 CFR 的唯一区别在于，在 CIF 之下，卖方必须办理货运保险并支付保险费。换言之，CIF 价格中还包含了保险费。卖方办理货运保险对买方而言至关重要。因为 CIF 之下，货物在装运港装上船或通过"取得"已交付至船上货物的方式交货之后，其灭失或损坏的风险从卖方转移给了买方。当保险单转让给买方或其他任何合法持有保险单的人，买方或持有保险单的人在货损后可向保险人行使索赔权。因此，卖方的投保实际上直接关系买方或货物买受人的利益。为此，投保什么险别和如何确定保险金额，应事先在合同中约定，否则容易在货物遭受损失时因得不到应有的赔偿而引起纠纷。

根据《Incoterms® 2020》，CIF 术语中卖方投保的最低保险金额应是合同规定价格另加 10%（即 110%），并应采用合同货币。买卖双方如无特别约定，卖方仅需 ICC(C) 条款或任何适用于运输方式的类似条款，即最低险别。若买方需要更多的保险保障，则需与卖方明确达成协议或者自行做出额外的保险安排。

案例 6.1

【案例】我某公司按 CIF 条件向欧洲某国进口商出口一批草编制品，向中国人民保险公司投保了一切险，并规定了用信用证方式支付。我出口公司在规定的期限、指定的我国某港口装船完毕，船公司签发了提单，然后去中国银行议付款项。第二天，该出口公司接到客户来电，称装货的海轮在海上失火，草编制品全部烧毁，客户要求我出口公司出面向中国人民保险公司提出索赔，否则要求其退回全部货款。问：对客户的要求该公司该如何处理？为什么？

【评析】我出口公司不应理赔。以 CIF 条件成交，风险已经在装运港货装船上时转移给买方，货物在运输途中灭失，应由买方向保险公司提出索赔；CIF 为象征性交货，只要卖方已经按照合同规定装运了合格的货物，并提交了合格的单据，买方就应该付款。

小思考

请思考一下，三种装运港交货的贸易术语 FOB、CFR、CIF 有哪些共同的特征？

6.3 《Incoterms®2020》中的全能贸易术语

一、EXW

EXW 的中文译名为工厂交货（……指定地点），原文为 Ex Work（…insert named place）。工厂交货，是指卖方在其所在地（如工场、工厂或仓库等）将备妥的货物交付买方，以履行其交货义务。

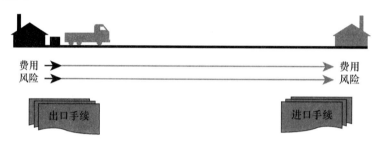

按此贸易术语成交，卖方既不承担将货物装上买方备妥的运输工具，也不负责办理货物出口结关手续，除非另有约定，买方应承担自卖方的所在地受领货物后的全部费用和风险。因此，EXW 术语是卖方承担责任、费用和风险最小的一种贸易术语。

EXW 术语按国内贸易的办法进行交货，也可用于国际贸易，特别是在陆地接壤国家之间应用得比较普遍；EXW 的适用范围很广，适用于各种运输方式。如买方不能直接或间接地办理出口手续，不应使用该术语，而应使用 FCA 术语。

（一）买卖双方基本义务的划分

卖方在其所在地或合同中所指定的其他地点（如工厂、工场、仓库等）将未经出口清关且未装载于任何运输工具上的货物置于买方处置之下时，即完成了交货义务。双方应尽可能明确交货地的地点（Point），卖方承担到该地点的费用及风险。买方必须承担从该地点受领货物后的全部费用和风险。

卖方在必要时须根据买方的请求并由其承担风险和费用，及时向买方提供或协助其取得关于货物出口和/或进口、安检通关的相关文件和信息。卖方有义务在买方请求时并由其承担风险和费用，向买方提供必要的买方投保的信息。

买方有义务向卖方提供货物安检信息要求及货物出口相关的信息。卖方在指定的交货地点，将货物置于买方的处置之下（place the goods at the disposal of the buyer），此时风险和费用由卖方转移给买方。

（二）注意事项

(1) 卖方对买方没有装货义务，即使实际上卖方也许更方便装货。

(2) 买方需注意，卖方只有在买方要求时，才有义务协助其办理出口通关事宜。

(3) 买方应当支付任何装运之前强制检验的费用，但出口国强制进行的检验除外。

(4) 若出口国的海关手续不允许由外国人办理，或者买方不能直接或间接地办理出口清关手续时,则不应使用 EXW 术语。在其他情形下,若买方希望由卖方办理出口清关手续,也不应使用 EXW 术语。

(三)适用范围

EXW 术语适用于多种运输方式也适合于国内贸易。这一术语代表在下列地点交货的情况:工厂、农场、矿山、仓库。按这一条件交货,在性质上类似于国内贸易。因为卖方只承担上述地点以内的风险、责任、费用等,不涉及出境、入境、运输、保险等事项。

案例 6.2

【案例】EXW 术语的风险(出口商放弃运输权)

深圳某公司与意大利一家进口商签订一份出口合同,进口商主动提出使用 EXW 术语,由深圳一家境外货代公司替进口商办理一切进出口手续,并上门提货。合同约定使用托收方式结算货款,并预付 15% 的货款。合同签订后,进口商按约支付了 15% 的货款,但提货后,不再支付剩余的 85% 货款。试分析这笔交易症结所在?

【评析】EXW 贸易术语不能使用托收方式收款,应该采用 100% 前 T/T 或其他有保障的收款方式。因为 EXW 项下出口商没有货运单据完全不能控制货权,托收为商业信用,能否安全收汇依赖于买方的信誉,导致本案例中卖方货款两空。

二、FCA

FCA 术语的中文译名为货交承运人(……指定地点),其原文为 Free Carrier(…insert named place)。此术语是指卖方在指定地点将货物交给买方指定的承运人。当卖方将货物交给承运人照管,并办理了出口清关手续,就算履行了其交货义务。"货交承运人",是指卖方在其所在地或其他指定地点,将已出口清关的货物,交付给买方指定的承运人,即完成交货义务。

若交货是在卖方的所在地进行,则卖方应负责将货物装载于买方提供的运输工具;

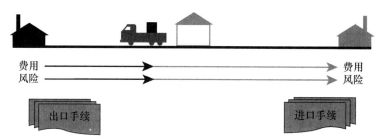

若交货是在任何其他地点进行,则卖方将处于其运输工具上的并已准备好卸载的货物(不负责卸载货物)交由承运人或买方的指定人处置。FCA 术语适用于各种运输方式,包括多式联运。随着集装箱运输方式的发展,FCA 的使用日益广泛,可替代 FOB 术语。是常用的向承运人交货的贸易术语之一。

(一)买卖双方基本义务的划分

1. 卖方义务

(1) 自负风险和费用,取得出口许可证或其他官方批准证件,办理货物出口所需的一切海关手续。

(2) 在合同规定的时间、地点,将符合合同规定的货物置于买方指定的承运人控制下,并及时通知买方。卖方必须在完成交货之前遵守任何与运输有关的安全要求。

(3) 承担将货物交给承运人控制之前的一切费用和风险。

(4) 自付费用向买方提供交货的通常单据,如买卖双方约定采用电子通信,则所有单据均再被具有同等效力的电子数据交换(EDI)信息所代替。

2. 买方义务

(1) 自负风险和费用,取得进口许可证或其他官方证件,办理货物进口和从他国过境的一切海关手续,并支付有关费用及过境费。

(2) 签订从指定地点承运货物的合同,支付有关的运费,并将承运人名称及有关情况及时通知卖方。

(3) 承担货物交给承运人之后所发生的一切费用和风险。

(4) 根据买卖合同的规定受领货物并支付货款。

(二)使用 FCA 术语应注意的事项

1. 关于交货问题

按照《Incoterms® 2020》规定,在 FCA 术语下,卖方交货地点,如指定地点是在卖方所在地,则当货物被装上买方指定的承运人或代表买方的其他人提供的运输工具时,交货即算完成;如指定的地点是除卖方所在地的任何其他地点,卖方负责将货运到指定地点,将尚在运输工具上未卸的货物交给买方指定或卖方选定的承运人处置时,交货即告完成。即"管装不管运,管运不管卸"。如指定地点没有约定具体交货地点,只有几个交货地点可供选择,卖方可以选择最合适的交货地点。

2. 关于运输合同

《Incoterms® 2020》中的 FCA 术语,应由买方自负费用订立运输合同的义务。但当卖方被要求协助与承运人订立合同时,只要买方承担费用和风险,卖方也可以办理。当然,卖方也可以拒绝运输合同,如若拒绝,则应立即通知买方,以便买方另作安排。

三、CPT

CPT 术语的中文译名为运费付至指定目的地,其原文为 Carriage Paid to(…insert named place destination)。按此术语成交,卖方在出口国将货物在双方约定地点(若双方已约定了地点)交给卖方指定的承运人或其他人。卖方必须签订运输合同并支付将货物运至指定目的地所需费用(运费)。在使用 CPT 术语时,当卖方将货物交付给承运人时,而不是当货物到达目的地时,即完成交货义务。该术语可适用于包括多式联运在内的各种运输方式,随着集装箱运输方式的发展,CPT 的使用日益广泛,可替代 CFR 术语,是常用的向承运人交货的贸易术语之一。

该术语下,风险转移和费用转移的地点不同。双方尽可能确切地在合同中明确交货地点,即风险在该地点由卖方转移至买方,以及指定的目的地,即卖方须签订运输合同将货物运到该目的地。

若运输涉及多个承运人,当卖方在某个完全由其选择的地点,将货物交付给第一个承运人时,风险转移至买方。若双方希望推迟转移风险,如在某海港或机场转移,则需要在买卖合同中订明。

若卖方按照运输合同在目的地卸货产生了费用,除非双方另有约定,卖方无权向买方要求偿付。

(一)买卖双方基本义务的划分

1. 卖方义务

(1) 在合同规定的时间、地点,将合同规定的货物置于承运人控制下,并及时通知买方;

(2) 自负风险和费用,取得出口许可证或其他官方批准证件,办理货物出口所需的一切海关手续。

(3) 订立将货物运往指定目的地的运输合同,并支付有关运费。卖方必须遵守运至目的地过程中任何与运输有关的安全要求。

(4) 承担将货物交给承运人控制之前的一切费用和风险。

(5) 自负费用向买方提供交货的通常单据,如买卖双方约定采用电子通信,则所有单据均再被具有同等效力的电子数据交换(EDI)信息所代替。

2. 买方义务

(1) 接受卖方提供的有关单据,受领货物,并按合同规定支付货款。

(2) 自负风险和费用,取得进口许可证或其他官方证件,办理货物进口所需的海关手续。支付有关关税及从他国过境的费用。

(3) 承担自货物在约定交货地点交给承运人之后的风险。

(4) 支付除通常运费之外的有关货物在运输途中所产生的各种费用和卸货费。

(二)使用 CPT 术语应注意的事项

1. 风险划分的界限问题

按照 CPT 术语成交,虽然卖方要负责订立从启运地到指定目的地的运输合同,并支付运费,但是卖方承担的风险并没有延伸至目的地。按照《Incoterms® 2020》的解释,货物自交货地点至目的地的运输途中的风险由买方承担,卖方只承担货物交给承运人控制之前的风险。在多式联运的情况下,卖方承担的风险自货物交给第一承运人控制时即转移给买方。

2. 责任和费用的划分问题

卖方将货物交给承运人之后,应向买方发出货已交付的通知,以便于买方在目的地受领货物,这里装运通知和CFR术语中的装船通知同样重要。如果双方未能确定目的地买方受领货物的具体地点,卖方可以在目的地选择最适合其要求的地点。

按CPT术语成交,卖方只是承担从交货地点到指定目的地的正常运费。正常运费之外的其他有关费用,由买方负担。

3. CPT与CFR的异同

按这两种术语成交,卖方承担的风险都是在交货地点随着交货义务的完成而转移,卖方都要负责安排自交货地至目的地的运输事项,并承担其费用。另外,按这两种术语订立的合同,都属于装运合同,卖方只需保证按时装运。

CPT与CFR的主要区别在于适用的运输方式不同,交货地点和风险划分界限也不相同。CFR适用于水上运输方式,交货地点在装运港,风险划分以交货为界;CPT适用于各种运输方式,交货地点因运输方式的不同由双方约定,风险划分以货交承运人为界。除此之外,卖方承担的责任、费用以及需提交的单据等方面也有区别。

四、CIP

CIP术语的中文译名为运费、保险费付至指定目的地,其原文为Carriage and Insurance Paid to(...insert named place of destination)。CIP术语适用于各种运输方式,包括多式联运。随着集装箱运输方式的发展,CIP的使用日益广泛,可替代CIF术语,是常用的向承运人交货的贸易术语之一。

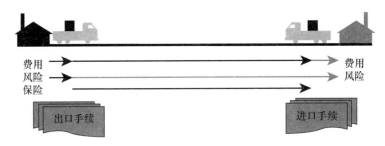

(一)买卖双方基本义务的划分

1. 卖方义务

(1)在合同规定的时间、地点,将合同规定的货物置于承运人控制下,并及时通知买方;

(2)自负风险和费用,取得出口许可证或其他官方批准证件,办理货物出口所需的一切海关手续。

(3)订立将货物运往指定目的地的运输合同,并支付有关运费。卖方必须遵守运至目的地过程中任何与运输有关的安全要求。

(4)按照买卖合同的约定,自负费用投保货物运输保险;按照《Incoterms® 2020》规定,

CIP 术语下,卖方需投保 ICC(A)险别或任何适用于货物运输方式的类似条款。当买方要求且能够提供卖方任何所需信息时,卖方必须提供任何附加险。这是本版本的一个重要变化。

(5) 承担将货物交给承运人控制之前的一切费用和风险。

(6) 自负费用向买方提供交货的通常单据,如买卖双方约定采用电子通信,则所有单据均再被具有同等效力的电子数据交换(EDI)信息所代替。

2. 买方义务

(1) 接受卖方提供的有关单据,受领货物,并按合同规定支付货款;

(2) 承担自货物在约定交货地点交给承运人控制之后的风险;

(3) 自负风险和费用,取得进口许可证或其他官方批准的证件,并且办理货物进口所需海关手续,支付关税及其他有关费用。

(二) 使用 CIP 术语应注意的事项

1. 风险和保险问题

按 CIP 术语成交的合同,卖方要负责办理货运保险,并支付保险费,但货物从交货地点运往目的地的运输途中的风险由买方承担。所以,卖方的投保仍属于代办性质。根据《Incoterms® 2020 年》的解释,除非另有规定,卖方按惯例投保 ICC(A)或对等险别,当然双方可以商讨投保更低险别,保险金额一般是在合同价格的基础上加成 10%。

2. 应合理确定价格

与 FCA 相比,CIP 条件下卖方要承担较多的责任和费用;要负责办理从交货地至目的地的运输,承担有关运费;办理货运保险,并支付保险费。由于这些费用都反映在货价之中,在核算报价时应考虑运输距离、保险险别、各种运输方式和各类保险的收费情况,并要预计运价和保险费的变动趋势等方面问题。

3. CIP 与 CIF 的区别

CIP 与 CIF 有相似之处,它们的价格构成中都包括了通常的运费和约定的保险费,而且,按这两种术语成交的合同均属于装运合同。但 CIP 和 CIF 术语在交货地点、风险划分界限以及卖方承担的责任和费用方面又有其明显的区别:CIF 适用于水上运输,交货地点在装运港,风险划分以货物置于船上为界,卖方负责租船订舱;支付从装运港到目的港的运费,并且办理水上运输保险,支付保险费;CIP 术语则适用于各种运输方式,交货地点要根据运输方式的不同由双方约定,风险是在承运人控制货物时转移。卖方要负责办理从交货地点到指定目的地的全程运输,而不仅仅是水上运输。卖方办理的保险,也不仅是水上运输险,还包括各种运输险。

小思考

请思考一下,三种向承运人交货的贸易术语 FCA、CPT、CIP 有哪些共同的特征?并和前面三种装运港交货的贸易术语进行比较,分析有何相同点和不同点?

（三）FCA、CPT、CIP 与 FOB、CFR、CIF 的比较

FCA、CPT、CIP 称为向承运人交货的三种贸易术语，FOB、CFR、CIF 称为装运港交货的三种贸易术语，这是实际业务中使用最多的六种贸易术语。其对等关系为：FCA/FOB、CPT/CFR、CIP/CIF。FCA、CPT、CIP 和 FOB、CFR、CIF 的不同之处主要表现在以下几个方面。

1. 适用的运输方式不同

FOB、CFR、CIF 三种术语仅适用于海运和内河运输，其承运人一般只限于轮船公司；而 FCA、CPT、CIP 三种术语适用各种运输方式，包括多式联运，承运人可以是轮船公司、铁路局、航空公司，也可以是安排多式联运的联合运输经营人。

2. 交货和风险转移的地点不同

FOB、CFR、CIF 的交货地点均为装运港船上，风险均以货物在指定装运港交到船上时从卖方转移至买方。而 FCA、CPT、CIP 的交货地点，需视不同的运输方式和不同的约定而定。它可以是在卖方处所由承运人提供的运输工具上，也可以是在铁路、公路、航空、内河、海洋运输承运人或多式联运承运人的运输站或其他收货点；至于货物灭失或损坏的风险，则于卖方将货物交由承运人保管时，自卖方转移至买方。

3. 运输单据不同

在 FOB、CFR、CIF 术语下，卖方一般应向买方提交已装船清洁提单。而在 FCA、CPT、CIP 术语下，卖方提交的运输单据则视不同的运输方式而定。如在海运和内河运输方式下，卖方应提供可转让的提单，有时也可提供不可转让的海运单和内河运单；如在铁路、公路、航空运输或多式联运方式下，则应分别提供铁路运单、公路运单、航空运单或多式联运单据。

五、DAP

DAP 的中文译名为目的地交货，其原文为 Delivered at Place(... named place of destination)。该术语是指，当卖方在指定目的地将仍处于抵达的运输工具上，且已做好卸载准备的货物交由买方处置时，即为交货。卖方承担将货物运送到指定地点的一切风险。由于卖方承担在特定地点交货前的风险，双方尽可能明确地约定指定目的地内的交货点。

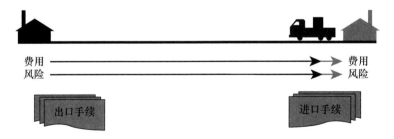

（一）买卖双方的基本义务

卖方必须签订运输合同，支付将货物运至指定目的地或指定目的地内的点所发生的运

费;卖方必须遵守运至指定目的地过程中任何与运输有关的安全要求;在指定目的地将符合合同约定的货物放在已抵达的运输工具上交给买方处置时即完成交货;卖方必须向买方发出所需通知,以便买方采取收取货物通常所需的措施;承担在指定目的地运输工具上交货之前的一切风险和费用(不包括进口报关);自负风险和费用取得出口所需的许可证或其他官方授权,办理货物出口和交货前从他国过境运输所需的一切海关手续;提供商业发票及买方能够收取货物的凭证或相等的电子信息。

买方承担在指定目的地运输工具上交货之后的一切风险和费用;自负风险和费用取得进口所需的许可或其他官方授权,办理货物进口所需的一切海关手续;按合同约定收取货物,接受交货凭证,支付价款。

(二)使用 DAP 应注意的问题

(1)按照规定,DAP 术语下买方承担卸货费用,买卖双方在指定目的地运输工具上交货,建议卖方取得完全符合该选择的运输合同。若卖方按照运输合同在目的地产生了卸货费用,除非双方另有约定,否则卖方无权向买方要求偿付。

(2)若适用时,DAP 要求卖方办理出口清关手续。但是卖方无义务办理进口清关、支付进口税或办理进口海关手续(由买方负责)。因此,如果买方没有安排进口清关,货物将被滞留在目的地国家的港口或内陆运输终端。货物滞留可能发生的损失和风险由买方承担。

若双方希望卖方办理进口清关、支付进口关税,并办理所有进口海关手续,则应使用 DDP 术语。

六、DPU

DPU 的中文译名为目的地卸货后交货,原文为 Delivered at Place Unloaded(... named place of destination),是《Incoterms® 2020》中新增加的贸易术语。卖方承担将货物运到指定目的地以及卸载货物的一切风险,交货和到达的目的地是相同的。DPU 是唯一要求卖方在目的地卸货的《Incoterms® 2020》规则。

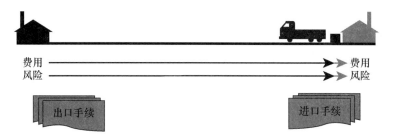

(一)买卖双方基本义务

卖方必须签订运输合同,将货物运至指定目的地或指定目的地内的交货地点,支付运输所发生的运费;卖方必须遵守运至指定目的地过程中任何与运输有关的安全要求;在指定目的地或交货地点将符合合同约定的货物从抵达的运输工具上卸下交给买方处置时即完成交货;卖方必须向买方发出所需通知,以便买方采取收取货物通常所需的措施;承担交货之前的一切风险和费用(不包括进口报关);自负风险和费用取得出口所需的许可证或其他官方授权,办理货物出口和交货前从他国过境运输所需的一切海关手续;提供商业发票及买方能够收取货物的凭证或相等的电子信息。

买方承担在运输终端交货之后的一切风险和费用;自负风险和费用取得进口所需的许可证或其他官方授权,办理货物进口所需的一切海关手续;按合同约定收取货物,接受交货凭证,支付价款。

(二) 使用 DPU 应注意的问题

(1) DPU 交货地点可能在进口国国内,但是卖方没有义务办理进口清关或交货后经由第三国过境的清关、支付任何进口关税或办理任何进口海关手续。因此,如果买方没有安排进口清关,货物将被滞留在目的地国家的港口或内陆运输终端。货物滞留可能发生的损失和风险由买方承担。

(2) 精准确定交货目的地或交货点。卖方必须签到运输合同或安排货物运输到约定交货地或交货点/目的地或目的点,这个地点同时也是风险转移点,如果因交货点规定不精准导致卖方没有按时完成交货,则卖方将对买方随之产生的任何损失承担责任。

(3) DPU 术语下卖方在指定港口或目的地运输终端交货,但卖方要负责将货物从到达的运输工具上卸下,卖方在签订运输合同时应注意运输合同与买卖合同相关交货地点的协调。

七、DDP

(一) 买卖双方基本义务

DDP 术语的中文译名为完税后交货(……指定目的地),其原文为 Delivered Duty Paid (…named place of destination)。

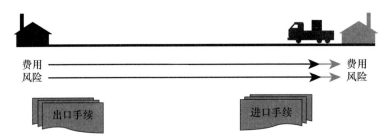

按此术语成交,卖方必须签订运输合同,支付将货物运至指定目的地或指定地内的约定地点所发生的运费;卖方必须遵守运至指定目的地过程中任何与运输有关的安全要求;在指定目的地将符合合同约定的、已完成进口清关且可供卸载的货物交给买方处置时即完成交货;卖方必须向买方发出所需通知,以便买方采取收取货物通常所需的措施;承担在指定目的地运输工具上交货之前的一切风险和费用;自负风险和费用取得出口和进口所需的许可证或其他官方授权,办理货物出口、从他国过境运输和进口所需的一切海关手续;提供商业发票及买方能够收取货物的凭证或相等的电子信息。

买方承担在指定目的地运输工具上交货之后的一切风险和费用;按合同约定收取货物,

接受交货凭证,支付价款。

（二）使用 DDP 应注意的问题

（1）由于卖方承担在特定地点交货前的风险和费用,因此双方应尽可能清楚地约定在指定目的地内的交货点。卖方订立运输合同。若按照运输合同,卖方在目的地产生了卸货费用,除非双方另有约定,卖方无权向买方要求补偿。若卖方不能直接或间接地完成进口清关,则不应使用 DDP。若双方希望买方承担所有进口清关的风险和费用,则应使用 DAP 术语。

（2）除非买卖合同中另行明确规定,增值税或其他应付的进口税款由卖方承担。

（3）"完税后交货",是指当卖方在指定目的地将仍处于抵达的运输工具上（不负责卸货）,但已完成进口清关,且已做好卸载准备的货物交由买方处置时,即为交货。卖方承担将货物运至目的地的一切风险和费用,并且有义务完成货物出口和进口清关,支付所有出口和进口的关税和办理所有海关手续。该术语是卖方承担风险、责任和费用最大（而买方最小）的一种术语,作为出口商的卖方应谨慎使用该术语。

可见,D 组术语都是由卖方自负风险和费用将货物运到指定目的地的实际交货,这一点和前面讲到的象征性交货完全不同；和装运合同不同,D 组术语既要求按时装运,还要求按时到达,所以 D 组术语的合同我们通常称为"到达合同"。

八、贸易术语的选用

在我国对外贸易业务中,使用最多的是装运港交货的 FOB、CIF 和 CFR 这三种贸易术语。根据国际商会 20 世纪 90 年代末对 40 多个国家的调查统计,按使用的频繁程度,FOB 排在第一位。由于采用 FOB 条件成交时,卖方在装运港交货后,不负责安排运输和保险,也就不担心路途远近和运价上涨的问题。一些企业在对外成交时对贸易术语缺少认真的研究和选择,盲目采用 FOB 术语,最后造成意想不到的损失。事实证明,慎重选择恰当的贸易术语,对于防范风险、提高经济效益是十分必要的。下面从出口的角度讨论一下贸易术语的选用。

（1）出口业务中,通常采用 CIF 或 CFR 术语成交要比采用 FOB 有利。因为,在 CIF 条件下,国际货物买卖中涉及的三个合同（买卖合同、运输合同和保险合同）都由卖方作为其当事人,因此卖方可根据情况统筹安排备货、装运、投保等事项,以保证作业流程上的相互衔接。另外,有利于发展本国的航运业和保险业,增加服务贸易收入。当然,这也不是绝对的,应根据交易商品的具体情况首先考虑自身安排运输有无困难,而且经济上是否合算等因素。

（2）出口采用 FOB,需注意船货衔接问题。对于买方派船到港装货的时间应在合同中做出明确规定,以免发生卖方货已备好,船迟迟不到,贻误装船期。

（3）出口采用 FOB,买方指定境外货代的情况应慎重考虑是否接受。曾多次发生买方与货代勾结,要求船方无单放货,造成卖方钱货两空的事情。另外,有的货代只在装运口岸设个小小的办事处,并无实际办理装运的能力,然后再通过我方有关机构办理,既增加了环节,降低了效率,又提高了费用。作为卖方,应对买方指定的货代的资质情况有一定的了解,如认为不能接受,应及时予以拒绝。

（4）选择贸易术语时还应与支付方式结合考虑。如采用货到付款或托收等商业信用的收款方式时,应尽量避免采用 FOB 或 CFR 术语。因为这两种术语下,按照合同的规定,卖方没有办理货运保险的义务,而由买方自行办理。如果履约时行情对买方不利,买方拒绝接收货物,就有可能不办保险,这样一旦货物在途中出险就可能导致钱货两空。如采用这两种术语成交,则卖方可考虑投保卖方利益险。

(5) 采用信用证支付时,要注意对托运人的规定。特别是 FOB 条件下,有些国外买方在信用证中要求卖方提交的提单要以买方作为托运人(Shipper),这种情况一般不可接受。如果照办,货物在运输途中,买方以提单托运人的名义指示承运人将货物交给其指定的收货人,卖方虽控制着作为物权凭证的提单,然而却无法控制货物,即使起诉也得不到法院的支持。一旦卖方提交的单证存在不符点,无法安全收汇,则会导致货款两空。

由此可见,在 FOB 合同下,以卖方还是买方作为托运人并非无足轻重的事情。按照《汉堡规则》的解释,托运人有两种,一种是与承运人签订海上运输合同的人,另一种是将货物交给与海上货物运输有关的承运人的人。根据上述解释,FOB 合同下,买方或卖方均符合作为托运人的条件。但为安全起见,还是应该以卖方作为托运人。

(6) 目前,集装箱船、多式联运被广泛采用,可适当选用 FCA、CPT、CIP 术语,以替代仅适用于水上运输的 FOB、CFR、CIF 术语。这对卖方有两个好处:一是货交承运人风险即转移至买方,减轻我方的责任;二是提前取得运输单据,缩短交单收汇时间,加快资金周转速度和减少利息支出。

> **案例 6.3**
>
> 【案例】我国北京某出口公司于 2015 年 2 月向日本出口 30 公吨甘草膏,共 1200 箱,每公吨售价 1800 美元,FOB 新港,即期信用证付款,装运期为 2 月 25 日之前,货物必须装集装箱。该出口公司在天津设有办事处,于是在 2 月上旬便将货物运到天津,由天津办事处负责订箱装船,不料货物在天津存仓后的第二天,仓库午夜着火,抢救不及,1200 箱甘草膏全部被焚。办事处立即通知内陆出口公司总部并要求尽快补发 30 吨,否则无法按期装船。结果该出口公司因货源不济,只好要求日商将信用证的有效期和装运期各延长 15 天。请分析这个案例我方的失误在哪里?应吸取什么教训?
>
> 【评析】贸易术语不应该使用 FOB 新港,而应该使用 FCA 北京。
>
> 长期以来,我国一些进出口企业不管采用何种运输方式,对外洽谈业务或报盘都习惯用 FOB、CFR 和 CIF 三种贸易术语。但在滚装、集装箱运输的情况下,使用 FCA、CPT 及 CIP 三种贸易术语更为合适。该出口公司处在铁路交通的干线上,外运公司和中远公司在该市都有集装箱中转站,既可接受拼箱托运又可接受整箱托运。假如当初采用 FCA 北京对外成交,出口公司在当地将 1200 箱交中转站或自装自集后将整箱(集装箱)交中转站,不仅风险转移给买方,而且可以提前结汇,上述的损失应该也可以。

《Incoterms® 2020》基本内容简表

简称及含义（英文全称）	交货地点	装货费	风险转移	运输（运费、承运人）	运输保险	卸货费	运输方式	海关清关手续
FAS 装运港船边交货（Free Alongside Ship）	指定装运港	买方	装运港船边	买方	买方	买方	海运、内河	卖方办理出口，买方办理进口
FOB 装运港船上交货（Free on Board）	指定装运港	卖方	装运港船上	买方	买方	买方	海运、内河	同上
CFR 成本加运费（Cost and Freight）	指定装运港	卖方	装运港船上	卖方	买方	买方	海运、内河	同上
CIF 成本保险费运费（Cost, Insurance and Freight）	指定装运港	卖方	装运港船上	卖方	卖方	买方	海运、内河	同上
EXW 工厂交货（Ex Work）	卖方工厂	买方	交买方或承运人处置	买方	买方	买方	各种运输	进出口全由买方（进口方）办理
FCA 货交承运人（Free Carrier）	出口国指定地点	买方/卖方	货交第一承运人	买方	买方	买方	各种运输	卖方办理出口，买方办理进口
CPT 运费付至（Carriage Paid to）	出口国指定地点	卖方	货交第一承运人	卖方	买方	买方	各种运输	同上
CIP 运费、保险费付至（Carriage and Insurance Paid to）	出口国指定地点	卖方	货交第一承运人	卖方	卖方	买方	各种运输	同上
DAP 目的地交货（Delivered At Place）	指定目的地（不卸货）	卖方	交买方处置	卖方	买方	买方	各种运输	同上
DPU 目的地卸货后交货（Delivered at Place Unloaded）	指定目的地（卸货）	卖方	交买方处置	卖方	买方	卖方	各种运输	同上
DDP 完税交货（Delivered Duty Paid）	指定目的地（不卸货）	卖方	交买方处置	卖方	买方	买方	各种运输	进出口全由卖方（出口方）办理

6.4 商品的价格

在国际贸易中，成交商品的价格是买卖双方最关心的问题之一，因此，讨价还价往往是交易磋商的焦点，价格条款便成为买卖合同中的核心条款。买卖双方在合同其他条款上的利害与得失,一般会在商品价格上反映出来,而价格条款的内容又对合同其他条款产生影响。由此可见,价格条款与合同中的其他条款有着密切的联系。

在实际业务中,选用合适的贸易术语,掌握好进出口商品价格,合理采用各种作价办法,选用有利的计价货币,适当运用与价格有关的佣金和折扣,订好合同中的价格条款,对体现对外政策、完成进出口任务和提高外贸经济效益,都具有十分重要的意义。

一、进出口商品的作价原则

对进出口商品作价,应贯彻平等互利的原则,根据国际市场价格水平,结合国别(地区)政策,并考虑我方购销意图确定适当的价格。由于价格构成不同,影响价格变化的因素也多种多样,需要充分考虑影响价格的种种因素,并注意同一商品在不同情况下应有合理的差价。防止出现不区分情况,采取全球同一价格的错误做法。除遵循上述作价原则外,还必须考虑下列因素。

第一,要考虑商品的质量和档次。在国际市场上,一般都贯彻按质论价的原则,即好货好价,次货次价,品质的优劣,档次的高低,包装装潢的好坏,式样的新旧,商标,品牌的知名度,这些因素都会影响商品的价格。

第二,要考虑运输距离。国际货物买卖,一般都要通过长途运输。运输距离的远近,影响运费和保险费的开支,从而影响商品的价格。因此,确定商品价格时,必须核算运输成本,做好比价工作,以体现地区差价。

第三,要考虑贸易术语和交货条件。在国际贸易中,由于贸易术语和交货条件不同,买卖双方承担的责任、费用的风险有别。

第四,要考虑季节性需求的变化。在国际市场上,某些季节性商品,如赶在节令前到货,即能卖上好价。过了节令的商品,其售价往往很低,甚至以低于成本的"跳楼价"出售。因此,应充分利用季节性需求的变化,切实掌握好季节性差价,争取按对我方有利的价格成交。

第五,要考虑成交数量。按国际贸易的习惯做法,成交量的大小影响价格。即成交量大时,在价格上应给予适当优惠,或者采用数量折扣的办法;反之,如果成交量过少,甚至低于起订量时,也可以适当提高出售价格,掌握好数量方面的差价。

第六,要考虑支付方式和汇率变动的风险。支付方式是否有利和汇率变动风险的大小,都会影响商品的价格。同一商品在其他交易条件相同的情况下,采取预付货款和凭信用证付款方式下,其价格应当有所区别。同时,确定商品价格时,一般应争取采用对自身有利的货币成交,如采用不利的货币成交时,则应当把汇率变动的风险考虑到货价中去,即适当提高出售价格或压低购买价格。

此外,交货期的远近、市场销售习惯和消费者的爱好与否等因素,对确定价格也有不同程度的影响。

在实际业务中,除了区别不同情况,掌握好上述品质差价、数量差价、地区差价、季节性差价等外,还应加强成本核算,做好比价工作。在出口业务中,这一点尤为重要。

二、进出口商品的作价方法

根据国际惯例,经买卖双方协商,在合同中应订明产品的具体价格。在实际业务中,根据不同情况,买卖双方可采取下面几种不同的作价方法。

（一）固定价格

固定价格是国际贸易中采用较多的作价办法，是指买卖双方在交易磋商中对商品价格取得一致意见后，在合同中订立的单价条款。除非经双方当事人的同意，否则任何一方不得随意变更。这种作价办法适用于交货期较短的交易，因为贸易双方均承担市场变化的风险。为了减少风险，采用此方法作价前，应仔细研究影响商品供需的各种因素，还应选择资信较好的客户成交。

（二）暂不固定价格

暂不固定价格是指合同中不具体规定规定价格，仅规定在将来某个时间按照某种原则来商定价格。采用这种方法主要是因为某些货物的国际市场价格变动频繁，幅度较大；或交货期较远，买卖双方对市场趋势难以预测，但又有订约的意旨，于是约定了其他的交易条件，价格暂不做具体规定。这种作价办法给合同双方带来极大的不稳定性，在将来确定价格时双方可能出现分歧，因此不推荐使用。只有双方长期交往，已经形成比较固定的交易习惯时可采用。

（三）暂定价格

买卖双方在洽谈某些价格变化较大的货物的远期交易时，可在合同中先订立一个初步价格，作为开立信用证和初步付款的依据，待双方确定最后价格后再进行结算，多退少补。在我国出口业务中，有时与信用可靠、业务关系密切的客户洽商大宗货物的远期交易，往往会先确定一个初步价格作为开立信用证和初步付款的依据，以后在交货期前的一定时间再由双方按照当时的市场价格商定最后的价格。这种做法由于既确定了定价依据，又不影响信用证的开出，有利于合同的履行，而且风险较小。

（四）滑动价格

某些商品，如成套机器设备、大型机械等，从合同成立到执行完毕需时较长，为了避免原料、工资等变动而承担风险，就采用滑动价格。滑动价格又称价格修正，通过在合同中加列"价格调整条款"订明。它是指先在合同中规定一个基础价格，交货时按实际变动后的原料、工资等作相应调整。这种价格制定方法的实质是出口商转嫁国内通货膨胀的风险，确保自己所得利润的一种手段。这种做法的应用范围已经从原来的机械设备扩展到一些初级产品贸易中，因而具有一定的普遍性。

（五）部分固定价格，部分非固定价格

有时为了照顾双方的利益，解决双方在采用固定价格或非固定价格方面的分歧，也可采用部分固定价格，部分非固定价格的做法，或是分批作价的办法，即交货期近的价格在订约时固定下来，余者在交货前一定期限内作价。

三、外贸业务中常用的三个指标

进出口业务中进行成本核算一般考虑以下三个指标，以比较各种商品出口的盈亏状况，分析出口商品作价是否合理。

（一）出口商品盈亏率

出口商品盈亏率是指出口商品盈亏额与出口总成本的比率。出口盈亏额是指出口销

售人民币净收入与出口总成本的差额,前者大于后者为盈利,反之为亏损。其计算公式如下:

$$出口商品盈亏率 = \frac{出口销售人民币净收入 - 出口总成本}{出口总成本} \times 100\%$$

其中,出口总成本是指出口商品的进货成本加上出口前的一切费用和税金;出口销售人民币净收入是指出口商品除去境外运费、保险费后折成的FOB价,按外汇牌价折成的人民币净收入。

根据公式计算出的出口盈亏率为正值时,表示盈利;为负值时,表示亏损。在具体业务中,同一商品的每笔交易的盈亏率不尽相同。若计算企业经营某种商品的盈亏率,可以通过对该种商品每笔交易的盈亏率的算术平均或加权平均求得。

(二)出口商品换汇成本

$$出口商品换汇成本 = \frac{出口总成本人民币}{出口销售外汇净收入美元}$$

出口商品换汇成本也是用来反映出口商品盈亏的一项重要指标。其中,出口销售外汇净收入是指出口商品按FOB价出售所得的净收入。这一指标反映用多少人民币换回1美元。如得出的值高于银行当时的外汇牌价,则出口为亏损;反之,则说明出口有盈利。

通过推算、比较不同种类商品的换汇成本,可以对出口商品的结构进行调整;对同类商品在不同时期的换汇成本进行比较,有利于改善经营管理和采取扭亏增盈的有效措施。

(三)出口创汇率

$$出口创汇率 = \frac{成品出口外汇净收入 - 原料外汇成本}{原料外汇成本} \times 100\%$$

出口创汇率是指加工后成品出口的外汇净收入与原料外汇成本的比率。如原料为国产品,其外汇成本可按原料的FOB出口价计算;如原料是进口的,则按该原料的CIF价计算。通过出口的外汇净收入和原料外汇成本的对比,则可看出成品出口的创汇情况,从而确定出口成品是否有利,特别是在进料加工的情况下,核算出口创汇率这项指标更有必要。

此外,在出口商品价格的掌握上,还要防止盲目坚持高价或随意削价竞销的偏向,在这方面,我国是有教训的。不计成本,削价竞销,盲目出口,不仅在外销价格方面会出现混乱,造成利润外流,给国家带来经济损失,而且还会使一些国家借此对我国出口产品采取限制措施,致使反倾销案件增多。

四、三种常用贸易术语之间的价格换算

在对外洽商交易过程中,有时一方按某种贸易术语报价时,对方要求改报其他术语所表示的价格,如一方按FOB报价,对方要求改按CIF或CFR报价,这就涉及价格的换算问题。了解贸易术语的价格构成及其换算方法,乃是从事国际贸易人员所必须掌握的基本知识和技能。现将最常用的FOB、CFR和CIF三种价格的换算方法及公式介绍如下。

1. FOB价换算为CFR或CIF价

$$CFR 价 = FOB 价 + 运费$$
$$CIF 价 = (FOB 价 + 运费)/[1 - (1 + 投保加成率) \times 保险费率]$$

2. CFR 价换算为 FOB 或 CIF 价格

$$FOB 价 = CFR 价 - 运费$$

$$CIF 价 = CFR 价 / [1 - (1 + 投保加成率) \times 保险费率]$$

3. CIF 价换算为 FOB 或 CFR 价格

$$FOB 价 = CIF 价 \times [1 - (1 + 投保加成率) \times 保险费率] - 运费$$

$$CFR 价 = CIF 价 \times [1 - (1 + 投保加成率) \times 保险费率]$$

注意："(1+投保加成率)"有些书中直接称为"投保加成"

【例题 6.1】某出口商品对外报价 USD 450/箱 FOB 天津新港，外商要求改报 CIF 汉堡价，问我方应报的价格是多少？（设运费 USD 50/箱，保险加一成，保险费率为 0.8%）

解：CIF 价 =（FOB 价 + 运费）/[1 - (1 + 投保加成率) × 保险费率]
　　　　　 =（450 + 50）/（1 - 110% × 0.8%）= 504.44（美元）

所以，我方应对外报价 USD 504.44/箱 CIF 汉堡。

五、佣金和折扣的运用

（一）佣金（Commission）

佣金，是代理人或经纪人为委托人进行交易而收取的报酬。在国际货物买卖中，往往表现为出口商付给销售代理人、进口商付给购买代理人的酬金。

凡在合同价格条款中，明确规定佣金的百分比的做法，叫作明佣。不标明佣金的百分比，甚至连佣金字样也不标示出来，有关佣金的问题，由双方当事人另行约定，这种暗中约定佣金的做法叫作暗佣。佣金直接关系到商品的价格，货价中是否包括佣金和佣金比例的大小，都将影响商品的价格。显然，含佣价比净价要高。正确运用佣金，有利于调动中间商的积极性和扩大交易。

1. 佣金的规定方法

（1）在商品价格中包括佣金时，通常应以文字来说明。例如，"每公吨 200 美元 CIF 旧金山包括 2%佣金"（U.S. \$ 200 PER U/T CIF San Francisco including 2% commission）。

（2）也可以在贸易术语上加注佣金的缩写英文字母"C"和佣金的百分比来表示。例如，"每吨 200 美元 CIFC 2%旧金山"（U.S. \$ 200 PER U/T CIF San Francisco including 2% commission）。

（3）商品价格中所包含的佣金除用百分比表示外，也可以用绝对数来表示。例如，"每公吨付佣金 25 美元。"

如果中间商为了从买卖双方获取"双头佣金"或为了逃税，有时要求在合同中不规定佣金，而另按双方暗中达成的协议支付。佣金的规定应合理，其比率一般掌握在 1%～5%之间，不宜偏高。

2. 佣金的计算与支付方法

$$含佣价 = 净价 / (1 - 佣金率)$$

$$佣金 = 含佣价 \times 佣金率 = 含佣价 - 净价$$

【例题 6.2】某公司对外报某商品每公吨 1200 美元 CFR C 3%旧金山，国外要求改报

CFRC 5%价,问我方应报多少美元?

解：CFR 净价＝含佣价×(1－佣金率)＝1200×(1－3%)＝1164(美元)
CFR C 5%价＝净价/(1－佣金率)＝1164/(1－5%)＝1225.26(美元)

所以,我方应对外报每公吨 1225.26 美元 CFRC 5%旧金山。

佣金的支付一般有两种做法：一种是由中间代理商直接从货价中扣除佣金；另一种是在委托人收清货款之后,再按事先约定的期限和佣金比率,另行付给中间代理商；签订合同即付佣金的方式不能接受。在支付佣金时,应防止错付、漏付和重付等事故发生。

(二) 折扣(Discount,Rebate)

折扣是指卖方按原价给予买方一定百分比的减让,即在价格上给予适当的优惠。国际贸易中使用的折扣,名目很多,除一般折扣外,还有为扩大销售而使用的数量折扣,为实现某种特殊目的而给予的特别折扣,以及年终回扣等。凡在价格条款中明确规定折扣率的,叫作"明扣"。折扣直接关系到商品的价格,货价中是否包括折扣和折扣率的大小都影响商品价格,折扣率越高,则价格越低。

1. 折扣的规定方法

(1) 在国际贸易中,折扣通常在规定价格条款时,用文字明确表示出来。

例如："CIF 伦敦每吨 200 美元,折扣 3%"(U.S. \$200 per metric ton CIF London including 3% discount),此例也可以这样表示："CIF 伦敦每吨 200 美元,减 3%折扣"(U.S. \$200 per metric ton CIF London less 3% discount)。

(2) 折扣也可以用绝对数来表示。例如,"每公吨折扣 6 美元"。

在实际业务中,也可以用 CIFD 或 CIFR 来表示 CIF 价格中包含折扣。这里的 D 和 R 是 Discount 和 Rebate 的缩写。鉴于贸易术语中加注的 D 或 R 含义不清,可能引起误解,故最好不使用此缩写语。

2. 折扣的计算与支付方法

折扣通常是以成交额或发票金额为基础计算出来的。

单位货物折扣额＝原价(或含折扣价)×折扣率
卖方实际净收入＝原价－单位货物折扣额

折扣一般是在买方支付货款时预先予以扣除,也有的折扣金额不直接从货价中扣除,而按暗中达成的协议另行支付给买方,这种做法通常在给暗扣或回扣时采用。

(三) 佣金和折扣的区别

佣金是中间商的报酬,折扣是卖方给买方的优惠;佣金计算在保险金额内,折扣不计算在保险金额内;佣金应纳税,折扣不需纳税。

六、合同中的价格条款

(一) 价格条款的基本内容

合同中的价格条款,一般包括商品的单价和总值两项基本内容。

商品的单价通常由计价货币、单价金额、计量单位和贸易术语四个部分组成。例如,"每公吨 100 美元 CIF 纽约"(USD 100 per M/T CIF New York)。

总值亦称总价,即一笔交易的货款总金额。为规定价格条款,除了合理地确定成交价格,列明具体的作价方法外,还应采用适当的贸易术语和选择合理的计价货币。

（二）规定价格条款的注意事项

（1）计价货币的选择。计价货币（Money of Account）是指合同中规定用来计算价格的货币。计价货币又是支付货币。计价货币可以是进口国、出口国或双方同意的第三国货币。但由于货币的币值是不稳定的，买卖双方在选择计价货币时，一般会考虑两个问题：一是汇价风险问题；另一个是从汇率角度衡量货价的高低问题。对出口贸易，通常采用硬币计价比较有利；而进口贸易使用软币比较合算。但在实际业务中确定计价货币时，还应考虑买卖双方的交易习惯、经营意图以及价格因素，选择比较有利的货币计价。应选择使用有利的计价货币，如采用不利的计价货币时应加订保值条款。

（2）正确填写单价金额和总值，避免出现单价乘以数量和总值不符的情况出现。

（3）计价单位应与数量条款中的计量单位一致。如计价数量单位为公吨，则总数量也要使用"公吨"。避免出现单价中使用KG、数量使用箱、包、捆等混乱情况。

（4）贸易术语的表示要准确、完整，不能省略贸易术语后面的地点。如FOB后的港口名称就是卖方交货地点，卖方所承担的责任、费用和风险以此为界，此时也就成为卖方售价。CFR、CIF后的港口名称就是目的港名称，虽然不是交货地点，但也要列明，否则，运费、保险费无法计算。

（5）灵活运用各种不同的作价办法，以避免价格变动的风险。

（6）依照国际贸易的习惯做法，注意佣金和折扣的合理运用。

（7）如交货品质和数量约定有一定的机动幅度，则对机动的部分作价。

项目导入分析

实际业务中，外贸企业都有自己的价格计算公式，不尽相同。一些小额费用如银行费用、保险费等也可以忽略，这里我们采用比较接近实际业务的公式计算FOB价，采用本书中给出的公式计算CFR和CIF价格。

FOB价＝采购成本＋国内费用＋利润

采购成本＝采购价格－退税＝$5200-5200/(1+16\%)\times 13\%=4617.24$（元/公吨）＝USD679/公吨

每公吨所分摊国内费用＝国内运费＋港杂费＋报关费＋商检费＋采购价格×利息×贷款月份＝$90+75+5200\times 1\%\times 2+(150+100)/1000=269.25$（元）＝USD39.60

银行手续费＝报价×0.125%

利润核算＝报价×10%

出口海运费＝1000美金/25公吨＝40美金/公吨

出口保险费＝CIF×110%×0.8%

FOB价格＝采购成本＋国内费用（包含银行手续费）＋利润＝USD799.55/公吨

CFR价格＝FOB价＋运费＝USD799.55＋40＝USD839.55/公吨

CIF价格＝FOB价＋运费＋保险费＝(FOB价＋运费)/[1－(1＋投保加成率)×保险费率]
　　　　＝USD846.45/公吨

项目拓展1

利用POCIBI+软件,选择一种产品,如中国山水画,计算其FOB价格。

项目拓展2

利用跨境电商平台找到一种商品,在1688网站查找相应的货源,计算你的美元售价,并和平台售价进行对比。此实训可扩展为包邮和不包邮两种情况。

价格＝成本＋费用＋利润。成本包括购货成本＋国内运费,有时还包括包装、将货物发至国内物流公司仓库的费用,费用包括相关品类的平台佣金,提现费用,利润可使用销售利润率,汇率可按实际换算。如果包邮再计算物流费用。）

重点名词

国际贸易惯例　贸易术语　象征性交货

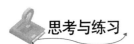

1. 某口岸出口公司按CIF London向英商出售一批核桃仁,由于该商品季节性较强,双方在合同中规定:买方须于9月底前将信用证开到,卖方保证运货船只不得迟于12月2日驶抵目的港。如货轮迟于12月2日抵达目的港,买方有权取消合同。如货款已收,卖方须将货款退还买方。问这一合同的性质是否属于CIF合同？若对方一定要我方保证到货时间,则应选用什么术语？

2. 我方对外出售商品一批,报价CIF××港,23500英镑(按发票金额110%投保一切险和战争险,两者费率合计为0.7%),客户要求改报CFR价,试问,在不影响收汇额的前提下,正确的CFR价应报多少？

3. 原报价每箱100美元净价FOB SHANGHAI,如外商要求改报FOBC 5%,为保持我方净收入不变,我方对外报价应为多少？

4. 请谈一谈进出口商品的作价原则,在确定进出口商品价格时应考虑哪些因素？

5. 在国际贸易中如何正确使用佣金与折扣？

6. 假设某商品的国内进价为8270元,加工整理费支出为900元,商品流通费支出为700元,税金为30元。该商品的出口销售外汇净收入为3000美元。试计算：(1)该商品的出口总成本；(2)该商品每美元换汇成本。

7. 下列出口单价的写法是否正确？

(1) USD 3.68 CIFC HONGKONG

(2) 300英镑每箱 CFR USA

(3) USD Per Ton FOB London

(4) Fr 98.50 Per Doz FOBD2%

8. 在实际进出口中如何选用合适的贸易术语,应考虑哪些因素？

项目 7

国际货物运输

本项目知识结构图

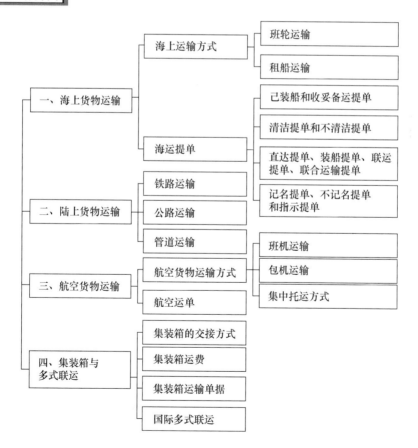

学习目标

国际货物运输,根据使用的运输工具不同,可以分为:海上运输、铁路运输、公路运输、航空运输、集装箱运输与管道运输等。中国进出口货物的运输,主要通过海运,其次是通过铁路或公路运输,也有些货物是管道运输或邮政运输。随着航空事业的发展,航空运输的货运量不断增长,货物种类和范围也在不断扩大。

知识目标

- 掌握班轮运费的计算
- 掌握提单的性质和作用
- 掌握提单的种类

技能目标

- 能准确、科学签订运输条款

项目导入

舸乐博公司在2013年5月份接到一个500公吨钢卷的订单,共计20X20GP,每箱装25公吨(集装箱的最大承重),在订单中要求每一件货重5~10吨。张燕负责跟单工作,她没多考虑,直接将订单下给国内的工厂,工厂收到订单后,按照每卷9吨的重量来生产,待生产完毕,张燕发现,每个集装箱如果装3件,是27公吨,超出集装箱的承重;如果装2件货,18公吨,太亏箱,由于合同规定的是CFR CY-CY,只能是按照一个箱子装2件货来发货。结果实际装了28个集装箱,运费上造成了很大的浪费。客户在收货时,也需要多付8个箱子的费用,客户非常不满,要求舸乐博公司承担多装的8个箱子费用。

[分析述评]

此事给舸乐博公司和客户都造成了很大的损失,错在下订单给工厂时,没有准确评估装箱重量的细节,如果在给工厂下单时就要求:卷重在要求范围内,每个箱子要装25公吨。就能避免上述问题。在这种情况下,也可以和客户协商,是否能走散货,如果走散货,或许能减少一部分运费损失。

7.1 国际海上货物运输

国际海上货物运输是指使用船舶通过海上航道在不同的国家和地区的港口之间运送货物的一种运输方式。2007年11月28日,是一个可以载入中国港口和航运发展史册的重要日子,中国内地港口集装箱年吞吐量历史性地突破1亿标准箱,实现了港口和航运集装箱运输里程碑式的跨越,在相当长的时间内,中国港口集装箱总吞吐量将稳居世界第一位。

一、国际海上货物运输的特点

(一) 运输量大

国际贸易是在全世界范围内进行的商品交换,地理位置和地理条件决定了海上货物运输是国际货物运输的主要手段。国际贸易总运量的75%以上是利用海上运输来完成的,有的国家对外贸易运输海运占总运量的90%以上。

(二) 运费低廉

船舶运量大,货物的单位运输成本相对低廉。海运运费一般约为铁路运费的1/5,公路汽车运费的1/10,航空运费的1/30,这就为低值大宗货物的运输提供了有利的竞争条件。

(三) 对货物的适应性强

由于上述特点使海上货物运输基本上适应各种货物的运输。如石油井台、火车、机车车辆等超重大货物,其他运输方式是无法装运的,船舶一般都可以装运。

(四) 风险较大

由于船舶海上航行受自然气候和季节性影响较大,航行时间长,遇险的可能性比其他运输方式要大。同时,海上运输还存在着社会风险,如战争、罢工、贸易禁运等因素的影响。为转嫁损失,海上运输的货物、船舶保险尤其应引起重视。

二、海上运输方式

按照海上运输经营方式的不同,可将海上运输分为班轮运输(Liner Transport)和租船运输(Shipping by Chartering)。

(一) 班轮运输

班轮是指按照规定的时间,在一定的航线上,以既定的港口顺序,经常地从事航线上港口间运输的船舶。它是当今国际海洋运输中不可缺少的主要运输方式之一。班轮运输的特点是"四定一负责",即:固定航线、固定港口、固定船期、固定运费率和承运人负责装卸。班轮运输有时也称提单运输,因为在承运人和托运人之间仅用轮船公司签发的订有承运人与托运人双方权利和义务条款的提单处理运输中发生的问题。提单条款中明确规定:发、收货人必须按照船期提交和接受货物,否则应赔偿承运人因此蒙受的损失。

1. **班轮运输的特点**

(1) 承运人和货主之间不签订租船合同,仅按船公司签发提单的背面条款,处理运输中的有关问题。

(2) 通常要求托运人至承运人指定的码头仓库交货,收货人在承运人指定的码头仓库提货。

(3) 班轮承运人负责包括装、卸货物及理舱在内的作业,并负责全部费用。不计滞期费、速遣费。

(4) "四固定"。班轮运输一般有固定港口、固定航线、固定开航时间,相对固定的运费。

2. **班轮运费**

班轮运费(Liner Freight)是班轮公司运输货物而向货主收取的费用。它包括货物的装卸费和货物从装运港至目的港的运输费用和附加费用。

班轮运费由基本运费和附加费两部分组成。基本运费的计算标准主要有以下几种。

(1) 按货物的毛重计收,在运价表中以字母"W"表示,一般以公吨(1000公斤)为计费单位,也有按长吨(1016公斤)或短吨(907.2公斤)计费的,称为重量吨(Weight Ton)。

(2) 按货物的体积计收,在运价表中以字母"M"表示,一般以1立方米(约合35.3147立方英尺)为计费单位,也有按40立方英尺计费的,称为"尺码吨"。尺码吨和重量吨统称运费吨(Freight ton)。

(3) 按货物的价格计收,又称从价运费。在运价表中以"A.V."或"Ad Val."表示,一般按FOB货价的一定百分率收费。

(4) 按货物的毛重或体积从高计收,在运价表中以字母"W/M"表示。运价表上还有注明"W/M or A.V."及"W/M plus A.V."的,前者表示运费按照货物重量或体积或从价三者中较高的一种计收;后者表示先按货物毛重或体积从高计收后,再加一定百分率的从价运费。这种计价方式常用到积载系数和货物容重两个参数。

积载系数=尺码吨/重量吨,如果积载系数大于1,则按尺码吨计算运费,如果积载系数小于1,则按重量吨计算运费。有时也使用"货物容重",它是积载系数的倒数。

(5) 按货物的件数计收。如汽车按辆(Unit),活牲畜按头(Head)。

(6) 临时议定(Open Rate)。适用于粮食、豆类、煤炭、矿砂等运量较大、货价较低、装卸速度快的农副矿产品,由货主与船公司临时议定。

另外,班轮公司对不同商品混装在同一包装内,按其中收费较高者计收运费。同一提单内有两种以上不同货名,如托运人未分别列明毛重和体积,亦从高计费。这是在包装和托运时应该注意的。此外,对无商业价值的样品,凡体积不超过0.2立方米,重量不超过50公斤时,可要求船方免费运送。

班轮运费中的附加费用主要有燃油附加费(Bunker Adjustment Factor, BAF)、超重附加费(Heavy Lift Additional)、超长附加费(Over Length Additional)、洗舱费(Tank Cleaning Charge)、直航附加费(Direct Additional)、选港附加费(Optional Additional)、港口附加费(Port Additional)、港口拥挤附加费(Port Congestion Surcharge)、贬值附加费(Devaluation Surcharge)等。由于附加费名目繁多,在班轮运费中又占着很大的比重,因此,在具体业务中要多加注意,防止漏计或错计。

运费计算步骤如下:① 选择相关的运价本;② 根据货物名称,在货物分级表中查到运费计算标准(Basis)和等级(Class);③ 在等级费率表的基本费率部分,找到相应的航线,启运港,目的港,按等级查到基本运价;④ 再从附加费部分查出所有应收(付)的附加费项目和数额(或百分比)及货币种类;⑤ 根据基本运价和附加费算出实际运价;⑥ 运费=运价×运费吨。

【例题7.1】某轮从上海港装运10公吨共33.440m³茶叶散货到伦敦,要求直航,计算全程应收运费是多少?

【解析】(1) 从题中知该票商品的运输航线属中国/欧洲、地中海航线,并从航线费率表得知,伦敦是该航线的非基本港;

(2) 查商品分级表得知,茶叶属8级,计算标准W/M;

(3) 查中国/欧洲、地中海航线等级费率表得知,8级商品的基本费率为USD $90.00

(F/T)(运费吨);

(4) 查中国/欧洲、地中海航线附加费率表知,伦敦港直航附加费率为基本运费的35%,伦敦港的港口附加费率为USD7.00(F/T);

因为茶叶的尺码吨大于重量吨,所以应按尺码吨33.440m³计收运费,全程应收运费为:

$$F = 90.00 \times 33.440 + 90.00 \times 33.440 \times 35\% + 7.00 \times 33.440$$
$$= USD\$4297.04$$

所以,全程运费为USD$4297.04。

(二) 租船运输

租船运输指船东将船舶出租给租船人使用,以完成特定的货运任务,租船人按商定的运价支付运费的一种运输经营方式。与班轮运输相比,租船运输具有以下特点:从运输货物上来看,大部分是价值较低的货;与班轮的"四固定"相反,租船运输无固定航线、无固定装卸港口、无固定船期和无固定运价。

1. 租船运输

租船运输主要包括定程租船、定期租船和光船租船。

(1) 定程租船(Voyage/Trip Charter):又称程租船,是按航程租赁船舶的方式,有单程、来回程、连续单程、连续来回程航次(Consecutive Single/Round Voyage Charter)。其主要特点是无固定航线、固定装卸港口和固定航行船期,程租船合同需规定装卸率和滞期速遣费条款,运价受租船市场供需情况的影响较大。

定程租船是常见的租船形式,还具有以下特点:船舶的经营管理由船方负责;规定一定的航线和装运货物的种类、名称数量以及装卸港;船方除对船舶航行、驾驶、管理负责外,还应对货物运输负责;在多数情况下,运价按货物装运数量计算;规定一定的装卸期或装卸率,并计算滞期费与速遣费;船租双方的责任义务,以定程租船合同为准。

(2) 定期租船(Time Charter):是指由船舶所有人按照租船合同的约定,将一艘特定的船舶在约定的期间,交给承租人使用的租船方式。在这个期限内,承租人可以利用船舶的运载能力来安排运输货物;也可以用以从事班轮运输,以补充暂时的运力不足;还可以以航次租船方式承揽第三者的货物,以取得运费收入。

(3) 光船租船:又称船壳租船,这种租船不具有承揽运输性质,它只相当于一种财产租赁。光船租船是指在租期内船舶所有人只提供一艘空船给承租人使用,而配备船员、供应给养、船舶的营运管理以及一切固定或变动的营运费用都由承租人负担。

2. 租船费用计算

程租合同中有的规定运费率,按货物每单位重量或体积若干金额计算;有的规定整船包价(Lumpsum Freight)。费率的高低主要决定于租船市场的供求关系,但也与运输距离、货物种类、装卸率、港口使用、装卸费用划分和佣金高低有关。合同中对运费按装船重量(Intaken Quantity)或卸船重量(Delivered Quantity)计算,运费是预付或到付,均须订明。特别要注意的是应付运费时间是指船东收到的日期,而不是租船人付出的日期。

装卸费用的划分法包括:① 船方负担装卸费(Gross or Liner or Berth Terms),又称"班轮条件";② 船方不负担装卸费(Free In and Out,FIO),采用这一条件时,还要明确理舱费和平舱费由谁负担,一般都规定租船人负担,即船方不负担装卸、理舱和平舱费条件(Free In and Out,Stowed,Trimmed,F.I.O.S.T.);③ 船方管装不管卸(Free Out,F.O.)条件;④ 船方管卸不管装(Free In,F.I.)条件。

三、班轮货运流程

班轮货运流程及其主要单证的流转程序如图7-1所示。为方便叙述,现结合该图说明如下:

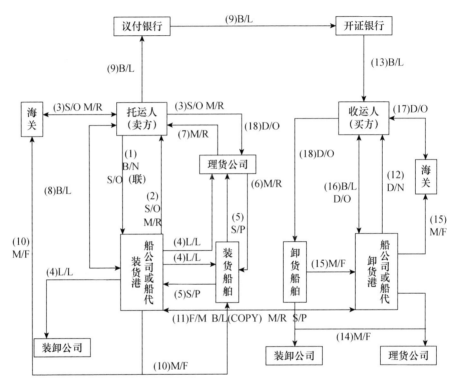

图 7-1 班轮货运流程及其主要单证流程示意图

(1) 托运人向船公司在装货港的代理人(也可直接向船公司或其营业所)递交 B/N 提出货物托运申请,并填写装货联单;

(2) 船公司在装货港的代理人同意承运后,指定船名,核对单证内容无误后,将 B/N 和装货联单的第一联留下,在第二联装货单(S/O)上加盖船公司印章连同第三联收货单(M/R)一并退还给托运人,并要求托运人将货物送至指定的码头仓库;

(3) 托运人持船公司在装货港的代理人签发的 S/O、M/R 及其他有关单证向海关办理货物出口报关手续,海关审核无误后,在 S/O 上加盖海关放行图章,然后托运人将 S/O 和 M/R 送交理货公司,并将货物送至码头仓库,商检和海关到港口对货物进行检验、验关;

(4) 船公司在装货港的代理人根据装货联单的留底联编制装货清单(L/L)送装货船舶、理货公司、装卸公司;

(5) 船上大副根据 L/L 编制货物积载图(S/P),并交由船公司在装货港的代理人分送理货公司、装卸公司等按计划装船;

(6) 货物装船后,理货长将 S/O 和 M/R 交大副,大副核对无误后,留下 S/O,签发 M/R;

(7) 理货长将大副签发的 M/R 交托运人；

(8) 托运人持 M/R 到船公司在装货港的代理人处支付运费(在预付运费情况下)拟换取已装船提单(B/L)，船公司在装货港的代理人审核无误后，留下 M/R，签发 B/L 给托运人；

(9) 托运人持 B/L 及有关单证到议付银行结汇，议付银行将 B/L 及有关单证邮寄开证银行；

(10) 货物装船完毕后，船公司在装货港的代理人编妥出口载货清单(M/F)送船长签字后，向海关办理船舶出口手续，之后将 M/F 交船随带，船舶启航；

(11) 船公司在装货港的代理人根据 B/L 副本(或 M/R)编制出口载货运费清单(F/M)，连同 B/L 副本、M/R 一并送交船公司结算代收运费，并邮寄或将有关卸货港所需的单证通过船舶带交船公司在卸货港的代理人；

(12) 船公司在卸货港的代理人接到船舶抵港电报后，以提货通知书(Delivery Notice：D/N)通知收货人船舶到港时间；

(13) 收货人到开证银行付清货款及其他应付费用，取得正本 B/L；

(14) 船公司在卸货港的代理人根据装货港代理人寄来的货运单证，编制进口载货清单等卸货单据，约定装卸公司、理货公司，联系安排泊位，做好接船及卸货准备工作；

(15) 船舶抵港后，船公司在卸货港的代理人随即办理船舶进口报关手续，船舶靠泊后即开始卸货；

(16) 收货人向卸货港船代付清应付费用后，以正本 B/L 换取提货单(D/O)；

(17) 收货人持 D/O 送海关办理货物进口报关手续；

(18) 收货人持 D/O 到码头仓库或船边提取货物。

四、海运提单

海运提单(Bill of Lading，B/L)是承运人或其代理人应托运人的要求所签发的货物收据(Receipt of Goods)，在将货物收归其照管后签发，证明已收到提单上所列明的货物，它是一种货物所有权凭证(Document of Title)。海运提单持有人可据以提取货物，也可凭此向银行押汇，还可在载货船舶到达目的港交货之前进行转让。海运提单是承运人与托运人之间运输合同的证明。

根据不同的标准，可将海运提单分为不同的种类。

(一) 根据货物是否已装船分类

根据货物是否装船，可将海运提单分为已装船提单(Shipped on Board B/L)和收妥备用提单(Received for Shipment B/L)。

前者是指货物已装上船后签发的提单，而后者是指承运人已接管货物并准备装运时所签发的提单，所以又称收讫待运提单。在贸易合同中，买方一般要求卖方提供已装船提单，因为已装船提单上有船名和装船日期，对收货人按时收货有保障。

(二) 根据货物外表状况有无不良批注分类

根据货物外表状况有无不良批注，海运提单可分为清洁提单(Clean B/L)和不清洁提单(Unclean or Foul B/L)。

前者是指货物装船时表面状况良好，没有任何不良批注的提单；后者是指承运人在提单上已加注货物及/或包装状况不良或存在缺陷等批注的提单。银行一般只接受清洁提单。

(三) 根据不同运输方式分类

根据不同运输方式,提单可分为直达提单(Direct B/L)、转船提单(Transshipment B/L)、联运提单(Through B//L)和联合运输提单(Combined Transport B/L)等。

直达提单是承运人签发的由起运港以船舶直接运达目的港的提单。如起运港的载货船舶不直接驶往目的港,须在转船港换装另一船舶运达目的港时所签发的提单,称为转船提单。如果货物需经两段或两段以上运输运达目的港,而其中有一段是海运,如海陆、海空联运或海海联运时所签发的提单称为联运提单。所以转船提单实际上也是联运提单的一种。而联合运输提单则必须是两种或两种以上不同的运输方式的连贯运输时,承运人所签发的货物提单。因此,联合运输提单也叫多式联运提单。目前在实际业务中,不少船公司把联运提单与联合运输提单使用同一格式,只是在作为联合运输提单使用时,除在提单上列明起运港和目的港外,还要列明收货地、交货地及前段运输工具名称等。

(四) 根据提单抬头不同分类

根据提单抬头不同,海运提单可分为记名提单(Straight B/L)、不记名提单(Bearer B/L)和指示提单(Order B/L)。

记名提单在收货人一栏内列明收货人名称,所以又称为收货人抬头提单,这种提单不能用背书方式转让,而货物只能交给列明的收货人。不记名提单是在提单上不列明收货人名称的提单,谁持有提单,谁就可凭提单向承运人提取货物,承运人交货是凭单不凭人。指示提单在国际贸易中应用较普遍。收货人一栏填写"To order"或"To order of ⋯",可凭背书合法转让,有利于资金的周转。背书是由背书人(即提单转让人)在提单背面签上背书人单位名称及负责人签章,有时再加上被背书人的名称,并将单据交给被背书人的行为。如被背书人再进行转让,则必须再加背书。

此外,提单还有全式提单和简式提单,运费预付提单和运费到付提单,正本提单和副本提单,租船合同下的提单,舱面提单(On Duck B/L),倒签提单(Antedated B/L),预借提单(Advanced B/L)等。

随着贸易实践的不断发展,在实际业务中也使用海运单(Sea Waybill)作为海运提单的替代单据,海运单不同于提单之处在于它不是物权凭证并且不能流通转让。另外在我国的国际集装箱班轮的近洋航线上,也使用"电放"(Telex Release)放货,即提货人不凭正本提单而是凭卖方出具的"准予买方先凭副本提单提货"的电文(传真或电传),先行提货。相对于提单而言,这两种方式对托运人的利益缺乏有力的保障,故应谨慎采用。

五、合同中的装运条款

(一) 装运期(Time of Shipment)

(1) 出口货的装运期,分远洋地区和近洋地区。应掌握在信用证收到后装运期留有一定的期限,远洋地区不少于30天,近洋地区不少于20天。因此,应在合同中订明信用证于装运期前开到卖方的期限。具体装运期的规定方法如下。

① 规定明确、具体的装运时间。

规定最后期限,如:shipment before the end of Sep.；shipment not later than May 31st；

规定一段时间,如:shipment during May；shipment during March/April/May。

② 规定收到信用证后若干天内装运,如:shipment within 30 days after receipt of L/C。
③ 规定近期术语,如:立即装运,即期装运,尽快装运等。但此类术语尽量避免使用,因为含义不明确,容易产生纠纷,且银行对此不予理会。

(2) 签订出口合同时,应避免信用证结汇有效期与装运期订为同时到期即"双到期"。一般应争取结汇有效期长于装运期15天,以便货物装船后有足够的时间办理结汇手续。

(3) 不能接受一笔货物在短期内分若干批出运的条款。因为在规定期内,如无适当的足够数量的船舶,就会影响这批货物的出运。

> **案例 7.1**
>
> 上海A公司于2006年10月11日接到美国B公司的信用证一张,信用证对装运期规定如下:"Shipment must be effected not prior to 21st Oct, 2006."
>
> A公司认为装运期10月21日就届满,时间非常紧张,于是耗费了大量精力四处协调,终于抢在10月21日当日完成了装船,取得了提单,并于10月23日向开证行交单。然而不久后,开证行即以"单证不符"为由拒绝接受A公司单据。
>
> A公司的外贸业务人员反复核对单据后,才发现信用证规定的装运期是"不得早于2006年10月21日"。最终A公司只好承担全部的损失。
>
> 【评析】一般信用证对装运期习惯表述为:"最迟装运期某年某月某日",或"不得晚于某月某日装"(…not later than…)。A公司的业务人员就是受这种惯性思维的影响,在审证当时没有仔细审查信用证上装运条款的措辞,给公司造成了损失。
>
> A公司就装运期这样不可更改的实质性不符点是无法向开证行进行申辩的,在这种情况下只能寻求买方的理解和支持。但买方往往在此时会抓住卖方的行为瑕疵提出打折等要求,最终卖方还是必须承担很大的损失。

所以在外贸业务中,不可疏忽对装运条款的审查。

(二) 装运港与目的港(Port of Shipment or Destination)

装运港(Port of Shipment),又称装货港(Loading Port)是指货物起始装运的港口。

目的港(Port of Destination),又称卸货港(Unloading Port),是指买卖合同规定的最后卸货港口。目的港一般由买方提出,经卖方同意后确定。根据双方的需要,目的港可以规定一个,也可以规定两个或两个以上。

1. 装运港(地)和目的港(地)的规定方法

在一般情况下,装运港和目的港分别规定一个,如:Port of Shipment:Shanghai;Port of Destination:London。

按实际业务的需要,也可分别规定两个或两个以上的装运港或目的港。

2. 确定国外装运港(地)和目的港(地)的注意事项

(1) 港口名称力求明确、具体;

(2) 不能接受内陆城市为装运港或目的港;

(3) 必须注意装卸港的具体条件以及要注意选择港口不宜太多,一般不超过3个;

(4) 应注意国内港口有无重名问题。

3. 规定国内装运港和目的港应注意的问题

(1) 采取就近原则；

(2) 考虑港口设施。

(三) 分批装运(Partial Shipment)与转船(Transshipment)

(1) 分批装运：指一笔成交的货物分若干批次装运。根据《UCP600》的有关规定，除非信用证禁止分批装运，否则视为允许；但仍需考虑与买卖合同保持一致。

(2) 转船：指在信用证规定的装货港到卸货港之间的海运过程中，将货物由一艘船卸下再装上另一艘船的运输。根据《UCP600》的有关规定，除非信用证有相反规定，可准许转船；但仍需考虑与买卖合同保持一致。

> **案例 7.2**
>
> (1) 北京某公司出口 2000 公吨大豆，国外来证规定：不允许分批装运。结果我方在规定的期限内分别在大连和青岛各装 1000 公吨于同一航次的同一船只上，提单上也注明了不同的装货港和不同的装船日期，试问：我方做法是否违约？银行能否议付？
>
> 【评析】《UCP600》中第 31 条 b 款的规定：表明使用同一运输工具并经由同次航程运输的数套运输单据在同一次提交时，只要显示相同目的地，将不视为部分发运，即使运输单据上表明的发运日期不同或装货港、接管地或发送地点不同。所以这不属于分批装运，我方的做法不违约，银行可以议付。
>
> (2) 我与巴基斯坦商人按每公吨 150 美元 CIF 卡拉奇成交某化工原料 100 公吨，总值为 15000 美元。合同规定数量可增减 10%，事后，对方经巴基斯坦银行开来 L/C，该信用证声明受《跟单信用证统一惯例》(600 号)的约束，数量规定为"about 100 metric tons"，但总金额前未注明"about"字样。我凭该信用证实际装运 110 公吨，但持单向银行议付时，遭到拒绝。问：
>
> 1. 本案合同是如何规定商品数量的？
> 2. 银行拒付是否有道理？数量前加"about"，来证为固定金额，可否多装？
> 3. 银行能否接受高于信用证金额的发票？
>
> 【评析】
>
> 1. 本案合同中对数量采用了溢短装的规定方法，比较合理。
> 2. 银行的拒付是有道理的。根据《UCP600》的相关规定，"about"可理解为 10% 的增减幅度。数量前加"about"，来证为固定金额的情况下，可以少装 10%，但不能多装，银行要求总支取金额不超过信用证金额。
> 3. 银行可以接受高于信用证金额的发票。根据《UCP600》第 18 条 b 款：按指定行事的指定银行、保兑行(如有的话)或开证行可以接受金额大于信用证允许金额的商业发票，其决定对有关各方均有约束力，只要该银行对超过信用证允许金额的部分未作承付或者议付。通常适用于部分货款 T/T 或托收支付，部分货款信用证支付的情形。

（四）装运通知（Advice of Shipment）

装运通知又称 Declaration of Shipment 或 Notice of Shipment，系出口商向进口商发出货物已于某月某日或将于某月某日装运某船的通知。装运通知的作用在于方便买方保险、准备提货手续或转售；出口商作此项通知时，有时尚附上或另行寄上货运单据副本，以便进口商明了装货内容，并防止货运单据正本迟到时，及时办理担保提货（Delivery Against Letter of Guarantee）。

（五）装卸时间、装卸率、滞期费和速遣费

1. 装卸时间

装卸时间是指装货与卸货的期限，装卸时间的规定方法很多，其中使用最普遍的是按连续 24 小时晴天工作日计算。

在规定的装卸期限内，还要明确具体装卸时间的计算方法。其方法一般有以下几种。

（1）连续日（或时）（Running Consecutive Days/Hours），指按 24 小时应为一个连续日，其中没有任何折扣。

（2）工作日（Working Days），指按照港口习惯，属于正常工作的日子，星期日和例假日除外。

（3）晴天工作日（Weather Working Days），指按正常工作的日子，星期日、例假日以及因天气恶劣不能进行装卸作业时都除外，不予计算工作日。

（4）连续 24 小时晴天工作日（Weather Working Days of 24 Consecutive Hours），这种规定按连续 24 小时为一个工作日，但星期日、节假日和不能装卸的坏天气都一律扣除。

2. 装卸率、滞期费和速遣费

装卸率指每日装卸货物的数量，它是按港口的正常装卸速度来确定。负责装卸的一方若未按约定的装卸时间及装卸率完成装卸任务，则应向船方支付一定的罚金，称为滞期费（Demurrage）；反之，如提前完成装卸任务，则可从船方领取一定的奖金，称为速遣费（Dispatch Money）。速遣费通常为滞期费的一半。

（六）OCP 条款

OCP（Overland Common Point）地区是指内陆地区，按美国相关规定，以美国西部九个州为界，即以落基山脉为界，其以东地区均定为内陆地区范围，该地区约占全美 2/3 的面积。从远东地区向美国 OCP 地区出口货物，如按 OCP 条款达成交易，出口上可以享受较低的 OCP 海运优惠费率，进口商在内陆运输中也可以享受 OCP 优惠费率。同样，按相反方向，即凡从美国内陆地区启经西海岸港口装船出口的货物也可按 OCP 运输条款办理。该条款是太平洋航运公会为争取运往美国内陆地区的货物经美国西海岸港口转运而制定的。

7.2 国际陆上货物运输

国际陆上运输根据运输工具的不同，可以分为铁路运输、公路运输、管道运输等形式，具体选择何种运输方式，与货物的性质有非常大的关联。

一、国际铁路货物运输

铁路运输是国际货物运输中的主要运输方式之一。世界上第一条铁路出现在1825年的英国,其后铁路建设迅速发展。到19世纪末,世界铁路总里程达65万千米,目前已有140多万千米。

中国铁路是世界上最繁忙的铁路,以仅占全球6%的铁路总长度承担着全球约24%的铁路运输,中国铁路运量堪称世界第一。

(一) 铁路货物运输的特点

与其他陆上运输方式相比较,铁路货物运输主要具有以下特点。

(1) 铁路运输的准确性和连续性强。铁路运输几乎不受气候影响,一年四季可以不分昼夜地进行定期的、有规律的、准确的运转。

(2) 铁路运输速度比较快。铁路货运速度每昼夜可达几百公里,一般货车可达100千米/时左右,远远高于海上运输。

(3) 运输量比较大。铁路一列货物列车一般能运送3000~5000吨货物,远远高于航空运输和汽车运输。

(4) 铁路运输成本较低。铁路运输费用仅为汽车运输费用的几分之一到十几分之一;运输油耗约是汽车运输的二十分之一。

(5) 铁路运输安全可靠,风险远比海上运输小。

(6) 初期投资大。铁路运输需要铺设轨道、建造桥梁和隧道,建路工程艰巨复杂;需要消耗大量钢材、木材;占用土地,其初期投资大大超过其他陆上运输方式。

(二) 国际铁路联运程序

1. 托运前的工作

在托运前必须将货物的包装和标记严格按照合同中有关条款、国际货协和议定书中条款办理。

2. 货物托运和承运的一般程序

发货人在托运货物时,应向车站提出货物运单和运单副本,以此作为货物托运的书面申请。车站接到运单后,应进行认真审核,对整车货物应检查是否有批准的月度、旬度货物运输计划和日要车计划,检查货物运单各项内容是否正确,如确认可以承运,车站即在运单上签证时写明货物应进入车站的日期和装车日期,即表示接受托运。发货人按签证指定的日期将货物搬入车站或指定的货位,并经铁路根据货物运单的记载查对实货,认为符合国际货协和有关规章制度的规定后,车站方可予以承认。整车货物一般在装车完毕后,由发站在货物运单上加盖承运日期戳,即为承运。发运零担货物,发货人在托运时,不需要编制月度、旬度要车计划,即可凭运单向车站申请托运,车站受理托运后,发货人应按签证指定的日期将货物搬进货场,送到指定的货位上,经查验过磅后,即交由铁路保管。从车站将发货人托运的货物,连同货物运单一同接受完毕,在货物运单上加盖承运日期戳时,即表示货物业已承运。铁路对承运后的货物负保管、装车发运责任。

总之,承运是铁路负责运送货物的开始,表示铁路开始对发货人托运的货物承担运送义务,并负运送上的一切责任。

项目7 国际货物运输

3. 国际铁路货物联运出口货物在国境站的交接

(1) 国境站有关机构。在相邻国家铁路的终点,从一国铁路向另一国铁路办理移交或接收货物和车辆的车站称为国境站。我国国境站除设有一般车站应设的机构外,还设有国际联运交接所、海关、国家出入境检验检疫所、边防检查站及中国对外贸易运输(集团)总公司所属的分支机构等单位。

(2) 国际联运出口货物交接的一般程序。国境站除办理一般车站的事务外,还办理国际铁路联运货物、车辆和列车与邻国铁路的交接,货物的换装或更换轮对,运送票据、文件的翻译及货物运送费用的计算与复核等项工作。

以上仅是一般货物的交接过程。对于特殊货物的交接,如鲜活商品、易腐、超重、超限、危险品等货物,则按合同和有关协议规定,由贸易双方商定具体的交接方法和手续。

4. 货运单据

(1) 国际铁路联运运单(International Through Railway Bill)。这是发货人与铁路之间缔结的运输契约,它规定了铁路与发、收货人在货物运送中的权利、义务和责任,对铁路和发、收货人都具有法律效力。该运单从始发站随同货物附送至终点站并交给收货人,它不仅是铁路承运货物出具的凭证,也是铁路同货主交接货物、核收运杂费用和处理索赔与理赔的依据。国际铁路联运运单副本,在铁路加盖承运日期戳记后发还给发货人,它是卖方凭以向银行结算货款的主要证件之一。

(2) 添附文件。我国出口货物必须添附"出口货物明细单"和"出口货物报关单"以及"出口外汇核销单",另外根据规定和合同的要求还要添附"出口许可证",品质证明书,商检证,卫生检疫证,动植物检查以及装箱单、磅码单、化验单、产地证及发运清单等有关单证。

二、国际公路货物运输

国际公路运输联盟成立于1948年,总部设在日内瓦,现有69个正式成员和100多个联系成员。中国道路运输协会已被接纳为该联盟的正式成员。中国在公路运输上是连接东南亚的桥梁。

国际公路货物运输是陆地上运输的基本方式之一,也是现代运输的主要方式之一。在国际货物运输中,它是不可缺少的一个重要组成部分,其优点是机动灵活,简捷方便,应急性强,投资少,收效快,适应集装箱货运方式发展,但同时具有载量小,运行中震动大,易造成货损事故,费用成本高等缺点。

《国际公路货物运输合同公约》(Convention on the Contract for the International Carriage of Goods by Road,简称CMR),也称《CMR公约》,是关于公路货物运输的国际公约,1956年5月19日在日内瓦联合国欧洲经济委员会会议上通过,并于1961年7月2日起生效。有比利时、丹麦、英联邦、澳大利亚、南斯拉夫等17个国家参加。

三、国际管道运输

管道运输作为国际货物运输方式之一,是随着石油生产的发展而产生的一种特殊运输方式。其具有运量大、不受气候和地面其他因素限制、可连续作业以及成本低等优点。目前,全世界的管道干线已长达180多万公里,其中输气管104万公里,约占2/3,原油和成品油管道占不足 1/3,化工和其他管道占不足 10%,超过了世界已建成的铁路总里程,成为能源运输的主要方式。

欧美发达国家和中东石油产区现已全部实现管道化。近年来,固体物料的管道运输技术日益成熟。迄今,世界上已有 20 多个国家建成固体输送管道,总长度达 2735 公里,年运输能力约 6000 万吨,主要分布在美国、俄罗斯、英国、法国、波兰、巴西、印度和德国。总之,随着固体物料液化技术和管道技术的发展,管道运输方式将会有更大发展。

近几年,管道运输在我国货物总周转量中,超过公路交通和航空运输量,仅次于铁路和水运而居第三位。长距离大量输送煤炭等固体散装物料的干线管道也在建设中。

7.3 国际航空货物运输

依照我国民用航空法的规定,所谓国际航空运输是指出发地点、目的地点和约定的经停地点之一不在中国境内的运输,即跨越国界的运输。

一、国际航空货物运输的方式

(一) 班机运输方式

班机运输是指经由客、货班机,定时、定点、定线进行的运输。一般航空公司都利用客货混合飞机,一方面搭载旅客,一方面运送少量货物;但一些较大的航空公司在一些航线上辟有利用全货机的货运航班。

(二) 包机运输方式

包机运输是指包租飞机运输货物。包机运输的方式可分为以下两种。

1. 整机包租

这是指航空公司或包机代理公司,按照与租机人双方事先约定的条件和费率,将整架飞机租给包机人,从一个或几个航空站装运货物至指定目的地的运输方式。它适合于大宗急需或有特殊要求的货物,运费通常较班机运输为低。

2. 部分包机

这是指由几家航空货运代理公司,简称空运代理,或发货人联合包租一架飞机,或者由包机公司把一架飞机的舱位分别出租给几家航空货运代理公司。这种部分包机方式适合于不足整机的货物,或一吨以上的货物运送,运费较班机为低,但是运送时间则比班机要长。

(三) 集中托运方式

这是指航空货运代理公司把若干批单独发运的货物组成一整批货,委托航空公司托运,填写一份总货运单发运到同一目的站,由航空货运代理公司委托当地的代理行负责收货、报关,并分拨给各实际受货人的运输方式。这种托运方式可争取到较低廉的运价,因而在国际航空运输中采用很普遍,也是航空货运代理公司的主要业务。

(四) 航空快递服务

航空快递服务(Express Delivery Service)是目前国际航空运输中最快捷的运输方式,它不同于航空邮寄和航空货运,是由一个专门经营这项业务的公司和航空公司合作,设专人以最快的速度在货主—机场—用户之间传递急件。快递公司接受发货人委托后以最快速度到发货人处提取货物急送机场赶装最快航班机出运。急件发出后,快递公司用 telex 或 FAX 将航班号、收货人等内容通知国外空运代理。航班抵达目的站后,急件又由专人送往收货人手里,时间一般仅 1～2 天,甚至十几个小时,因此这项服务颇受各国贸易、科技等部门的欢迎。

二、国际航空运费

（一）航空运输区划

航空公司按国际航空运输协会所制定的三个区划费率收取国际航空运费,区别如下。

一区：主要指南、北美洲、格陵兰等；

二区：主要指欧洲、非洲、伊朗等；

三区：主要指亚洲、澳大利亚、新西兰等。

（二）计费重量

在实际计算一笔航空货物运输费用时,要考虑货物的计费重量、有关的运价和费用以及货物声明价值。其中,计费重量是按实际重量和体积重量两者之中较高的一个计算。也就是在货物体积小,重量大时,以实际重量作为计费重量；在货物体积大,重量轻的情况下,就以货物的体积重量作为计费重量。具体计算时,重量不足半公斤的按半公斤计；半公斤以上不足 1 公斤的按 1 公斤计；不足 1 磅的按 1 磅计。

（三）普通货物运价（GCR）与特种货物运价

普通货物运价,又称一般货物运价,它是为一般货物制定的,仅适用于计收一般普通货物的运价。

空运运费

一般普通货物运价,以 45 公斤作为重量划分点,分为：45 公斤（或 100 磅）以下的普通货物运价,运价类别代号为 N；45 公斤（或 100 磅）及 45 公斤（或 100 磅）以上的普通货物运价,运价类别代号为 Q。45 公斤以上的普通货物运价低于 45 公斤以下的普通货物运价。

以北京—伦敦为例,普通货物运价的每公斤运费分别是：

45 公斤以下每公斤 37.25 元；

45 公斤以上每公斤 26.66 元；

300 公斤以上每公斤 24.30 元；

500 公斤以上每公斤 19.71 元；

1000 公斤以上每公斤 18.10 元。

当一个较高的起码重量能提供较低运费时,则可使用较高的起码重量作为计费重量。这个原则也适用于那些以一般货物运价加或减一个百分比的等级运价。

特种货物运价,又称指定商品运价,是指自指定的始发地至指定的目的地而公布的适用于特定商品、特定品名的低于普通货物运价的某些指定商品的运价。

三、国际航空运单

(一) 航空运单的类别

航空运单不同于海运提单,其不是物权证书,而是由承运人或其代理人出具的货物收据。

航空运单依据签发人不同分为以下两类。

1. 航空主运单(Master Air Way Bill,MAWB)

凡由航空公司签发的航空运单均称航空主运单。它是航空公司据以办理货物运输和交付的依据,是航空公司和托运人之间签订的运输合同。每一批航空运输货物都应有相应的航空主运单。

2. 航空分运单(House Air Way Bill,HAWB)

航空分运单是由航空货运公司在办理集中托运时签发给每一发货人的运单。在集中托运的情况下,除了航空公司要签发给集中托运人主运单之外,集中托运人还必须签发航空分运单给每一托运人。从货物的托运到提取,货主均直接与航空货运公司联系,而与航空公司不直接发生关系。

(二) 航空运单的作用

(1) 作为货物收据:当托运人把货物交付承运人承运之后,由承运人或其代理人将航空运单的"托运人联"交给托运人,作为收到承运货物的收据。

(2) 作为运输契约的凭证:航空运单为托运人与承运人间运输契约凭证,也即双方权利和义务关系的根据,必须由托运人(或其代理人)与承运人(或其代理人)签署后才能生效。

(3) 作为运费账单:航空运单是运费账单和发票,其上记载着属于货主应负担的费用和属于代理的费用。

(4) 作为货物的保险证明单(在航空运单上注明由航空公司附保货物保险时)。

(5) 作为承运人的货运人员处理货物装卸、运送及交货的依据。

此外,航空运单还作为报关单证之用。每份航空运单有三份正本和至少六份以上的副本。三份正本的背面印有运输条款。三份正本中第一份由托运人签署交给承运人或其代理人存执作为运输契约凭证;第二份由承运人与托运人会同签署,连同货物交受货人作为核收货物的依据;第三份由承运人签署,在收到货物后,交付托运人作为收到货物的运输契约的证明。

海运提单与航空运单作用的对照参见表7-1。

表7-1 海运提单与空运提单对照表

海运提单	航空运单
作为货物收据	作为货物收据
作为运输契约凭证	作为运输契约凭证
为物权证券	非物权证券
大都为指示式(to order)	都为记名式(straight)
可背书流通转让	不具流通性
凭单提货	凭身份提货(不必提示提单)

7.4 国际货物集装箱与多式联运

多式联运是指联运经营人以一张联运单据,通过两种或两种以上的运输方式,负责将货物从一个国家的某一地点运送到另一国家的某一地点的运输组织形式。它是随着班轮运输的发展而开展起来的。20世纪60年代以后,国际海上集装箱运输迅速发展,国际货物多式联运也随之迅速发展。20世纪70—80年代,"门到门"的运输目标导向了国际多式联运的系统化方向,开始构筑系统运输和联运系统,国际贸易与国际运输随之发生了深刻的变化,单一的海运或陆运或空运的方式已远不能满足时代的需要,越来越多的国家正在大力发展与促进本国的国际多式联运,国际货运代理纷纷以国际多式联运经营人的身份开展国际多式联运这一新的业务,提供"门到门"的全程综合运输服务,获得了很好的经济效益与社会效益。

一、集装箱的定义与规格

集装箱,是指具有一定强度、刚度和规格专供周转使用的大型装货容器。使用集装箱转运货物,可直接在发货人的仓库装货,运到收货人的仓库卸货,中途更换车、船时,无须将货物从箱内取出换装。

集装箱按所装货物种类分,有杂货集装箱、散货集装箱、液体货集装箱、冷藏箱集装箱等;按制造材料分,有木集装箱、钢集装箱、铝合金集装箱、玻璃钢集装箱、不锈钢集装箱等;按结构分,有折叠式集装箱、固定式集装箱等,在固定式集装箱中还可分密闭集装箱、开顶集装箱、板架集装箱等;按总重分,有30吨集装箱、20吨集装箱、10吨集装箱、5吨集装箱、2.5吨集装箱等。集装箱箱体上都有一个11位的编号,前四位是字母,后七位是数字。此编号是唯一的。

为了促进国际贸易的发展,国际标准化组织对集装箱的尺寸、构造、性能等都做了规定:通用集装箱有从A型到C型共3个系列13种标准规格。当前集装箱是以"TEU"(Twenty-feet Equivalent Unit)为计量单位的,就是相当于多少个20英尺单位的集装箱。在国际贸易中,最常使用的集装箱是20尺柜和40尺柜。

二、集装箱运输的关系方

集装箱运输的主要关系方有无船承运人、集装箱实际承运人、集装箱租赁公司、集装箱堆场和集装箱货运站等。

无船承运人专门经营集装货运的揽货、装箱、拆箱、内陆运输及经营中转站或内陆站业务,可以具备实际运输工具,也可以不具备实际运输工具。

实际承运人是指把握运输工具并参与集装箱运输的承运人。通常他们拥有大量的集装箱,以利于集装箱的周转、调拨、治理以及集装箱与车船机的衔接。

集装箱租赁公司专门经营集装箱出租业务。集装箱租赁对象主要是一些较小的运输公司、无船承运人以及少数货主。这类公司业务包括集装箱的出租、回收、存放、保管以及维修等。

集装箱堆场是指办理集装箱重箱或空箱装卸、转运、保管、交接的场所。

集装箱货运站是处理拼箱货的场所,其办理拼箱货的交接、配箱积载后,将箱子送往堆场,并接受堆场交来的进口货箱,进行拆箱、理货、保管,最后拨交给各收货人。同时,其也可按承运人的委托进行铅封和签发场站收据等业务。

三、集装箱货物的装箱方式与交接方式

(一)集装箱装箱方式及流转程序

(1)整箱(Full Container Load,简称 FCL)。整箱是指货方自行将货物装满整箱以后,以箱为单位托运的集装箱。这种情况通常在货主有足够货源装载一个或数个整箱时采用。空箱运到工厂或仓库后,在海关人员的监管下,货主把货装入箱内、加锁、铅封后交承运人并取得站场收据,最后凭收据换取提单或运单。

整箱货流转程序如图 7-2 所示。

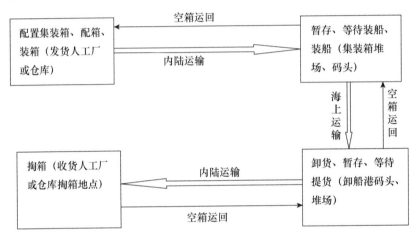

图 7-2　整箱货流转程序图

(2)拼箱(Less Than Container Load,简称 LCL)。拼箱是指承运人(或代理人)接受货主托运的数量不足整箱的小票货运后,根据货类性质和目的地进行分类整理,把去同一目的地的货,集中到一定数量拼装入箱。由于一个箱内有不同货主的货拼装在一起,所以叫拼箱。这种情况在货主托运数量不足装满整箱时采用。拼箱货的分类、整理、集中、装箱(拆箱)、交货等工作均在承运人码头集装箱货运站或内陆集装箱转运站进行。

拼箱货流转程序如图 7-3 所示。

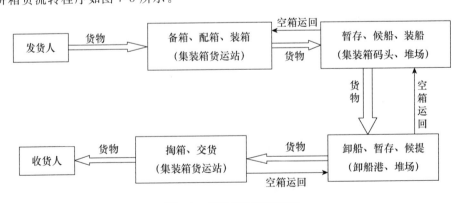

图 7-3　拼箱货流转程序图

（二）集装箱货物交接方式

按照货物交接地点可以把集装箱交接方式分为以下几种。

(1) 门到门(Door to Door)，由发货人货仓或工厂仓库至收货人的货仓或工厂仓库；

(2) 门到场(Door to CY)，由发货人货仓或工厂仓库至目的地或卸箱港的堆场；

(3) 门到站(Door to CFS)，由发货人货仓或工厂仓库到目的地或卸箱港的集装箱货运站；

(4) 场到门(CY to Door)，由起运地或装箱港的堆场至收货人的货仓或工厂仓库；

(5) 场到场(CY to CY)，由起运地或装箱港的堆场至目的地或卸箱港的堆场；

(6) 场到站(CY to CFS)，由起运地或装箱港的堆场至目的地或卸箱港的集装箱货运站；

(7) 站到门(CFS to Door)，由起运地或装箱港的集装箱货运站至收货人的货仓或工厂仓库；

(8) 站到场(CFS to CY)，由起运地或装箱港的集装箱货运站至目的港或卸箱港的堆场；

(9) 站到站(CFS to CFS)，由起运地或装箱港的集装箱货运站至目的港或卸箱港的集装箱货运站。

四、集装箱运费的计算

（一）运输费用构成

集装箱运输费用一般包括从装船港码头堆场或货运站至卸船港码头堆场或货运站的全过程费用，主要就是海运运费再加上各种与集装箱运输有关的费用。

(1) 海运运费。集装箱海运运费是指海上运输的费用，与班轮运费计算相似，只是平均费率比班轮下降了$5\%\sim10\%$，并且整箱货一般按箱计费，拼箱货则按货物计费吨计费。

(2) 堆场服务费。堆场服务费是指在装船港或卸船港堆场接收出口或进口的整箱货，以及堆场和搬运的相关费用。

(3) 拼箱服务费。拼箱服务费是指因为集装箱货运站因为提供出口货物拼装箱服务，进口货物拆箱服务而收取的费用。

(4) 集散运费与内陆运费。集散运费是指由内河、沿海的集散港至集装箱出口堆场之间的集装箱运输，承运人就这一环节向托运人收取的集散运费。而内陆运费可以由承运人负责，也可以由货主来进行。

在集装箱货物不同的交接方式下，运输费用的构成会有所不同，但都是由上述费用组成的。

（二）海运运费基本形式

目前，国际集装箱海上运输，运价体系较内陆运价成熟，有几种不同的运价形式，其中主要包括：均一费率(FAK)、包箱费率(CBR)以及运量折扣费率(TVC)等。

目前，海运运费基本上分为两个大类：一类是袭用件杂货运费计算方法，即以每运费吨为单位(俗称散货价)，另一类是以每个集装箱为计费单位(俗称包箱价)。

1. 均一费率(Freight for All Kinds Rates,简称 FAK)

均一费率是指对所有货物均收取统一的运价。其基本原则是集装箱内装运什么货物与应收的运费无关。它实际上是承运人将预计的总成本分摊到每个所要运送的集装箱上所得出的基本的平均费率。采用这种运价形式,对低价值商品的运输会产生负面影响,因为低费率货物再也难以从高费率货物那里获得补偿。因此,在目前大多数情况下,均一费率实际上还是将货物分为 5~7 个费率等级。

2. 包箱费率(BOX RATE)

这种费率以每个集装箱为计费单位,常用于集装箱交货的情况,即 CFS-CY 或 CY-CY 条款。常见的包箱费率有以下三种表现形式。

(1) FAK 包箱费率(Freight for All Kinds),即不分货物种类,按每个集装箱收取的费率。

(2) FCS 包箱费率(Freight for Class),即按货物等级制定的包箱费率。

(3) FCB 包箱费率(Freight for Class & Basis),即按货物等级及不同类型的计价标准制定的费率。

集装箱运输费用中,除上述海运运费外,还需包括有关的服务费和设备使用费。

3. 运量折扣费率(Time-volume Rates/Time-volume Contracts,简称 TVC)

运量折扣费率是为适应集装箱运输发展需要而出现的又一费率形式。它实际上就是根据托运货物的数量给予托运人一定的费率折扣,即:托运货物的数量越大,支付的运费率就越低。当然,这种费率可以是一种均一费率,也可以是某一特定商品等级费率。由于这种运量激励方式是根据托运货物数量确定运费率,因而大的货主通常可以从中受益。所谓的"按比例增减制"越来越普遍。根据这种方式,拥有 500 TEU 集装箱货物的货主,当他托运第一个 100 TEU 集装箱时支付的是某一种运价,那么,他托运第二个 100 TEU 集装箱时支付的是比第一次低的运价,而他托运第三个 100 TEU 集装箱时支付的是一个更低的运价。

(三) 国际集装箱海运运费的计算办法

国际集装箱海运运费的计算办法与普通班轮运费的计算办法一样,根据费率本规定的费率和计费办法计算运费,同样也有基本运费和附加费之分。不过,由于集装箱货物既可以交集装箱货运站(CFS)装箱,也可以由货主自行装箱整箱托运,因而在运费计算方式上也有所不同。主要表现在当集装箱货物是整箱托运,并且使用的是承运人的集装箱时,集装箱海运运费计收有"最低计费吨"和"最高计费吨"的规定,此外,对于特种货物运费的计算以及附加费的计算也有其规定。

1. 拼箱货海运运费的计算

目前,各船公司对集装箱运输的拼箱货运费的计算,基本上是依据件杂货运费的计算标准,按所托运货物的实际运费吨计费,即尺码大的按尺码吨计费,重量大的按重量吨计费;另外,在拼箱货海运运费中还要加收与集装箱有关的费用,如拼箱服务费等。由于拼箱货涉及不同的收货人,因而拼箱货不能接受货主提出的有关选港或变更目的港的要求,所以,在拼箱货海运运费中没有选港附加费和变更目的港附加费。

2. 整箱货海运运费的计算

对于整箱托运的集装箱货物运费的计收:一种方法是同拼箱货一样,按实际运费吨计费。另一种方法,也是目前采用较为普遍的方法是,根据集装箱的类型按箱计收运费。

在整箱托运集装箱货物且所使用的集装箱为船公司所有的情况下,承运人则有按"集装箱最低利用率"(Container Minimum Utilization)和"集装箱最高利用率"(Container Maximum Utilization)支付海运运费的规定。

(1) 按集装箱最低利用率计费。

一般说来,班轮公会在收取集装箱海运运费时通常只计算箱内所装货物的吨数,而不对集装箱自身的重量或体积进行收费,但是对集装箱的装载利用率有一个最低要求,即"最低利用率"。规定集装箱最低利用率的主要目的是,如果所装货物的吨数(重量或体积)没有达到规定的要求,则仍按该最低利用率时相应的计费吨计算运费,以确保承运人的利益。不过,对有些承运人或班轮公会来说,只是当采用专用集装箱船运输集装箱时,才不收取集装箱自身的运费,而当采用常规船运输集装箱时则按集装箱的总重(含箱内货物重量)或总体积收取海运运费。

目前,按集装箱最低利用率计收运费的形式主要有三种:最低装载吨、最低运费额以及上述两种形式的混合形式。

(2) 按集装箱最高利用率计收运费。

集装箱最高利用率的含义是:当集装箱内所载货物的体积吨超过集装箱规定的容积装载能力(集装箱内容积)时,运费按规定的集装箱内容积计收,也就是说超出部分免收运费。

规定集装箱最高利用率的目的主要是鼓励货主使用集装箱装运货物,并能最大限度地利用集装箱的内容积。为此,在集装箱海运运费的计算中,船公司通常都为各种规格和类型的集装箱规定了一个按集装箱内容积计算的最高利用率,例如,20尺柜的最高利用率为31立方米,而40尺柜的最高利用率为67立方米。但注意在运输中超重是不允许的。

与班轮运费一样,国际集装箱海运运费除计收基本运费外,也要加收各种附加费。附加费的标准与项目,根据航线和货种的不同而有不同的规定。集装箱海运附加费通常包括以下几种形式:货物附加费(Cargo Additional)、变更目的港附加费、选卸港附加费(Optional Additional)、服务附加费(Service Additional)、港口附加费(Port Additional)、燃油附加费(Bunker Adjustment Factor,简称BAF)等。

(3) 亏箱运费(Short Fall Freight)的计算。

当集装箱内所装载的货物总重或体积没能达到规定的最低重量吨或体积吨,而导致集装箱装载能力未被充分利用时,货主将支付亏箱运费。亏箱运费实际上就是对不足计费吨所计收的运费,即所规定的最低计费吨与实际装载货物数量之间的差额。

需指出的是,随着世界集装箱船队运力供给大于运量需求的矛盾越来越突出,集装箱航运市场上削价竞争的趋势日益蔓延,因此,目前各船公司大多减少了附加费的增收种类,将许多附加费并入运价当中,给货主提供一个较低的包干运价。这一方面起到了吸引货源的目的,同时也简化了运费结算手续。

五、集装箱运输单据

(一) 集装箱提单(Container B/L)

集装箱提单是集装箱货物运输中主要的货运单据,负责集装箱运输的经营人或其代理人,在收到集装箱货物后而签发给托运人的提单。它与普通货物提单的作用和法律效力基本相同,但也有其特点。

(1) 由于集装箱货物的交接地点不同,一般情况下,由集装箱堆场或货运站在收到集装箱货物后签发场站收据,托运人以此换取集装箱提单结汇。

(2) 集装箱提单的承运人责任有两种:一是在运输的全过程中,各段承运人仅对自己承担的运输区间所发生的货损负责;二是多式联运经营人对整个运输承担责任。

(3) 集装箱内所装货物,必须在条款中说明。因为有时由发货人装箱,承运人不可能知道内装何物,一般都有"Said to Contain"条款,否则损坏或灭失时整个集装箱按一件赔偿。

(4) 提单内说明箱内货物数量、件数,铅封是由托运人来完成的,承运人对箱内所载货物的灭失或损坏不予负责,以保护承运人的利益。

(5) 在提单上不出现"On Deck"字样。

(6) 集装箱提单上没有"装船"字样,它们都是收讫待运提单,而提单上却没有"收讫待运"字样。

在集装箱实际操作中,会涉及两套提单的应用,即 HOUSE-B/L 与 SEA-B/L,HOUSE-B/L 是指无船承运人签发的拼箱货提单,而 SEA-B/L 则是船公司签发的整箱货提单。

以 CFS-CFS 运输条款为例,两套提单的运行程序如图 7-4 所示。

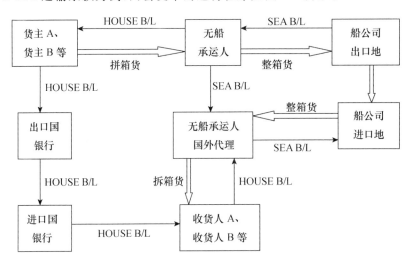

图 7-4 集装箱运输单据流程图

(二) 集装箱装箱单

集装箱装箱单(Container Load Plan)是详细记载每一个集装箱内所装货物名称、数量、尺码、重量、标志和箱内货物积载情况的单证,对于特殊货物还应加注特定要求,比如对冷藏货物要注明对箱内温度的要求等。它是集装箱运输的辅助货物舱单,其用途很广,主要用途有以下几方面:

(1) 是发货人向承运人提供集装箱内所装货物的明细清单;

(2) 在装箱地向海关申报货物出口的单据,也是集装箱船舶进出口报关时向海关提交的载货清单的补充资料;

(3) 作为发货人,集装箱货运站与集装箱码头之间的货物交接单;

(4) 是集装箱装、卸两港编制装、卸船计划的依据;

(5) 是集装箱船舶计算船舶吃水和稳性的基本数据来源;

(6) 在卸箱地作为办理集装箱保税运输手续和拆箱作业的重要单证;

(7) 当发生货损时,是处理索赔事故的原始依据之一。

集装箱装箱单每一个集装箱一份,一式五联,其中:码头、船代、承运人各一联,发货人、装箱人各一联。集装箱货运站装箱时由装箱的货运站缮制;发货人装箱时,由发货人或其代理人的装箱货运站缮制。

(三) 场站收据(Dock Receipt 或 D/R)

场站收据是由发货人或其代理人编制,是承运人签发的,证明船公司已从发货人处接收了货物,并证明当时货物状态,船公司对货物开始负有责任的凭证,托运人据此向承运人或其代理人换取待装提单或装船提单。与传统件杂货运输所使用的托运单证比较,场站收据是一份综合性的单证,它把货物托运单(订舱单)、装货单(关单)、大副收据、理货单、配舱回单、运费通知等单证汇成了一份,这对于提高集装箱货物托运的效率有很大的意义。

(四) 设备交接单

设备交接单,它是集装箱进出灌区、场站时,用箱人、运箱人与管箱人或其代理人之间交接集装箱及其他机械设备的凭证,并兼管箱人发放集装箱的凭证的功能。当集装箱或机械设备在集装箱码头堆场或货运站借出或回收时,由码头堆场或货运站制作设备交接单,经双方签字后,作为两者之间设备交接的凭证。

(五) 多式联运单据

多式联运单据,是近年来国际货物运输业务中为了适应成组化运输,特别是集装箱运输广泛发展的需要,而采用的一种新的运输单据。根据联合国 1980 年《国际货物多式联运公约》的规定,这种联运单据是在使用多种运输方式运送货物的情况下,由一种叫作"多式联运经营人"所签发的证明货物已由他接管,他将对货物运输全程负责的一种单据。

"多式联运单据"与海运中"联运提单"虽然都是使用多种运输方式运送货物,但是两种单据却有很大的不同:

首先,在它们所适用的运输方面,多式联运单据既可适用于海运同其他运输方式所组成的多式联运(如海陆、海空等),也可适用于不包括海运,而由其他不同运输方式所组成的多式联运(如陆空);而联运提单则不同,它只适用于海运同其他运输方式所组成的联合运输。

其次,这两种单据的签发人所承担的责任方面也有不同,签发"多式联运单据"的"多式联运经营人"对联运中的各程运输,都是以承运人的身份对托运人负责,亦即在整个联合运输过程中,货物无论在任何地方发生属于承运人责任范围内的灭失和损失,"多式联运经营人"均须直接负责。而"联运提单"则不同,"联运提单"的签发人一般都在提单内表明,他仅对第一程运输负承运人的责任,当货物从第一程运输工具转装到第二程运输工具后,他即处于发货人的代理人的地位,并不代表第二程承运人向发货人负责。

在国外,有的国家法律规定,"多式联运经营人必须向政府主管机关申请批准并领得营业执照后,才能开展业务"。多式联运经营人可以自己承担联运中的一部分运输,也可以自己不承担任何运输,全程运输均安排他人承担。在目前国际航运业务中有经营集装箱船的垄断组织,也制定有一种称为"联合运输提单"的单据,这些单据有的同前面的"联运提单"或称"转船提单"性质相同。

147

（六）电子单证

电子数据交换（Electronic Data Interchange,简称 EDI）就是指有关当事人按照协议或规定,用约定的标准,编排有关的数据,通过计算机向计算机传输业务往来信息。其实质是通过约定的商业数据表示方法,实现数据经由网络在贸易伙伴所拥有的计算机应用系统之间的交换和自动处理,达到迅捷和可靠的目的。利用 EDI 技术传输、处理的单证称为电子单证。

EDI 技术在国际商业贸易中的应用,促使国际商业贸易方式产生重大的变革。目前,在发达国家已经建立了大量的连接各子公司、同行业竞争者、相关合作伙伴（如海关、货运代理、船公司、集装箱运输经营人）的 EDI 系统。EDI 技术的应用水平已经成为衡量一个企业在国际国内市场竞争能力大小的重要标志。在一些国家,甚至对不使用 EDI 的行业和企业采取一定的限制和制裁措施。

六、国际多式联运的运输组织形式

随着集装箱运输的发展,国际多式联运成为一种新型的运输方式,其地位日益重要。国际多式联运必须具备的条件：

使用两种以上的运输方式,在两个以上国家间运输；

使用一份包括全程的多式联运单据；

有一份国际多式联运合同；

使用全程统一的运费费率；

有一个国际多式联运经营人对全程负责。

目前,有代表性的国家多式联运主要有远东/欧洲、远东/北美等方向的海陆空联运,其组织形式包括以下几种。

（一）海陆联运

海陆联运是国际多式联运的主要组织方式,也是远东/欧洲国际多式联运采用的主要组织方式之一。这种组织方式多以航运公司或国际货运服务经营者为主体,通过签发多式联运提单来完成。目前组织和经营远东/欧洲海陆联运业务的主要有中远集团、台湾长荣和马士基等航运公司。

我国开展海陆联运主要是经内陆运输后,通过沿海港口换装海运船舶,或者是反向的海陆联运。距海运口岸较近的货物多采用集装箱汽车运输的陆海联运,而距离海运口岸较远的货物多采用铁海联运。

（二）陆桥运输

在国际多式联运中,陆桥运输（Land Bridge Service）起着非常重要的作用。它是远东/欧洲国际多式联运的主要形式。所谓陆桥运输是指采用集装箱专用列车或卡车,把横贯大陆的铁路或公路作为中间"桥梁",使大陆两端的集装箱海运航线与专用列车或卡车连接起来的一种连贯运输方式。严格他讲,陆桥运输也是一种海陆联运形式,只是因为其在国际多式联运中的独特地位,故将其单独作为一种运输组织形式。

1. 西伯利亚大陆桥（Siberian Land Bridge）

西伯利亚大陆桥是将集装箱货物由远东海运到俄罗斯东部港口,再经跨越欧亚大陆的西伯利亚铁路运至波罗的海沿岸的港口,然后再采用铁路、公路或海运运到欧洲各地的国际多式联运的运输线路。

西伯利亚大陆桥缩短了从日本、远东、东南亚及大洋洲到欧洲的运输距离,节省了运输时间。从日本横滨到欧洲鹿特丹,采用陆桥运输不仅可使运距缩短1/3,运输时间也可节省1/2。在一般情况下,运输费用还可省20%~30%左右,因而对货主有很大的吸引力。

2. 北美大陆桥(North American Land Bridge)

北美大陆桥是指利用北美的大铁路从远东到欧洲的"海-陆-海"联运。该陆桥运输包括美国大陆桥运输和加拿大大陆桥运输。美国大陆桥有两条运输线路:一条是从西部太平洋沿岸至东部大西洋沿岸的铁路和公路运输线,另一条是从西部太平洋沿岸至东南部墨西哥湾沿岸的铁路和公路运输线。

3. 亚欧第二大陆桥

亚欧第二大陆桥,也称新亚欧大陆桥。该大陆桥东起中国的连云港,西至荷兰鹿特丹港,全长10 837 km,其中在中国境内4143 km,途径中国、哈萨克斯坦、俄罗斯、白俄罗斯、波兰、德国和荷兰7个国家,可辐射到30多个国家和地区。1990年9月,中国铁路与哈萨克斯坦铁路在德鲁日巴站正式接轨,标志着该大陆桥的贯通。1991年7月20日开办了新疆—哈萨克斯坦的临时边贸货物运输。1992年12月1日由连云港发出首列国际集装箱联运"东方特别快车",经陇海、兰新铁路,西出边境站阿拉山口,分别运送至阿拉木图、莫斯科、圣彼得堡等地,标志着该大陆桥运输的正式开办。近年来,该大陆桥运量逐年增长,并具有巨大的发展潜力。

4. 其他陆桥运输形式

北美地区的陆桥运输不仅包括上述大陆桥运输,而且还包括小陆桥运输(Mini-bridge)和微桥运输(Micro-bridge)等运输组织形式。

小陆桥运输从运输组织方式上看与大陆桥运输并无大的区别,只是其运送的货物的目的地为沿海港口。

微桥运输与小陆桥运输基本相似,只是其交货地点在内陆地区。

(三)海空联运

海空联运又被称为空桥运输(Air-bridge Service)。在运输组织方式上,空桥运输与陆桥运输有所不同,陆桥运输在整个货运过程中使用的是同一个集装箱,不用换装,而空桥运输的货物通常要在航空港换入航空集装箱。采用这种运输方式,运输时间比全程海运少,运输费用比全程空运便宜。

目前,国际海空联运线主要有:

(1)远东—欧洲:远东与欧洲间的航线有以温哥华、西雅图、洛杉矶为中转地,也有以香港、曼谷、海参崴为中转地,还有以旧金山、新加坡为中转地。

(2)远东—中南美:近年来,远东至中南美的海空联运发展较快,因为此处港口和内陆运输不稳定,所以对海空运输的需求很大。该联运线以迈阿密、洛杉矶、温哥华为中转地。

(3)远东—中近东、非洲、澳洲:这是以香港、曼谷为中转地至中近东、非洲的运输服务。在特殊情况下,还有经马赛至非洲、经曼谷至印度、经香港至澳洲等联运线,但这些线路货运量较小。

项目拓展1

查找常用集装箱的规格,最大限重和最大体积。利用POCIBI+实训软件中的相关资料,计算8000PCS(件)中国山水画出口到澳大利亚的海洋运输运费是多少?

项目拓展2

查阅相关资料,了解跨境电商目前使用的物流方式主要有哪些,利用前面实训中的商品,为自己的产品设定合适的物流方式,并计算单位运费。

重点名词

班轮运输　托运单　提单　整箱货　拼箱货　国际多式联运

1. 班轮运输有哪些特点?

2. 我国某外贸公司与国外B公司达成一笔出口合同,信用证规定"数量9000公吨,7～12月份分批装运,每月装1500公吨"。卖方在7～9月份每月装1500公吨,银行已分批凭单付款。第四批货物原定10月15日装运出口。但由于台风登陆,第四批货物延迟至11月2日才装船运出。当受益人凭11月2日的装船提单向银行议付时,遭银行拒付。后来受益人又以"不可抗力"为由要求银行付款,亦遭银行拒绝。

问:在上述情况下,银行有无拒付的权利? 为什么?

3. 国外开来不可撤销信用证,证中规定最迟装运期为2000年12月31日,议付有效期为2001年1月15日。我方按证中规定的装运期完成装运,并取得签发日为2000年12月10日的提单,当我方备齐议付单据于2001年1月4日向银行议付交单时,银行以我方单据已过期为由拒付货款。

问:银行的拒付是否有理? 为什么?

4. 我某外贸公司以FOB中国口岸与日本M公司成交矿砂一批,日商即转手以CFR悉尼价售给澳大利亚的G公司,日商来证价格为FOB中国口岸,目的港为悉尼,并提出在提单上表明"运费已付"。

问:日商为何这样做? 我们应如何处理?

5. 某公司向坦桑尼亚出口一批货物,目的港为坦噶。国外来证未明确可否转船,而实际上从新港到坦噶无直达船。

问:这种情况下是否需要国外改证加上"允许转船"字样?

项目 8
国际货物运输保险

本项目知识结构图

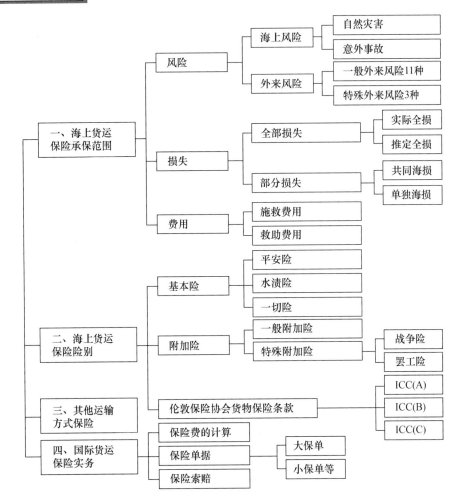

> 学习目标

货物运输保险属于财产保险的范围,其中保险标的物是运输途中的货物,所以有很多不同于普通财产保险的特点。国际货物运输方式主要为海洋运输,本章主要介绍的是海上货物运输保险,包括海上货物运输保险承保的范围、保险险别、保险实务。另外还对其他几种运输方式的保险也进行了简单的介绍。

> 知识目标

- 了解保险中的风险、损失和费用
- 掌握共同海损的判断
- 掌握中国人保的保险险别及覆盖范围

> 技能目标

- 能科学、准确拟定保险条款
- 会计算保险费

> 项目导入

舸乐博公司以 CIF 条件向阿尔及利亚商人(买方)出售钢卷一批,买卖合同中没有约定投保的具体险别,张燕在中国人民保险公司投保了平安险,并按合同规定发运了货物,之后买方以我方没有投保一切险为由拒绝赎单,其理由是,既然货价中包括了保险费,卖方就应该投买保险公司所提供的 ICC(A)险。请问,买方的这个理由对吗?

货物运输保险是以运输途中的货物为保险标的,属于财产保险的范畴。现代货物运输保险源自海上保险制度。

在国际保险市场上,各国保险组织都制定有自己的保险条款。但最为普遍采用的是英国伦敦保险业协会所制订的《协会货物条款》(Institute Cargo Clause),简称 ICC 条款。我国企业按 CIF 或 CIP 条件出口时,一般按中国人民保险公司(PICC)制定的《中国保险条款》(China Insurance Clause,即 CIC 条款)投保,但如果国外客户要求按 ICC 条款投保,一般可予接受。

8.1 海上货物运输保险承保的范围

在国际贸易中,进出口货物在海洋运输过程中会遇到各种各样的风险,而这些风险的发生都会给货物带来一定程度的损失。我们可以在支付一定保险费的前提下获得保险公司的风险担保,在发生由风险带来的损失的时候,保险公司可以承担一定的损失赔偿责任,这样我们就可以通过将未知的损失转化成固定的保险费用支出来进行控制以降低风险减少损失。然而,保险公司承担损失赔偿的责任是需要一定条件的,那就是这些损失必须是在其承保范围内发生的。所以,全面正确地理解海上货物运输保险的承保范围,有利于正确地选择保险险别以及货物遭受损失后合理地索赔。

海上货物运输保险承保的范围包括风险、损失以及费用三个部分。

一、海上货运保险承保的风险

海上货物运输中的风险主要有两类:海上风险和外来风险。

(一)海上风险

海上风险(Perils of Sea)又称海险或者海难,包括船舶或货物在海洋运输过程中遭受的自然灾害和意外事故。

1. 自然灾害(Natural Calamities)

自然灾害是由于自然界异常变化引起的破坏力量导致不以人们的意志为转移的灾害。在我国海运保险条款中,自然灾害主要包括恶劣气候、雷电、地震、海啸、洪水等灾害。

(1) 恶劣气候(Heavy Weather)。一般是指海上的飓风、暴雨和大浪等灾害。海洋货物运输保险承保由于恶劣气候引起的船体倾斜,并由此而造成船体、船舶及其设备的损坏,或者引起船上所载货物的相互挤压、碰撞而导致被保险货物破裂、渗透、凹瘪等损失。

(2) 雷电(Lightning)。海上货物运输保险承保的雷电损失是指被保险货物在运输途中遭遇雷电而导致的直接损失以及雷电引发的火灾所造成的损失。

(3) 地震(Earthquake)。海上货物运输保险承保由于地壳短时间内发生剧烈的变化而使地面发生震动、坍塌、地陷、地裂等灾害所导致的被保险货物的损失。

(4) 海啸(Tsunami)。海上货物运输保险承保由于海底地壳变异,引发下降或上升,引起剧烈震荡而产生巨大波浪导致的被保险货物损失。

(5) 洪水(Flood)。海上货物运输保险承保由于异常的短时间内的江河泛滥、暴雨积水、洪水暴发等灾害导致的被保险货物遭受浸泡、淹没、冲散等损失。

此外,根据1982年伦敦保险人协会《协会货物条款》的规定,火山爆发、浪击落海以及海水、湖水、河水进入船舶、驳船、运输工具、集装箱、大型海运箱或储存处所等也属于海运保险自然灾害的范畴。

2. 意外事故(Fortuitous Accidents)

意外事故是由于偶然的、意料之外的原因造成的事故。在我国海运保险条款中,意外事故主要包括运输工具遭受搁浅,触礁,沉没,船舶与流冰或其他物体碰撞造成的失踪、失火、爆炸等。

(1) 搁浅(Stranding)。这是指船舶在航行过程中由于无法预料的意外导致与水下障碍物紧密接触而搁浅无法继续航程,但规律性的潮汐造成的搁浅不属于海运保险承保的范围。

(2) 触礁(Striking a Reef)。这是指船舶在航行过程中触及水中岩礁或其他障碍物而造成的损失。

(3) 沉没(Sunk)。这是指船体大部或全部已没入水中,船舶失去继续航行的能力。

(4) 碰撞(Collision)。这是指载货船舶同其他船舶、码头、灯塔、流冰等固定或流动的物体发生猛力的接触而造成货物或船舶的损失。

(5) 失踪(Missing)。这是指载货船舶失去联络,在一定时间内音讯全无,没有任何下落。

(6) 火灾(Fire)。除因被保险货物特性或瑕疵外,因外来风险导致的船舶或货物被火焚毁、烟熏、烧裂等的经济损失都会得到保险人的赔偿。

(7) 爆炸(Explosion)。这是指物体发生急剧的分解或燃烧,并发出大量的气体和热力,致使物体本身及周围的其他物体遭受猛烈破坏。

此外,根据伦敦保险人协会《协会货物条款》的规定,陆上运输工具的倾覆或者出轨也属于海洋货运保险中的意外事故。

在海洋货物运输中,我们还可能碰到一些诸如海盗、抛弃、船长船员的恶意损害以及吊索损害等风险,它们既不属于自然灾害也不属于意外事故,但是它们也是海上货物运输保险承保的范围。

(二) 外来风险

外来风险(Extraneous Risks)是指由自然灾害和意外事故以外的其他外来原因导致的风险,这些风险也是引起货物在海洋运输过程中损失的重要原因,外来风险包括一般外来风险和特殊外来风险。

1. 一般外来风险

一般外来风险,是指在货物运输过程中,由于偷窃、淡水雨淋、串味、碰损破碎、钩损、锈损、玷污、短量、提货不着、受潮受热、渗漏等原因导致的风险损失。

(1) 偷窃(Theft, Pilferage)。这是指货物被暗中窃取,但是公开的暴力劫夺不属于该项下的风险。

(2) 淡水雨淋(Fresh and Rain Water Damage)。这是指货物被雨水或淡水侵浸而造成的浸泡、水渍等损失。

(3) 串味(Taint of odor)。这是指货物由于其他异味物体的影响而使货物本身串味,货物的市场价值或使用价值因此而损失。

(4) 碰损破碎(Clashing and Breakage)。碰损主要是指金属、玻璃或其制品在运输途中受到震动、挤压而导致的变形等损失。破碎是指玻璃等易碎品遭受震动、颠簸、碰撞而导致破碎等损失。

(5) 钩损(Hook Damage)。这是指货物在装卸搬运过程中由于使用吊钩、手钩不当而导致的损失。

(6) 锈损(Rust)。这是指金属或其制品在运输途中由于生锈而导致的损失。

(7) 玷污(Contamination)。这是指货物在运输过程中与其他物质接触受到污染而造成的损失。

(8) 短量(Shortage in Weight)。这是指包装内货物的部分短少或散装货物的重量短缺。

(9) 提货不着(Short Delivery and Non-delivery)。这是指货物在运输过程中不明原因的遗失,造成整件货物未能交给收货人。

(10) 受潮受热(Sweating and Heating)。这是指由于气温的异常变化或者船上通风设备失灵,使船舱内的水汽凝结,引起发潮、发热而导致的损失。

(11) 渗漏(Leakage)。这是指流质或半流质的货物在运输途中因容器损坏引起的损失。

2. 特殊外来风险

特殊外来风险,是指在货物运输过程中,由于军事、政治、国家政策法令等特殊原因造成的风险损失,包括战争风险、罢工风险、拒收风险、交货不到风险、进口关税损失风险、拒收风险等内容。

(1) 战争风险(War Risks)。这是指由于战争行为、内乱、叛乱、革命、任何交战方之间的敌对行为而引起的对被保险货物的捕获、扣留、扣押及由战争武器直接造成的损失。

(2) 罢工风险(Strike Risks)。这是指由于罢工、暴动和民变造成的货物损失。

(3) 拒收风险(Rejection Risks)。这是指由于进口国政府颁布相关禁令或管制措施,使得货物在进口港被进口国的有关当局拒绝进口或没收而造成的货物损失。

二、海上货运保险承保的损失

国际贸易中,海洋运输过程中自然灾害和意外事故可能会对货物和运输工具带来损失,而这些损失是可以由保险公司在一定范围内承保的。这些由海运风险导致的损失称之为海损,我们根据损失程度的不同又把海损分为全部损失和部分损失。

(一) 全部损失

全部损失(Total Loss)简称全损,是指整批货物或不可分割的一批货物由于遭受承保内的风险而全部损失。从损失的性质来看,全损分为实际全损和推定全损。

1. 实际全损(Actual Total Loss,简称ATL)

实际全损又称绝对全损,是指被保险货物全部灭失或者等同于全部灭失。在保险业务中,实际全损包括以下四种情况。

(1) 保险标的物全部灭失,如船只遭遇海啸,货物沉入海底,即保险标的物已经完全毁损或不复存在。

(2) 保险标的物丧失商业价值或使用价值,如水泥在海运途中遭受雨淋而丧失其使用价值。

(3) 被保险人完全丧失占有保险标的物的可能,如战争中,一国扣押敌对国的船只和货物并宣布为战利品。此时,虽然保险标的仍然存在,但被保险人已经无法主张对保险标的的物权。

(4) 载货船舶神秘失踪。根据我国《海商法》的规定,船舶在合理时间内未到达目的地,且在两个月内仍然没有音讯的,即可认定为船舶失踪。此时,船上所载货物也就构成了全部损失。

2. 推定全损(Constructive Total Loss)

推定全损又称商业全损,是指保险标的物受损后并未全部灭失,但若进行施救、整理、修复所需的费用或者这些费用再加上续运至目的地的费用的总和,估计要超过货物在目的地的价值。

推定全损时,被保险人可以要求保险人按照实际全损的赔偿方法对损失全额赔偿。但是,被保险人必须将具有残存价值的被保险货物的全部权利和义务都转让给保险人,才可以要求保险人全额赔偿,这就是委付。具体来说,我们把推定全损可以归为以下几类。

(1) 保险标的物实际全损无法避免。

(2) 保险标的物受到损失后还可以修理,但是修理费用将超过货物修复后的价值。

(3) 保险标的物受到损失后还可以施救,但是施救费用、整理费用和续运至目的地的费用之和将超过货物到达目的地的价值。

(4) 保险标的物发生保险事故后,被保险人丧失对保险标的物的所有权,而收回标的物所有权的费用将大于收回货物后其本身的市场价值。

(二) 部分损失

部分损失(Partial Loss)是指保险标的遭受的损失还没有达到全损的程度。部分损失按其损失性质可以分为共同海损和单独海损。

1. 共同海损(General Average)

共同海损是指载货船舶在运输过程中遇到海上风险,船舶、货物等各方面都受到了风险的威胁,船方为了解除这种威胁保障船货的共同安全,有意而合理地做出的牺牲或引起的特殊费用。例如,一艘载货轮船在驶往孟买的途中失火,船长为了避免火势扩大而命令船员取水灭火,致使船舱中的一些货物遭到水浸。这些被水浸的货物就是船方为了船货的共同安全而有意合理地做出的牺牲,属于共同海损。总之,共同海损的发生是为了船货的共同安全,所以这部分损失应该由受益各方分摊。

构成共同海损必须具备以下几个条件。

(1) 危险是实际存在的,或者是不可避免的,而不能是主观臆测的。例如,船长发现遭受雷击的船舱中有烟冒出就往船舱中灌水,事实证明舱中原本没有起火,这时的危险就是主观臆测出来的,并非实际存在的,这时的损失就不属于共同海损。

(2) 采取的措施必须是为了船货的共同安全。共同海损中,采取的行动会带来牺牲或额外的费用,但这些牺牲或费用必须是以保障船舶以及所载货物的共同安全而产生的,单独为了船方或某个货主的利益而产生的损失或费用均不能算作共同海损。

(3) 消除船货共同危险而采取的措施,必须是自愿的、有意识的、合理的。自愿地、有意识地采取相应措施是指由该行动导致的损失并不是意外导致的,而是明知该行动会导致损失但为了船货的共同安全却不得不做。例如货轮遭遇暴雨,船舱严重进水,货轮随时都有倾覆的危险,船长下令抛弃部分货物以减轻船身重量。这时抛货行为就是为了船货的共同安全而自愿地、有意识地采取的合理行动。

(4) 所做出的牺牲是非常性质的,所支付的费用是额外的。例如,船只搁浅后,为使船只脱离浅滩,非正常地使用船上轮机,因而使轮机遭受损失,即属于非常性质的损失。

(5) 所采取的措施必须有效。采取共同海损措施是为了船货的安全,采取的措施只要保全了部分货物的价值就是有效果的。如果共同海损没有效果,船货遭受了全部损失,则不能构成共同海损。

2. 单独海损(Particular Average)

单独海损是指不能列为共同海损的部分损失,是指由承保范围内的风险直接造成的,仅对受损方有影响。例如,甲公司出口布匹若干,载货船舶在航行途中遭遇恶劣气候,海水灌进船舱,部分布匹遭受海水浸泡失去使用价值,这部分损失就是风险直接导致的,并且该损失只对甲公司有影响,而并没有威胁到船方及同船各方的利益,所以这部分损失就属于单独海损。显然,单独海损要由受损方独自承担。

三、海上货运保险承保的费用

被保险货物在运输途中遭遇货运保险承保内的事故,为了避免或减轻事故给被保险货物带来的损失,往往还会产生其他的费用和支出,这些费用和支出也可以通过保险公司获得赔偿。保险公司赔偿的费用和支出主要有两个部分,即施救费用和救助费用。

(一) 施救费用(Sue and Labor Expenses)

施救费用,是指被保险货物遭遇海运保险承保内的灾害事故时,被保险人或其代理人、雇用人或受让人合理地采取减少损失的抢救措施而支出的费用。保险人对这部分费用承担赔付责任。

(二) 救助费用(Salvage Charges)

救助费用,是指被保险货物遭遇海运保险承保内灾害事故时,由保险人或被保险人以外的第三方采取抢救行为,减少了承保范围内的损失,获救方应向救助方支付的报酬。

施救费用和救助费用都是由被保险货物发生事故后的抢救行为产生的,保险人都要对这些费用承担赔付责任,但二者是有明显区别的。

首先,采取抢救行为的主体不同。施救费用是基于被保险人或其代理人、雇佣人或受让人的抢救行为产生的,而救助费用是由被保险人或保险人以外的与被保险货物没有直接利益关系的第三方的抢救行为产生的。

其次,保险人对二者赔偿的限度不同。中华人民共和国《海商法》规定,施救费用应以保险金额为限,在保险人对保险标的的赔偿之外另行支付。但是,保险人对救助费用的赔付应以被救货物的价值为限,并且救助费用与货物本身损失的赔偿金额之和不得超过货物的保险金额。

最后,保险人对这两种费用赔偿的前提也不同。对于施救费用,只要施救行为是合理的,无论最终施救行为有没有取得效果,保险人都要承担赔付责任。对于救助费用,要在救助行为取得效果的前提下,由保险人对被保险人向救助人支付的报酬进行赔付。

8.2 海上货物运输保险的险别

保险险别是保险人对风险和损失的承保责任范围,也是确定保险人所承担责任大小及应交保费多少的依据,而各种险别的承保责任又是通过不同的保险条款加以规定的。

一、我国海上货运基本险

根据中国人民保险公司(PICC)《海洋运输货物保险条款》(1981.1.1)的规定,我国海运保险分为基本险和附加险两大类,其中基本险可以单独投保,附加险不能单独投保,只有在投保基本险的基础上才能加保。这样我们就可以根据货物的属性和运输的特点,以投保基本险或基本险加附加险的方式,在这些险别承保的范围内获得保险人的风险担保。

(一) 基本险险别

基本险,又称主险,可以不依附于其他险别而单独投保。我国海洋运输货物保险的基本险险别有平安险、水渍险和一切险三种。

1. 平安险(Free From Particular Average,简称 FPA)

平安险,是我国三种海运基本险中承保范围最小的险种。Free From Particular Average 译为"单独海损不负责赔偿",但在实际操作过程中,平安险也承保部分单独海损。

根据 CIC 条款的规定,平安险的责任范围包括以下几项。

(1) 被保险的货物在运输途中由于恶劣气候、雷电、地震、海啸、洪水等自然灾害造成整批货物的全部损失,包括实际全损和推定全损。其中被保险货物用驳船运往或运离海轮时,每一驳船所装的货物可视为一个整批。

(2) 由于运输工具遭受搁浅、触礁、沉没、互撞以及失火、爆炸等意外事故所造成的保险货物的全部或部分损失。

(3) 在运输工具发生搁浅、触礁、沉没、焚毁等意外事故的情况下,货物在此前后又在海上遭受恶劣气候、雷电、海啸等自然灾害所造成的部分损失。

(4) 在装卸或转运时由于一件或数件货物落海所造成的全部或部分损失。

(5) 被保险人对遭受承保责任内危险的货物采取抢救、防止或减少货损的措施而支付的合理费用,但以不超过该批被救货物的保险金额为限。该项是针对施救费用赔偿责任的条款,在发生施救费用后,保险人应根据该条款对保险金额以内的部分承担赔偿责任。

(6) 运输工具遭遇海难后,在中途港或避难港因卸货、存仓、装货以及运送货物所产生的特别费用。

(7) 共同海损的牺牲、分摊和救助费用。在实际业务中,保险人对救助费用是以成功的救助为前提,以保险金额与被救货物价值的比例为标准进行赔偿的。

(8) 运输条款中订有"船舶互撞条款"时,根据该条款规定应由货方偿还船方的损失。

从上述保险条款的规定来看,我国平安险承保的范围不仅包括自然灾害造成的全部损失,意外事故造成的全部损失和部分损失,还包括在发生意外事故的前后由自然灾害造成的部分损失。特别地,共同海损作为部分损失的一种也会得到我国平安险的承保。

2. 水渍险(With Particular Average,简称 WPA 或 WA)

水渍险,是我国保险业界长期的习惯称呼,With Particular Average 译为"单独海损负责赔偿"。与平安险相比,水渍险承保的范围除包括上述责任外还包括由恶劣气候、雷电、地震、海啸、洪水等自然灾害所造成的部分损失。

3. 一切险(All Risks,简称 AR)

一切险在三种基本险中承保的责任范围是最大的,除包括平安险和水渍险承保的责任范围外,一切险对被保险货物在运输过程中由一般外来原因造成的全部或部分损失也负责赔偿。因此,一切险可以说是平安险、水渍险和一般附加险的总和。

(二) 基本险的除外责任

在我国海运保险实践中,为了保障保险人的利益、维护公平原则并进一步明确保险人承保的责任范围,保险人在上述三大基本险之外都明确规定了不承担赔偿的损失和费用,我们称之为基本险别的除外责任。

我国基本险别的除外责任包括以下五项。

(1) 因被保险人的故意行为或过失所造成的损失。保险的原则是对偶然的意外事件造成的损失进行赔偿以稳定经济发展,而被保险人的故意和过失造成的损失显然既不属于保险承保的自然灾害也不属于意外事故,所以这些损失应当排除在外。

(2) 属于发货人责任所引起的损失。

(3) 在保险责任开始前,被保险货物已存在的品质不良或数量短缺所造成的损失。在实际操作中,保险人往往要求被保险人在投保时提供相应的检查证书以划清责任。

(4) 被保险货物的自然损耗、本质缺陷、特性以及市价跌落、运输延迟所引起的损失或费用。在实践中,对特殊的保险货物,保险人会规定一定的免赔率,被保险货物的损耗只要在规定的免赔率内,保险人不承担赔偿责任。

(5) 战争险和罢工险条款规定的责任及其除外责任。战争和罢工属于保险中的特殊外来风险,均应由特殊附加险承保,仅投保基本险不能获得保险人的损失担保。

(三) 基本险的保险期限(Duration of Insurance)

确定保险人承担赔偿责任首先要求损失或费用应符合保险人承保的基本险别。另外,该损失和费用应该是在保险人承担保险责任的期间发生的。保险人应承担赔偿责任的期间,我们称之为保险期限或保险有效期。

同国际保险市场的做法一样,中国人民保险公司《海洋运输货物保险条款》规定,三种基本险的保险期限采用"仓至仓"条款(Warehouse to Warehouse Clause,简称 W/W Clause)。根据该条款,保险公司的保险责任自被保险货物运离保险单所载明的起运地仓库或储运处所开始运输时生效,包括正常运输过程中的海上、陆上、内河和驳船运输在内,直至该项货物到达保险单所载明目的地收货人的仓库为止。如未抵达上述仓库,则从被保险货物在最后卸货港全部卸离海轮后满 60 天为止。另外,如果被保险货物在运至保单所载明的目的地或目的港前的某一仓库发生销售、分配、分派,则保险责任自货物抵达该分配、分派仓库时即告终止。

具体而言,被保险货物开始运输时就进入保险期间,此时保险人就开始承担保险责任。但保险责任的终止可能有以下几种情况。

第一,卸货港就是保险单载明的目的地。被保险货物在卸货港被卸下,由收货人提货并运到其自己的仓库,保险责任在货物进入收货人仓库时止。

第二,卸货港不是保险单载明的目的地。其中:①卸货港是最后卸货港,目的地在内陆某地。被保险货物被卸下后,由收货人或其代理人提货后运至收货人仓库,则保险责任在货物进入收货人仓库时止。②卸货港不是最后卸货港,而是中转港。被保险货物被全部卸下后,应在 60 天内装船继续航程,否则,保险责任在货物被全部卸下的第 60 天止。保险人在被保险货物被全部卸下后 60 天内承担保险责任。③由于某些原因,货物在卸货港卸下后,需运往非保险单载明的目的地,则保险责任在开始转运时止。

第三,货物发生销售、分配、分派行为。其中:①货物在保险单载明的目的地发生了上述行为,则保险责任在开始销售、分配、分派时止。②货物在非保险单载明的目的地出售,则保险责任至交货时止。

总之,无论如何,保险责任均以被保险货物在最后卸货港全部卸离海轮后满 60 天为止。

二、我国海上货运附加险

附加险,又称副险,是指承保由于外来原因引起的风险而造成的各种损失的险别,我国习惯上把附加险分为一般附加险和特殊附加险。附加险是基本险的扩大和补充,只有在投保了基本险的情况下,才允许根据货物和运输的实际情况加保附加险,并额外支付保险费。

(一)一般附加险(General Additional Risks)

一般附加险所承保的是由一般外来原因引起的一般风险而造成的各种损失,由于它包括在一切险的承保范围内,故在投保一切险时,不需要再加保一般附加险。我国保险条款中的一般附加险有11种。

(1)偷窃、提货不着险(Theft, Pilferage and Non-Delivery,简称TPND)。根据这一附加险别,保险人对货物被偷或由于偷窃行为造成的损失及货物到达目的地后整件缺失的损失承担赔偿责任。

(2)淡水雨淋险(Fresh Water or Rain Damage,简称FWRD)。根据这一附加险别,保险人对货物遭受因雨水、雪水或船上淡水舱、水管漏水导致的损失承担赔偿责任。

(3)串味险(Risk of Odor)。根据这一附件险别,保险人对因其他异味物品的影响而导致货物本身气味的改变而降低其使用价值或市场价值的损失承担赔偿责任。

(4)碰损破碎险(Clash and Breakage Risk)。根据这一附加险别,保险人对金属或其制品因震动、颠簸、挤压等造成的凹瘪、断裂等损失及玻璃或其制品因非正常装卸、野蛮搬运等造成的破碎等损失承担赔偿责任。

(5)钩损险(Hook Damage Risk)。根据这一附加险别,保险人对保险期限内因吊钩、手钩的操作不当而给货物带来的损失承担赔偿责任。

(6)锈损险(Rust Risk)。根据这一附加险别,保险人对金属货物生锈而造成使用价值或市场价值的损失承担赔偿责任。

(7)混杂、玷污险(Risk of Intermixture and Contamination)。根据这一附加险,保险人对货物因混入杂质或与其他货物接触造成的损失承担赔偿责任。

(8)短量险(Shortage Risk)。根据这一附加险别,保险人对包装货物包装破裂造成的重量短缺或包装货物数量的短缺以及散装货物大量的、不合理的短缺承担赔偿责任。但由于货物本身特性而发生的自然损耗不在保险人赔偿之列。

(9)受潮受热险(Sweating and Heating Risk)。根据这一附加险别,保险人对货物因气温变化或水蒸气的影响而导致的损失承担赔偿责任。

(10)渗漏险(Leakage Risk)。根据这一附加险别,保险人对流质、半流质的货物因其容器损坏而引起的渗漏损失,以及用液体盛装的货物(如酱菜)因液体外流而造成货物变质等损失承担赔偿责任。

(11)包装破裂险(Breakage of Packing Risk)。本保险对被保险货物,根据这一附加险别,保险人对在运输过程中因搬运或装卸不慎,包装破裂所造成的损失,以及为继续运输安全所需要对包装进行修补或调换所支付的费用,均承担赔偿责任。

(二)特殊附加险(Special Additional Risks)

特殊附加险承保由特殊外来原因引起的风险而造成的损失。这些特殊原因主要包括军事、政治、国家政策法令、行政措施等特定的外来原因。特殊附加险不能单独投保，必须依附于主险而加保。我国保险条款中的特殊附加险主要有战争险、罢工险、拒收险、交货不到险、舱面险等险别。

（1）战争险（War Risk）。保险人根据此种险别承保的责任范围包括：由于战争、类似战争行为和敌对行为、武装冲突或海盗行为以及由此而引起的捕获、拘留、禁制、扣押所造成的损失；或者由于各种常规武器（包括水雷、鱼雷、炸弹）所造成的损失；以及由于上述原因所引起的共同海损的牺牲、分摊和救助费用。但为了使损失在自己可以承受的范围之内，保险人对原子弹、氢弹等核武器所造成的损失不予赔偿。

战争险的责任起讫与基本险不同，它不采用"仓至仓"条款。战争险的保险期限仅限于水上危险或运输工具上的危险。因此战争险项下，保险责任从货物装上保险单上所载明的海轮或驳船时开始，到卸离海轮或驳船时止。如果货物到达目的港后不卸离海轮或驳船，则保险责任最长延至货物到目的港当日午夜起算满15天为止。若在中途港转船，则不论货物在当地卸载与否，保险责任以海轮到达该港或卸货地点的当日午夜起算满15天为止；若货物被卸下，则只有在有效期内重新装上续运海轮，保险责任才恢复为有效。

（2）罢工险（Strike Risk）。罢工险是保险人承保因罢工者，被迫停工工人，参加工潮、暴动和民众战争的人员，采取行动所造成的承保货物的直接损失，而对间接损失不承担责任。例如，中方按 CIF 条件出口一批冷冻食品，合同规定投保平安险加战争险、罢工险。货到目的港后恰逢码头工人罢工，港口无人作业，货物无法卸载。不久，货轮因无法补充燃料以致冷冻设备停机。等到码头工人罢工结束，该批冷冻食品已变质。此时，货物的变质损失是由罢工间接导致的，所以保险人对这类损失不承担赔偿责任。在实际操作中，投保战争险后加保罢工险不另收费，所以投保人一般都会同时投保战争险和罢工险。

（3）拒收险（Rejection Risk）。加保该附加险的货物一般都是食品、饮料、药品等与人体健康有关的货物，世界上大多数国家对这些货物都有相当严格的卫生检验标准规定，如果违反进口国的卫生检验标准，就会被拒绝进口甚至被销毁，风险比较大。拒收险对被保险货物在目的港被进口国有关当局拒绝进口或没收予以负责，并按照被拒绝进口或没收货物的保险价值赔偿。

（4）交货不到险（Failure to Deliver Risk）。不论任何原因导致，被保险货物在装上具名船舶后，6个月内未能运抵指定目的地，无论任何原因，保险人均承担全损赔偿责任。但被保险人必须在投保该险别时，完成获得许可进口被保险货物的文件的一切手续，否则保险人不承担赔偿责任。由于该附加险作为特殊附加险别，其与提货不着险和战争险所承保的范围有重叠之处，所以中国人民保险公司规定，提货不着险和战争险项下所承担的责任，不在交货不到险的保险责任范围之内。

（5）舱面险（On Deck Risk）。有些货物因为体积过大、有毒性、有污染性或根据航运习惯需要装载于舱面，这些货物受到损失的概率明显会比舱内货物要大。舱面险对装载于舱面的货物被抛弃或海浪冲击落水造成的损失承担责任。由于风险较大，保险人往往只愿意在平安险项下加保舱面险，并且保险人也会在保险条款中规定对装载于舱面的金属货物发生锈损的风险不承担责任。此外，虽然集装箱按习惯会装载于舱面，但由于装载集装箱的船舶设备一般比较优良，集装箱本身的抗风险能力也较强，所以保险业界对装载于集装箱中的货物一般按照舱内货物处理，被保险人不需要加保舱面险就可得到保险人的保障。

案例 8.1

【案例】我某外贸公司进口一批货物,投保了一切险,货在海运途中有一部分被火焚。经查一切险所包括的 11 种附加险中并无火险,请问发生这种情况保险公司是否承担责任?为什么?

【评析】保险公司会负责赔偿。因为火灾属于海上风险中的意外事故,而不是一般外来风险,所以即使公司投保了最低险别,如平安险,承办的风险中也已包括了意外事故。因此,保险公司也应该赔偿被火焚的货物。

三、英国伦敦保险协会海运货物保险条款

海洋货物运输保险是在英国得到极大发展的,1884 年,在英国成立了"伦敦保险协会"(Institute of London Underwriters,简称 ILU),该协会下设的"技术及条款委员会"专门负责保险条款的标准化工作。各国后来的海上保险条款也大都参照了英国的保险条款而制定。现在保险市场上经常使用的就是英国伦敦保险协会对原条款修订后于 1982 年生效的《协会货物条款》(Institute Cargo Clause,简称 ICC)。

《协会货物条款》共有六种险别:

(1) 协会货物条款(A),即 ICC(A);

(2) 协会货物条款(B),即 ICC(B);

(3) 协会货物条款(C),即 ICC(C);

(4) 协会货物战争险条款,Institute War Clause(Cargo);

(5) 协会货物罢工险条款,Institute Strike Clause(Cargo);

(6) 恶意损害险条款,Malicious Damage Clause。

上述条款中,前三种险别即(A)险、(B)险、(C)险属于基本险,可以单独投保;其他三种险别都属于附加险,其中,协会货物战争险和协会货物罢工险也可以单独投保。

(一) ICC(A)险条款

该险别是协会保险条款中承保范围最广的一类险别,跟我国保险条款中的"一切险"类似,但比"一切险"的承保范围大。

1. ICC(A)险承保的风险

根据伦敦保险协会的规定,对 ICC(A)险采用"一切风险减除外责任"的办法,即除了"除外责任"项下所列风险保险人不予负责外,其他风险均予负责。

2. ICC(A)险的除外责任

(1) 一般除外责任。这包括被保险人故意或过失造成的损失或费用;被保险货物的自然渗漏、自然损耗、自然磨损所造成的损失或费用;被保险货物固有缺陷或特性造成的损失或费用;由于被保险货物的包装或准备不足或不当所造成的损失或费用;直接由于延迟所引起的损失或费用;由于船舶所有人、租船人经营破产或不清偿债务所造成的损失或费用;由于使用原子或热核武器所造成的损失或费用。

(2) 不适航、不适货除外责任。载货船舶和装运工具要适航和适货是保险合同中的一项默示保证。如果被保险货物在装船时,被保险人或其受雇人已经知道船舶不适航,以及船舶、装运工具、集装箱等不适货,保险人不仅对此后发生的损失不承担赔偿责任并还可以选择解除保险合同。

(3) 战争除外责任。该条款规定保险人对因战争、类似战争行为、敌对行为等造成的损失或费用;由战争引起的捕获、拘留、扣留等(海盗除外)所造成的损失或费用;由于漂流水雷、鱼雷等造成的损失或费用,均不承担责任。显然,ICC(A)险对因海盗行为造成的损失是负赔偿责任的。在这一点上,ICC(A)险与我国的一切险还是有明显的区别的。

(4) 罢工除外责任。该条款规定保险人对由于罢工者、被迫停工工人造成的损失或费用以及由于罢工、被迫停工所造成的损失或费用等,不负赔偿责任。

(二) ICC(B)险条款

1. ICC(B)险承保的风险

根据伦敦保险协会对ICC(B)险的规定,其承保风险的做法是采用"列明风险"的方法,当然ICC(B)险也有自己的除外责任条款。ICC(B)险的承保范围要比ICC(A)险小,相当于我国的"水渍险"。

保险人予以赔偿的列明的风险有:① 火灾、爆炸;② 船舶或驳船的搁浅、触礁、沉没或倾覆;③ 陆上运输工具的倾覆或出轨;④ 船舶或驳船或运输工具与水以外的外界物体的碰撞或接触;⑤ 在避难港卸货;⑥ 地震、火山爆发或雷电;⑦ 共同海损牺牲;⑧ 抛货;⑨ 浪击入海(此条款强调了保险人有责任赔偿被保险货物浪击落海的损失,而我国的水渍险对此风险并不负责);⑩ 海水、湖水、河水进入船舱、驳船、运输工具或船舱(根据此条款,任何原因造成的海水、湖水、河水进入船舱、驳船、运输工具或船舱而导致的损失都应由保险人承担,而根据我国的水渍险的规定,其只承担由于自然灾害和意外事故造成的货损和共同海损的损失);⑪ 货物在装卸时落海或跌落造成的整件全损(根据此条款,ICC(B)险只承担该风险造成的整件全部损失,而对部分损失不予负责;但我国的水渍险规定,此类风险造成的全损和部分损失都会得到保险人的赔偿)。

2. ICC(B)险的除外责任

ICC(B)险的除外责任,与ICC(A)险的除外责任基本相同,但有两点区别。首先,ICC(A)险只是对由于被保险人的故意和过失所造成的损失或费用不负赔偿责任,但对被保险人之外的任何其他人故意损害和破坏标的物或其他任何部分的损害都要承担赔偿责任。但在ICC(B)下,保险人对此也不负赔偿责任,如要获得这些保障,需在投保ICC(B)险的前提下增加恶意损害险条款。其次,ICC(A)险对海盗行为列入保险范围,而ICC(B)险对海盗行为不负保险责任。

(三) ICC(C)险条款

ICC(C)险是协会保险条款设定的基本险中承担的保险责任最小的险别。ICC(C)险与ICC(B)险除了承保责任有所不同之外其余各条款基本一致。ICC(C)险与我国的平安险类似,但比平安险的责任范围小。

1. ICC(C)险承保的风险

(1) 火灾、爆炸;

(2) 船舶或驳船遭受搁浅、触礁、沉没、倾覆；

(3) 陆上运输工具的倾覆或出轨；

(4) 船舶或驳船或运输工具与水以外的外界物体的碰撞或接触；

(5) 在避难港卸货；

(6) 共同海损牺牲；

(7) 抛货。

2. ICC(C)险的除外责任

ICC(C)险的除外责任和ICC(B)险的除外责任相同，此处不再赘述。

(四) 协会货物战争险条款

协会货物战争险大体上和我国的战争险相同。所不同的是，协会货物战争险对由于敌对行为使用的原子武器造成的灭失和损失不予赔偿，而对非敌对行为使用的原子武器造成的损失承担赔偿责任。

(五) 协会货物罢工险条款

协会货物罢工险与我国的罢工险基本一致。所不同的是，协会货物罢工险对由于罢工而使航程受挫折所造成的存舱费、重新装船费等额外费用不予负责。

(六) 恶意损害险条款

恶意损害险是新增加的附加险，其承保范围主要是对被保险人以外的其他人(如船长、船员等)的故意破坏行为(如沉船、纵火等)所致被保险货物的灭失或损害负赔偿责任。但如果恶意损害是出于有政治动机的人的行为所致被保险货物的损失，则不属于本险别的保险责任，而属于罢工险承保的范围。恶意损害险的承保范围在ICC(A)的责任中已经包括，所以其只适用于在ICC(B)和ICC(C)的基础上加保。

8.3 其他运输方式下的货运保险

在国际贸易中，大部分的货物运输都依靠海运完成，但随着国际贸易的发展和运输工具的日渐多样化，陆上运输、航空运输、邮政包裹运输，以及随着集装箱的广泛应用而极大发展的多式联运等运输方式在整个国际贸易货运量中的比重逐步提高，陆上运输货物保险、航空运输货物保险、邮运包裹保险也随之迅速发展。

一、陆上运输货物保险

陆上运输主要是指使用汽车、火车等运输工具进行的货物运输。在运输过程中可能遭遇泥石流、山体滑坡等自然灾害，以及一般外来风险。

为了降低遭遇风险后被保险人遭受的货物损失，中国人民保险公司设立了陆运险和陆上运一切险两种基本险别，还有陆运战争险等附加险。另外还有专门针对冷藏货物的陆上运输冷藏货物险等。

(一)陆运险和陆运一切险

1. 陆运险(Overland Transportation Risk)

陆运险承保被保险货物在运输途中遭受暴风、雷电、地震、洪水等自然灾害,或由于陆上运输工具(主要指火车、汽车)遭受碰撞、倾覆或出轨,如有驳运过程,包括驳运工具搁浅、触礁、沉没或由于遭受隧道坍塌、崖崩或火灾、爆炸等意外事故所造成的全部损失或部分损失,以及被保险人对遭受承保范围内危险的货物采取抢救、防止或减少货损的措施而支付的合理费用。陆运险承保的内容相当于海运险中的水渍险。

2. 陆运一切险

陆运一切险承保的范围除包括上述陆运险的责任外,保险人还对被保险货物在运输途中由于一般外来原因,如偷窃、雨淋、串味、碰损、破碎、钩损、生锈、玷污、短量、短少、受潮受热、渗漏、发霉等造成的全部或部分损失,也负赔偿责任。陆运一切险承保的内容相当于海运险中的一切险。

3. 陆上运输货物保险的除外责任

在陆上运输货物保险中,保险人对由于被保险人的故意或过失行为造成的损失;由于发货人的责任造成的损失;被保险货物的自然损耗、原有缺陷或本有特性所造成的损失;在保险责任开始前,被保险货物已存在的品质不良或数量短缺所造成的损失;由于战争、工人罢工或运输延迟所造成的损失,均不负责。

4. 陆上运输货物保险的保险期限和索赔时效

陆运险和陆运一切险的保险期限与海运基本险一样也采用"仓至仓条款",保险责任从被保险货物远离保险单载明的起运地仓库或储存处所开始运输时生效,包括正常陆运和有关水上驳运在内,直到该项货物运抵保险单所载目的地收货人仓库或储存处所,或被保险人用以销售、分配、分派的其他储存处所为止。但如未运抵上述仓库或储存处所,保险责任则在被保险货物运抵最后卸载的车站后60天止。

陆上运输货物发生了承保内的损失后,被保险人应在规定的时间内向保险人提出索赔,即陆上运输货物保险的索赔时效是从被保险货物在最后目的地车站全部卸离车辆后起2年内有效。

(二)陆上运输货物战争险(Overland Transportation Cargo War Risk)

陆上运输货物战争险,是可以在投保了陆运险或陆运一切险的前提下加保的一种特殊附加险,目前只适用于火车运输。该险别承保的保险责任和海上运输险中战争险承保的范围一致,都对因陆上运输途中因战争、类似战争行为或敌对行为、武装冲突,各种常规武器等危难造成的损失承担责任,但热核武器造成的损失除外。同海上运输保险一样,在加保了陆上运输战争险的基础上还可以另加保陆上运输罢工险,保险人对另外加保的罢工险不另收费。

陆上货运战争险的保险期限和海运保险中战争险的保险期限大致上是一样的,以货物置于运输工具时为限。自货物装上保险单上载明的起运地的火车时开始,到在保险单载明的目的地卸离火车时为止。如果被保险货物不卸离火车,则以火车到达目的地(包括非保险单载明的目的地)当日午夜起48小时内保险责任有效。如果货物需要在中途转运,则不论货物是否卸载,保险责任在火车到达该中转站当日午夜起 10 天内有效;如果在 10 天内重新装车续运,则保险单再恢复有效。

（三）陆上运输冷藏货物险

陆上运输冷藏货物险是专门针对冷藏货物的基本险,是陆上运输货物保险中的一种专门险别。

陆上运输冷藏货物险除承担陆上运输险中的自然灾害和意外事故造成的损失外,还负责由于冷藏机器或隔温设备在运输途中损坏所造成的被保险货物解冻溶化而腐败的损失,以及因对遭受承保危险内货物采取抢救、防止或减少货损的措施而支付的合理费用。但是,冷藏货物险对因战争、工人罢工或运输延迟而造成的货损,以及因被保险货物原有特性、固有缺陷或运输前就已存在的品质不良（包括整理、包扎不妥,冷冻不合格等）所造成的损失,不负赔偿责任。

保险人在陆上运输冷藏货物险项下承担责任的期限,是从被保险货物远离保险单所载明的起运地点的冷藏仓库装入运输工具开始运输时生效（包括正常的陆上运输和有关水上驳运）,直至货物到达保险单所载明的目的地收货人的仓库为止,但无论如何,保险期限不会超过被保险货物到达目的地车站后 10 天。

被保险人在遭受承保范围内损失后的索赔时效,是从被保险货物在最后目的地车站全部卸离车厢后 2 年内。

二、航空运输货物保险

航空运输货物保险是以飞机为运输供给的货物运输保险,但由于航空运输起于 20 世纪初,所以航空运输货物保险发展的历史比较短,只是在 1956 年伦敦保险人协会制定了一份较为完整的航空运输货物保险条款,并成为国际保险市场上保险人操作航空运输保险的准则。为了适应我国航空货物运输的发展,中国人民保险公司在 1981 年 1 月 1 日修订的《航空运输货物保险条款》也设立了相应的航空货运保险,包括航空运输险和航空运输一切险两种基本险别,还有航空运输货物战争险等。

（一）航空运输险和航空运输一切险

1. 航空运输险（Air Transportation Risk）

航空运输险是航空运输货物保险中的一项基本险,可以单独投保,该险别承保的范围包括被保险货物在运输途中遭受雷电、火灾、爆炸或由于飞机遭受恶劣气候或其他危难事故而被抛弃,或由于飞机遭受碰撞、倾覆、坠落或失踪等自然灾害和意外事故所造成的全部或部分损失,以及为此采取的抢救、防止或减少货损的措施而支付的合理费用。航空运输险承保的内容与海运险中的水渍险大致相同。

2. 航空运输一切险（Air Transportation All Risk）

航空运输一切险承保的内容除包括上述航空运输险的责任外,保险人还对由于一般外来原因（如偷窃、短少等）造成的全部或部分损失负赔偿责任。航空运输一切险承保的范围与海运险中的一切险大致相同。

3. 航空运输货物保险的除外责任

在航空运输货物保险中,保险人对由于被保险人的故意或过失行为所造成的损失;由于

发货人的责任所造成的损失;被保险货物的自然损耗、原有缺陷本有特性以及市场跌落、运输延迟等所造成的损失;在保险责任开始前,被保险货物已存在的品质不良或数量短缺所造成的损失;由于战争、敌对行为、类似战争行为、武装冲突、工人罢工等所造成的损失,均不负责。

4. 航空运输货物保险的保险期限

航空运输险和航空运输一切险的保险期限也采用"仓至仓条款",保险人的保险责任自被保险货物远离保险单所载明的起运地仓库或储存处所开始运输时起,直到货物运达保险单所载明目的地收货人的最后仓库或储存处所或被保险人用以销售、分配、分派的其他储存处所为止。但如未运抵上述仓库或储存处所,保险责任则将在被保险货物于最后卸载地卸离飞机后 30 天止。

(二) 航空运输货物战争险(Air Transportation Cargo War Risk)

航空运输货物战争险,也是一种特殊附加险,可以在投保了航空运输基本险之外加保该项战争险。航空运输货物战争险承保的范围和我国海运险中的战争险的规定相一致,对航空运输途中因战争、类似战争行为或敌对行为、武装冲突,各种常规武器等危难造成的损失承担责任,但热核武器造成的损失除外。除航运货物战争险外,航空运输货物罢工险也是一项附加险,保险人对加保战争险的前提下另外加保的罢工险不再额外收费。

航空运输货物战争险的保险责任是以被保险货物置于运输工具时为限。自被保险货物装上保险单所载明的起运地飞机时开始,到在保险单所载明的目的地卸离飞机时为止。如果被保险货物不卸离飞机,则是保险责任最多延展至飞机到达目的地当日午夜后 15 天。如果货物需要在中途转运,则保险责任从飞机到达转运地的当日午夜起满 15 天为止,只要货物在这 15 天内重新装上续运飞机,保险单可再恢复有效。

三、邮政运输包裹险

邮政运输包裹险主要承保通过邮局以邮包方式递运的货物在邮递过程中遭到自然灾害、意外事故及外来风险造成的损失。中国人民保险公司结合我国邮政运输的实际情况,参照国际上的通行做法,修订了邮运包裹保险的相关条款,并细分为邮包险、邮包一切险和邮包战争险,其中邮包险和邮包一切险是基本险,邮包战争险是附加险。

(一) 邮包险和邮包一切险

1. 邮包险(Parcel Post Risk)

邮包险承保的范围包括被保险货物在邮运途中遭受恶劣气候、雷电、海啸、地震、洪水等自然灾害,运输工具遭受搁浅、触礁、沉没、碰撞、倾覆、出轨、坠落、失踪或由于失火、爆炸等意外事故所造成的全损或部分损失,以及为此采取的抢救、防止或减少货损的措施而支付的合理费用。

2. 邮包一切险(Parcel Post All Risk)

邮包一切险除包括上述邮包险承保的范围外,还负责赔偿被保险邮包在运输途中由于偷窃、短少等外来原因造成的全部或部分损失。

3. 邮包险和邮包一切险的除外责任

邮包险和邮包一切险对由于被保险人的故意或过失行为所造成的损失;由于寄件人的

责任造成的损失;被保险货物的自然损耗、原有缺陷、本有特性以及运输延迟等所造成的损失;在保险责任开始前,被保险货物已存在的品质不良或数量短缺所造成的损失;由于战争、敌对行为、类似战争行为、武装冲突、海盗行为、工人罢工等所造成的损失,均不负责。

4. 邮包险和邮包一切险的保险期限

邮包险和邮包一切险项下的保险责任,自被保险邮包离开保险单所载明的启运地寄件人处所运往邮局时开始生效,直至该项邮包运达保险单所载明的目的地邮局,并自邮局发出到货通知给收件人的当日午夜起算,满15天为止或邮包一经递交收件人处所,保险责任即告终止。

(二) 邮包战争险(Parcel Post War Risk)

邮包战争险是一项附加险,在投保了邮包险或邮包一切险的前提下并额外支付一定保费的情况下,可以加保该险别以获得保险人对由于战争、类似战争行为或敌对行为、武装冲突,各种常规武器等危难造成的损失,以及为了降低承保内损失而采取的抢救等措施的合理费用的担保,但热核武器造成的损失除外。在投保邮包战争险的前提下,还可以加保邮包罢工险,而且保险人对另加保的罢工险是不收取额外费用的。

邮包战争险的保险责任自被保险邮包经邮政机构收讫后从储存处所开始运送时生效,到被保险邮包运达保险单所载明的目的地邮政机构送交收件人为止。

8.4 国际货物运输保险实务

在国际贸易中,买卖双方交易的货物大都需要经过漫长的运输过程实现交割,在运输途中,货物可能遭遇各种危险,为了减少货物运输途中的损失对交易双方的影响,买卖双方大都选择投保货物运输保险,在遭遇承保内损失的时候可以获得保险人的赔偿。办理货物运输保险就成为国际贸易的一个重要环节,其中就包括投保、获得保险单据、发生损失后的索赔以及保险人的赔偿。

一、国际货物运输保险的投保

国际贸易中的货物想要得到保险人的承保,首先应该由投保人与保险人或保险人的代理人协商投保事宜,然后再针对不同的货物情况选择适合的险别,在填写投保单并缴纳了相应的保险费后,该货物才会得到保险人的风险担保和损失赔偿。

(一) 确定投保人

投保人,又称要保人,是指与保险人订立保险合同缴纳保险费的当事人。选择不同的贸易术语也就对应选择了相适应的投保人。

1. 出口货物投保

我国出口货物的投保一般都选择逐笔投保的方式。在实际业务中,我国出口货物往往选择CIF或CIP术语,按照术语的规定,凡以CIF或CIP条件出口的货物,卖方承担投保责任。卖方应该根据合同或信用证的规定,在备妥货物并确定装运日期和船只后填写投保单,向保险人提出投保申请,缴纳相应的保险费,并获得信用证中要求的保险单据。

一般来说,采用CIF术语并以信用证作为付款方式的合同,卖方一般以自己为被保险人投保海运险。按商业习惯,卖方在向银行提交单据前会在保险单正本加盖签章进行空白背书或签具抬头的背书,于是这份保险单的权益就会随同被保险货物风险的转移而转给单据持有人或被背书人。

在保险人出立保险单后,如果由于实际情况确实需要变更保险单的一些记载事项,如保险险别、保险金额、运输工具的名称、航程等内容,投保人或被保险人应提前向保险人或其代理人提出申请,经保险人或其代理人同意后,由保险人或其代理人签发"批单",附贴在保险单上,此后保险人即按批改后的内容承担相应责任。

2. 进口货物投保

我国进口货物的投保一般都选择预约保险的方式,即进口企业与保险人就保险标的物的范围、险别、责任、费率及赔偿处理等条款签订长期保险合同,进口企业对每批进口货物无须填制投保单,而只需将国外卖方的装运通知送交保险公司即办理了投保手续,保险公司则对该批货物自动承担保险责任。

我国对货物的进口,往往采用FOB、FCA、CFR和CPT术语。在这些贸易术语项下,货物的运输保险都应该由买方负责投保。

(二) 投保险别的选择

保险人按照保险险别承担保险责任,根据保险险别的不同收取不同档次的保险费用,所以选择正确的保险险别非常重要,既能使货物得到充分的风险保障,又能减少保险费的支出。

选择险别需考虑:货物的情况;包装特点;运输情况等。

(三) 填写投保单

投保单是投保人申请投保的一种书面文件,是投保人向保险人递交的书面要约。投保单一般由保险人统一印制而成,投保人只需要在投保单上如实填写相关内容即可。详见附表4。

(四) 缴纳保险费

保险费是保险人向投保人收取的费用,是保险人的主要营业收入,在缴纳了保险费后保险人再依照保险单承担保险责任。

1. 出口货物保险费的计算

我国外贸公司的出口货物保险是逐笔投保的,对每笔出口货物都应具体填写投保单,注明被保险人、包装数量、货物名称、保险金额、装载工具、运输路线、承保险别、投保人名称等主要信息后递交保险公司投保,而后根据保险公司规定的保险费率交纳保险费。

$$保险费 = 保险金额 \times 保险费率$$

保险金额是指保险人对被保险货物承担的最高赔偿金额。保险金额涉及保险人和投保人之间的权利、义务关系,买卖双方一般都会在合同中确定投保的保险金额。一般来说,出口货物的保险金额在出口货物CIF或CIP价格基础上进行加成。按照惯例,出口货物的保险加成率一般是10%,也就是说,保险金额一般按照CIF或CIP价格的110%计算,我们把高出货物价格的百分数称为保险加成率。

$$保险金额 = CIF(CIP) \times (1 + 保险加成率)$$

【例题 8.1】 我国 A 公司出口一批商品到纽约,报 CIF 纽约总金额为 10 000 美元,投保一切险。保险费率为 0.6%,保险加成率为 10%,试计算该批货物的保险金额及保险费。

解: 保险金额 = CIF × (1 + 保险加成率)
　　　　　　= 10 000 × (1 + 10%)
　　　　　　= 11 000(美元)

保险费 = 保险金额 × 保险费率
　　　　= 11 000 × 0.6%
　　　　= 66(美元)

例 8.1 中计算了只投保基本险时的保险金额和保险费,如果货物需要加保附加险的话,投保人还需要另外交纳投保附加险的保险费。

【例题 8.2】 我国 A 公司出口一批商品到纽约,报 CIF 纽约总金额为 10 000 美元,投保一切险及战争险。一切险保险费率为 0.6%,战争险费率为 0.4%,保险加成率为 10%,试计算该批货物的保险金额及保险费。

解: 保险金额 = CIF × (1 + 保险加成率)
　　　　　　= 10 000 × (1 + 10%)
　　　　　　= 11 000(美元)

保险费 = 保险金额 × 保险费率
　　　　= 11 000 × (0.6% + 0.4%)
　　　　= 110(美元)

保险金额的计算是以 CIF 或 CIP 价格为基础的,如果对外以 CFR 或 FOB 条件报价的话,应该首先把 CFR 或 FOB 货物价格换算成 CIF 价格,然后再以 CIF 价格为基础计算保险金额。

$$CIF = CFR \div [1 - 保险费率 \times (1 + 保险加成率)]$$
$$= (FOB + 运费) \div [1 - 保险费率 \times (1 + 保险加成率)]$$

2. 进口货物保险费的计算

我国对进口货物大都采用预约投保的方式,保险公司收取保险费时,对货物金额不再加成,而以货物的 CIF 价格作为保险金额。由于我国在进口业务中常使用 CFR 或 FOB 术语,为了计算的简便,在签订预约保险合同的时候就会在合同中对平均运费率和平均保险费率进行明确规定,计算保险费的时候直接用所列费率乘以 CFR 或 FOB 报价即可算出 CIF 价格。

$$保险金额 = CIF$$
$$= CFR \times (1 + 平均保险费率)$$
$$= FOB \times (1 + 平均运费率 + 平均保险费率)$$

二、国际货物运输保险单据

保险单据是保险人和投保人签订的保险合同,是保险人的承保证明,是被保险人在发生损失时向保险人索赔的重要依据,又是 CIF、CIP 术语项下出口方向银行要求议付的重要单据。在投保人交纳了保险费后就可以从保险人或其代理人处获得保险单据。保险单据的形式有多种，主要有保险单、保险凭证、预约保单和暂保单。

（一）保险单

保险单（Insurance Policy）又称大保单，简称"保单"，是保险人签发给被保险人的，证明保险人与被保险人之间订立保险合同的书面文件，是最为重要的一种保险单据。在保险单上记载了被保险人的名称、被保险货物的种类、保险金额、保险期限、保险费的确定等保险项目，保险人应进行损失赔偿以及保险金如何给付等保险责任内容，除外责任以及附注条件等保险人和被保险人的权利及义务条款。

（二）保险凭证

保险凭证（Insurance Certificate）又称小保单，也是保险合同的证明文件，只记载保险单的正面内容而不记载保险单背面的保险条款，是简化了的保险单。如果保险凭证中一些内容没有列明，则以同类保险单载明的详细内容为准。

（三）预约保险单

预约保险单（Open Policy）如果经常有相同类型货物需要陆续分批装运或定有长期合同，进出口公司往往选择预约投保，在这种情况下保险人和投保人就会针对这些同类货物签订总预约保险合同。我国大部分进口业务都采用预约保险的方式。根据预约保险合同，只要是属于合同项下的货物就可以自动获得保险人的承保，而无须重复填写投保单进行投保，简化了投保手续。一般情况下，保险人根据投保人的运输申报和预约保险单的规定每月按具体运输情况结算保险费。投保人的申报如有错误或遗漏，只要不是出于恶意，即使货物已经发生损失，被保险人仍可以要求保险人赔偿。相对应的，即使货物已经安全到达目的地，被保险人也要按照规定支付保险费。

（四）暂保单

暂保单（Cover Note）是指，在保险人和投保人对保险合同的一些条款还未最终确定的情况下，投保人可以要求保险人签发暂保单，它是正式保险单开始前保险合同订立的证明。暂保单的内容都比较简单，只包括保险金额、保险费率、被保险货物的描述等基本内容，它的有效期一般只有30天。在正式保险单签发后，暂保单即行失效。

三、国际货物运输保险的索赔

被保险货物在保险期限内一旦遭遇到保险人承保的风险并造成损失，被保险人有权向保险人索要相应的赔偿，这是保险合同赋予被保险人的权利。货物发生损失后，被保险人应立即通知保险人，备齐索赔单证，在索赔时效内及时索赔。

（一）索赔单证

出口方索赔时应提供保险单或保险凭证正本、运输契约、发票、装箱单、向承运人等第三者责任方请求补偿的函电或其他单证，以及证明被保险人已经履行应办的追偿手续等文件、由国外保险代理人或由国外第三者公证机构出具的检验报告、海事报告、货损货差证明、索赔清单等单证。进口方索赔应提供进口发票、提单或进出口货物到货通知书、在最后目的地卸货记录及磅码单。

收货人向保险公司办理索赔,可按下列途径进行:海上运输进口货物的损失,向卸货港保险公司索赔;航空运输进口货物的损失,向国际运单上注明的目的地保险公司索赔;邮政运输进口货物的损失,向国际包裹单上注明的目的地保险公司索赔;陆上运输进口货物的损失,向国际铁路运单上注明的目的地保险公司索赔。

货物在运输途中遭遇的损失可能是由于第三方的责任所导致的,所以被保险人既有权根据保险单要求保险人对损失进行赔偿,也可以要求第三方责任人承担赔偿责任。根据保险原则,被保险人不能因双重赔偿而得到超过损失的不当得利。保险人都会在对被保险人赔偿损失之后,要求被保险人将其向第三方责任人索赔的权利转让给自己,此时,保险人就代替被保险人获得了向第三方责任人索赔的权利,这种保险实践就是保险人的代位追偿。

(二)保险索赔时效

被保险货物发生损失后,被保险人的索赔必须在一定时间内提出才能被视为有效,超过了这个时间限制保险人有权拒绝赔偿。索赔时效,也就是指索赔的有效期。

《中华人民共和国海商法》(以下简称《海商法》)规定,根据海上保险合同向保险人要求保险赔偿的请求权,时效期间为两年,自保险事故发生之日起计算。在时效期间的最后六个月内,因不可抗力或者其他障碍不能行使请求权的,时效中止。自中止时效的原因消除之日起,时效期间继续计算。

四、国际货物运输保险赔付金额的计算

(一)对全部损失的赔付

货物发生了实际全损,保险人应该按照保险合同记载的保险金额全额赔偿被保险人。保险人全额赔偿后即获得了被保险货物残余价值的所有权。比如,一批货物保险金额为10万元,货物被烧毁丧失原有属性后,保险人应当赔偿被保险人10万元,但烧毁后的货物经变卖后的残余价值1000元应归保险人所有。

被保险人对推定全损的处理既可以要求保险人按照部分损失进行赔偿,又可以要求保险人全额赔偿。但是被保险人若要求保险人全额赔偿,那么其必须向保险人发出委付通知,在获得保险人同意的情况下,才能得到保险人的全额赔偿。

(二)对部分损失的赔付

部分损失包括单独海损和共同海损。货物的单独海损既可能是数量或重量的部分损失,也可能是质量受到影响的部分损失,散装货物又可能遭遇免赔率内或免赔率外的损失。共同海损因涉及了船货各方,针对共同海损的赔偿更为复杂。准确计算不同种类的部分损失是获得保险人充分赔偿的必要前提。

1. 货物数量或重量发生损失

货物数量或重量发生损失的情况下,保险人一般按照损失数量或重量占被保险货物总数量或总重量的比例进行赔偿。

保险赔偿额=保险金额×(受损货物数量或重量÷被保险货物总数量或总重量)

【例题8.3】A公司为其出口的1000箱货物投保海运一切险,保险金额为20万美元,货物到达目的地后发现短少200箱,试求保险公司的赔偿金额是多少?

解:保险赔偿额=200 000×(200÷1000)=4 0000(美元)

2. 货物质量发生损失

货物质量发生损失，保险人一般按照受损价值占货物完好价值的比例进行赔偿。

$$\text{保险赔偿额} = \text{保险金额} \times (\text{受损货物价值} \div \text{货物完好价值})$$

【例题 8.4】A 公司出口童衣 2000 件，保险金额为 30 万美元投保海运水渍险，货物在运输途中遭遇暴风雨，货物受损，在目的地只能以八折出售，试求保险公司的赔偿金额是多少？

解：保险赔偿额 = 300 000×(1−80%) = 60 000(美元)

3. 存在免赔率的损失

为了维护自身利益，保险人经常对易碎、易损、易发生短量的货物规定免赔率。免赔率有绝对免赔率和相对免赔率两种。绝对免赔率是指保险人只承担超过绝对免赔率部分的损失，而对免赔率范围内的损失不承担赔偿责任。相对免赔率是指若货物的损失超过了保险人规定的相对免赔率，则保险人对所有的损失承担赔偿责任。下面是我国实行的绝对免赔率的方法：

$$\text{保险赔偿额} = \text{保险金额} \times (\text{损失比率} - \text{免赔率})$$

【例题 8.5】A 公司出口小麦 800 吨，保险金额为 95 万美元投保海运一切险，保险合同规定免赔率为 1%，到达目的地后经检验发现货物短少 20 吨，试求保险公司的赔偿金额是多少？

解：保险赔偿额 = 950 000×(20÷800−1%) = 14 250(美元)

4. 共同海损的分摊

保险合同中一般都会规定对共同海损理算适用的规则，比如按照《约克-安特卫普规则》或《中国国际贸易促进委员会共同海损理算暂行规则》(《北京规则》)进行共同海损分摊的理算，并且我国《海商法》也有针对共同海损分摊的规定。

共同海损既包括船舶的损失，又包括货物的损失以及承运人运费的损失。发生共同海损后，首先应先确定船、货及承运人三方发生的共同海损牺牲和费用的总金额，然后算出各当事人经采取共同海损措施后的获救价值之和，以上二者的比例就是各当事人分摊共同海损的分摊率，最后用共同海损分摊率乘以各自的分摊价值所得的金额就是自己共同海损的分摊金额。

$$\text{共同海损分摊率} = \text{共同海损总金额} \div \text{共同海损分摊价值总额}$$
$$\text{各方共同海损分摊额} = \text{共同海损分摊率} \times \text{各方分摊价值}$$

【例题 8.6】载货船舶运输途中发生共同海损，导致船体损失 1 万元，抛弃货物价值 3 万元，运费损失 0.5 万元，雇佣拖船费用 2 万元。各方的分摊价值分别为船方 60 万元，货方 40 万元，承运人运费收入 4 万元。试计算各方的共同海损分摊金额。

解：共同海损分摊率 = (1+3+0.5+2)÷(60+40+4) = 6.25%

　　船方共同海损分摊额 = 6.25%×60 = 3.75(万元)

　　货方共同海损分摊额 = 6.25%×40 = 2.5(万元)

　　承运人共同海损分摊额 = 6.25%×4 = 0.25(万元)

项目导入分析

根据《Incoterms®2020》，CIF 贸易术语项下，如果合同对保险没有特殊规定，卖方只有义务投保 ICC(C) 或任何适用于货物运输方式的类似条款，我国保险条款中的平安险类似于

ICC(C)险。所以此案例中卖方投保平安险是可以的。

项目拓展

阅读前面实训中的8000PCS(件)中国山水画出口到澳大利亚的相关资料,请用英文为海洋运输撰写保险条款,并计算保险费的金额。

重点名词

共同海损　单独海损　施救费用　救助费用

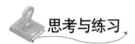

1. 有一份FOB合同,买方已向保险公司投保"仓至仓条款"的一切险,货物从卖方仓库运往装运港码头途中,发生承包范围内的风险损失,事后卖方以保险单含有"仓至仓"条款,要求保险公司赔偿,但遭到拒绝。后来卖方又请买方以买方的名义凭保险单向保险公司索赔,但同样遭到拒绝。请分析:保险公司拒绝赔付合理吗?"仓至仓条款"在这里可以实现吗?如果使用的是CIF术语呢?

2. 某公司以CFR上海条件进口一批货物,并依据卖方提供装船童子及时向保险公司投保了一切险,适用"仓至仓"条款。由于国内用户发送变更,我方通知承运人货改卸黄埔港转运南京。在货由黄埔港装火车运往南京途中遇到山洪,致使部分货物受损。当该公司向保险公司索赔时,保险公司拒赔。

请问:保险公司拒赔是否有道理?为什么?

3. 我方向澳大利亚出口坯包100包,我方按合同规定加一成投保水渍险。货物在海运途中因舱内食用水管漏水,致使该批坯布中的30包浸有水渍。请问:该损失能否通过保险公司获得赔偿?

4. 某货轮从甲地开往乙地,船上载有ABC三个商家的货物,其中A的矿石500包,B的仪器150箱,C的新闻纸300包。途中遇到强烈风浪,①10包矿石落海,接着轮船不慎搁浅,不迅速脱险马上会倾覆,船长下令抛②50箱仪器以脱险,结果船体并未上浮,又抛出③100包矿石,船舶脱险。继续航行中,船舶偏离了航向,为了回到主航道,船舶加大马力,导致④主机损坏,机舱冒烟。浓烟使得船长以为是新闻纸着火,于是下令灭火,后发现无着火痕迹,但⑤100包新闻纸已经湿损。此时,船长只能⑥雇请拖轮将轮船拖到附近港口修理后,继续驶往目的地。请问以上6种损失各属于什么性质的损失,应由谁来承担?

5. 载货船舶在运输途中搁浅造成船底损失100 000元,船长下令抛弃6 000美元货物并强力起浮造成轮机损失300 000元,另外,雇用拖船花费2 500元,停靠避难港花费3 000元,货物到岸后出售所得70 000元,船舶到岸后的完好价值为2 000 000元。试计算各方的共同海损分摊金额。

项目 9

货款的支付

本项目知识结构图

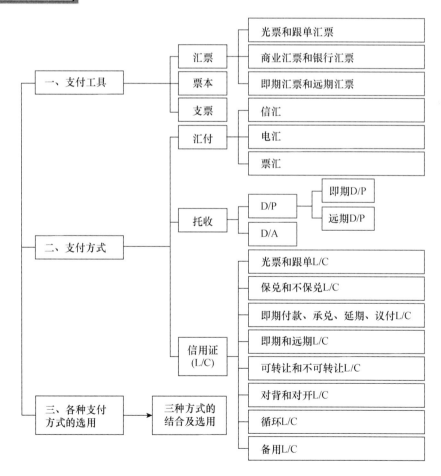

学习目标

在国际贸易中,买方最基本的义务就是接货付款。货款的支付直接影响到双方的资金周转和融通,以及各种金融风险和费用的负担,关系到买卖双方的利益和得失。因此买卖双方在磋商交易时,都力争约定对自己更有利的支付条件。我国对外贸易货款的收付,一般是通过外汇来结算的。货款的结算主要涉及支付工具、支付时间、支付地点以及支付方式等问题,买卖双方必须就此达成一致,并在合同中做出明确的规定。

本章主要介绍了支付工具、付款的方式——汇付、托收和信用证。结合2008年7月1日生效的《UCP600》,本章重点介绍信用证支付方式,并对出口中常用的保函、保付代理和福费廷业务做了简单介绍。

知识目标

- 了解支付工具
- 掌握常用的三种支付方式
- 了解《UCP600》
- 掌握信用证的性质、流程及种类

技能目标

- 能科学、准确签订支付条款
- 能有效避免信用证中"软条款"

项目导入

舸乐博公司与国外S.M.公司签订一出口合同,合同中规定S.M.公司应于4月底之前开来信用证,舸乐博公司应于5月20日之前装运。S.M.公司在4月28日将信用证开到,但信用证的有效期为5月15日。卖方已无法在15日前完成装运,遂电请对方展延信用证的有效期至5月25日,买方电报同意延期,但未能通过开证行开来修改书。张燕拟于5月20日装运并向银行议付。请问:舸乐博公司提出改证的要求是否合理?如果5月20日装船,能否顺利结汇?卖方能否仅凭S.M.公司电报办理装运?并简述理由。

9.1 支付工具

随着国际贸易的迅速发展,国际结算主要采用非现金结算,即借助于银行的中介作用,使用代替现金的信用工具来结算国际债权债务。这种用来结算国际债权债务的信用工具就是票据。票据有商业票据和金融票据之分,我们通常所说的支付工具是指金融票据,在国际贸易中使用的主要有汇票(Bill of Exchange 或 Draft)、本票(Promissory Note)和支票(Cheque 或 Check),其中汇票的使用最为广泛。

一、汇票

（一）汇票的含义及当事人

根据《英国票据法》规定，汇票（Bill of Exchange 或 Draft）是一个人向另一个人签发的，要求见票时或在将来可以确定的时间，对某人或其指定的人或持票人支付一定金额的无条件书面支付命令。

根据《中华人民共和国票据法》，汇票是出票人签发的，委托付款人在见票时或指定日期无条件支付确定的金额给收款人或持票人的票据。

对汇票的定义，无论是英国的规定还是我国的规定，其实质是一样的，都是无条件的支付命令。从中可以看出汇票的基本当事人有三个——出票人（Drawer）、收款人（Payee）和付款人（Payer）。

（二）汇票的必要项目

根据《日内瓦统一票据法》的有关规定，汇票一般应包括下列基本内容。

1. 载明"汇票"（Bill of Exchange）字样

同义词 Exchange 或 Draft 均可，目的在于与其他支付工具加以区别。

2. 无条件书面支付命令（Unconditional Order to Pay in Writing）

汇票是书面形式的支付命令，支付不能受到限制，不能附带任何条件，否则无效。

例如："支付 A 公司或其指定人 5000 美元（pay to A Co. or the order the sum of five thousand US dollars）"，这是无条件的命令，是有效的。

而"如果 A 公司提供与合同相符的货物，支付给他们或其指定人 5000 美元（pay to A Co. or the order the sum of five thousand US dollars providing the goods they supply are complied with contract）"，这是附带条件的支付命令，是无效的。

3. 确定的金额（in Certain Amount）

必须是以一定货币表示的确切数目。如 USD 600 或 CHY300 等，金额必须用文字大写、数字小写分别表明，大小写应一致。

4. 付款期限（Tenor）

付款期限又称付款到期日（Maturity），是付款人履行付款义务的最迟日期。汇票的付款期限有五种方法：

(1) 见票即付（at Sight/on Demand）：如果票据上没有注明付款期限，则视作即期汇票。
(2) 见票后××天付款（Payable ×× Days After Sight）；
(3) 出票后××天付款（Payable ×× Days After Date）；
(4) 提单日后××天付款（Payable ×× Days After Bill of Lading）；
(5) 指定日期付款（Fixed Date）。

小资料

关于汇票到期日的计算方法

① 见票日/出票日后若干天付款：计算时间时均不包括见票日、出票日或说明日，但包

括付款日,即"算尾不算头"。

② 从说明日起若干天付款:包括说明日,即从该日起算。

③ 见票日/出票日/说明日以后若干个月付款:到期日应为付款月的相应日期,如果没有相应日期,则以该月最后一天为到期日。

④ "日"指公历的各月日,星期六、星期日理解为非营业日,如果到期日为非营业日,则应顺延到下一个营业日。

5. 付款地点(Place of Payment)

付款地点即汇票中付款人旁边加注的地点,也是持票人提示请求付款的地点。付款地点有一个非常重要的作用,即根据国际私法的"行为地原则",在付款地发生的"承兑""付款"等行为,包括到期日算法都适用付款地法律。

6. 受票人(Drawee)

受票人又称付款人(Payer),是接受支付命令付款的人。

汇票上记载的付款人应有一定的确定性(With Reasonable Certainty),以使持票人能找到并且不会弄错。实务上一般都需注明付款人名称及详细地址。如果付款人虚构或者无付款能力,则持票人有权决定并把它作为本票处理,即出票人与付款人同为一人。

7. 收款人(Payee)姓名或公司名称

汇票是债权凭证,而收款人则是汇票上记明的主债权人,必须明确记载。收款人又称为汇票抬头,通常有三种写法:

(1) 限制性抬头(Restrictive Order)

限制性抬头是指仅限于交付款项给收款人,不得转让。票据上一般标明 Pay... only 或 Pay... not transferable.

(2) 指示性抬头(Demonstrative Order)

指示性抬头是指汇票人除写有收款人名称外,其后还有"或其指定人"。例如,Pay to the order of Bank of China(付给中国银行的指定人)或 Pay to Bank of China or order(付给中国银行或其指定人)。指示性抬头的汇票经抬头人背书后,可自由转让。

(3) 持票来人抬头(Payable to Bearer)

"持票来人抬头"票据的债务人对"来人",即持有"来人抬头"票据的持票人负责。票据上标明 Pay bearer 字样。因为这种汇票无须背书即可转让,所以容易在丢失后被他人冒领,收款人的权力缺乏保障。因此,做成"来人抬头"时应慎重,甚至有些法律明确规定不允许做成"持票来人抬头"的形式。

8. 出票日期(Date of Issue)

汇票必须注明出票日期,出票日期有以下三个重要作用。

(1) 决定票据有效期。

(2) 决定到期日。计算远期汇票的到期日必须知道出票日期。

(3) 决定出票人的行为能力。若出票时法人已宣告破产或清理,已丧失行为能力,则票据不成立。

9. 出票地点(Place of Issue)

出票地点对国际汇票具有重要意义,因为票据是否成立是以出票地法律来衡量的。但是,票据不注明出票地点也成立,此时就以出票人的地址作为出票地点。

10. 出票人签字(Signature of the Drawer)

票据法是根据某人在票据的签字来确定他的票据责任的,不签字就不负责任。出票人签字是承认自己的债务,收款人因此有了债权,从而使票据成为债权凭证。因此汇票没有了出票人签字则不能成立。汇票必须由出票人签字,若是伪造签字,票据就不能成立。

11. 其他记载

汇票上可以加注任意记载,但它不是汇票的必要项目。

例如,"付一不付二"或"付二不付一"等。

(三) 汇票的种类

汇票从不同的角度可以分为以下几种。

1. 按是否随附商业单据,可分为光票和跟单汇票

(1) 光票汇票(Clean Bill)。

光票是指不随附任何商业单据的汇票。在国际贸易结算中,光票的使用一般仅限于贸易从属费用、货款尾数、佣金等的收支。

(2) 跟单汇票(Documentary Bill)。

跟单汇票是指随附商业单据(提单、发票、保险单等)的汇票。在国际贸易中大多数使用跟单汇票。

2. 按照出票人的不同,可分为商业汇票和银行汇票

(1) 商业汇票(Commercial Draft)。

凡是由工商企业或个人出具的汇票称商业汇票。商业汇票通常是由出口人开立,委托当地银行向国外进口商或银行收取货款时所使用的汇票。

(2) 银行汇票(Banker's Draft)。

凡是由银行开立的汇票称银行汇票。银行汇票的出票人和付款人都是银行。

3. 按照付款时间的不同,可分为即期汇票和远期汇票

(1) 即期汇票(Sight Draft, Demand Draft)。

凡是汇票上规定付款人在见票后需立即付款的汇票称为即期汇票。即期汇票无须承兑。没有明确表示付款日期,也没有注明到期日,可视为见票即付的即期汇票。

(2) 远期汇票(Time Bill, Usance Bill)。

凡是汇票上规定付款人于指定日期或将来可确定日期付款的汇票称为远期汇票。规定方式通常有四种:见票后若干天付款;出票后若干天付款;提单日后若干天付款;定日付款。

4. 远期汇票按照承兑人的不同,可分为商业承兑汇票和银行承兑汇票

(1) 商业承兑汇票(Commercial Acceptance Bill)。

凡工商企业或个人出票而以另一个工商企业或某个人为付款人的远期汇票,经过付款人承兑后,便称为商业承兑汇票。商业承兑汇票是建立在商业信用的基础之上。

(2) 银行承兑汇票(Banker's Acceptance Bill)。

工商企业出票而以银行为付款人的远期汇票,经过付款银行承兑后,便成为银行承兑汇票。银行承兑汇票是建立在银行信用的基础之上,便于在金融市场上贴现转让、进行流通。

一份汇票通常同时具备几种属性,例如一份涉外的由贸易公司签发的见票后立即付款的汇票,它既是商业汇票同时又是即期汇票。

(四) 汇票的使用

汇票的使用有出票、提示、承兑、付款等。汇票可以经过背书转让,也可以在未到期时向银行或贴现公司兑换现款。汇票在遭到拒付时,还涉及做成拒绝证书和行使追索等法律权利。

1. 出票(Issue)

出票是指将必要项目填写完备的汇票交付给受款人的行为。出票包括三个动作:制作汇票、签字和交付(to draw a draft, sign it and deliver the draft to payee)。

2. 提示(Presentation)

提示可以分为承兑提示和付款提示,是指持票人向付款人出示汇票要求承兑或付款的行为。票据只是一种权利的凭证,提示就是要求票据权利。无论是承兑提示还是付款提示,都要在规定的时效内、正常营业时间和规定的地点提示,只有如此,持票人才能获得票据权利。

3. 承兑(Acceptance)

承兑是指受票人在持票人作承兑提示时,同意出票人的付款提示,在汇票正面写明"承兑"字样,注明承兑日期,并由付款人签字并将汇票交还给持票人的行为。

例如:Accepted

SEP 18,2007

For A Bank,Beijing

(Signed)

承兑后受票人变为承兑人,成为汇票的主债务人,而出票人则从主债务人的地位变为从债务人,所以承兑人必须承担在远期汇票到期时支付票面金额的责任。

4. 付款(Payment)

付款是指即期汇票付款人和远期汇票承兑人在接到付款提示时,履行付款义务的行为。

5. 背书(Endorsement)

汇票是可以在票据市场上流通转让的。背书是转让汇票权利的一种法定手续。持票人做背书以转让票据权利,受让人成为持票人。

同汇票抬头一样,背书有以下三种形式。

(1) 限定性背书(Restrictive Endorsement),又称不可转让背书,是指背书人在签写背书指示时带有限制性的词语(e.g. pay Mr. Smith only and not transferable),做成限制性背书的汇票能否流通转让,不同的法律有不同的要求,但是根据我国《中华人民共和国票据法》规定,限制性背书的汇票仍然可以再次转让,但是限制性背书的背书人只对其直接后手承担责任,对其他后手不承担责任。

(2) 记名背书(Special Endorsement),又称正式背书、完全背书,是指汇票持有人在汇票背面签上自己的名字,再加上受让人即被背书人的名字(e.g. pay to the order of Mr. Smith)。这种背书的汇票可以经过再背书不断转让下去。对受让人来说,所有在他以前的背书人以及原出票人都是他的前手;所有在他之后的受让人都是他的后手。在背书这个行为中前手背书人要对后手背书人负有担保汇票必然会被承兑或付款的责任,后手可以对前手行使追索权。

(3) 空白背书(Blank Endorsement),又称无记名背书,背书人仅在票据背面签上自己的名字,而不记载被背书人及其他信息。但我国法律不允许持票人采用"空白背书"的方式转让票据的权利。

6. 拒付(Dishonor)

拒付又叫"退票",是指持票人在提示汇票付款和提示承兑时,受票人做出的不同意出票人指示的反应,即拒绝付款(Dishonor by non-payment)和拒绝承兑(Dishonor by non-acceptance)。除受票人明确表示拒绝付款和承兑外,受票人避而不见、死亡或宣告破产等均可称为拒付。

持票人在遭拒付时,请公证机构做出拒绝证书(Protest)以证明持票人已按规定行使票据权利但未获结果。此外,汇票遭拒付时,持票人必须按规定向前手作拒付通知(Notice of Dishonor)。

7. 追索(Recourse)

汇票遭拒付后,持票人在行使或保全汇票上的权利行为(包括提示、做拒付证书、拒付通知)之后,有权对其前手(背书人、承兑人或出票人)要求退回汇票金额、利息及做拒付通知和拒付证书等其他有关费用。正当持票人还有权不依背书次序,越过其前手而对其债务人中的任何一个人行使追索权。

8. 贴现(Discount)

贴现是指持票人持未到期的远期汇票向银行或贴现公司兑换现款,银行在付款时预先扣除一定金额的贴现息,这种金融交易行为就实际是一种票据的买卖,也是一种资金的融通业务。具体金额可以由下面的公式计算:

贴现息=票面金额×贴现天数/一年的天数×贴现率

净款=票面金额-贴现息

或者

净款=票面金额×(1-贴现天数/一年的天数×贴现率)

其中应注意,票面金额在写有利率的情况下,应为汇票到期值,即加上利息后的实际金额。贴现天数是指贴现日距到期日提早要求付款的天数,英镑按一年365天计算,美元、人民币等其他货币按一年360天计算。贴现率一般为年利率。

【例9.1】一张汇票面值100万美元,出票日期为3月2日,5月2日到期。持票人于4月2日到银行贴现此汇票。贴现率为12%。要求计算贴息和贴现净额。

解:贴现天数为4月2日至5月2日(共30天)

贴现息=1 000 000×(30÷360)×12%

=10 000(美元)

贴现净额=1 000 000-10 000

=990 000(美元)

二、本票

(一) 本票(Promissory Note)的定义及当事人

根据《英国票据法》规定,本票是一个人向另一个人签发的,保证于见票时或定期或在可以确定的将来时间,向特定人或其指定人或持票人无条件支付一定金额的书面付款承诺。根据《中华人民共和国票据法》第73条规定,本票是出票人签发的,承诺自己在见票时无条件支付确定金额给收款人或持票人的票据。

简言之,本票是出票人对收款人无条件支付一定金额的书面承诺。

由于本票是出票人向收款人签发的书面承诺,所以本票的基本当事人只有两个——出票人和收款人。本票的出票人在任何情况下都是主债务人。

(二) 本票的必要项目

本票的必要项目与汇票基本相同,根据《日内瓦统一法》规定,本票应具备以下几项内容:

(1) 表明"本票"字样;
(2) 无条件支付承诺;
(3) 付款期限和地点;
(4) 一定的金额;
(5) 收款人名称;
(6) 出票日期与地点;
(7) 出票人签字。

(三) 本票的种类

1. 商业本票(Trader's Note)

商业本票是由工商企业或个人签发的,其基础是商业信用,由于商业信用相对于银行信用较不可靠,所以商业本票使用范围逐渐缩小。商业本票可以分为即期和远期两种,但在实际业务中使用的商业本票多为远期,即期商业本票使用得更少。

2. 银行本票(Banker's Note)

银行本票是由银行签发的本票,其基础是银行信用,银行签发的不注明收款人的本票可以相当于现钞流通使用,实际操作中银行本票使用较广。银行本票可以分为即期和远期两种,但在实际业务中使用的银行本票多为即期,各国对远期银行本票期限限制严格,如《中华人民共和国票据法》规定,本票付款期限自出票日起,最长不超过两个月。

三、支票

(一) 支票(Cheque 或 Check)的定义

根据《英国票据法》规定,支票是以银行为付款人的即期汇票,即存款人根据协议对银行签发的即期无条件支付一定金额的命令。

根据《中华人民共和国票据法》第82条规定,支票是出票人签发的,委托办理支票存款业务的银行或者其他金融机构在见票时无条件支付确定的金额给其收款人或其持票人的票据。

简言之,支票是付款人为银行或其他金融机构的无条件支付命令,特殊形式的汇票。所以支票的基本当事人有三个——出票人、收款人和付款人。

(二) 支票的必要内容

根据《日内瓦统一法》规定,支票必须包括:

(1) 表明"支票"字样;
(2) 无条件支付命令;
(3) 付款人名称及地点;
(4) 一定金额;
(5) 出票日期与地点;
(6) 出票人签名。

支票的各个必要项目的要求,与汇票基本一致,因此只对以下几点加以说明。

(1) 付款期限。支票必须即期付款,所以无须注明付款期限。

(2) 付款人。支票的付款人必须是出票人的开户银行,出票人在该银行持有存款并且根据协议有权开立支票。没有存款或存款金额不足的出票人的支票得不到付款,有存款而没有支票协议的出票人签发的支票也同样得不到付款。

(三) 支票的种类

1. 根据支票画线与否,可分为画线支票和非画线支票

(1) 画线支票(Crossed Check)只能用以银行转账,不可提取现金。
(2) 非画线支票(Uncrossed Check)可以通过银行转账,也可以提取现金。

2. 根据抬头人不同,支票可以分为记名支票和不记名支票

(1) 记名支票(Cheque to Order),支票上写明 Pay to ×× 或 Pay to the order of ××,取款时须由收款人签名。

(2) 不记名支票(Cheque to Bearer),又称空白支票,支票抬头付来人 Pay Bearer,取款时持票人不需在支票后签名,凭交付即可转让。

3. 银行支票(Banker's Cheque)

银行支票即一家银行签发的命令另一家银行向某人或其指定人,或来人付款的书面命令,也就是银行的即期汇票,一般是银行接受客户委托办理汇款时开出这种支票。

4. 保付支票(Certified Cheque)

为了保证出票人在银行有足够的余额兑付支票,支票的收款人或持票人要求付款银行在支票上加盖"保付"戳记,支票已经保付,付款责任由银行承担,即提示支票时一定能得到银行的付款,支票没有承兑,其保付即类似于汇票的承兑。

5. 旅行支票(Traveler's Cheque)

旅行支票是指大银行或大旅行社发行的,不指名付款人和付款地点的一种定额支票。由于发行机构即出票人为票据的最终付款人,所以旅行支票实际上具有本票的性质。它具有面额固定、兑取方便、携带安全并可挂失等优点,是国际旅游业使用较多的票据。

四、汇票、本票和支票的主要区别

汇票、本票和支票是货款支付中最常使用的三种票据,它们的相同点不多作论述,这里主要比较一下三者的不同点,主要有以下几个方面。

(1) 汇票和支票是无条件支付命令,本票是无条件支付承诺。

(2) 汇票和支票有三个基本当事人,其中汇票的付款人无限制,支票的付款人仅限于银行等金融机构;本票只有两个基本当事人,出票人即为付款人。

(3) 汇票出票人和付款人之间不必先有资金关系;本票出票人自己为付款人,无资金关系可言;支票的出票人和付款人之间必须先有资金关系。

(4) 汇票的主债务人承兑前为出票人,承兑后为承兑人;本票和支票的主债务人为出票人。

(5) 汇票的出票人必须承担承兑和担保付款责任,本票出票人应承担付款责任,支票的出票人应担保支票的支付责任。

(6) 汇票和本票可分为即期和远期,支票只有即期。

(7) 汇票是一套,有副本制度;本票和支票是一份,无副本。

(8) 汇票被拒付一般要求做成拒绝证书,本票和支票没有。

9.2 支付方式

国际贸易中,进口方总希望能安全及时地收到货物,出口方则希望能及时地收到货款,只有达到双赢,交易才能顺利地完成。在长期的国际贸易实践中,汇付、托收和信用证作为传统的支付方式一直被普遍应用,特别是信用证的使用更加普遍。但因进口商开立信用证时间长,手续烦琐,需要支付一定金额的开证保证金等实际问题,因此越来越多的进口商选择更为有效的创新手段——保函、保理和福费廷等来支付货款。因篇幅关系,信用证的内容在本章第三节作专门介绍。

一、汇付

(一) 汇付的含义及当事人

汇付(Remittance)又称为汇款,是指银行(汇出行)接受客户(汇款人)的委托,通过其在外的分行或代理行(解付行),将一定的金额交给异地的收款人的一种结算方式。

汇付是最古老的,也是最简便的一种支付方式,在实际操作中,由于资金的流向和支付工具的流向一致,所以汇付属于顺汇。

汇付一般有四个当事人——汇款人、汇出行、汇入行、收款人。

(二) 汇付的种类及其流程

按照资金转移方法或支付工具的不同,汇付可以分为信汇、电汇和票汇三种形式。

1. 信汇(Mail Transfer 或 M/T)

信汇是指汇出行应客户的要求,使用航空挂号信的方式将付款委托书寄给汇入行,授权

其解付一定的金额给收款人的一种汇款方式。

信汇是一种传统的汇付方式,其特点为:汇款速度慢,风险大,费用低。

信汇的具体流程如图 9-1 所示。

2. 电汇(Telegraphic Transfer 或 T/T)

电汇是指汇出行应客户的要求,使用电讯方式将付款委托书寄给汇入行,授权其解付一定的金额给收款人的一种汇款方式。

电讯方式一般包括电报(Cable)、电传(Telex)和 SWIFT 等形式。电汇速度很快,安全性高,费用也较高。

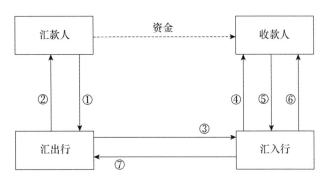

图 9-1 信/电汇业务流程

注:① 汇款人填写信汇申请书,交款付费;
② 汇出行出具信汇回执;
③ 以航空挂号信邮寄信汇委托书(电汇时使用加押电报、电传或 SWIFT 发出电汇委托书);
④ 汇入行发出信(电)汇通知书;
⑤ 收款人递交相关材料及凭证取款;
⑥ 汇入行付款;
⑦ 汇入行向汇出行发出付讫借记通知书。

3. 票汇(Remittance by Banker's Demand Draft 或 D/D)

票汇是汇出行应汇款人的要求,开立银行即期汇票给汇款人的一种汇款方式。实际上是汇款人购买银行即期汇票给收款人。

票汇在使用时手续简便,有很大的灵活性,只要汇票抬头允许,汇款人可自行取款,亦可转让。但是,票据一旦被转让,涉及的环节及当事人都较多,可能发生汇票纠纷,因此国际贸易中使用较少。

票汇的具体业务流程如图 9-2 所示。

(三) 汇付的应用

汇付是商业信用,它取决于买卖双方的信任程度,在国际贸易中,可以分为货到付款(Payment after Arrival of the Goods)和预付货款(Payment in Advance)两种类型,但是不论哪种类型,双方风险负担均不平衡,所以买卖双方磋商交易约定使用汇付时,必须明确规定使用哪种类型的汇付。其中,预付货款又可分成部分预付和全部预付;货到付款可分为售定(又称先出后结)和寄售(Consignment)。

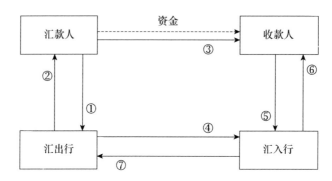

图 9-2 票汇业务流程

注：① 汇款人填写票汇申请书，交款付费；
② 汇出行开立银行即期汇票；
③ 汇款人将银行即期汇票寄给收款人；
④ 汇出行发出票汇通知(邮寄票根)；
⑤ 收款人持银行即期汇票自行上门取款；
⑥ 汇入行付款；
⑦ 汇入行向汇出行发出付讫借记通知书。

二、托收

（一）托收的含义

根据《托收统一规则》(国际商会第 522 号出版物)的第 2 条对托收所作的定义：托收(Collection)是银行(托收行)根据出口商(委托人)的委托向进口商(付款人)收取款项和/或承兑，或者在取得付款和/或承兑(或其他条件)交付单据的结算方式。简言之，托收就是债权人委托银行主动收款。

（二）托收的当事人及其权责

从前面的定义中我们能够看出，托收方式中通常有四个当事人：委托人、托收行、代收行和付款人。

(1) 委托人(Principal)：即债权人，通常为国际贸易中的出口商。

(2) 托收行(Remitting Bank)：接受委托人的指示并按照指示办理托收的银行，通常为委托人当地的银行。

(3) 代收行(Collecting Bank)：和托收行一样，代收行也是代理人，其基本责任和托收行相同，其主要责任是保管好单据，及时快捷地通过托收行通知委托人托收的情况，如拒付、拒绝承兑等。

(4) 付款人(Drawee/Payer)：即债务人，通常为国际贸易中的进口商。

在托收业务中，如果付款人拒付或拒绝承兑，代收行应将拒付情况及时通过托收行转告委托人，如请代收行保管货物，代收行可以照办，但风险和费用都由委托人承担。

（三）托收的种类及其流程

托收按照是否附商业票据而分为光票托收和跟单托收两种。

1. 光票托收

光票托收(Clean Collection)是指金融单据不随附商业单据的托收。在国际贸易中,光票托收手续简便,商业单据通常由出口商直接邮寄给进口商,风险较大,因此主要用于小额交易、预付货款、分期付款以及收取贸易的从属费用等。

2. 跟单托收

跟单托收(Documentary Collection)是指金融单据随附商业单据的托收或仅凭商业单据的托收。国际贸易中货款收取时使用的托收大多为跟单托收。跟单托收按照向进口商交付单据条件的不同,又分为付款交单和承兑交单。

(1) 付款交单(Documents against payment,简称D/P),是指代收行必须在付款人付清货款后方能将单据交给付款人的方式。付款交单按付款时间的不同,又分为即期付款交单和远期付款交单。

即期付款交单(D/P at sight),是指出口商发货后开具即期汇票并随附商业单据,通过托收行向进口商提示,要求进口商见票后立即付款,代收行在进口商付清货款后才交单。

即期付款交单具体流程如图9-3所示。

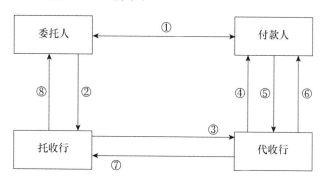

图9-3 即期付款交单流程图

注:① 委托人按照合同发运货物,取得全套的单据;
② 委托人填写托收委托书,开出即期汇票;
③ 托收行根据委托书缮制托收指示书,并转让汇票;
④ 代收行向付款人提示汇票并要求付款;
⑤ 付款人即期付清款项;
⑥ 代收行向付款人交单;
⑦ 代收行电告(或邮告)托收行,款项已收妥转账;
⑧ 托收行将款项交给委托人。

远期付款交单(D/P after sight),是指出口商发货后开具远期汇票并随附商业单据,通过托收行向进口商提示,要求进口商承兑汇票,并在汇票到期时付款,代收行在进口商付清货款后才交单。

远期付款交单具体流程如图9-4所示。

(2) 承兑交单(Documents against Acceptance,简称D/A),是指出口商在装运货物后开具远期汇票并随附商业单据,通过托收行向进口商提示,要求进口商承兑汇票,代收行在进口商承兑即可交单。在汇票到期时,代收行再提示付款,进口商付清货款。

这种方式的特点是:货物所有权转移在先,付货款在后。如果汇票到期后,进口商不付货款时,代收行不承担责任,由出口商自己承担货物和货款两空的损失。因此,出口商对这种方式一般采取很谨慎的态度,实际操作中使用得不多。

承兑交单具体流程如图 9-5 所示。

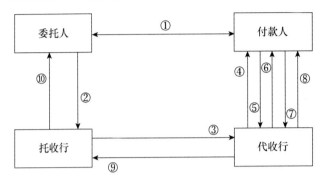

图 9-4 远期付款交单流程图

注:① 委托人按照合同发运货物,取得全套的单据;
② 委托人填写托收委托书,开出远期汇票;
③ 托收行根据委托书缮制托收指示书,并转让汇票;
④ 代收行向付款人提示承兑;
⑤ 付款人承兑汇票;
⑥ 汇票到期日代收行提示付款;
⑦ 付款人付清款项;
⑧ 代收行向付款人交单;
⑨ 代收行电告(或邮告)托收行,款项已收妥转账;
⑩ 托收行将款项交给委托人。

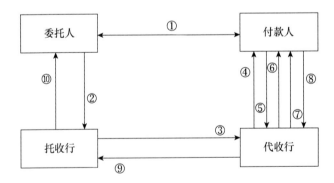

图 9-5 承兑交单流程图

注:① 委托人按照合同发运货物,取得全套的单据;
② 委托人填写托收委托书,开出远期汇票;
③ 托收行根据委托书缮制托收指示书,并转让汇票;
④ 代收行向付款人提示汇票并要求付款;
⑤ 付款人承兑并退回汇票;
⑥ 代收行向付款人交单;
⑦ 汇票到期日代收行提示付款;
⑧ 付款人付清款项;
⑨ 代收行电告(或邮告)托收行,款项已收妥转账;
⑩ 托收行将款项交给委托人。

（四）托收的特点

（1）托收业务中，能否收妥款完全取决于进口商的商业信用。银行只是转手交单的代理人，对付款不负责任。如果进口商拒付、破产、失去偿付能力等，卖方需要寻找新买主、存仓、保险、回运等，这些都要花费很大代价，这些责任和费用都由出口商承担。所以，在托收支付方式下，卖方最好选择按 CIF 或 CIP 条件成交或者投保卖方利益险，这样万一货物在运输途中遇到风险、进口商又拒绝支付货款，由于出口商掌握保险单，就可以据此向保险人索赔。

（2）资金负担不平衡。托收时出口商资金负担较重，出口商需要垫付自己的资金备货、装运，然后通过银行收款。而进口商则需付款就可以获得合格的单据并凭这些单据提货，如果进出口地距离很近时，几乎相当于"一手交钱，一手交货"。

（3）手续稍多，费用稍高。托收要通过银行交单，因此手续费比汇款要高，但是托收比汇款安全。

总之，在托收业务中，由于出口人的风险大于进口人，而且其资金负担重，所以应该注意防范风险。在成交之前，应注意对进口商资信情况、经营状况等进行调查，熟悉进口国的商业惯例和贸易政策，在确认进口商有足够的信用和相当实力时，方能与之进行按托收支付条件下的交易。交易过程中，建立健全的管理和检查制度，加强催收工作，尽可能在进口地有需要时的代理，以便拒付时及时处理单据和货物。

（五）托收中的融资

托收方式普遍受到进口商的欢迎，而且也是一种调动进口商积极性的方法，有利于提高出口商的竞争能力。由于托收中银行不提供信用保障，但在适当的条件下，银行也可以为进出口双方提供融资便利，以缓解期资金周转的困难。托收业务中银行的资金融通主要有以下两种。

1. 托收行对出口商的资金融通——出口押汇

托收出口押汇，是指托收行有追索权的买入出口商开出的跟单汇票，向其提供资金融通，出口商可先得到托收行融通的货款。

具体做法是：出口商按照合同发运货物后，开出以进口商为付款人的汇票，连同商业单据交给托收行办理托收时，要求托收行预先支付部分或全部货款，托收行根据进出口商的资信情况、商品的销售情况以及出口商的还款能力等因素以后，才会给予出口商一定额度内的有追索权的融资。银行即成为汇票的正当持票人，如果托收遭到拒付，托收行可以向出口商追回已付出款项，如果追要不成，还享有处置汇票下货物的权利。

2. 代收行对进口商的资金融通——借单提货

在远期付款交单情况下，如果汇票到期日晚于到货日，即货物已先到达目的地或目的港，进口人为了抓住有利的市场时机，可以向代收行借单，在借单时要提供信托收据（Trust Receipt，简称 T/R）。信托收据是一种书面担保，用来表示借单人愿意以代收行委托人的身份代为提货、报关、存仓、保险或出售，并承认货物的所有权仍属于代收行，货款在汇票到期时交给代收行。这种做法是银行提供的资金的融通，是 D/P 远期的变通。

值得注意的是，借单又分以下两种情况。

一种情况是代收行对于资信较好的进口商，允许进口商凭信托收据借取货运单据，先行提货,这是代收行自己向进口商借单,如果汇票到期时,代收行不能收回货款,则由代收行来承担相应的风险和责任,一旦进口商不付款代收行必须垫付。

另一种情况是出口商主动授权代收行可以凭进口商提交的信托收据向进口商借单,即远期付款交单凭信托收据借单(D/P. TR),日后如果进口商在汇票到期时拒付,则与代收行无关,由此产生的风险则有出口商自己承担。这种情形就相当于做 D/A(其实从票据法的角度来看,它还不如 D/A 好)。

> **案例 9.1**
>
> 在 D/P after sight 支付条件下进口商的借单问题:北京某贸易公司向中国香港某商人出口一批货物,付款方式为 D/P 60 天,汇票及货运单据通过托收行中国银行北京分行寄到境外代收行香港汇丰银行后,港商对汇票进行了承兑。当货物运到目的港后,恰巧当时该商品市场价格上涨,进口商为了抓住有利的出售时机,便出具信托收据(T/R)向代收行借取货运单据,先行提货;但是,货物出售后买方倒闭。
>
> 试问:在此情况下,我方在汇票到期时能否收回货款?
>
> 【评析】
>
> 我方在汇票到期时可以向代收行收回全部货款。因为案例中的付款方式为 D/P,进口商是在征得代收行同意的情况下,出具信托收据,向代收行借出全套单据,待汇票到期时由进口商向代收行付清货款再赎回信托收据。因为这是代收行凭进口商的信用借出单据,是代收行对进口商的授信,不论进口商能否在汇票到期时付款,代收行都必须对出口商承担到期付款的责任和义务。
>
> 国际商会《托收统一规则》(URC522)不鼓励 D/P 远期托收这种做法。《托收统一规则》第 7 条规定:托收不应含有远期汇票而同时规定商业单据要在付款后才交付。如果托收含有远期付款的汇票,托收指示书应注明商业单据是凭承兑交单(D/A)还是凭付款交单(D/P)交付款人。如果无此项注明,商业单据仅能凭付款交付,代收行对因迟交单据产生的任何后果不负责任。

三、保函

(一)保函(Letter of Guarantee 或 L/G)的含义

保函又称保证书,是指银行、保险公司、担保公司或个人(保证人)应申请人的请求,向第三方(受益人)开立的一种书面信用担保凭证,保证在对受益人负有首要责任的申请人违约或失误时对债务承担责任。狭义的保函就是指银行保函,即银行以自身的信用开出的担保文件,是银行信用对商业信用的补充或者替代。

保函在实际业务中的使用范围非常广泛,它能随交易不同的要求而灵活变化,不仅使用于货物买卖,还广泛应用于国际工程承包、招标投标、国际借贷等。

(二)保函的当事人

(1)申请人(Principal):又叫委托人,即要求银行开立保函的一方。

(2) 受益人(Creditor)：即为收到保证书并在申请人违约后凭以向银行索偿的一方。

(3) 保证人(Guarantor)：也称担保人，是保函的开立人。

(4) 传递行(The Transmitting Bank)：即根据开立保函的银行的要求，将保函传递给受益人的银行。一般情况下，传递行只负责核对保函的印鉴或密押，审核保函的真伪即可，而不承担任何经济责任。

(5) 转开行(The Reissuing Bank)：即指接受担保银行的要求，向受益人开出保函的银行。这种保函发生赔付时，受益人只能向转开行要求赔付。

上述当事人中，申请人、受益人、保证人是一份保函的基本当事人。

（三）保函的特点

保函是为了消除彼此间的不信任，从而促进世界经济贸易的发展，保函具有两个基本功能——信用功能和结算功能。尽管保函与信用证都是银行以自身的信用应申请人的请求开给受益人的证明文件，但是不能把二者相提并论，保函具有以下独特的特点。

(1) 保函保证人的付款责任有第一性和第二性之分。目前国际通行做法主要是应用第一性付款人责任的保函，但是在使用保函时，如果要求受益人（债权人）索赔时先向申请人（债务人）请求付款，只有在债务人不付时，才可利用保函要求保证人付款，这种保函保证人的付款责任是第二性的。

(2) 只有在违约情况发生时才能支付，因此保函的支付不一定发生。开立保函的目的是银行信用对商业信用的补充或者替代，促使申请人及时履约，从而促使经济交易得以实现。

(3) 开立保函只是为了提供信用担保。保证人是出于对申请人履约能力的信任才开立保函，其目的根本不是为了赔款，而只是为了提供信用保证。因此一般不要求申请人交付押金，而只是要求质押或提供反担保。

(4) 保函项下受益人的债权不允许转让。

(5) 使用范围广，内容及种类灵活多样。

（四）保函的内容

银行保函并无统一格式，其主要内容应包括以下几点。

(1) 有关当事人：保函中应列出主要当事人，即申请人、受益人、保证人的完整名称及详细地址，其中保证人的地址尤为重要，因为保函通常受开立地的法律所约束。

(2) 担保金额：担保金额是保证人的责任限度，通常等于受益人的索偿金额，除保函中另有声明外，其担保金额不因合同被部分履行而减少。

(3) 责任条款：保证人和受益人应承担的责任，是指银行保函的主体部分及与保函相关的转让、保兑、修改等条款内容。受益人所承担的责任以保证书内所列的条款为限。

(4) 索偿条件：只有在合同一方未履约或违反合同规定时，另一方才能利用保函取款，保证人如何认定申请人违约，什么情况下保证人可以向受益人付款，均由索偿条件决定。索偿条件直接关系到申请人和受益人的权益，各方均必须慎重考虑。

(5) 有效期限：即保函的文尾部分，保函生效的日期及失效日期的规定。

（五）保函的担保方式

担保行在对外担保时有两种方式：直接担保和间接担保。

1. 直接担保

直接担保又称直开式保函,是担保行应申请人的要求直接将保函开给受益人,中间不经过其他人并对受益人承担支付担保责任。直接式保函分为直交式和转交式两种。

直交式保函是开函方式最简单、最直接的一种保函。在这种方式下,只涉及三方当事人,即担保行应申请人的请求开立保函,并直接传递给受益人。

转交式保函业务中,担保行开立的保函由受益人所在地的另一家银行(转递行或通知行)核实真伪后转交,多了当地银行的参与,收益人不必顾虑保函是伪造的,有一定的好处,但是通知行只是核验保函的真伪,实质上来说,对于受益人仍然是向开函行索赔,仍存在一定的不便。

2. 间接担保

间接担保下的保函称为转开式保函,在实践中应用较多。转开式保函是申请人请求其所在地银行(指示行)开立一份以受益所在地银行(转开行)为受益人的反担保函,委托转开行开立一份以原始保函的申请人为申请人、受益人为受益人的保函。这时可称担保行为反担保人,转开行为担保人。

三种方式的保函业务中,对受益人来说最乐意接受的是转开式保函,其次是转交式保函,最不乐意接受的是直交式保函。因为转开式保函在申请人违约时,受益人可直接向转开行索赔,手续方便,避免异地索赔时不必要的麻烦,大大提高了解决问题的效率;而相对于直交式保函而言,转交式保函通过通知行鉴别真伪后转交,提高了安全性,但是通知行不承担担保责任,即索赔时受益人只能通过通知行向担保行索赔。

四、保付代理

国际保理(International Factoring)又叫承购应收账款,是指出口商以商业信用形式出售货物,在货物装船后立即将发票、汇票、提单等有关单据,卖给保理商(通常为商业银行或其他附属机构),从而得到一定发票金额的无追索权的融资,实际上是保理商承购了出口商的债权,向其提供一定的融资和风险担保。

随着国际贸易的发展,特别是国际贸易中买方市场的普遍形成、电子通信系统的普及应用,国际货款支付非信用证化的发展趋势大大促进了国际保理业务的发展,这种技术最早出现在欧洲,美国发展最快,我国保理业务还处于形成阶段。

国际保理商主要提供出口贸易融资、销售账务处理、收取应收账款及对进口商进行信用额度核定四个方面的服务。

国际保理业务具有以下几个特点。

(1) 保理业务最大的特点就是保理商承担了信贷风险(Coverage of Credit Risks)。出口商将单据卖给保理商,这就是说如果进口商拒付或不按期付款,在出口商无任何违反合同规定情况下,保理商不能向出口商行使追索权,担保额度内的全部风险由其自行承担。这对于出口商是非常有利的,只要其履行合同规定,就可以安全收款,没有信贷风险和汇率风险。

(2) 保理业务可以预支货款。典型的保理是在出口商出卖单据后立即取得现款,得到资金融通,加快了资金周转,有利于增加利润收入。如果出口商资金实力雄厚,也可以等票据到期后再索要货款。

(3) 保理商可以代客户承担资信调查、托收、催收账款、会计处理等业务。由于保理商熟知海外进口商和市场的情况,他们所提供的信息和数据具有重要的价值,对于出口商的作用是很显著的。

五、福费廷

福费廷(Forfaiting)又称为包买卖远期票据业务,是一种融资商无追索权的为出口商贴现已经承兑的或由进口商方面的银行担保的远期票据的金融服务。消除了出口商远期收汇风险以及汇率和利率等风险,而融资商通常被称为包买商(Forfaitor)。

福费廷业务的主要特点如下。

(1) 福费廷业务主要应用于大型机器设备贸易及技术贸易,融资金额由 10 万美金至 2 亿美金,并且是 100% 合同金额的融资。

(2) 出口商在背书转让远期票据时均加注"无追索权"(Without Recourse)字样,从而将收取债款的权利、风险和责任转嫁给包买商,包买商对出口商、背书人无追索权,即出口商必须放弃对所出售债权凭证的一切权利,而包买商也必须放弃对出口商的追索权。

(3) 福费廷业务融资期限可以是短期或长期,按照票据的期限一般在 1~5 年,但随着福费廷业务的发展,其融资期限扩充到 1 个月至 10 年不等,时间跨度大,属中长期贸易融资。

(4) 包买商承做福费廷业务,大多需要进口商的银行做担保,一般只适用于信用证项下经有关银行承兑或保付后办理。

(5) 出口商支付承担费(Commitment Fee),在承担期内,因为包买商对该项交易承担了融资责任而相应限制了他承做其他交易的能力,以及承担了利率和汇价风险,所以要收取一定的费用。

9.3 信用证

一、信用证的含义

根据国际商会《UCP 600》的解释,信用证(Letter of Credit 或 L/C)意指一项约定,无论其如何命名或描述,该约定不可撤销并因此构成开证行对于相符提示予以兑付的确定承诺。

二、信用证的特点

(一) 信用证是一种银行信用,开证行承担第一性付款责任

开证行在开出信用证以后就要承担第一性的付款责任,由开证行以自己的信用作为付款的保证。

(二) 信用证是一种自足性的文件,源于合同又独立于合同

这一点《UCP 600》第 4 条明确规定:"就性质而言,信用证与作为其依据的销售合同或其他合同,是相互独立的交易。即使信用证中提及该合同,银行亦与该合同完全无关,且不

受其约束。因此,一家银行做出兑付、议付或履行信用证项下其他义务的承诺,并不受申请人与开证行之间或与受益人之间在已有关系下产生的索偿或抗辩的制约。受益人在任何情况下,不得利用银行之间或申请人与开证行之间的契约关系。"

（三）信用证是一种单据的买卖

《UCP600》中规定:"银行处理的是单据,而不是单据所涉及的货物、服务或其他行为。"也就是说,银行只是凭单付款,是一种纯粹的单据业务,虽然银行有义务合理小心地审核一切单据,但是,这种审核只是用以确定单据表面上是否符合信用证条款,开证行只根据表面上符合信用证条款的单据付款。所以,在信用证支付条件下,银行所谓的"严格相符原则"只是指"单单一致""单证一致",并不要求"单货一致"。

案例9.2

我国某A公司从国外进口一批货物,合同中规定:分两批装运,支付方式为不可撤销即期信用证,每批分别由中国银行开立一份信用证。第一批货物装运后,卖方在信用证有效期内向银行交单议付,议付行审单无误后向出口商议付了货款,随后中国银行对议付行作了偿付。A公司收到第一批货物后,发现货物品质不符合合同要求,因而要求开证行对第二份信用证项下的单据拒绝付款,但是遭到开证行的拒绝。

试问:开证行这样做是否有道理? A公司应该如何来处理这件事?

【评析】开证行拒绝是合理的,卖方所交货物与合同不符,A公司只能凭买卖合同向卖方追索,但无权要求中国银行拒付第二批货物的款项。具体原因如下:

根据《UCP600》第4条和第5条:银行处理的是单据,而不是单据所涉及的货物、服务或履约行为。本案例中只要出口方提交全套的合格单据,开证行就应履行付款责任。开证行没有责任保证货物品质与合同相符,开证行在正常付款后,享有向进口方追偿款项的权利,不论货物与合同是否相符,进口方都应履行对开证行的付款义务。

三、信用证的当事人

（一）开证申请人（Applicant）

开证申请人意指发出开立信用证申请的一方。银行接受其申请为其开出信用证,开证申请人要承担开证过程中所产生的费用,并向开证行提供押金或担保。

（二）开证行（Issuing Bank）

开证行意指应申请人要求或代表其自身开立信用证的银行。它是信用证业务中最重要的一方,开证行的信誉、业务经验是受益人接受信用证时应重点考虑的方面,也是其他当事人参与与否的主要依据。

（三）通知行（Advising Bank）

通知行意指应开证行要求通知信用证的银行。其行为受它与开证行之间的代理合同约束,通知行应"合理谨慎地核验信用证的表面真实性"。

(四)受益人(Beneficiary)

受益人意指信用证中受益的一方。信用证的受益人和申请人之间有买卖合同,应申请人的要求,开证行开立信用证并通过通知行来通知受益人。

(五)议付行(Negotiating Bank)

议付行意指被指定银行在其应获得偿付的银行日或在此之前,通过向受益人预付或者同意向受益人预付款项的方式购买相符提示项下的汇票(汇票付款人为被指定银行以外的银行)及/或单据。通过议付买入汇票及/或单据的银行就是议付行。

议付行在审单无误的情况下,按信用证的条款买入受益人(出口商)的汇票及/或单据,并按票面金额扣除从议付日到估计收到票款之日的利息,将净数支付受益人,这种业务在实务中称为押汇。

(六)付款行(Paying Bank)

如果开证行在信用证中指定另一家银行作为信用证项下汇票的付款人或付款信用证下支付货款的银行,那么这个银行就是付款行。付款行付款后只能向开证行索偿,即使开证行无力支付或者无付款意愿,都不享有对受益人或其他前手的追索权,因此,手续费比议付高,在开证行资信较差的情况下,被指定的付款行可以不接受开证行的授权,拒绝付款。

(七)保兑行(Confirming Bank)

保兑意指保兑行在开证行之外对于相符提示做出兑付或议付的确定承诺。应开证行的授权或请求对信用证加具保兑的银行即为保兑行。

(八)承兑行(Accepting Bank)

承兑行是根据开证行的指定和请求对受益人所签发的远期汇票予以承兑,并到期付款的银行。开证行如开立承兑信用证,则该证下的汇票的付款人必须是银行,而不能是开证申请人。受益人须向指定的承兑行提交单据,承兑银行审核无误后承兑汇票,即在汇票上加注"已承兑"字样,加注日期并签字。承兑行承兑后即承担第一性付款责任,无论开证行倒闭或发生支付困难,都必须承担到期付款的责任,而且不享有对受益人的追索权。

(九)偿付行(Reimbursing Bank)

偿付行是根据开证行的要求,为开证行偿付议付行或付款行索偿的银行,又称为清算银行(Clearing Bank)。开证行开出信用证后应立即向偿付行发出偿付授权书,通知授权付款的金额,有权索偿银行等内容;出口地银行在议付或付款后,一面把单据直接寄给开证行,一面向偿付行发出索偿书,偿付行在收到索偿书后,如果已有授权,只要索偿金额不超过授权金额就立即根据索偿书中的指示,向出口地银行付款,而不需过问单据是否符合要求。

> **案例 9.3**
> 我国某公司向国外 A 商出口货物一批。A 商按时开来不可撤销即期议付信用证,该证由设在我国境内的外资 B 银行通知并加保兑,我国某公司在货物装运后,将全套合格单据送交 B 银行议付,收妥货款。但 B 银行向开证索赔时,得知开证行因经营不善已宣布破产。于是,B 银行要求我国某公司将议付的货款退还,并建议我方可委托其向 A 商直接索取货款。

对此,你认为我国某公司应如何处理?为什么?

【评析】我国某公司应拒绝接受 B 银行的要求。理由如下:《UCP600》中第 8 条保兑行责任中规定"保兑行必须承付或无追索权地议付,如果信用证规定由保兑行议付"。即信用证一经保兑,保兑行即与开证行同样承担第一付款责任。保兑行付款后,无追索权。因此,我公司应拒绝 B 银行的要求。

四、信用证的种类

(一)不可撤销信用证(Irrevocable Credit)

不可撤销信用证是指信用证一经开出,非经三方(开证行、开证申请人、受益人)一致同意,不能单方面撤销或修改,因此构成一项确定的付款保证。不可撤销信用证的受益人收款比较有保障,所以《UCP600》中规定"信用证是不可撤销的,即使信用证中对此未作指示也是如此"。

(二)按信用证项下是否随附商业单据分为光票信用证和跟单信用证

(1)光票信用证(Clean Letter of Credit)是指受益人取款时只签发一张汇票,而不需提供其他任何商业单据的信用证。国际贸易货款支付中很少使用。有的信用证要求汇票附有非货运单据,如发票、垫款清单等,也属光票信用证。

(2)跟单信用证(Documentary Credit)是指付款行要凭跟单汇票或仅凭商业单据付款的信用证。跟单信用证在国际贸易中得以广泛使用。

跟单信用证具体流程如图 9-6 所示。

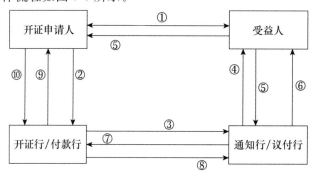

图 9-6 跟单信用证流程图

注:① 签订买卖合同并约定使用信用证支付货款;
② 进口商申请开立信用证;
③ 开证行开立信用证;
④ 审核信用证真伪并通知信用证;
⑤ 出口方交货完成后取得全套单据向议付行交单议付货款;
⑥ 审核单据合格后付款;
⑦ 向开证行寄单索偿;
⑧ 开证行付款;
⑨ 通知申请人付款赎单;
⑩ 申请人付款赎单。

（三）按信用证是否有另一家银行加以保证兑付可以分为保兑信用证和不保兑信用证

（1）保兑信用证(Confirmed Credit)是指开证行邀请另一家银行对其开出的信用证承担保证兑付义务的信用证。有时开证行为了使自己开出的信用证有较好的可接受性，就要求另一家银行（一般是出口地信誉良好的银行，通常就是通知行）加以保兑，如果这家银行接受邀请，在信用证上加注保证条款或在信用证上加保兑注记，那么它就成为保兑行。

保兑行在信用证上加具保兑后，未经有关各方同意，不能自行修改或撤销保兑。保兑行和付款行都负第一性付款责任。保兑信用证有两家银行作了付款承诺，对于受益人来说，就有了双重保障。

（2）不保兑信用证(Unconfirmed Credit)是指没有另一家银行保证兑付的信用证。

（四）按付款方式分为即期、承兑、延期、议付信用证

《UCP600》第6条b款的规定：信用证必须规定其是以即期付款、延期付款、承兑还是议付的方式兑用(available by)。

（1）即期付款信用证(Sight Payment Credit)是开证行或指定银行收到符合信用证条款的即期汇票和/或单据后立即履行付款义务的信用证。这种信用证有的不要求开具和提示汇票，只要提示单据即可付款，有些需要提示汇票后才进行付款。

（2）承兑信用证(Acceptance Credit)是指当受益人向指定承兑的银行开具远期汇票并提示时，指定银行即行承兑，并于汇票到期日付款的信用证。受益人得到银行承兑的汇票，等于银行不可撤销地承担了远期付款的承诺，承兑的汇票可以被无追索权地贴现，受益人随时都可以变现。

（3）延期付款信用证(Deferred Payment Credit)。出口商在跟单信用证的基础上，同意进口商延期付款，这种远期付款而又不要汇票的信用证就称为延期付款信用证。它的业务和承兑交单相仿，银行在收到单据后交给申请人，在到期日才付款。出口商的货款通过开证行或加上保兑行在信用证上开列的到期付款的承诺而得到保障。

（4）议付信用证(Negotiation Credit)是指开证行在信用证中，邀请其他银行买入汇票及/或单据的信用证。通常在单据符合信用证条件下，议付银行扣除利息和手续费后将票款垫付给受益人。议付行在开证行拒付或单据在邮程中丢失时有权向受益人追索已议付的款项及利息损失。

议付信用证可分为自由议付信用证(Freely Negotiable Credit)和限制议付信用证(Restricted Negotiable Credit)。自由议付信用证其议付行的资格不受限制，任何银行均可对信用证议付。相比较而言，对受益人更为便利，他可以向自己最熟悉的银行交单议付货款。限制议付信用证只能在开证行指定的银行议付。

（五）根据信用证中使用的汇票可分为即期信用证和远期信用证

（1）即期信用证(Sight Credit)是指银行在收到符合信用证的全部单据后，立即履行付款义务的信用证。

（2）远期信用证(Usance Credit)是指银行不用马上付款，而是承兑汇票，等汇票到期后才付款的信用证。

通常情况下，受益人取得了银行承兑的远期汇票，就等于收到了货款，可以进行贴现，但是要承担贴现息，所以受益人希望使用即期信用证，而申请人为了资金的融通则希望使用远

期信用证付款,所以产生了假远期信用证。所谓假远期信用证(Usance Credit Payable at Sight),是指它规定信用证的受益人开立远期汇票,由付款行负责贴现,并规定一切利息和费用由进口商负担。这种信用证表面上看是远期信用证,但是对于出口商来说是即期收到全额的货款,因而习惯上称之为"假远期信用证"。这种信用证实质上是付款行给进口商提供资金融通,只需要承担出口商贴现的费用即可在信用证到期时履行实际的付款义务。

(六)根据受益人对信用证的权利能否转让可分为可转让信用证和不可转让信用证

(1)可转让信用证(Transferable Credit)意指根据受益人(第一受益人)的请求,可以被全部或部分地转让给其他受益人(第二受益人)的信用证。根据《UCP600》的规定,唯有开证行在信用证中明确注明"可转让(Transferable)"字样,信用证方可转让。第一受益人一般是与进口商签订合同的中间商,第二受益人往往是实际供货人。中间商为了赚取差额利润,将信用证转让给实际供货人,由供货人办理出运手续。

可转让信用证只能转让一次,即第二受益人不得要求将信用证转让给任何次序位居其后的其他受益人,第一受益人不属于此类其他受益人之列。

信用证一经转让,便存在第二受益人直接向开证行直接交单的风险。转让行应在通知中要求单据寄转让行。开证行应寻求保护第一受益人的利益,就替换单据的可能性与转让行联系。因此,《UCP600》第38条规定:由第二受益人或代表第二受益人提交的单据必须向转让银行提示。

(2)不可转让信用证(Non-transferable Credit)是指受益人不能将信用证的权利转让给他人的信用证。凡信用证中未注明"可转让"者均视为不可转让信用证。

(七)对背信用证

对背信用证(Back to Back Credit)又称为"第二信用证",是以中间商作为信用证的申请人,以原证为抵押,要求转开行向第二受益人开立条款受约于原信用证条款的信用证。

在实际贸易中,中间商既是原证的受益人,又是对背信用证的申请人,即中间商需要承担双重责任,既要保证交货又须保证付款。中间商不愿将货源或者商业渠道公开,先与进口商签订出口合同,再与实际供货商签订进口合同,故这种贸易又被称为"三方两份契约"方式。新证开出后原证仍然有效,对背信用证是在原证基础上开立的,新证条款一般应和原证相同,但中间商可以改变信用证金额、单价、装运期、有效期和保险加成,简言之,先买后卖,低买高卖。

(八)对开信用证

对开信用证(Reciprocal Credit)是指两张信用证的开证申请人互以对方为受益人而开立的信用证。对开信用证的特点是第一张信用证的受益人(出口商)和开证申请人(进口商)是第二张信用证的开证申请人和受益人,第一张信用证的通知行则往往是第二张信用证的开证行,反之亦然。一般两证同时生效。在第一张信用证开立时应该加下述文句:本信用证待××银行开立了以××为受益人,金额为××的货物由××地运至××地的对开信用证以后生效。

对开信用证多用于易货贸易和"三来一补"业务,交易的双方担心对方凭第一张信用证出口或进口后另一方不履约,而采用这种互为条件,互相约束的开证方法。

（九）循环信用证

循环信用证(Revolving Credit)是信用证的全部或部分金额被使用后,其金额又恢复到原金额,可以再次使用,直到达到规定的总次数或总金额为止的信用证。循环信用证内容上比一般的信用证多一个循环条款,说明循环方法,循环次数与总金额。

循环信用证的循环计算方式可以分为两类：

（1）按时间循环。这种类型较多。如信用证规定1、2、3月按月循环,那么1月份金额用完后,2月1日信用证金额就可恢复,再被利用。

（2）按金额循环。这种信用证在规定的金额用完之后就恢复,可再被利用,直到用完总额为止。

循环信用证的恢复方式可以分为：

（1）自动循环。即每期金额用完后不需等待开证行的通知即自动恢复。

（2）半自动循环。即信用证的金额用完后一定时间内开证行如果没有通知撤销,信用证就恢复原来金额。

（3）非自动循环。即每一期金额用完之后必须等待开证行的通知到达,才可恢复到原金额继续使用。

循环信用证主要用于买卖双方订立长期合同并均衡分批交货的情况,进口商开立此种信用证可以不必多次开证,节省手续费和保证金；出口商可以免去等待开证、催证、审证、改证的麻烦,有利于合同的履行。

（十）预支信用证

预支信用证(Anticipatory Credit)是允许受益人在收到信用证后可立即签发光票取款的信用证。开证行对这种预付款承担责任,使出口商可以采购所需的货物,获得资金融通。这种信用证也叫红条款(Red Clause)信用证、绿条款(Green Clause)信用证、打包放款信用证(Packing Credit)。预支信用证是开证行授权通知行或保兑行在受益人交单前向其支付全部或部分货款,付款在前,发货在后,银行不但提供了信用,而且提供了资金。

（十一）备用信用证

备用信用证(Stand-by Letter of Credit)又称担保信用证或保证信用证,是指开证行应开证申请人的请求,向受益人开立的,以自身的银行信用担保开证申请人履行债务的保证付款凭证。可以看出,备用信用证实质上就是保函,是债务人违反约定时才使用的。因为在一般情况下并不被使用,因此称它为"备用"信用证。

1. 备用信用证与一般的跟单信用证的关系

银行都承担第一性付款责任,但是两者之间还是有一定的区别,具体表现在：

（1）跟单信用证通常只用于货物买卖中货款的支付；而备用信用证不仅适用于货物买卖中货款的支付,还适用于投标担保、还款担保等。

（2）在跟单信用证情况下,付款行是凭受益人提交符合信用证要求的货物单据付款；而在备用信用证情况下,付款行是凭受益人出具的证明开证申请人已经违约的证明书,承担付款责任。

（3）跟单信用证是在受益人履约的情况下,开证行就会付款；而备用信用证具有"备而不用"的特点,因为只要开证申请人没有违约,备用信用证就不会使用。

2. 备用信用证与银行保函

备用信用证与其说是一种特殊的信用证,不如说是一种信用证格式的保函。但是备用信用证和保函也存在着差异,具体如下:

(1) 备用信用证一定是独立于合同以外的自足性的契约,银行承担第一性付款责任;而保函可以是从属性文件,银行可承担第二性付款责任。

(2) 备用信用证的付款依据是按规定提供某项凭证,同被保证人与受益人的契约无关;而保函的付款依据则是某项契约或诺言是否已经履行,往往涉及契约的履行争议等。

(3) 备用信用证理论上受益人的权益可以转让,而保函受益人权益不能转让。

(4) 备用信用证要求受益人索赔时必须提交即期汇票,而保函不要求受益人提交汇票。

五、信用证支付方式的作用

使用信用证方式支付货款时,受益人(出口商)的收款有保障,特别是在出口商不很了解进口商,或在进口国有外汇管制时,信用证的优越性更为显著,而且信用证方式使双方的资金负担较平衡。但是信用证方式手续复杂,环节较多,不仅费时,而且信用证费用也较高,审单等环节还需要较强的技术性,增加了业务的成本。另外,信用证方式容易产生欺诈行为,如果受益人伪造相符单据或制作根本没有货物的假单,那么进口商就会成为受害人。尽管从理论上讲进口商可以依买卖合同要求出口商赔偿,甚至诉诸法律,但跨国争端往往很难解决。

虽然信用证有利有弊,但其仍是目前国际贸易货款支付的重要方式之一,跟单信用证通常能满足买卖双方需要融资的要求,它的使用解决了国际贸易中预付和迟付的矛盾,其作用具体来讲,可以得出以下几点。

首先,对于出口商来说,得到信用证可以得到开证行的收款保证,出口商出运货物以后,可以立即把单据卖给出口地银行以获得货款,还可以利用信用证作打包贷款,因此,资金负担比货到付款和托收轻得多。

其次,对于进口商来说,开证时需要交纳押金,但是根据进口商的自身信誉的好坏,开证行收取的押金可以从100%降到0%。同时,进口商申请开证时可以通过信用证条款控制交货的各个环节,如质量标准、数量、运输、保险、商检等,从而尽可能降低出口商违约的风险。

最后,对于银行来说,开证行开立信用证并不需要垫付资金,只是以自身良好的信用提供银行保证,同时可以收取手续费以及根据申请人的资信收取相应的押金。只有受益人递交全套合格的单据,开证行才须履行付款责任,但是可以获得商业单据,享有物权保障。即使最终进口商拒绝付款赎单,开证行也可以通过没收押金,变卖货物得到补偿,若仍有不足,可以以债权人的身份向进口方追索或参与其破产清理并优先受偿。而对于其他参与信用证业务的银行来说,只是根据其参与的具体内容承担责任,并收取一定的费用。

六、信用证的内容

国际上信用证虽然没有统一的格式,但其基本内容是相同的,主要包括以下几个方面。

(1) 开证行名称。应该是全称加详细地址。

(2) 信用证的类型。《UCP 600》规定:"信用证是不可撤销的,即使信用证中对此未作指示也是如此。"

(3) 信用证的号码和开证日期。

(4) 申请人。信用证的申请人一般是货物的进口商,有关申请人的记载应该有完整的名称和详细的地址。

(5) 受益人。与申请人的要求相同。受益人一般为出口商,他享有凭信用证取得货款的权利。

(6) 金额及币种。信用证金额是开证行付款责任的最高限额,超过该金额就构成了不符点,开证行必会拒付。如果在规定信用证金额时带有估计的词语,如"about"(约)、"approximately"(近似)等,这表明实际支付金额可以在规定的金额上下10%的范围内浮动。

(7) 有效期限。是受益人交单取款的最后期限。过了这个期限,开证行就不再承担付款责任。有效期限一般都指受益人向出口地银行(议付行或付款行)交单的最后期限。

(8) 商品描述。一般信用证上商品描述只有品名、规格、数量、包装、价格等一些最主要的内容和合同号码,应尽可能简洁,避免罗列过多的细节,避免在信用证中所要求的单据无法获得,或规定的细节不能在单据中实现。

(9) 运输的规定。信用证应规定启运港、目的港、装运期限、可否分批装运、可否转运等,应使用全称,避免模糊用语,尤其是目的港要准确。

(10) 需要的单据。说明单据的名称、份数和具体要求。信用证项下所需要的单据通常有:汇票、商业发票、运单、装箱单、磅码单、保险单、普通(普惠制)原产地证书、商检证书以及其他证明等。

(11) 保证条款。开证行通过保证条款说明它的付款责任。

(12) 签字或加押。信开本的信用证需要开证行有权签字人手签,电开本信用证需要加押。

(13) UCP 适用条款。声明适用《UCP600》。这是一个非常重要的文句,对信用证的可接受性有决定性的影响。

(14) 其他事项。主要包括对其他参与银行的指示及特别指示条款等。

SWIFT

SWIFT 是 Society for Worldwide Inter-bank Financial Telecommunication 的简写,译成环球银行间金融电讯协会。它是一个国际性银行资产清算机构,是国际银行间非营利性的国际合作机构。该组织于1973年在比利时首都布鲁塞尔成立,目前已有一千多家分设在不同国家和地区的银行参加该协会,并采用该协会的电讯业务的信息系统,使用时必须按照 SWIFT 使用手册规定的标准,否则会被拒绝。

我国的中国银行于1983年2月率先加入 SWFIT 组织,1985年5月正式使用该系统,随后中国人民银行、中国建设银行、中国农业银行、中国交通银行等也相继加入该组织。

SWIFT 信用证样例:

Status:MESSAGE DEL. IVERED
Station:BEIJING OF MESSAGE
FIN/SESSION/OSN:F01 2391 750752

OWN ADDERSS：	×××××
Output Message Type：	700 ISSUE OF A DOCUMENTARY CREDIT
Input Time：	×××××
MIR：	
SENDER：BANK OF CHINA，TOKYO BRANCH，JAPAN	
RECEIVER：CHINA MINSHENG BANKING CORP.，LTD.	
Output Date/Time：	07/12/22
Priority：	Normal
27/ SEQUENCE OF TOTAL.	1/1
40A/ FORM OF DOCUMENTARY CREDIT	IRREVOCABLE
20/ DOCUMENTARY CREDIT NUMBER	×××××
31C/ DATE OF ISSUE	07/12/22
31D/ EXPIRY AND PLACE	08/02/20 CHINA
50/ APPLICANT	××××，JAPAN
59/ BENEFICIARY	××××，CHINA
32B/ CURRENCY CODE AMOUNT	USD50,000.00
39A/ AMT MORE OR LESS	05/05
41D/ AVAILABLE WITH\BY	ANY BANK BY NEGOTIATION
42C/ DRAFTS AT…	DEAFT AT SIGHT FOR FULL INVOICE VALUE
42D/ DRAWEE	OURSELVES
43P/ PARTIAL SHIPMENTS	PROHIBITED
43T/ TRANSHIPMENT	PROHIBITED
44A/ LOADING ON BOARD/	CHINESE MAIN PORT
44C/LATEST DATE OF SHIPMENT	08/01/31
45A/ GOODS DESCRIPTION/	10,000 SET OF GLASSWARE AS PER S/C NO. ××× AT USD5/SET FOB TIANJIN

46A/ DOCUMENTS REQUIRED/
＋SIGNED COMMERCIAL INVOICE IN TRIPLICATE
＋PACKING LIST IN TRIPLICATE
＋FULL SET OF CLEAN ON BOARD OCEAN B/L MADE OUT TO ORDER OF SHIPPER AND ENDORSED IN BLANK MARKED FREIGHT COLLECT，NOTIFY APPLICANT.
＋G.S.P. CERTIFICATE OF ORIGIN FORM A IN ONE ORIGINAL.
＋BENEFICIARY'S CERTIFICATE STATING THAT ONE OF SHIPPING DOCUMENTS HAVE BEEN SENT BY FACSIMILE DIRECTLY TO THE APPLICANT IMMEDIATELY AFTER SHIPMENT.
＋BENEFICIARY'S CERTIFICATE STATING THAT ONE SET OF NON-NEGOTIABLE SHIPPING DOCUMENTS INCLUDING ONE COPY OF ORIGINAL G.S.P. CERTIFICATE OF ORIGIN FORM A HAVE BEEN SENT BY COURIER DIRECTLY TO THE APPLICANT IMMEDIATELY AFTER SHIPMENT.
＋BENEFICIARY'S CERTIFICATE STATING THAT ALL ITEMS ARE MARKED MADE IN CHINA
47A/ ADD CONDITIONS
＋TT REIMBURSEMENT IS NOT ACCEPTABLE.
＋ THIS L/C IS NOT TRANSFERABLE.

+INSURANCE TO BE EFFECTED BY APPLICANT
+SAMPLE(S)COMBINED ACCEPTABLE.
71B/ CHARGES/　　　　　ALL BANKING CHARGES OUTSIDE JAPAN ARE FOR ACCOUNT OF BENEFICIARY
48/ PERIOD FOR PRESENT/　　DOCUMENTS MUST BE PRESENTED WITHIN 21 DAYS AFTER THE DATE OF SHIPMENT BUT WITHIN THE CREDIT EXPIRY.
49/ CONFIRMATION/　　　　WITHOUT
78/INSTRUCTIONS/　　NEGOTIATIONS BANK MUST FORWARD BENEFICIARY'S DRAFTS AND DOCUMENTS TO ISSUING BANK IN TWO CONSECUTIVE TO REIMBURSING BANK.
57D/ ADVISING THROUGH BANK　　CHINA MINSHENG BANKING CORP.，LTD.
72/ BANK TO BANK INFO/　　THIS CREDIT IS OPERATIVE AND APPLY UNIFORM CUSTOMS REVISION PUBLICATION 600.

这是一份简单的SWIFT信用证，SWIFT信用证在国际上已普遍使用。我国在电开信用证或收到的信用证电开本中，SWIFT信用证占很大比例。SWIFT信用证的开证格式代号为MT 700和MT 701。而对SWIFT信用证进行修改，则采用MT 707。另外，SWIFT电文无须签字证实，因为，该电文的发送者和接受者均有一个密押（Test Key），可以安全、方便地保证该电文被发出和接受。

七、汇付、跟单托收和跟单信用证三种结算方式的风险比较

汇付、跟单托收和跟单信用证三种结算方式的风险比较见表9-1。

表9-1　汇付、跟单托收和跟单信用证三种结算方式所具有的风险比较

结算方式		买方风险	卖方风险
汇付	预付货款	卖方不交货或不按时交货 货物与合同规定不符	买方不按时付款
	赊账交易	卖方不按合同规定交货	买方不收货或收货后不付款 买方拖延付款或要求降价
跟单托收	付款交单（D/P）	收到的货物与单据不符	买方不付款赎单 要求降价后才付款赎单 有被代收行改按D/A处理带来的货、款两空的风险
	承兑交单（D/A）	收到的货物与单据不符	买方不承兑 要求降价后才承兑 买方承兑收货后不付款 买方承兑后要求降价才付款
跟单信用证		付押金后，开证行倒闭 卖方伪造单据 收到的货物与单据不符	买方不开证或不按期开证 开证行失去偿付能力 开证行、开证人对单据无理挑剔，借口拒付 伪造信用证 信用证规定有卖方无法做到或不能接受的条款

资料来源：吴百福主编：《国际贸易结算实务》，中国对外经济贸易出版社，1997年第一版。

9.4 各种支付方式的选用

为了保证安全、迅速收汇,加速资金的周转,买卖双方可以选择有利于自己的支付方式。在实际业务中,各种支付方式可以结合使用,以促进国际贸易的发展,使双方达到双赢。常用到的有信用证和汇付、托收相结合,托收和保函、保理相结合,福费廷和信用证、保函相结合等。

一、选择支付方式的基本要素

支付方式的确定是货物买卖合同的首要问题,不同的支付方式基本决定了买卖双方的风险、责任和资金融通的划分。在分析各种支付方式时,主要考虑以下几个基本要素。

(1) 支付条件。支付条件是指各种支付方式的货币条件、时间条件和空间条件。货币条件是指选择什么样的计价和支付货币(汇率风险);时间条件是指收汇和付汇的时间(汇率风险、资金占用);空间条件是指收汇和付汇的地点(当事人的责任、义务及法律选择问题)。

(2) 支付程序。指其业务程序,这涉及所使用的支付工具以及各当事人在支付中的权利和义务,严格按程序收付汇是使支付方式得以实现的基础。

(3) 有关当事人的权利和义务。选用不同的支付方式,各当事人的权利和义务不同,应明确各当事人在支付中的地位,严格履行其义务,应用自己的权利保护自己的利益。

(4) 各种支付方式的资金融通。资金融通对于买卖双方来说都是重要问题,在不同的支付形式下可以从对方获得资金融通,也可以从银行或金融公司及贴现公司获得资金融通。

二、不同支付方式的结合运用

在国际贸易中,由于各种支付方式的自身特点以及不同交易的特殊性质,经常会将不同支付方式结合起来使用,常用到的有以下几种。

(1) 信用证和汇款结合使用。主要货款用信用证支付,余数或相关费用使用汇款。

(2) 信用证和托收结合使用。一笔交易买方不愿意占用大量的资金,又不想承担信用证的费用,而卖方又不愿意承担托收的风险,为了达成交易,通常货款可以分为两部分支付,一部分采用信用证,另一部分采用D/P托收,这样即可以减少开证申请人的开证费和押金,又不至于影响收款,对买卖双方风险和责任比较均衡,只是这样做会使买卖双方的手续复杂。

(3) 汇款和保函结合使用。保函的使用可以规避买卖双方风险和责任的不均衡,对于预付货款和货到付款都可采用保函来防止不交货或不付款。

(4) 信用证和保函结合运用。在国际工程承包和大型成套设备的交易中,除了支付货款以外,还会有预付款和保留款的收取。一般货款可以用信用证支付,出口商违约时预付款的退还和保留款的支付可以采用相应的保函。

(5) 托收和保函结合使用。为了使出口商收款有保障,由进口商开具保证托收付款的保函,一旦进口商收到单据后未在规定时间内付款,出口商有权向开立保函的银行索取出口货款,这样可以免去使用信用证的麻烦又可以得到保证。

(6) 托收和保理结合使用。为了更好地保障自身的收款安全及得到短期的融资,出口商可以使用保理业务,由保理商负责调查进口方的信用额度,并提供信用额度内的无追索权的融资。

(7) 福费廷与信用证或保函相结合使用。对于成套设备、大型机械产品和交通工具的交易,成交金额大,周期长,一般按进度付清货款,买卖签订合同后,买方一般要预付部分货款作为定金,可以采用汇款方式,在买方付出定金前,卖方应向买方提供出口许可证影印本和银行开具的保函。定金以外的其余货款可按不同阶段分期支付,买方开立不可撤销的信用证即期或远期付款。而出口商可以将由银行承兑或保证的远期票据卖给包买商,按照合同金额无追索权的融资,一般扣除费用可得到90%以上的货款。

三、警惕信用证中的"软条款"

在各种支付方式中,信用证一直是我国出口商喜欢接受的方式之一,但能否得到开证行的付款保障,取决于能否取得信用证中要求的全套合格的单据。而有些进口商或是开证行利用信用证的这一特点,故意以隐蔽的形式设置某些条款,使出口商很难做到甚至根本不可能做到单证一致,为进口方拒付货款找到合理的理由,或者为其争取到有利的交易条件。这种故意设置的陷阱条款通常被称为信用证"软条款"(Soft Clause)。

软条款的存在,使不可撤销信用证失去了开证行的付款保证,因此,出口方在审核信用证条款时,要特别注意信用证中是否包含软条款,提高风险防范意识,以利于能安全收汇,减少损失。

典型的信用证软条款主要有以下几种。

(1) 暂不生效条款。通常情况下,信用证已经开出立即生效,出口方收到信用证即可放心发货、装船、取得单据、取得货款。但是有些信用证却规定"本证尚未生效,除非货物品质得到买方确认"等类似条款,这就给出口方带来了潜在的风险。

(2) 规定某些单据由进口方或其指定人会签。由于进口方所指定的人无法掌控,而且其真实性也不好辨别,这样的条款一旦接受,出口方就等于失去了信用证中银行为第一付款人的有效保证,遭到拒付的风险很大。

(3) 规定议付时货物须提交买方确认收到货物的相关单据,或者须待买方确认收到货物时放款等条款。

项目导入分析

分析意见:舢乐博公司提出改证的要求合理。因买方将信用证开到时,已临近装船期,卖方已来不及装船,所以A商有权提出修改信用证。

如果5月20日装船,会遭到银行拒付。因为信用证修改未通过开证行,开证行只按原证办事。舢乐博如按修改后的信用证提交单据,则与原证不符。

按《UCP600》规定,信用证的修改必须得到所有当事人同意,才为有效。本案中舢乐博公司提出改证,S.M.公司同意后,必须通过开证行开出修改书,此项修改才为有效。

项目拓展

除了传统 B2B 的线下付款方式,查找目前跨境电商平台常用的付款方式还有哪些?重点了解下 PAYPAL、PAYONEER、ESCROW 和 PINGPONG 等。讨论下每一种支付方式的特点和优缺点。

重点名词

汇票　承兑　背书　汇付　D/P・T/R　D/A　信用证

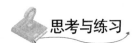

思考与练习

1. 我国某贸易公司出口货物一批,货款的支付按 D/P at sight(即期付款交单)。该项托收货款被买方拒付,银行随即通知我贸易公司。时隔数周,我贸易公司向银行交代货物处理办法,此时货物已有部分被盗。我方认为银行没有保管好货物,并要求赔偿。银行断然拒绝。

问:银行这样做是否有道理?我贸易公司从该事件中应吸取哪些教训?

2. 我某出口企业收到一份国外开来的不可撤销即期议付 L/C,正准备按 L/C 规定发运货物时,突然接到开证行的通知,声称开证申请人已经倒闭。对此,我出口企业应如何处理?依据何在?

3. 我向美出口一批货物,合同规定 8 月份装船,后国外来证将装船期改为不得晚于 8 月 15 日。但 8 月 15 日前无船去美。我随即要求外商将船期延至 9 月 15 日前装运。美商回电称:同意船期延展,L/C 的有效期也顺延 1 个月。我于 9 月 10 日装船完毕,9 月 15 日持全套单据向银行办理议付,但银行拒绝收单。问银行这样做是否有道理?

项目 10

检验、索赔、不可抗力和仲裁

本项目知识结构图

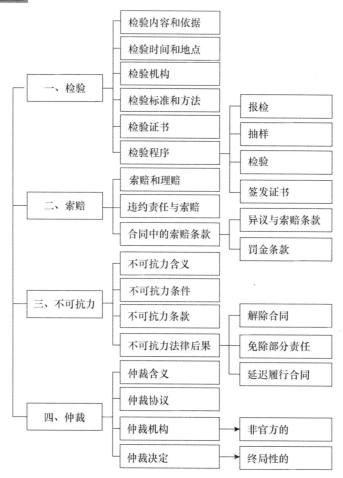

学习目标

贸易双方在达成交易时,须在合同中分别标明商品检验、索赔、不可抗力和仲裁条款。这是因为,在国际贸易中,贸易双方交易的商品一般都要进行检验,以确定卖方交付的货物符合合同规定,符合出口方国家或进口方国家的有关规定。在履约过程中,如合同当事人有一方违约,给另一方造成损失的,受损方有权提出索赔。合同签订后,如发生不可抗力事件,致使合同不能履行或不能按期履行,可按不可抗力条款的规定免除合同当事人的责任。贸易双方在履约过程中出现争议,如难以和解,可采用仲裁方式予以解决。本章就商品检验、索赔、不可抗力和仲裁等方面分别给出详细讲解。

知识目标

- 掌握不可抗力条款的要素
- 了解国际上主要的仲裁机构

技能目标

- 能科学、合理地签订检验、索赔、不可抗力和仲裁条款
- 能判断一个事件是否可以认定为不可抗力

项目导入

舸乐博公司以 CFR 条件对德国出口一批小五金工具,合同规定货到达目的港后 30 天内检验,买方有权凭检验结果提出索赔。舸乐博公司按期发货,德国客户也按期凭单支付了货款。可半年后,舸乐博公司收到德国客户的索赔文件,上称:上述小五金工具有 70%锈损,并附有德国某内地一检验机构出具的检验证书。张燕查阅此批货物的出口合同的商检条款:"以出口国商检局出具的检验证书作为卖方议付货款的依据,买方有权在货到目的港后 30 天内复验。"对德国客户的索赔要求,舸乐博公司应如何处理?

10.1 商品检验

国际货物买卖中的商品检验(Commodity Inspection),是指商品检验机构对商品的品质、数量或重量、包装、安全性能、卫生指标、残损情况和装运技术条件等进行检验和鉴定,从而确定货物的品质、数量或重量和包装等是否与合同规定一致,是否符合交易双方所属国家有关法律和法规的规定。

商品检验是国际贸易发展的产物。它随着国际贸易的发展成为商品买卖的一个重要环节和买卖合同中不可缺少的一项内容。商品检验体现不同国家对进出口商品实施品质管制。通过这种管制,从而在出口商品生产、销售和进口商品按既定条件采购等方面发挥积极作用。

一、商品检验的内容和依据

《中华人民共和国进出口商品检验法》(简称《商检法》)规定,进出口商品实施检验的内容,包括商品的质量、规格、数量、重量、包装以及是否符合安全、卫生要求。检验的依据主要以买卖合同(包括信用证)中所规定的有关条款为准。

二、检验的时间和地点

根据国际惯例和我国的业务实践,关于买卖合同中检验时间和地点的规定方法,主要有以下几种。

(一)在出口国检验

(1)在产地检验,即货物离开生产地点(如工厂、农场或矿山)之前,由卖方或其委托的检验机构人员或买方的验收人员对货物进行检验或验收,并由买卖合同中规定的检验机构出具检验证书。在货物离开产地之后的责任,卖方不承担。

(2)在装运港/地检验,即以离岸质量、重量(或数量)为准。货物在装运港/地装运前,由双方约定的检验机构对货物进行检验,该机构出具的检验证书作为决定交货质量、重量或数量的最后依据。按此做法,货物运抵目的港/地后,买方如对货物进行检验,即使发现问题,也无权向卖方提出异议和索赔。

(二)在进口国检验

(1)在目的港/地检验,即以到岸质量、重量(或数量)为准。在货物运抵目的港/地卸货后的一定时间内,由双方约定的目的港/地的检验机构进行检验,该机构出具的检验证书作为决定货品质量、重量或数量的最后依据。如果检验证书证明货品与合同规定不符并确属卖方责任,卖方应予以负责。

(2)在进口方营业处所或最终用户所在地检验。对一些需要安装调试进行检验的设备、机电仪产品或在卸货口岸开件检验后难以恢复原包装的商品,双方可约定将检验时间和地点定在货物运抵进口方营业所或最终用户的所在地后的一定时间内进行,并以该地约定的检验机构所出具的检验证书作为决定交货质量、重量或数量的依据。

(三)出口国检验、进口国复验

这种做法是装运港/地的检验机构进行检验后,出具的检验证书作为卖方收取货款的依据,货物运抵目的港/地后由双方约定的检验机构复验,并出具证明。如发现货物不符合合同规定,并证明这种不符情况确属卖方责任,买方有权在规定的时间内凭复验证书向卖方提出异议和索赔。这种做法对买卖双方来说,相对比较公平合理,它既承认卖方所提供的检验证书是有效的文件,作为双方交接货物和结算货款的依据之一,并给予买方复验权。因此,我国进出口贸易中一般都采用这一做法。

(四)出口国装运前预检验,进口国最终检验

近年来,在检验的时间、地点及具体做法上,国际上也出现了一些新的做法和变化,例如,在出口国装运前预检验,在进口国最终检验,即在买卖合同中规定货物在出口国装运前由买方派员自行或委托检验机构人员对货物进行预检验,货物运抵目的港/地后,买方有最终检验权和索赔权。在我国进口交易中,对关系到国计民生、价值较高、技术又复杂的重要

进口商品和大型成套设备，必要时也应采用这一做法，以保障我方的利益。

（五）装运港检验重量，目的港检验品质

对于大宗商品的交易，为调和贸易双方在商品检验问题上的矛盾，有时也规定在出口国检验重量，进口国检验品质，称作"离岸重量和到岸品质"，即以装运港商检机构验货后出具的重量证书为交货重量的最后依据，而以目的港的商检机构验货后出具的品质证书为交货品质的最后依据。使用这种方法，如果货物到达目的地后，经检验发现货物品质与合同不符，并证明是卖方责任所致，则买方可凭品质检验证书向卖方索赔；如果是货物到达目的地后，经检验发现货物重量与合同不符，则买方不能向卖方提出异议。

三、检验机构

在国际货物买卖中，商品检验工作通常都由专业的检验机构负责办理。各国的检验机构，从组织性质来分，有官方的检验机构，有同业公会、协会或私人设立的检验机构，也有半官方的检验机构；从经营的业务来分，有综合性的检验机构，也有只限于检验特定商品的检验机构。

检验机构的选定与有关国家的法律法规、商品的性质、交易条件和交易习惯检验时间、地点有一定的关系。一般来讲，规定在出口国检验时，应由出口国的检验机构进行检验；在进口国检验时，则由进口国的检验机构负责。但是，在某些情况下，双方也可以约定由买方派出检验人员到产地或出口地点验货，或者约定由双方派员进行联合检验。

在我国，中华人民共和国国家质量监督检验检疫总局是主管全国出入境卫生检验、动植物检疫、商品检验、鉴定、认证和监督管理的行政执法机构。2018年3月，根据国务院机构改革方案，将国家质量监督检验检疫总局的职责整合，组建中华人民共和国国家市场监督管理总局，其中出入境检验检疫管理职责和队伍划入海关总署。

四、检验标准和方法

根据《商检法》规定，凡列入目录的进出口商品，按照国家技术规范的强制性要求进行检验；没有国家技术规范的强制性要求的，可以参照国家商检部门指定的国外有关标准进行检验。法律、行政法规规定由其他检验机构实施检验的进出口商品或者检验项目，依照有关法律、行政法规的规定办理。此外，买卖合同中规定的质量、数量和包装条款通常也是进出口商品检验的重要依据。

商品检验的方法主要有感官检验、化学检验、物理检验、微生物检验等。因同一种商品有不同的方法检验，其检验结果可能相差较大，所以最好在合同中订明检验方法，以避免日后双方因此而产生的纠纷。合同中没有规定检验方法的，出口商品按我国商检部门规定的方法检验；进口商品按国际贸易习惯通用的方法检验。

五、检验证书

（一）检验证书种类

检验证书（Inspection Certificate）是商检机构对进出口商品实施检验或鉴定后出具的证明文件。常用的检验证书有：品质检验证书（Inspection Certificate of Quality）、重量检验证书(Inspection Certificate of Weight)、数量检验证书(Inspection Certificate of Quantity)、兽医检验证书(Veterinary Inspection Certificate)、卫生检验证书(Inspection Certificate of Health)、消毒检验证书(Disinfection Inspection Certificate)、价值检验证书(Inspection Certificate of Value)、产地检验证书(Inspection Certificate of Origin)等。在具体业务中,卖方究竟需要提供哪种证书,要根据商品的种类、性质、贸易习惯以及政府的有关法律法规而定。

(二) 商品检验证书的作用

(1) 买卖双方交接货物的依据。国际货物买卖中,卖方有义务保证所提供货物的质量、数(重)量、包装等与合同规定相符。因此,合同或信用证中规定卖方交货时须提交的合法商检机构出具的检验证书,以证明所交货物与合同规定相符。

(2) 索赔和理赔的依据。如合同中规定在进口国检验,或规定买方有复验权,则若经检验货物与合同规定不符,买方可凭指定检验机构出具的检验证书,向卖方提出异议和索赔。

(3) 买卖双方结算货款的依据。在信用证支付方式下,信用证规定卖方须提交的单据中,一般都包括商检证书,并对检验证书名称、内容等做出了明确规定。当卖方向银行交单,要求付款、承兑或议付货款时,必须提交符合信用证要求的商检证书。

(4) 检验证书还可作为海关验关放行的凭证。凡属于法定检验的商品,在办理进出口清关手续时,必须提交检验机构出具的合格检验证书,海关才准予办理通关手续。

六、进出口商品检验的程序

我国进出口商品检验工作,主要有四个步骤。

(一) 报检

报验是指对外贸易关系人向商检机构报请检验。报验时需填写"报验申请单",填明申请检验、鉴定工作项目和要求,同时提交对外所签买卖合同、成交小样及其他必要的资料。

(二) 抽样

商检机构接受报验之后,及时派员赴货物堆存地点进行现场检验、鉴定。抽样时,要按照规定的方法和一定的比例,在货物的不同部位抽取一定数量的、能代表全批货物质量的样品(标本)供检验之用。

(三) 检验

商检机构接受报验之后,认真研究申报的检验项目,确定检验内容,仔细审核合同(信用证)对品质、规格、包装的规定,确定检验的依据和检验标准、方法,然后进行抽样检验、仪器分析检验、物理检验、感官检验、微生物检验等。

(四) 签发证书

在出口方面,凡列入"种类表"内的出口商品,经检验合格后签发放行单(或在"出口货物报关单"上加盖放行章,以代替放行单)。凡合同、信用证规定由商检部门检验出证的,或国外要求签检证书的,根据规定签发所需封面证书;不向国外提供证书的,只发放行单。"种类表"以外的出口商品,应由商检机构检验的,经检验合格发给证书或放行单后,方可出运。在进口方面,进口商品经检验后,分别签发"检验情况通知单"或"检验证书",供对外结算或索赔用。凡由收、用货单位自行验收的进口商品，如发现问题，可供对外索赔之用。对于验收合格的，收、用货单位应在索赔有效期内把验收报告送商检机构销案。

10.2 索赔

一、索赔与理赔

索赔是指合同一方当事人因另一方当事人违约使其遭受损失而向对方提出要求损害赔偿的行为。理赔则是一方对于对方提出的索赔进行处理。因此，索赔与理赔是一个问题的两个方面。在进出口贸易中，损害赔偿是最主要的，也是最常用的违约补救措施。

二、违约责任与索赔

国际货物买卖合同是确定买卖双方权利和义务的法律依据。根据各国法律和国际公约规定，当事人一方不履行合同或履行合同义务不符合约定，就构成违反合同事实，应承担继续履行、采取补救措施或者赔偿损失等违约责任。

在实际业务中，索赔通常发生在交货期、交货质量、数量或包装与买卖合同规定不符等违约情况中，因此，一般来说，买方向卖方提出的索赔较为多见。当然，有时也会发生买方不接货或不按时接货，不开证或不按时开证、无理拒付货款等违约情况，导致卖方向买方提出索赔。

《公约》规定："一方当事人违反合同的结果，如使另一方当事人蒙受损害，以致实际上剥夺了他根据合同规定有权期待得到的东西，即为根本违反合同，除非违反合同的一方并不预知，而且一个同等资格、通情达理的人处于相同情况下也没有理由预知会发生这种结果。"根据《公约》规定，如果一方当事人的违约构成根本违反合同，另一方当事人可以宣告合同无效，并要求损害赔偿。如违约程度尚未形成根本违反合同，则另一方当事人只能要求损害赔偿而不能宣告合同无效。

《中华人民共和国民法典》第563条规定，有下列情形之一的，当事人可以解除合同："（一）因不可抗力致使不能实现合同目的；（二）在履行期限届满前，当事人一方明确表示或者以自己的行为表明不履行主要债务；（三）当事人一方迟延履行主要债务，经催告后在合理期限内仍未履行；（四）当事人一方迟延履行债务或者有其他违约行为致使不能实现合同目的；（五）法律规定的其他情形。"第566条规定："合同解除后，尚未履行的，终止履行；已经履行的，根据履行情况和合同性质，当事人可以请求恢复原状或者采取其他补救措施，并有权请求赔偿损失。"

三、国际货物买卖合同中的索赔条款

国际货物买卖合同中的索赔条款可根据不同的业务需要做不同的规定，通常采用的有"异议与索赔条款"和"罚金条款"两种。

（一）异议与索赔条款（Discrepancy and Claim Clause）

异议与索赔条款一般是针对卖方交货质量、数量或包装不符合同规定而订立的，主要内

容包括索赔依据、索赔期限、索赔金额和索赔方法等。

1. 索赔依据

索赔依据主要规定索赔时必须具备的、证明对方违约事实的书面材料。索赔依据包括法律依据和事实依据两个方面。法律依据是指买卖合同和有关国家的法律规定;事实依据是指违约的事实真相及其书面证明。

2. 索赔期限

索赔期限是指受损害一方有权向违约方提出索赔的期限。按照法律和国际惯例,受损害一方只能在一定的索赔期限内提出索赔,否则即丧失索赔权利。索赔期限有约定索赔期限与法定索赔期限之分。约定的索赔期限是指买卖双方在合同中明确规定的索赔期限;法定索赔期限是指根据有关法律或国际公约受损害一方有权向违约方要求损害赔偿的期限。约定索赔期限的长短,视具体情况而定。

买方的索赔期限实际上也就是买方行使对货物进行复验权利的有效期限,有些合同将检验条款与索赔条款结合起来订立,称为"检验与索赔条款"。

对索赔金额和索赔方法,合同中一般只做笼统规定。

(二) 罚金条款(Penalty Clause)

罚金条款又称违约金条款,主要规定一方未按合同规定履行其义务时,应向对方支付一定数额的约定罚金,以补偿对方的损失。

罚金条款一般适用于一方当事人迟延履约,如卖方延期交货、买方延期接货或延迟开立信用证等违约行为。罚金的数额通常取决于违约时间的长短,并规定罚金的最高限额。

10.3 不可抗力

一、不可抗力的含义

不可抗力(Force Majeure)是指买卖合同签订后,不是由于当事人一方的过失或故意,而是因为发生了当事人在订立合同时不能预见,对其发生和后果不能避免并且不能克服的事件,导致当事人不能履行合同或不能如期履行合同。遭受不可抗力事件的一方,可以据此免除履行合同的责任或延迟履行合同,对方无权要求赔偿。

二、不可抗力应具备的条件

1. 不可抗力事件应具备三个条件

(1) 事件是在合同成立后发生的;

(2) 事件是偶发的、异常的,而非任何一方当事人故意或过失造成的;

(3) 事件的发生及其造成的后果是当事人无法预见、无法控制、无法避免和不可克服的。

2. 不可抗力通常包括两种情况

(1) 一种情况是自然原因引起的,如水灾、旱灾、暴风雪、地震等;

(2) 另一种情况是社会原因引起的,如战争、罢工、政府禁令等。

但对于不可抗力事件,目前国际上并无统一的明确的解释,所以买卖双方应在合同的不可抗力条款中约定哪些意外事故应视作不可抗力。

案例 10.1

有一份合同,印度 A 公司向美国 B 公司出口一批黄麻。在合同履行的过程中,印度政府宣布对黄麻实行出口许可证和配额制度。A 公司因无法取得出口许可证而无法向美国公司出口黄麻,故以不可抗力为由主张解除合同。问:印度公司能否主张这种权利?为什么?

【评析】印度 A 公司可以主张解除合同。因为在合同履行的过程中,印度政府宣布对黄麻实行出口许可证和配额制度,A 公司因无法取得出口许可证而无法向美国公司出口黄麻,这属于不可抗力事故。

三、不可抗力条款

不可抗力条款可免除由于不可抗力事件而违约的一方的违约责任,因此不可抗力条款是一种免责条款。此条款一般应规定的内容包括:不可抗力事件的范围,事件发生后通知对方的期限以及出具证明文件的机构等。

我国进出口合同中的不可抗力条款,按对不可抗力事件范围规定的不同,主要有以下三种方式:

(1) 概括式,即对不可抗力事件作笼统的提示,如"由于不可抗力的原因,而不能履行合同或延迟履行合同的一方可不负有违约责任。但应立即以电传或传真通知对方,并在××天内以航空挂号信向对方提供本国国际贸易促进委员会出具的证明书"。此种方式容易导致买卖双方产生纠纷,不宜采用。

(2) 列举式,即逐一列出不可抗力事件的种类。如"由于战争、政策、法规的原因而不能履行合同或延迟履行合同的一方不负有违约责任"。这种方式灵活性差,容易发生遗漏,也不是很好的办法。

(3) 综合式,即将概括式和列举式综合在一起,如"由于战争、政策、法规、地震、水灾、火灾、暴风雪或其他不可抗力原因而不能履行合同的一方不负有违约责任"。综合式将灵活性和明确性进行了很好地结合,是实际业务中最常用的方法。

四、不可抗力事件的法律后果

1. 解除合同

如果发生不可抗力事件,合同义务不能全部履行,当事人可以解除合同,并免除全部责任。

2. 免除部分责任

即如果不可抗力事件发生,合同的部分义务不能全部履行,当事人可免除部分责任。

项目10 检验、索赔、不可抗力和仲裁

3. 延迟履行合同

即如果发生不可抗力事件,合同不能按时履行,当事人可以免除延迟履行的责任。

案例 10.2

我国某出口企业以 CIF 纽约与美国某公司订立了 200 套家具的出口合同,合同规定某年 12 月交货。11 月底,我企业出口商品仓库发生雷击火灾,致使一半左右的出口家具烧毁,我企业以发生不可抗力事故为由,要求免除交货责任,美方不同意,坚持要求我方按时交货,我方无奈经多方努力,于次年 1 月初交货,美方要求索赔。试分析:(1)我方要求免除交货责任的要求是否合理? (2)美方的索赔要求是否合理?

【评析】我方要求合理。本案中,我企业出口商品仓库发生雷击火灾,致使一半左右的出口家具烧毁,属于不可抗力事故,我方可以不可抗力事故为由,向对方提出延期履行合同的要求,但是不能提出解除合同的要求。美方的要求不合理。不可抗力是一项免责条款,可免除遭受事故一方不能如期履约的责任,美方应考虑实际情况同意延期履行合同。

10.4 仲裁

一、仲裁的含义

国际贸易中,双方在履约过程中一旦发生争议,首先应通过友好协商的方式解决,以利于保护商业秘密和企业声誉。如果协商不成,则当事人可按照合同约定或争议的情况采用调解(Conciliation)、仲裁(Arbitration)或诉讼(Litigation)等方式解决争议。

(一)调解

由双方当事人自愿将争议提交双方选定的调解机构(法院、仲裁机构或专门的调解机构),由该机构按调解程序进行调解。若调解成功,双方应签订和解协议,作为一种新的契约予以执行,若调解意见不为双方或其中的一方接受,调解即告失败。在诉讼和仲裁中,我国均采用了先行调解的程序。

(二)诉讼

一方当事人向法院起诉,控告合同的另一方,一般要求法院判令另一方当事人以赔偿经济损失或支付违约金的方式承担违约责任,也有要求对方实际履行合同义务的。

诉讼是当事人单方面的行为,只要法院受理,另一方就必须应诉。但此种方式的缺点在于立案时间长,诉讼费用高,各国司法程序不同,当事人在异国诉讼流程复杂等。

(三)仲裁

双方当事人达成书面协议,自愿把争议提交给双方同意的仲裁机构,仲裁机构做出的裁决是终局性的,对双方均有约束力。

仲裁方式具有解决争议时间短、费用低、能为当事人保密、裁决有权威性、异国执行方便等优点。

综观上述三种解决争议的方式,在国际贸易实践中,仲裁相对于其他的解决争议的方式而言,具有气氛比较友好、程序比较简单、所需时间较少、费用较低的优点,而且可以在法院的支持下得到执行,因此很多当事人选择仲裁作为解决争议的方式。

二、仲裁协议

(一)仲裁协议的形式

仲裁协议必须采用书面形式。一种是双方当事人在争议发生之前订立的,表示一旦发生争议应提交仲裁,通常为合同中的一个条款,称为仲裁条款。另一种是双方当事人在争议发生后订立的,表示同意把已经发生的争议提交仲裁的协议,成为"提交仲裁协议"。

(二)仲裁协议的作用

(1) 仲裁协议表明双方当事人愿意将他们的争议以仲裁形式解决,任何一方都不得向法院起诉。

(2) 仲裁协议是仲裁机构受理案件的书面依据,任何仲裁机构都不得受理无书面仲裁协议的案件。

(3) 仲裁协议还排除了法院对有关案件的管辖权。

(三)仲裁协议内容

仲裁协议一般应包括仲裁地点、仲裁机构、仲裁程序、仲裁裁决的效力及仲裁费用的负担等。

仲裁地点是协议中最为重要的一个问题。因为仲裁地点与仲裁适用的程序和合同争议所适用的实体法密切相关。通常均适用于仲裁所在地国家的仲裁法和实体法。

我国进出口贸易合同中的仲裁地点一般采用下列三种规定方法:

(1) 力争规定在我国仲裁;

(2) 有时规定在被诉方所在国仲裁;

(3) 规定在双方同意的第三国仲裁。

由于我国企业目前大多缺乏在国外申诉的能力,所以应力争在我国仲裁。

仲裁裁决是终局的,对双方当事人均有约束力,不得向任何机构提出变更裁决的请求。仲裁费用的负担可在协议中订明,通常由败诉方负担,也可规定由仲裁庭裁决。

三、仲裁机构和仲裁决定

仲裁机构不是国家的司法部门,而是依据法律成立的民间机构。世界上许多国家和一些国际组织都设有专门从事国际商事仲裁的常设机构,如英国伦敦仲裁院、英国仲裁协会、美国仲裁协会、瑞典斯德哥尔摩商会仲裁院、瑞士苏黎世商会仲裁院、日本国际商事仲裁协会以及香港国际仲裁中心等。我国的涉外仲裁机构为中国国际经济贸易仲裁委员会,设在北京,在上海和深圳设有分会。

仲裁裁决应由当事人自行执行。仲裁机构自身不具有强制执法的能力。一方如果逾期不予执行,另一方可向法院申请强制执行。

项目10 检验、索赔、不可抗力和仲裁

项目导入分析

舸乐博公司可以拒绝德国客户的索赔要求。理由如下：① 德公司在货到后30天没有提出异议，表示我公司产品在到达目的港时没有问题，锈损发生在到港之后，这风险已超过了装运港的船上，应由买方承担；② 德公司半年后才发来检验证书，超出合同复验期限；③ 德国出具的商检证书是某内地的，并未按合同规定的在目的港检验，不符合合同的规定，对此商检证书我方不予认可。

项目拓展

用英文为你选定的产品拟定检验条款、索赔条款、不可抗力和仲裁条款。如前面商品不需检验，则以烟台苹果为例来书写。

重点名词

商检证书　不可抗力　仲裁协议

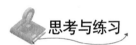

1. 我某公司与澳大利亚商人签订小麦进口合同200万吨，交货期为某年5月份，但澳大利亚在交货期年度遇到干旱，不少小麦产区歉收20%，而且当年由于俄罗斯严重缺粮，从美国购买大量小麦，导致世界小麦价格上涨，澳商提出推迟到下年度履行合同，中方是否可以同意？

2. 1998年11月，我某公司与香港一公司签订了一个进口香烟生产线合同。设备是二手货，共18条生产线，由A国某公司出售，价值100多万美元。合同规定，出售商保证设备在拆卸之前均在正常运转，否则更换或退货。

设备运抵目的地后发现，这些设备在拆运前早已停止使用，在目的地装配后也因设备损坏、缺件根本无法马上投产使用。但是，由于合同规定如要索赔需商检部门在"货到现场后14天内"出证，而实际上货物运抵工厂并进行装配就已经超过14天，无法在这个期限内向外索赔。这样，工厂只能依靠自己的力量进行加工维修。经过半年多时间，花了大量人力物力，也只开出了4套生产线。

此案例中，中方在商品检验和索赔上有何失误？以后再次引进设备，中方应注意哪些问题？

3. 日本A公司出售一批电视机给香港B公司，B又把这批电视机转售给泰国C公司。在日本货物到达香港时，B已发现货物质量有问题但B将这批货物转船直接运往泰国。泰国公司收到货物后，经检验，发现货物有严重的缺陷，要求退货。于是B转向A提出索赔，但遭日方A公司的拒绝。

日方有无权利拒绝？为什么？

项目 11

交易磋商与合同签订

本项目知识结构图

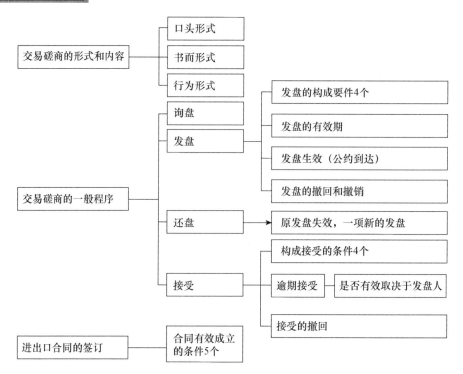

项目 11 交易磋商与合同签订

学习目标

在进出口贸易中,交易磋商和合同签订占有十分重要的地位。进出口贸易是以进出口合同为中心进行的,而贸易合同的签订是在交易双方经过充分磋商的基础上形成的。交易磋商的过程也就是合同成立的过程,磋商是合同的依据,合同是磋商的结果。本章将从交易磋商入手,全面介绍交易磋商的程序和合同签订的相关内容。

知识目标

- 了解《公约》
- 掌握发盘的条件
- 掌握接受的条件

技能目标

- 能区分发盘与询盘
- 能判断接受是否有效

项目导入

张燕陆续收到国外客户的询盘,并拟向一土耳其客户出口彩涂钢卷,双方就商品品名、规格、质量、数量、价格、交货日期、付款方式等交易条件通过邮件往来进行磋商。5月份基本达成协议,唯有价格一项,张燕报的最低价格为CNY6000／MT FOBQINGDAO,并要求外商"REPLY IN TWO WEEKS"。下半年,国际市场钢材价格猛涨,土耳其商人复电可按之前报价中的CNY6000／MT FOBQINGDAO的价格成交。此时,张燕发现国内货源已紧缺,无法按原价格供货,因忙于其他业务,张燕忽视了这个客户的接受,数日后,外商发来邮件责怪我方不履行合同。请问,合同是否已经成立?

国际贸易是以国际货物买卖合同为中心进行的。一笔国际货物买卖交易的程序,无论是进口还是出口,一般都包括交易前的准备、交易磋商、订立合同和履行合同四个阶段。其中交易磋商(Business Negotiation)是外贸业务活动中很重要的环节,同时也是一项较复杂的工作。因为交易双方分属不同的国家或地区,经济社会制度、法律体系、贸易习惯、价值观念、宗教信仰等方面都存在较大差异,为此要求磋商谈判人员不仅要有认真负责的工作态度,要掌握国际贸易合同条款的内容与订立方法,而且还要熟悉交易磋商谈判的策略技巧以及国际贸易方面的政策、法律法规和国际贸易公约或惯例。

11.1 交易磋商的形式与内容

所谓交易磋商,是指交易双方当事人就贸易合同的各项条件进行协商,以期达成一致意见的过程。它是签订合同不可缺少的前期基础性工作,而签订合同则是交易磋商的主要目的和圆满结果。交易磋商的好坏直接关系将来买卖双方之间的权利、义务和经济利益,是做好交易的关键所在。

一、交易磋商的形式

（一）口头形式

口头磋商主要指在谈判桌上面对面的谈判,如参加各种交易会、洽谈会,以及贸易小组出访、邀请客户来访等。此外,还包括双方通过国际长途电话进行的交易磋商。口头磋商方式由于是面对面的直接交流,便于了解对方的诚意和态度,采取相应的对策,并根据进展情况及时调整策略,达到预期的目的。口头磋商比较适合谈判内容复杂、涉及问题较多的业务,如大型成套设备的交易谈判。

（二）书面形式

书面磋商在过去主要是指通过信件、电报、电传等通信方式来洽谈交易。由于现代通信技术的发展、计算机网络的应用与普及,目前多数企业使用传真(Fax)或电子邮件(E-mail)进行洽谈。现在书面洽谈越来越简便易行,成本费用低廉。国际贸易中,买卖双方通常采用书面方式磋商交易。采用书面方式磋商时,写作往来函件一般需注意遵循三个原则,即简明、清晰、礼貌。

（三）行为方式

行为方式主要表现为在拍卖市场上的拍卖、购进活动等。

二、交易磋商的内容

交易磋商的内容实际就是拟签订的买卖合同的各项条款,包括品名、品质、数量、包装、价格、交货、支付、保险以及商品检验、索赔、不可抗力和仲裁等。从理论上说这些条款需要逐一磋商确定,但实际业务谈判中,对带有变动性的条款需要逐条协商,而对于相对固定的条款,可能早就事先已商订好,所以不必重新磋商。

（一）主要交易条件(Major Terms and Conditions)

主要交易条件包括货物的品名、品质、数量、包装、价格、交货和支付条件等内容,买卖双方欲达成交易、订立合同,必须至少就这七项交易条件进行磋商并取得一致意见(特殊情况可以例外)。

（二）一般交易条件(General Terms and Conditions)

所谓"一般交易条件",是指交易双方拟定的对每笔交易都适用的一套共性的交易条件,通常包括:① 有关预防和处理争议的条件(如检验、索赔、不可抗力和仲裁);② 有关主要交易条件的补充说明(如品质或数量机动幅度、保险险别等);③ 个别的主要交易条件(如通常采用的包装方法、凭不可撤销即期信用证支付的规定)。一般交易条件大都印在由进口商设计的购货合同或出口商设计的销售合同格式的背面或格式正面的下部;有的将一般交易条件单独印制成文。

使用一般交易条件是为了简化交易磋商内容,加速磋商进程以及节省磋商的时间和费用而在交易磋商之前订立的。因此为使一般交易条件适用于日后的合同,需要在磋商之前将它送交对方,以书面确认同意在以后交易中使用。否则若在交易达成后再送交,会被对方认为提出了新的条件,引发争议。

11.2 交易磋商的一般程序

交易磋商的程序一般分为询盘(Enquiry)、发盘(Offer)、还盘(Counter Offer)和接受(Acceptance)四个环节。其中,发盘和接受是达成交易必不可少的两个基本环节,是合同成立的要件。国际贸易中,买卖双方无论采取口头或书面方式磋商,均需通过发盘和接受达成交易。

一、询盘

询盘(Enquiry)在国际商务法律中又被称为"要约邀请",是指交易的一方有意购买或出售某一种商品,向对方询问买卖该商品的有关交易条件。询盘的内容可繁可简,有时涉及多项交易条件,如价格、规格、品质、数量、包装、装运以及索取样品等,而多数只是询问价格,所以业务上常把询盘称作询价。询盘可采用口头方式,亦可采用书面方式。

询盘对询盘人和被询盘人均无法律约束力(Without Engagement),而且不是交易磋商的必经步骤,但往往是一笔交易的起点。

询盘可由买方发出,称为"邀请发盘"(Invitation to Make an Offer),也可以由卖方发出,称为"邀请递盘"(Invitation to make a bid)。实际业务中,询盘一般多由买方向卖方发出。

【询盘示例】

▶买方询盘:对海尔牌型号 234 号彩电有兴趣,请发盘。(Interested in Color TV Set HAIER Brand Mode 234,Please Offer)

▶卖方询盘:可供山东大花生 500 公吨,请递盘。(Can Supply SHANDONG Peanut 500M/TS。Please Bid)

二、发盘

(一) 发盘(Offer)的含义

发盘又叫报盘、发价或报价,发盘既是商业行为,也是法律行为,法律上称为要约。发盘是指交易的一方向另一方提出购买或出售某种商品的各项交易条件,并愿意按照这些条件达成交易、签订合同的一种表示。发盘可以是应对方询盘的要求发出,也可以是在没有询盘的情况下,直接向对方发出。发盘有发盘人(Offerer)和受盘人(Offeree)两个当事人,在国际电子商务中称为发端人(Originator)和收件人(Addressee)。实际业务中,由于大多数商品处于买方市场,所以发盘多由卖方提出,称为卖方发盘(Seller offer)或售货发盘(Selling offer);发盘也可由买方提出,称为买方发盘(Buyer offer)或购货发盘(Buying offer)或递盘(Bid)。

【发盘示例】

➤ 卖方发盘：可供货号 B21 运动衫 600 打，CIF 伦敦每打 18 欧元，9 月份装运，即期不可撤销信用证支付，限 7 月 22 日复到有效。(Can supply Art，B21 sport shirts 600 dozens，at EUR18/doz CIF London，Shipment during September，payment by sight Irrevocable L/C，Subject to your reply reaching here by July 21st.)

➤ 买方发盘：订货，广西干茧 500 公吨，FOB 上海每公吨 8250 美元，8 月 10 日前装运，即期不可撤销信用证支付，限 6 月 16 日复到有效。(Order，GUANGXI dry Chrysalis 500M/TS，USD8250/MT FOB Shanghai，Shipment before August 10th，payment by sight Irrevocable L/C，Subject to your reply reaching here by June 16th.)

《联合国国际货物销售合同公约》(以下简称《公约》)第 14 条第 1 款对发盘的定义是："向一个或一个以上特定的人提出的订立合同的建议，如果十分确定并且表明发盘人在得到接受时承受约束的意旨，即构成发盘。"

我国贸易实践中使用发盘时有两种含义，即根据发盘人是否承担法律责任，分为有约束力的发盘(Offer with Engagement)和无约束力的发盘(Offer without Engagement)两种。前者又叫实盘(Firm Offer)，后者又叫虚盘(Non-firm Offer)。实盘是指含有确定意思的发盘。实盘对发盘人来说，具有法律拘束力，如果受盘人在规定期限内表示接受，合同即告成立。虚盘是指不含明确意义的报价，也就是发盘人有保留地愿意按一定条件达成交易的一种表示。虚盘对发盘人没有法律约束力，发盘人可以随时撤回或修改虚盘的内容。即使受盘人对虚盘表示接受，仍须经过发盘人的最后确认，才能成为一项对双方都有拘束力的合同。如果发盘的内容不明确，或主要交易条件不完备，或发盘人有保留条件，都属于虚盘的性质。建议我国的进出口商对外洽商交易时，避免使用"虚盘"词语，尽量按《公约》对发盘的规定进行解释。

(二) 有效发盘的构成要件

按照《公约》对发盘的解释，构成一项有效发盘需具备以下四个条件。

1. 向一个或一个以上的特定人提出

所谓"特定的人"(Specific Person)是指在发盘中指明个人姓名或公司名称的受盘人。发盘必须指定可以表示接受的受盘人。受盘人可以是一个，也可以是多个。这一规定的目的是为了把发盘同普通商业广告(Advertisement)及向广大公众散发的商品价目单等区别开来。因为后者的行为对象是未知的广大公众，而不是特定的人，这类行为一般不能构成发盘，而仅能视为邀请发盘。

但在有些情况下，商业广告也可以被视为发盘。在英美法系国家中，法院的一些判例认为，发盘既可以向一个人发出，也可以向某一群人发出，甚至可以向全世界发出。只要广告的文字明确、肯定、完整，足以构成一项允诺(Promise)，则可以构成发盘。《公约》第 14 条第 2 款规定："非向一个或一个以上特定的人提出的建议，仅应视为邀请发盘，除非提出建议的人明确地表示相反的意向"。《中华人民共和国民法典》第 473 条规定："商业广告和宣传的内容符合要约规定的，构成要约。"可见商业广告如果是被发广告的人作为一项发盘提出的，如"本广告构成发盘"，或广告内容明确具体符合发盘的条件，也可以成为一项发盘。如广告中说明"在某年某月某日前按所列价格汇到价款，保证供货"，或"本广告商品将售给最先支付货款或最先开来信用证的人"等都可以被视为发盘。

鉴于《公约》对"发盘向特定人发出"的规定既具体,又有一定的灵活性,加上不同国家对此有不同的理解,因此,我国进出口商在实际业务中要谨慎小心。我方对外做广告宣传或寄送价目单时,最好注明"所列价格仅供参考(The prices stated are for reference only)""价格需经确认为准(The prices are subject to our final confirmation)""价格不经事先通知可予以调整(The prices may be altered without prior notice)"等字句,以免因市价上涨而国外受盘人要求按宣传品上所列价格订约,使我方处于被动境地,或由此造成经济损失。

2. 发盘的内容必须十分确定

《公约》第14条第1款规定:"一项建议如果表明货物的名称并且明示或暗示地规定数量和价格或规定如何确定数量和价格,即为十分确定"。按照《公约》的解释,一项发盘只要包含商品的名称、数量、价格或数量与价格的确定方法,就是完整而内容确定的发盘。至于缺少的交易条件,如货物的包装、交货或支付条件,可在合同成立后,按双方之间已确定的习惯做法、惯例或按《公约》第三部分有关买卖双方义务的规定,加以补充。如对于交货,应按《公约》第33条(c)在订立合同后一段合理时间内交货。

但要注意的是,《公约》关于发盘内容的规定只是对构成发盘的起码要求。实际业务中,如果对发盘的交易条件规定太少或过于简单,将会给合同履行带来困难,也容易引起争议。如《公约》关于交货的"合理时间"的规定,目前没有一个为各国、各行业公认接受的可适用于任何情况的规定或解释。因此我国外贸实践中对发盘内容是否确定有效可按如下掌握:如国外发盘中的内容符合《公约》的具备三个内容的规定,我们应视为有效发盘予以考虑;我国商人对外发盘时应把主要交易条件一一列明,包括品名、品质、数量、包装、价格、交货和支付方法等。这样,一旦受盘人表示接受,双方就可以明白无误地了解双方协商一致的主要合同条款,无须借助于任何可能引起意见分歧的补救措施。

3. 表明订约意旨

发盘必须表明明确的订约意旨(Contractual Intent),即表明发盘经受盘人接受,发盘人即承受约束的意思。发盘的目的是为了与对方订立合同,因此,发盘一旦被接受,合同就成立,发盘人应受到约束。这是区别发盘与非发盘的根本标志。

承受约束的意思表示可以是明示的,如在发盘中明确地写明"发盘(offer)""实盘(firm offer)""递实盘(bid firm/firm bid)"或"订货(order)"等,或明确规定发盘有效期;也可以是暗示的,这就应结合其他情况来考虑,如双方当事人当时磋商谈判情形,或当事人之间以往的业务交往情况或双方已经确立的习惯做法等。在实际业务中,如果受盘人对于发盘人所做的表示是否具有订约意旨存在疑问时,应及时采取快速通信方式,要求对方予以确认。

4. 发盘要送达受盘人

《公约》第15条规定,"发盘于送达被发盘人时生效"。发盘在未送达受盘人之前,即使受盘人已获悉该发盘内容,他也不能接受该发盘。

《中华人民共和国民法典》对于发盘构成要件的规定与上述《公约》的解释基本是一致的,即一般需要具备以上四个要件才能构成一项有效发盘。

(三)发盘的有效期

发盘的有效期是指可供受盘人对发盘表示接受的时间或限制。这一期限有双重意义:

一方面它约束发盘人,使发盘人承担义务,在有效期内不能任意撤销或修改发盘的内容,过期则不再受其约束,由于市场行情多变,所以规定有效期其实也算对发盘人因此而承担的风险的一种保障。另一方面,发盘人规定有效期,也是约束受盘人,只有在有效期内做出接受,才有法律效力。

采用口头发盘时,《公约》规定,除发盘人另有声明外,受盘人只能当场表示接受方为有效。而采用函电成交时,一般发盘都明确规定有效期。明确规定发盘有效期的方法主要有规定最迟接受的期限和规定一段时间两种。例如,发盘限 6 月 15 日复到有效(Offer subject to reply here by June 15th),发盘限 5 天内复到有效(Offer subject to reply reaching here in five days)或发盘有效期 3 天(Offer valid three days)。

《公约》第 20 条第 1 款规定:"发盘人在电报或信件内规定的接受期间,从电报交发时刻或从信上载明的发信日期起算,如信上未载明发信日期,则从信封上所载日期起算。发盘人以电话、电传或其他快速通信方式规定的接受期间,从发盘送达被发盘人起算。"

第 2 款规定:"在计算接受期限时,接受期间内的正式假日或非营业日应计算在内。但是,如果接受通知在接受期间的最后 1 天未能送到发盘人地址,因为那天在发盘人营业地是正式假日或非营业日,则接受期间应顺延至下一个营业日。"

发盘人在规定有效期时要恰当,有效期太短,对方无暇考虑;有效期太长,发盘人承担风险大。具体来说应考虑商品的特点、交易额、市场情况、距离和发盘人在发盘时使用的通信方法等因素。

但注意明确规定有效期并非构成发盘不可缺少的条件,在发盘未明确规定有效期时,应理解为在合理时间(Reasonable Time)内有效(《公约》第 18 条第 2 款)。但是"合理时间"应该是多长,公约并未作进一步的具体规定。一般这种"合理时间"长短的确定也应考虑"交易的情况"。比如,发盘人使用较快速的通信方法发盘,货物又属于时令性很强的或鲜活商品,而且这种商品的国际市场价格波动很大,则此时接受的"合理时间"就应短一些。如来盘使用电复(Cable Reply)、急复(Reply Urgently)等字样,一般宜在 24 小时内做出答复。这种规定方法由于没有定论,容易引起争议和纠纷,不建议采用。

(四)发盘生效的时间

发盘生效的时间有不同的情况:以口头方式做出的发盘,自对方了解发盘内容起生效;以书面形式做出的发盘,关于其生效时间,各国法律有不同的观点。英美法遵循投邮主义(Dispatch Theory)或发信主义,认为发盘在发盘人发出时生效;而大陆法遵循到达主义(Arrival Theory)或受信主义,认为发盘必须到达受盘人才生效。即若载有发盘的信件或电传因邮局误递或在传递途中遗失,以致受盘人没有收到,则该发盘无效。《公约》和《中华人民共和国民法典》都采用到达主义。

需要注意的是,在广泛使用现代通信技术的情况下,所谓的投邮主义或到达主义其实没有什么实际差别。对于数据电文的生效时间,联合国《电子商务示范法》第 15 条有详细规定。《中华人民共和国民法典》第137条规定："以非对话方式作出的意思表示,到达相对人时生效。以非对话方式作出的采用数据电文形式的意思表示,相对人指定特定系统接收数据电文的,该数据电文进入该特定系统时生效;未指定特定系统的,相对人知道或者应当知道该数据电文进入其系统时生效。当事人对采用数据电文形式的意思表示的生效时间另有约定的,按照其约定。"

明确发盘生效时间具有重要的法律和实践意义,一方面关系到受盘人能否表示接受,按照《公约》的解释,一项发盘只有在送达受盘人时才能生效,受盘人才能表示接受。另一方面关系到发盘人何时可以撤回发盘或修改其内容,即发盘人能否反悔或修改发盘内容。

（五）发盘的撤回与撤销

1. 发盘的撤回

发盘的撤回(Withdrawal)是指发盘人在发盘发出之后,在其尚未到达受盘人之前,即在发盘尚未生效之前,将发盘收回,阻止它的生效。由于发盘没有生效,因此发盘原则上可以撤回。《公约》第15条第2款规定："一项发盘,即使是不可撤销的发盘,也可以撤回,只要撤回的通知在发盘到达受盘人之前或与其同时到达受盘人"。业务中如果我国进出口商发现发出的发盘内容有误,即可按《公约》的规定以更快的通信方式将发盘撤回。实际业务中,发盘的撤回一般只在使用传统的通信方式(如信件或电报)向国外发盘时才适用,而采用传真、E-mail等方式向国外发盘时,发盘不能撤回。

案例 11.1

请分析下列情况,试问A与B之间的合同是否成立? 为什么?

(1) 11月1日：A邮寄一份实盘给B。

(2) 11月8日：A邮寄一份撤回通知给B。

(3) 11月11日：B收到A的实盘,并立即用电报发出接受通知。

(4) 11月25日：B又邮寄一份确认函,确认他于11月11日发出接受电报。

(5) 11月20日：B收到A邮寄的撤回通知。事后双方对该项目是否成立发生纠纷。

【评析】A与B之间的合同已经成立。理由：首先,11月1日A邮寄的实盘于11月11日送达B处时已经生效,B于当天就发出有效接受通知。根据一方发出实盘,经另一方有效接受而合同成立的原则,A与B之间的合同已经成立。

其次,A在寄出实盘以后,又于11月8日寄出一份撤回通知。但是实盘已于11月11日送达B处而生效。由于撤回通知于11月20日才送达B处,即发盘通知到达在先,撤回通知到达在后,因此该项撤回通知没有撤回的效力。

2. 发盘的撤销

发盘的撤销(Revocation)是指在发盘生效的情况下,将发盘取消,解除发盘的效力。一项已送达受盘人的发盘可否撤销,各国法律存在较大分歧。大陆法认为,发盘人应受发盘的约束,不得随意撤销,除非发盘人在发盘中表明不受约束。而英美法认为,发盘对发盘人没有约束力，只要受盘人没有接受，发盘可以被撤销。这种观点对受盘人不利，所以有的英美法国家在制定或修改法律时实际已不同程度地放弃了这种观点。如属于英美法系的美国，在发盘是否可撤销问题上，已从传统的普通法规则分离出来。如美国《统一商法典》规定："由商人签署的买卖货物的书面发盘，并保证在一定时间内不可撤销的，即使没有对价，该发盘在规定时间内不得撤销，如未规定时间，在合理时间内不可撤销。"

《公约》第 16 条对英美法和大陆法在此问题上的分歧，进行了协调并做出折中的规定："在未订立合同之前，发盘得以撤销，如果撤销通知于被发盘人发出接受通知之前送达被发盘人。但在下列情况下，发盘不能撤销：① 发盘规定了有效期或以其他方式表示该发盘是不可撤销的；② 被发盘人有理由信赖该项发盘是不可撤销的，而且已本着对该发盘的信赖行事。"《公约》的上述规定，实际是倾向于大陆法和美国《统一商法典》的规则，这些规定主要是为了维护受盘人的利益，保障交易的安全。《中华人民共和国民法典》中对此也有类似规定。

> **案例 11.2**
> 买方发盘要求卖方凭买方提供的规格、性能生产供应某机械设备，发盘规定了有效期为一个月，以便卖方能有足够的时间研究自己是否能按所提供的条件生产供应。卖方收到买方发盘后，立即组织人员进行设计，探寻必要生产设备添置的可能性和成本核算。两周后，突然买方通知，由于资金原因，决定不再订购该项机械设备，并撤销发盘。此时，卖方已因设计、寻购生产设备，核算成本等付出了大量费用。问：卖方能否提出异议？
>
> 【评析】卖方可以提出异议。理由：根据《联合国国际货物销售合同公约》第 16 条规定："在未订立合同之前，发盘得予撤销，如果撤销通知于受盘人发出接受通知之前送达受盘人。但在下列情况下，发盘不得撤销：① 发盘写明接受发盘的期限或以其他方式表示发盘是不可撤销的；② 受盘人有理由信赖该项发盘是不可撤销的，而且受盘人已本着对该项发盘的信赖行事。"据此，买方的发盘不能任意撤销，因为本案中的发盘具备一项有效发盘的必备条件，它规定了一个月的有效期，该发盘是不可撤销的发盘，且卖方已本着此项信赖行事。卖方如果认为按买方发盘条件达成交易有利可图，可以拒绝买方撤销发盘，并在期限内表示接受订立合同；如买方坚持撤销发盘，卖方可按实际支出的费用加上如果达成合同可望获得的合理利润向买方提出损害赔偿要求。

（六）发盘效力的终止

发盘效力的终止（Termination）有两方面含义：一是发盘人不再受发盘的约束，二是受盘人失去了接受发盘的效力。发盘终止的原因很多，归纳起来有以下几种情况。

（1）发盘在有效期内未被接受而过时。明确规定有效期的发盘，在有效期内未被受盘人接受，该发盘就终止。未明确规定有效期的发盘，在合理的时间内，未被受盘人接受，该发盘也同样失效。

(2) 发盘人在受盘人接受之前撤回或撤销,该发盘失效。

(3) 发盘被受盘人拒绝或还盘。一项发盘,一经受盘人拒绝就失效。拒绝是受盘人不同意发盘条件而对发盘做出的不接受的表示。而发盘一经还盘,其效力也即告终止。

(4) 一项发盘发出后发生不可抗力事件。特定标的物的毁灭,如一件珍贵的、独一无二的、不可替代的艺术品在发盘做出后在火灾中焚毁;或者政府发布禁令或限制措施造成发盘失效。

(5) 发盘人或受盘人在发盘被接受前丧失行为能力(如死亡或患精神病)或法人破产等情况。

案例 11.3

我国某外贸公司从国外购某商品,不久接到外商 3 月 20 日的发盘,有效期至 3 月 26 日,我方于 3 月 22 日电复:"如能把单价降低 5 美元,可以接受。"对方没有反应。后因用货部门要货心切,又鉴于该商品行情看涨,我方随即于 3 月 25 日又去电表示同意对方 3 月 20 日发盘所提各项条件。试分析此项交易是否达成?

【评析】此项交易未达成。因为我方 3 月 22 日去电是还盘,按法律规定,一项发盘一经还盘即告失效,同时原发盘人对还盘未做出答复。3 月 25 日电是对已失效的发盘表示接受,据此不能达成交易。

三、还盘

还盘(Counter Offer)又叫还价,在法律上叫反要约,它是指受盘人对发盘提出的交易条件不同意或不完全同意,向发盘人提出修改或变更的建议或提出新的交易条件的表示。还盘可以用口头方式也可用书面方式表达。还盘是对原发盘的一种拒绝,还盘一经做出,原发盘即失去效力,发盘人不再受其约束。

【还盘示例】

你方发盘价格过高,还盘 350 美元每公吨 CIF 纽约,8 月份装运,限 10 日复到有效。

(Your price is too high, counter offer USD350/MT CIF NEW YORK shipment August reply here by 10th.)

贸易谈判中,一方在发盘中提出的条件与对方能够接受的条件不完全吻合的情况经常发生,特别是在大宗交易中,很少有一方一发盘即被对方无条件全部接受的情况。因此,虽然从法律上讲,还盘并非交易磋商的必经环节,但在实际业务中,还盘的情况还是很多。有时一项交易须经过还盘、再还盘等多次讨价还价,才能做成。

对于一项发盘来讲,如果受盘人的答复实质性变更了发盘条件,就构成还盘。《公约》规定:受盘人对货物的价格、付款、品质、数量、交货时间与地点、一方当事人对另一方当事人的赔偿责任范围或解决争端的办法等,提出添加或更改,均视为实质性变更发盘条件。对发盘表示有条件的接受也是还盘的一种形式,如答复中附有"待最后确认为准"等规定或类似的附加条件。

使用还盘时,应注意以下几个问题。

（1）作为发盘人要注意识别还盘的形式，还盘可以明确使用"还盘"字样，也可以不使用，只是在内容中表示对发盘条件的实质性修改。

（2）一项还盘一般等于受盘人向原发盘人提出的一项新的发盘。还盘做出后，当事人双方地位对调。原受盘人变成新发盘的发盘人，而原发盘人则变成了新发盘的受盘人。新受盘人有权接受、拒绝或者再还盘。还盘可以在双方之间反复进行。

（3）还盘的内容通常仅陈述需变更或增添的条件，对双方同意的交易条件无须重复，未经还盘修改的内容或在还盘中未出现的发盘内容，对原发盘人仍有约束力。

（4）发盘人接到还盘后要与原发盘进行核对，找出还盘中提出的新内容，结合市场变化情况和销售意图认真对待和考虑。

（5）一方的发盘经对方还盘后即失去效力，若受盘人还盘后又接受原发盘，则交易未达成。

> **案例 11.4**
> 我国某公司于 6 月 20 日以传真发盘，并规定"限 6 月 25 日复到"。国外客户于 6 月 23 日回复至我方，要求将即期信用证改为远期见票后 30 天。我方公司正在研究中，次日又接到对方当天发来的传真，表示无条件接受我方 6 月 20 日的发盘。问如果我方未表示同意，此笔交易是否达成？如果我方表示同意，交易是否达成？
>
> 【评析】国外客户 6 月 23 日的答复中对付款条件进行修改，构成还盘，原发盘即失效。如果我方未表示同意，交易没有达成。反之若我方接受客户 6 月 24 日的条件，则新的交易达成，但此时双方的地位发生变化。

四、接受

所谓接受（Acceptance），就是指交易的一方在收到对方的发盘或还盘后，以声明或行为向对方表示同意。接受和发盘一样，既属于商业行为，也属于法律行为。法律上将接受称作承诺。对有关接受问题，在《公约》中也作了比较明确的规定。《公约》第 18 条对接受的定义是："受盘人声明或做出其他行为表示同意一项发盘，即为接受。"《中华人民共和国民法典》第 479 条对接受的定义是："承诺是受要约人同意要约的意思表示。"发盘一经受盘人表示接受，交易即达成，合同即成立。国际贸易中，表示接受的可以是买方，也可以是卖方。

表示接受，一般用"接（Accept）""同意（Agree）""确认（Confirm）"等词语。如：你 14 日电我方接受（Accept your offer dated 14th）。

（一）构成有效接受的要件

按照《公约》的规定，构成一项法律上有效的接受，必须具备以下要件。

1. 接受必须由特定的受盘人做出

接受必须由受盘人做出才有效，其他人对发盘表示同意，不能构成接受。这一条件与发盘的第一个条件是相对应的。发盘必须向特定的受盘人发出，因此，接受也只能由受盘人做出，才具有效力。如果其他人通过某种途径获悉发盘内容，而向发盘人表示接受，该"接受"

只是其他人向原发盘人做出的一项发盘,除非原发盘人表示同意,合同不能成立。受盘人的代理人代受盘人做出接受也视为有效。

2. 接受必须表示出来

接受必须由受盘人以某种方式向发盘人表示出来。如果受盘人在思想上愿意接受对方的发盘,但默不作声或不做出任何其他行动表示对发盘的同意,在法律上并不构成接受。《公约》第18条第1款规定:"缄默或不行动不等于接受"。

受盘人表示接受的方式有两种,一种是用声明(Statement)做出表示,即受盘人用口头或书面形式向发盘人表示同意发盘。这是国际贸易中最常用的表示方法。另一种是通过做出行为(Performing an Act)来表示,是根据发盘的意思或依据当事人之间已经约定或确立的习惯做法和惯例所做出的行为,通常指由卖方发运货物或由买方支付价款来表示。

3. 接受必须与发盘相符

接受的内容必须与发盘的内容相符,必须是同意发盘提出的交易条件,才表明交易双方就有关的交易条件达成了一致意见。原则上说,接受应是无条件的、无保留的。但在国际贸易的实际业务中,受盘人表示接受时,往往会对发盘的内容做出某些添加、限制或修改,又叫有条件的接受(conditional acceptance)。为了适应现代商业的需要,尽量促进交易的达成,不因受盘人对发盘内容做出的某些添加、限制或修改影响合同的成立,《公约》将接受中对发盘的条件所做的变更分为:实质性变更(Material Alteration)和非实质性变更(Non-material Alteration)。

对发盘内容做出实质性修改视为还盘,如果发盘人对此不予以确认,合同不能成立。至于非实质性修改,如要求提供重量单、装箱单、商检证、产地证等单据,要求增加某些单据的份数,或对包装条件进行更改等,除发盘人在不过分延迟的时间内表示反对其间的差异外,一般视为有效接受,而且合同的条件以该发盘和接受中所提出的某些更改为准。

另外,在实际业务中,应注意区分有条件的接受和接受前提下的某种希望或建议。前者属于还盘,后者属于有效接受。因为希望不是一项条件,无论发盘人同意与否,都不影响交易的达成。如"你方20日来电接受,希望提前一个月发货"的接受应视为有效接受,如果将来没有提前一个月发货不能视为发盘人违约。

案例 11.5

我国某进出口公司欲进口包装机一批,对方的发盘是:"兹可供普通包装机100台,每台500美元CIF上海,6月份装运,限本月21日复到我方有效。"

我方收到发盘后,在发盘规定的有效期内复电:"你方发盘接受,请内用泡沫,外加木条包装。"问:合同是否已经成立?

【评析】合同已经成立。理由:凡对货物的价格、付款、质量、交货地点和时间、赔偿责任范围或解决争端的添加、限制或更改,均视为实质性变更。而在本案中,我方对包装条件的添加并不构成实质性变更发盘条件,除非发盘人在合理的时间内及时表示不同意受盘人的添加,否则,该接受仍有效力,也就是合同成立。并且合同的条件以该发盘的条件以及在接受中所做的变更为准。

4. 接受必须在发盘规定的有效期内做出

这是一项有效接受必须遵守的原则,如果发盘明确规定了有效期,受盘人只有在有效期内做出接受才有效;如果发盘未明确规定有效期,按照国际贸易习惯,应在合理时间内做出接受才有效。若接受的最后一天恰逢正式假日(Official Holidays)或非营业日(Non-business days),则接受的最后期限可顺延至下一工作日。计算接受期限时,接受期间的正式假日或非营业日期应计算在内。

按照《公约》的规定,接受不仅要在发盘规定的有效期内做出,而且还要到达发盘人才生效,接受生效则合同成立。这意味着如果表示接受的函电在邮递过程中遗失或延误,有关的风险由受盘人承担。接受还可以在受盘人采取某种行为时生效,如发盘人在发盘中要求"立即装运",受盘人可做出立即发运货物的行为对发盘表示接受。

对于接受何时生效,英美法和大陆法有不同的主张。英美法采用"投邮生效"(Dispatch Theory)的原则,一般来说,接受必须到达发盘人才生效;但是,如果以信件或电报发送时,例外地规定,当信件或电报交发,接受即告成立。如果接受的函电在传递中遗失或延误,发盘人未能在有效期内收到或根本没有收到,也不影响合同成立,即传递延误或遗失的风险由发盘人承担。大陆法系的国家采用"到达生效"(Receipt Theory)原则,这与《公约》采用了一致的规定,即表示接受的函电必须在发盘有效期内到达发盘人,接受才生效。

> **案例 11.6**
> 我国某进出口公司向国外某客商询售某商品,不久我方接到外商发盘,有效期至7月22日。我方于7月24日用电传表示接受对方发盘,对方一直没有音讯。因该商品供求关系发生变化,市价上涨,8月26日对方突然来电要求我方必须在8月28日前将货物发出,否则我方将要承担违约的法律责任。问:我方是否应该发货?为什么?
>
> 【评析】我方不应发货。因为我方于7月24日用电传表示接受对方发盘,已超过了发盘规定的有效期,不具有接受的效力。这样双方之间没有合同关系。在市场行情上涨的情况下,我方应继续寻找买家,争取以较高的价格销售。

(二) 逾期接受

如果接受通知超过发盘规定的有效期或发盘未具体规定有效期而超过合理时间才到达发盘人,这就成为一项逾期接受(Late Acceptance),或迟到的接受。逾期接受在一般情况下不能视为有效接受,不具有法律效力,发盘人不受其约束,但以下两种情况属于例外。

(1)《公约》第21条第1款规定:"逾期接受仍具有接受的效力,如果发盘人毫不延迟地用口头或书面将此种意见通知被发盘人。"这种情况是指受盘人主观上有过错,导致接受逾期了,一般该接受无效,但是如果发盘人毫不迟延地将愿意接受的意思通知受盘人,则逾期接受仍有效力。

(2)《公约》第21条第2款规定:"如果载有逾期接受的信件或其他书面文件表明,依照它寄发时的情况,只要邮递正常,它本来能够及时送达发盘人,则此项逾期的接受应认为具有接受的效力,除非发盘人毫不迟延地用口头和书面通知受盘人,表示他的发盘已因接受逾期而失效。"这种情况是指受盘人主观上没有过错,结果由于邮递中出现意外,而接受逾期了。这种因传递延误而逾期的接受一般认为是有效的接受,但是发盘人及时表示反对的话,则接受无效。这种规定加重了发盘人的负担,即在收到超过期限的接受后,要审查其是否在通常情况下能够及时到达。

总之,在逾期接受的情况下,不管受盘人有无过错,接受是否有效取决于发盘人的表态。根据《公约》的上述规定,发盘人收到受盘人的逾期接受时,应认真查明造成接受逾期的原因,然后根据造成接受逾期的不同原因,进行不同的处理。

案例 11.7

我国出口企业根据美商询盘要求,发盘销售某项货物,限对方5日复到有效。美商于4日发电报表示接受。由于电报局投递延误,该电报通知于6日上午才送达我公司。此时,我方鉴于市场价格已经上升,当即回电拒绝。但美商认为接受通知迟到不是他的责任,坚持合同还有效成立。问:你是如何看待这件事情的?

【评析】根据《公约》第21条规定:"如传递正常能及时送达发盘人的情况下,寄发的逾期接受有接受效力,除非发盘人毫不迟延地用口头或书面通知被发盘人:他认为他的发盘已经失效。"据此,我方在接到该项逾期接受,立即回电拒绝,应认为合同未达成。但如果我方接电后未予拒绝,应认为合同有效成立。

(三)接受的撤回

接受的撤回(Withdrawal)是指接受通知尚未到达发盘人之前,受盘人采取取消原接受通知的行为。《公约》对于接受撤回的规定类似于对发盘撤回的规定,第22条规定:"接受得予撤回,如果撤回通知于接受原应生效之前或同时送达发盘人。"在接受撤回问题上,《公约》与大陆法系的国家的规定相一致,但英美法系国家认为接受在发出时生效,所以接受不能撤回。对此,我们应充分注意,以免在实际业务中引起争议和纠纷。

以行为表示接受时,不涉及接受的撤回问题。因为行为一经做出,接受就生效。另外采用现代化的通信方式,如采用传真、EDI、E-mail等形式发出接受通知,接受不可能撤回。所以为防止出现差错和避免发生不必要的损失,在实际业务中要谨慎行事。

接受一旦生效,合同即告成立,所以不存在接受撤销问题。如果撤销接受,相当于毁约行为,应承担毁约的法律责任。

(四)做出接受时应注意的问题

如果是我国商人表示接受,一般应注意以下几个问题。

(1)接受时应慎重对洽商的函电或谈判记录进行认真核对,经核对认为对方提出的各项交易条件确已明确、肯定、无保留条件时,再予接受。如果发现不清楚之处,应向对方澄清之后,再表示接受。

(2) 接受可以简单表示,如:"你20日电接受",也可详细表示,即将洽商的主要交易条件再重述一下,表示接受。一般讲,对一般交易的接受,可采用简单形式表示,但接受电报、传真或信函中须注明对方来电、信函的日期或文号;对大宗交易或交易洽商过程比较复杂的,为慎重起见,在表示接受时,应采用详细叙述主要交易条件的形式。

(3) 表示接受应在发盘规定的有效期内进行,并严格遵守有关时间的计算规定。

(4) 表示接受前,应详细分析对方报价,准确识别对方函件性质是发盘还是询盘。如果将对方的询盘误认为是发盘表示接受,可能暴露我方接受的底价和条件,使我方处于被动地位;如果将对方的发盘误认为是询盘,将可能失去成交的机会。

由国外客户表示接受时,应注意以下问题。

(1) 收到国外客户接受后,要认真分析客户接受的有效性,根据客户接受情况及我方经营意图,正确处理把握合同成立与不成立的法律技巧。如果是有效接受,则交易达成。如果对方表示接受时,对我方发盘条件进行添加、限制或更改,则需分析变更的性质,即属于实质性的变更,还是非实质性的变更。前者构成还盘,原发盘失效;后者视为有效接受,但我方也可以提出反对意见使之接受无效。

(2) 注意贯彻"重合同、守信用"的原则,只要对方接受有效,即使情况变化对我方不利,我们仍应同客户达成交易、订立合同,维护我方信誉。

11.3 进出口合同的签订

经过交易磋商,一方的发盘或还盘被对方有效地接受之后,就算达成交易,双方之间就建立了合同关系。《公约》以及西方大多数国家的法律对买卖合同的形式,虽然原则上不加限制,但在实际业务中,买卖双方的习惯做法,依然是在达成协议之后,再签订一份书面合同,将各自的权利和义务用书面方式加以明确。

一、合同成立的时间

国际货物买卖合同的内容在第五章已经叙述。按照《公约》的规定,合同成立的时间是接受生效的时间,而接受生效以接受通知到达发盘人或按交易习惯做出接受行为为准。因此合同成立的时间有两个判断标准:一是有效接受的通知到达发盘人;二是受盘人做出接受行为时。

《中华人民共和国民法典》对于合同成立的时间,做出如下规定:

(1) 承诺生效时合同成立,但是法律另有规定或者当事人另有约定的除外。

(2) 当事人采用合同书形式订立合同的,自当事人均签名、盖章或者按指印时合同成立。在签名、盖章或者按指印之前,当事人一方已经履行主要义务,对方接受时,该合同成立。

(3) 法律、行政法规规定或者当事人约定合同应当采用书面形式订立,当事人未采用书面形式但是一方已经履行主要义务,对方接受时,该合同成立。

(4) 当事人采用信件、数据电文等形式订立合同要求签订确认书的,签订确认书时合同成立。

(5) 当事人一方通过互联网等信息网络发布的商品或者服务信息符合要约条件的,对方选择该商品或者服务并提交订单成功时合同成立,但是当事人另有约定的除外。

二、合同有效成立的要件

买卖双方就各项交易条件达成协议后,并不意味着此项合同一定有效。根据各国合同法规定,一项合同,除买卖双方就交易条件通过发盘和接受达成协议外,还需具备以下要件,才是一项有效的合同,才能得到法律上的保护。

1. 合同当事人必须具有签约能力

签订买卖合同的当事人主要为自然人或法人,按各国法律的一般规定,自然人签订合同的行为能力,是指精神正常的成年人才能订立合同;未成年人、精神病人等订立合同必须受到限制。关于法人签订合同的行为能力,各国法律一般认为,法人必须通过其授权的代理人才能签订合同,而且其活动范围不能超过法人的经营范围。

2. 合同必须有对价或约因

英美法认为,对价(Consideration)是指当事人为了取得合同利益所付出的代价。法国法认为,约因(Cause)是指当事人签订合同所追求的直接目的。按照英美法和法国法的规定,合同只有在有对价或约因时,才是法律上有效的合同,无对价或无约因的合同,是得不到法律保障的。大陆法系不使用这一说法,但合同订立过程中显失公平是可撤销合同的因素之一。

3. 合同的标的和内容必须合法

几乎所有国家的法律都要求当事人订立的合同必须在标的和内容方面合法,规定凡是违反法律、违反公共秩序或公共政策,以及违反善良风俗或道德的合同一律无效。我国《合同法》第7条做了类似规定。

4. 合同必须符合法律规定的形式

世界上大多数国家,只对少数合同才要求必须按法律规定的特定形式订立,而对大多数合同,一般不从法律上规定应当采取的形式。这是为了适应当代国际贸易的特点,因为许多国际货物买卖合同是以现代化的通信方式订立的,不一定存在书面合同。

5. 合同当事人的意思表示必须真实

各国法律都认为,合同当事人的意思表示必须是真实的,才能成为一项有约束力的合同,否则这种合同无效。

为了使签订的合同能得到法律上的保护,我们必须了解上述合同生效的各项要件,并依法行事。此外,我们还应了解造成合同无效的几种情况。根据我国《合同法》第52条规定,有下列情形之一的,合同无效:一方以欺诈、胁迫的手段订立合同,损害国家利益;恶意串通,损害国家、集体或者第三人利益;以合法形式掩盖非法目的;损害社会公共利益;违反法律、行政法规的强制性规定。

11.4 电子合同

自20世纪90年代以来,以计算机网络和电子技术应用为依托的电子商务开始在全球范围内得到日益广泛的应用,人们在感受电子商务比传统商务具有更为便捷、高效、覆盖面广、交易费用低廉等明显优势的同时,也深深感到这种新的交易方式在广泛应用过程中遇到的来自传统法律的障碍。这种障碍首先体现在以无纸化记载的信息代替以传统纸质为载体的信息是否具有法律效力的问题;其次体现在如何界定以数据文件在网络间传递的信息的原件及其保存问题;此外还有签名的问题,因为在电子商务中,传统的签名方式不可能被采用,人们必须创造一种在网络上的签名方式,并且此方式要被法律确定为有效;另外还有电子合同的效力等。

一、电子合同的概念及特点

我国目前对电子合同尚未做出明确的法律定义,但结合国际通行观念,可将其概念理解为:在网络条件下当事人之间为了实现一定目的,通过电子邮件和电子数据交换来明确相互权利义务关系的协议。电子合同具有同纸面合同相同的法律效力,是纸面合同的替代者。而且电子合同还有纸面合同无法匹敌的优势,那就是能够在电脑中原样归档、检索、提供有用的数据、方便企业查找信息。

电子合同虽与传统合同所包含的信息大体相同,同样是对签订合同的各方当事人权利和义务做出确定的文件。但因其载体和操作过程不同于传统书面合同,故具有以下几方面特点。

(1) 订立合同的双方或多方在网络上运作,可以互不见面。合同内容等信息记录在计算机或磁盘等中介载体中,其修改、流转、储存等过程均在计算机内进行。

(2) 电子合同所依赖的电子数据具有易消失性和易改动性。电子数据以磁性介质保存,是无形物,改动、伪造不易留痕迹,其作为证据具有一定的局限性。

(3) 表示合同生效的传统签字盖章方式被数字签名(即电子签名)所代替。

(4) 传统合同的生效地点一般为合同成立的地点,而采用数据电文形式订立的合同,收件人的主营业地为合同成立的地点;没有主营业地的,其经常居住地为合同成立的地点。

二、电子合同的效力问题

(一) 电子合同具有书面形式的法律效力

随着电子合同的发展,不少国家已意识到运用法律确定其效力的必要性。联合国际贸易法委员会1996年6月制定了《联合国国际贸易法委员会电子商务示范法》(以下简称《电子商务示范法》),该法指出:因为数码信息具有以后被引用的可能性,足以担当书面文件的任务,不能仅仅因为信息采用的方式是数码信息而否定其法律效力、有效性和可强制执行性。《中华人民共和国民法典》第469条对于合同订立形式有如下规定:"以电子数据交换、电子邮件等方式能够有形地表现所载内容,并可以随时调取查用的数据电文,视为书面形式。"也就是说,不管合同采用什么载体,只要可以有形地表现所载内容,即视为符合法律对"书面"的要求,这实际上已赋予了电子合同与传统合同同等的法律效力。

(二)电子签名的效力与电子合同的成立

根据《中华人民共和国电子签名法》(以下简称《电子签名法》)第14条规定:"可靠的电子签名与手写签名或者盖章具有同等的法律效力。"

国际上第一部电子签名法制定于1995年,由美国的犹他州制定。此后,有关电子商务的法律开始在各个国家陆续制定。如新加坡于1998年颁布了《电子商务法》,该法主要涉及电子商务的三个核心问题,其中之一即是"电子签名",其内容占据了大量篇幅,是该法的核心内容。1996年联合国国际贸易法委员会制定的《电子商务示范法》,其中第7条对签名这一定义进行了拓宽,从而使电子签名也包括在内,并对"签字"问题做了具体规定。截至目前,世界上已有60多个国家和地区制定了相关的法律法规。世界各国和地区对电子签名方面的立法,对规范电子签名活动、保障电子安全交易、维护电子交易各方的合法权益、促进电子商务的健康发展起到了重要作用。

2004年8月28日,《电子签名法》最终获得全国人大常委会审议通过,自2005年4月1日起实施,2015年、2019年两次进行修订。《电子签名法》是我国信息化领域的第一部法律。《电子签名法》重点解决了五个方面的问题:一是确立了电子签名的法律效力;二是规范了电子签名的行为;三是明确了认证机构的法律地位及认证程序,并给认证机构设置了市场准入条件和行政许可的程序;四是规定了电子签名的安全保障措施;五是明确了认证机构行政许可的实施主体是国务院信息产业主管部门。

《电子签名法》第13条规定,电子签名同时符合下列条件的,视为可靠的电子签名:"(一)电子签名制作数据用于电子签名时,属于电子签名人专有;(二)签署时电子签名制作数据仅由电子签名人控制;(三)签署后对电子签名的任何改动能够被发现;(四)签署后对数据电文内容和形式的任何改动能够被发现。当事人也可以选择使用符合其约定的可靠条件的电子签名。"

在电子商务交易中,双方使用电子签名时,往往需要由第三方对电子签名人的身份进行认证,向交易对方提供信誉保证,这个第三方一般称之为电子认证服务机构。电子认证服务机构从事相关业务,需要经过国家主管部门的许可。《电子签名法》第16条规定:"电子签名需要第三方认证的,由依法设立的电子认证服务提供者提供认证服务。"为规范电子认证服务行为,并与《电子签名法》相配套,我国目前施行的是2009年3月31日版本的《电子认证服务管理办法》。

(三)电子合同成立的时间和地点

合同成立的时间和地点对于合同的当事人具有重大现实意义。合同成立的时间决定合同效力的起始与法律关系的确立,是当事人开始合同内容约束的标志。合同成立的地点则是确定合同的司法管辖和法律适用的重要决定因素之一。

对于电子要约与承诺的发出和到达的时间以及生效地点,《电子商务示范法》第15条做了如下几项规定。

(1)除非发端人与收件人另有协议,一项数据电文的发出时间以它进入发端人或代表发端人发送数据电文的人控制范围之外的某一信息系统的时间为准。

（2）除非发端人与收件人另有协议，数据电文的收到时间按下述办法确定。① 如收件人为接收数据电文而指定了某一信息系统：a. 以数据电文进入该指定信息系统的时间为收到时间；b. 或如数据电文发给了收件人的一个信息系统但不是指定的信息系统，则以收件人检索到该数据电文的时间为收到时间；② 如收件人并未指定某一信息系统，则以数据电文进入收件人的任一信息系统的时间为收到时间。

（3）第2款均予适用，尽管设置信息系统的地点与根据第4款规定的被认为收到该数据电文的地点有所不同。

（4）除非发端人与收件人另有协议，数据电文应以发端人设有营业地的地点视为其发出地点，而以收件人设有营业地的地点视为其收到地点。① 如发端人或收件人有一个以上的营业地，应以对基础交易具有最密切关系的营业地为准，又如果并无任何基础交易，则以其主要的营业地为准；② 如发端人或收件人没有营业地，则以其惯常居住地为准。

《中华人民共和国民法典》第491条对信件、数据电文形式合同和网络合同成立时间做了相关规定，第492条对数据电文形式合同成立地点做了相关规定。《电子签名法》第9、10、11条对数据电文的发送时间、接收时间做了相关规定，第12条对数据电文的发送地点和接收地点做了规定。总之，我国法律对电子合同成立的时间和地点的规定与《电子商务示范法》是一致的。

项目导入分析

合同并未成立，因为外方接受时，发盘已经失效。

项目拓展 1

两人一组，根据自己选定的商品，用英文拟定一个谈判对话，包括询盘、发盘、还盘和接受。

项目拓展 2

以前面实训的产品为例，用英文拟定一份完整的国际商品买卖合同，要求包含商品的品名、品质、数量、包装、价格、运输、保险、支付、检验、索赔、不可抗力和仲裁条款。

重点名词

发盘　接受　撤回　撤销

思考与练习

1. 构成一项法律上有效的发盘需要具备哪些要件？
2. 发盘在哪些情况下失效？

3. 构成一项法律上有效的接受需要具备哪些要件?
4. 若受盘人对发盘内容提出了某些添加、限制或更改,还能否构成有效接受?
5. 《公约》对逾期接受的法律后果是如何规定的?
6. 一项合同应具备哪些条件才具有法律约束力?
7. 我国某对外承包公司5月3日以传真方式请德国供应商发盘出售一批钢材。我方在传真中声明:这一发盘是为了计算一项承造一栋大楼的标价和确定是否参与投标之用,我方必须于5月15日向招标人送交投标书,而开标日为5月31日。德供应商于5月5日用电传就上述钢材向我方发盘。我方据以计算标价,并于5月15日向招标人递交投标书。5月20日德供应商因钢材价格上涨,发来传真通知撤销他5月5日的发盘。我方当即复电表示不同意,于是双方发生争议。5月31日开标,我方中标。随即传真通知德商我方接受5月5日的发盘,但德商坚持该发盘已于5月20日撤销,合同不成立。问:根据《公约》的规定,合同是否成立?为什么?
8. A国商人将从别国进口的初级产品转卖,向B国商人发盘,B国商人复电接受发盘,同时要求提供产地证。两周后,A国商人收到B国商人开来的信用证,正准备按信用证发运货物,获商检机构通知,因该货物非本国产品,不能签发产地证,随电请B国商人取消信用证中要求提供产地证的条件,遭拒绝。于是,双方发生争议。A认为,其对提供产地证的要求从未表示同意,因此无此义务,而B坚持认为A有此义务。问:根据《公约》的规定,对此案将如何裁决?

项目 12

进出口合同的履行

本项目知识结构图

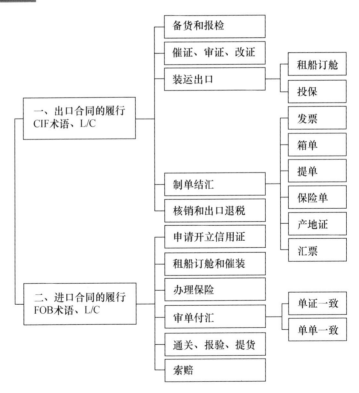

项目 12 进出口合同的履行

> 学习目标

本章分别以 CIF 出口合同和 FOB 进口合同为例,介绍了信用证支付方式下,出口合同和进口合同的履行过程。

> 知识目标

- 掌握出口合同履行的环节
- 掌握进口合同履行的环节

> 技能目标

- 根据合同进程准备相关单据,进行初步核对。

> 项目导入

9 月份,张燕终于和荷兰 A 公司签署一笔罐头食品的出口合同,规定 L/C 方式结算,10 月份收到 A 公司信用证,来证有关条款规定:1460 cartons of Canned apple, Shipment to be effected by container not later than Nov. 30,2013. Partial shipments prohibited. 生产厂家于 4 月 28 日进行集装箱装运完毕,并将相关单据交给张燕,但张燕发现该单据上的数量仅为 1456 箱,厂家说盛下 4 箱实在无法再装进去。张燕不知道是否要 A 公司修改 L/C? 如果不修改信用证,你有什么解决办法吗?

买卖双方通过磋商达成交易后,按国际贸易的一般做法,通常需要签订一定格式的书面合同,作为约束双方的法律依据。买卖合同一经依法有效成立,有关当事人可享有合同所规定的权利,同时,必须履行合同所规定的义务。

由于交易对象、成交条件及所选用的惯例不同,每份合同所规定的当事人的权利与义务的具体内容也各不相同。《公约》规定:"卖方的基本义务是,按合同规定交付货物,移交与货物有关的各项单据以转移货物的所有权;买方的基本义务是,按合同规定支付货款和收取货物。"

按时、按质、按量履行合同的规定,不仅关系到买卖双方行使各自的权利和履行相应的义务,也关系到一个企业和一个国家的对外声誉。因此,买卖双方必须本着"重合同,守信用"的原则,严格履行合同。

12.1 出口合同的履行

出口合同的履行,是指出卖方按照合同的规定履行交货义务直至收回货款的整个过程,具有涉及面广,工作环节多,手续繁杂,时间性强,技术性和知识性突出等特点。

我国出口贸易,除个别情况外,多数采用 CIF 或 CFR 术语成交,并且一般都采用信用证支付方式。此类出口合同的履行，一般要经过备货、催证、审证、改证、租船订舱、报关、报验、投保、装运、制单结汇等环节。其中，以货（备货、报验）、证（催证、审证和改证）、船（租船订舱、办理货运手续）、款（制单结汇）四个环节的工作最为重要。只有做好这些环节的工作，才能防止出现"有货无证""有证无货""有货无船""有船无货""单证不符"或违反装运期等情况的发生。图 12-1 为海运出口流程图。

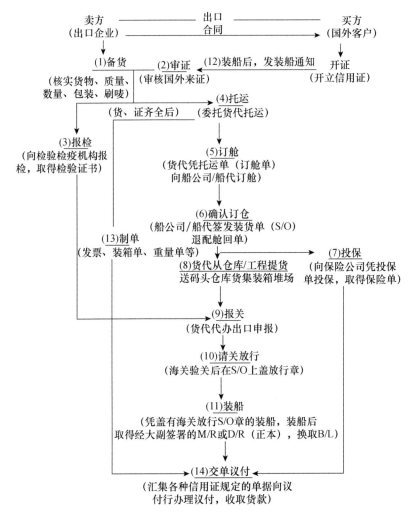

图 12-1 海运出口流程图

一、备货与报验

为了保证按时、按质、按量交付约定的货物，在订立合同之后，卖方必须及时落实货源，备妥应交的货物，并做好出口货物的报验工作。

（一）备货

备货工作的内容，主要包括按合同和信用证的要求向生产加工或仓储部门组织货源和催交货物，核实应交货物的品质、规格、数量，进行必要的加工整理、包装和刷唛，以及办理货物的检验和领取出口许可证等工作。在备货工作中，应注意下列事项。

1. 所交货物的品质规格应符合合同的要求

凭文字说明成交时，卖方所交货物必须与文字说明相符；对于凭样品买卖，所交货物的品质必须与样品的品质一致。卖方所交货物的品质既不能低于也不宜高于合同的规定，否则均构成违约。

2. 所交货物的数量应符合合同的要求

卖方交货的数量应根据合同和信用证的要求办理，通常备货的数量应适当留有余地，以备装运时可能发生的调换或适应舱容之用。

《公约》第56条规定：如果价格是按货物的重量规定的，如有疑问，应按净重确定。因此，凡按重量计量的商品，如果买卖合同和信用证中均未规定按何种方式计量，应以净重计量。

《UCP600》第30条规定："约"或"大约"用于信用证金额或信用证规定的数量或单价时，应解释为允许有关金额或数量或单价有不超过10%的增减幅度。该条又规定：在信用证未以包装单位计数或货物自身件数计数方式规定货物数量时，货物数量允许有5%的增减幅度，只要总支取金额不超过信用证金额。

3. 所交货物的包装和运输标志应符合合同和有关国家法律的要求

凡在合同中对包装有明确规定的，必须严格符合合同的要求。如合同中对货物包装未做明确规定，按照《公约》规定，应按照同类货物通用的方式进行装箱或包装；如果没有通用方式，则应按照足以保全和保护货物的方式装箱或包装。

在备货过程中，对货物的内外包装，均需认真核对和检查。如发现有包装不良或破损情况，应及时进行核对或换装，以免因包装不良而拿不到清洁提单，造成收汇困难。

运输标志（即唛头）应按合同或信用证规定的式样用防水墨汁刷制，内容力求简洁、清晰、明确，大小尺寸适中，能够提供充分的运输信息，并且要符合运输和有关国家法律的规定。包装上的运输标志应与所有出口单据上对运输标志的描述保持一致。

4. 货物备妥的时间应与合同和信用证规定的期限相适应

交货时间是买卖合同的主要条件，延迟装运或提前装运均可导致对方拒收或索赔。所备货物要结合船期，以利于船货衔接，避免造成货物长时间等船或船长时间等货的局面。

如果合同和信用证中规定分期分批装运，协调好出运时间尤为重要。如果合同和信用证中明确规定了分批装运的时间，同时又规定了每批装运的数量，即定期定量装运，则卖方必须严格照办。如果其中任何一批没有按时、按量装运，则本批以及以后各批均告失效，即买方可按违约情况要求损害赔偿直至解除合同。

（二）报检与检验

1. 出口商品报检的范围

（1）法定检验。

我国现行的法律、行政法规或国际公约、协议规定，有一部分进出口商品及其运输工具必须经过商检机构的检验，对于这类商品及其运输工具的检验称为法定检验。

法定检验检疫的出口货物的发货人或其代理人应当在检验检疫机构规定的地点和期限内向出入境检验检疫机构报检，未经检验合格的，不准出境。

目前我国出口商品及其运载工具法定检验检疫的范围主要有以下几种：

① 列入《出入境检验检疫机构实施检验检疫的进出境商品目录》（简称《检验检疫商品目录》）的出口商品；

②《中华人民共和国食品卫生法（试行）》规定，应施卫生检验检疫的出口食品；

③ 出口危险货物的包装容器、危险货物运输设备和工具的安全技术条件的性能和使用鉴定；

④ 装运易腐烂变质食品、冷冻品的船舱、货仓、车厢和集装箱等运载工具；

⑤ 国家其他有关法律、法规规定须经出入境检验检疫机构检验的出口商品、物品、动植物等。

(2) 非法定检验或鉴定业务。

非法定检验或鉴定业务申请报检，是根据有关合同的约定或自身的需要，对外经济贸易关系人或者外国检验机构可以申请委托第三方检验机构办理进出口商品的鉴定业务、签发鉴定证书。例如，某些出口商品未列入法定检验检疫范围，但买卖双方在合同中约定卖方须凭检验检疫机构签发的证书（如品质检验证书、重量或数量检验证书、熏蒸证书等）才能要求买方支付价款。

申请报验时，应填制出口报验申请单，向检验检疫局办理申请报验手续，该申请单的内容一般包括品名、规格、数量或重量、包装、产地等项，在提交申请单时，应随附合同和信用证副本等有关文件，供检验检疫局检验和发证时做参考。

(3) 申请签发普惠制原产地证或普通（一般）原产地证。

原产地证（Certificate of Origin）是一种证明货物原产地或制造地的文件，也是进口国海关核定进口货物应征税率的依据。原产地证书按其作用的不同，主要分普惠制原产地证和普通（一般）原产地证两种。

普惠制原产地证（Generalized System of Preference Certificate of Origin）是普惠制的主要单据。凡是向给予我国普惠制关税优惠待遇的国家出口受惠商品的，须提供该种产地证，作为进口国海关减免关税的依据。在我国，普惠制原产地证书由出口商填制后连同普惠制原产地证申请书和商业发票一份，送交出入境检验检疫局申请检验和签发。

普通（一般）原产地证主要是进口国为根据进口产品的不同来源进行贸易统计，实行数量限制，控制从特定国家进口及实行差别关税待遇。在我国，普通（一般）原产地证由出口商填制后连同原产地证申请书和商业发票一份，送交出入境检验检疫局或贸促会申请检验和签发。

2. 出口商品的报检及检验的程序

对于法定检验检疫的出口商品，目前我国实行的是"先报检后报关"的货物出境制度。即法定检验检疫的出口商品的发货人或其代理人首先向检验检疫机构报检，检验检疫机构受理报检并实施检验检疫。对经检验检疫合格的出口商品，检验检疫机构签发"出境货物通关单"；经检验检疫不合格的，签发"出境货物不合格通知单"。法定检验检疫的出口商品，在出口报关时必须提供"出境货物通关单"，海关凭通关单验放。

我国出口商品的检验程序主要包括：报检、抽样、检验和领取证书四个环节。

(1) 报检：指出口商品的发货人或其代理人填写"出境货物报检单"（见附表1），并随附有关证件，向检验检疫机构申请报检。

(2) 抽样:检验检疫机构接受报检后,派人到货物堆存地点进行现场抽样。
(3) 检验:检验检疫机构实施检验和检疫。
(4) 领取证书:对法定检验检疫的出口商品,经检验检疫机构检验合格后,出口单位可以领取"出境货物通关单";如合同或 L/C 规定由检验检疫机构检验出证的,或国外要求签发检验证书的,根据规定签发所需的证书。

二、落实信用证

在履行信用证支付方式的出口合同中,卖方必须做好信用证的落实(催证)、审核(审证)及必要的修改(改证),以保证合同的顺利履行及货款的及时收回。

(一) 催证

催证是指卖方在买方未按合同规定开出信用证时,催促买方尽快开证。如果买卖合同中约定采用信用证的支付方式,及时开出信用证是买方的一项主要义务,也是卖方履行合同的前提条件。尤其是大宗交易或按买方要求而特制的商品交易,买方及时开证更为必要,否则,卖方无法安排生产和组织货源。在实际业务中,买方往往因市场变化、资金短缺或其他原因不能按时开出信用证。如遇上述情况,卖方应及时采取措施做好催证工作,以利合同的履行。

卖方催促买方开立信用证的方法很多,如发信函、电报、电传、传真、E-MAIL 或请银行协助代为催证。

催证电函示例:

例 1:CONTRACT NO. 12345 GOODS READY PLEASE RUSH L/C(12345 号合同下货物已备妥,请即开证)

例 2:CONTRACT NO. 12345 PLEASE CABLE L/C TO REACH US BEFORE MAY 15 TO CATCH SS TIANHUA SAILING MAY 30(速于 5 月 15 日前将 12345 号合同下信用证开到我处,以赶 5 月 30 日天华轮)

(二) 审证

理论上讲,买方开来的信用证应与买卖合同相符。但在实际业务中,由于种种原因,买方开来的信用证常有与合同条款不符的情况。分析原因,无外乎两种:工作疏忽或者买方的故意。无论哪种原因造成不符,都会给卖方履行合同、安全收汇造成隐患。因此,卖方应对国外来证,依据双方所签订的买卖合同条款以及《跟单信用证统一惯例》,进行认真的核对和审查。

审核信用证是银行(通知行)与出口企业的共同责任,只是各有侧重。其中,银行着重审核信用证的真实性,以及开证银行的政治背景、资信能力、付款责任和索汇路线等。出口企业则着重审核信用证的内容与买卖合同是否一致。

1. 银行对信用证的审核

国外开证行开出信用证后,通常通过出口企业所在地的通知银行将信用证通知给受益人。通知行收到信用证后,通常要对如下内容进行审核。

(1) 对信用证政治性、政策性审查。

在我国对外政策的指导下,对不同国家和不同地区的来证从政治上、政策上进行审查,如审查来证国家同我国有无经济贸易往来关系,来证内容是否符合政府间的支付协定,证中有无歧视性内容等。

(2) 对信用证真实性的审查。

对国外开来的信用证,通知行通过检查其印鉴(信开信用证)或密押(电开信用证),核实信用证的真伪。《UCP600》第9条"信用证及其修改的通知"中规定:信用证可以通过通知行通知受益人。通过通知信用证,通知行即表明其认为信用证的表面真实性得到满足。如果通知行不能确定信用证的表面真实性,必须不延误地告知开证银行它未能鉴别该证的真实性;如果通知行仍决定通知,则必须告知受益人其未能核实信用证的表面真实性。

(3) 对开证行资信的审查。

为了确保安全收汇,对开证行所在国的政治、经济状况,开证行的资信及其经营作风等,通知行都应注意审查。若发现开证行资信不佳,经营作风不良或资力不足以负担信用证金额,或者开证行所在国的政治经济不稳定等情况,应采取适当的保全措施,如要求另外一家资信可靠的银行对信用证加保兑,或在信用证中规定分批装运等,以确保安全收汇。

(4) 对信用证的性质与开证行付款责任的审核。

通知行应注意审查信用证是否为"不可撤销"的,只要信用证中没有注明"可撤销",则该证即为"不可撤销"。即使对于"不可撤销"的信用证,如果证中附有限制性条款或保留字句,如"买方领到许可证后方能生效""详情后告"等,使"不可撤销"名不符实,应要求对方修改。

2. 出口商对信用证的审核

通知行审查信用证后,将信用证通知给出口商。出口商收到信用证后,应对银行审核的内容进行复核,其审证重点主要应放在以下几项。

(1) 对信用证当事人的审核。

开证申请人的名称和地址应仔细审核,以防错发、错运;受益人的名称和地址必须正确无误,以免影响收汇。

(2) 对信用证金额及其采用货币的审核。

信用证金额应与合同金额一致,大、小写金额应一致。如合同订有溢短装条款,则信用证金额还应包括溢短装部分的金额。来证采用的货币应与合同规定的计价和支付货币一致。

例如,5 PCT MORE OR LESS IN QUANTITY AND AMOUNT ARE ALLOWED(数量上5%的溢短装以及金额上5%的上下浮动是允许的)。

(3) 对有关货物记载情况的审核。

来证中对有关品名、品质或规格、数量或重量、包装等项内容的记载,应与合同的规定相符。如发现信用证与合同规定不符,不应轻易接受,原则上要求改证。

(4) 对有关装运条款的审核。

信用证中对装运港(起运地)、目的港(目的地)、装运期、分批装运以及转运的规定应与合同相符。若信用证中未规定装运期,则信用证的有效期即视为装运期;除非合同中明确规定,出口方应要求信用证允许分批装运和转运。

(5) 对信用证到期日、交单日和到期地点的审核。

按惯例,一切信用证都必须规定一个到期日,信用证中所规定的到期日是指受益人向指定银行提交单据,要求付款、承兑或议付的最迟时间,未规定到期日的信用证不是有效的信用证。信用证的到期日与装运期应有一定的合理间隔,以便在装运货物后有足够的时间办理制单结汇工作。信用证到期日与装运期规定在同一天的,称为"双到期",应当指出,"双到期"是不合理的,受益人是否就此提出修改,应视具体情况而定。

信用证除规定一个到期日外,通常还应规定一个受益人向指定银行提交单据要求付款、承兑或议付的特定期限,即"交单期"。如信用证未规定"交单期",银行将不予接受迟于装运期后21天提交的单据,但无论如何,交单期都不得迟于信用证的"到期日"。

信用证的到期地点,即受益人最迟应向何地银行交单。信用证的到期地点可以在出口地、进口地或第三国。在我国的出口业务中,原则上应争取在我国到期,以便交货后及时办理结汇。若信用证规定在国外交单,由于寄单需要时间,且有延误的风险,一般应提请修改,否则,就必须提前交单,以防逾期。

信用证中关于装运期、到期日和到期地点、交单期的规定示例:

例1:SHIPMENT DISPATCH NOT LATER THAN JUNE 30,2014(最迟装运期:2014年6月30日)。

例2:EXPIRY DATE&PLACE:JULY 10,2014 IN CHINA(信用证到期日和到期地点:2014年7月10日在中国到期)。

例3:DOCUMENTS TO BE PRESENTED WITHIN 10 DAYS AFTER THE ON BOARD DATE OF BILLS OF LADING. BUT,WITHIN THE EXPIRY DATE OF THE CREDIT.(最迟交单期:提单日后10天,但须在信用证有效期内)。

(6)对单据的审核。

信用证中所要求的卖方议付的单据通常包括:提单(或运单)、汇票、发票、装箱单、保险单、原产地证明、检验证书及其他证明文件。审核时要注意来证中所要求的单据的种类、份数、填制方法、单据的出具人等,审查信用证中的要求与合同条款是否一致,有无特殊要求,前后是否矛盾等。如发现有不适当的规定和要求,应要求对方改证。

(7)对其他特殊条款的审核。

除非出口企业确有把握做到,一般不应接受特殊条款中的各种规定,如指定船公司、船级、船龄及船籍等特殊条款。

(三)改证

改证是对已开立的信用证进行修改的行为。出口商通过审核,发现信用证中有与合同不符而出口商又不能接受的条款,应及时向开证申请人提出修改要求,并在收到通知行所转来的改证通知并确定无误后再发货;对可改可不改的内容,可酌情处理,如合同允许分批装运,而来证不准分批,如果此时货已全部备妥,能一次出运,就无须改证。

在改证的过程中,凡同一信用证上需要多处修改,最好一起向国外客户提出,以节约双方的时间和费用。

对通知行转来的同一修改通知书,如修改内容有两处以上,出口企业只能全部接受或全部拒绝,不能接受一部分的内容而拒绝另一部分的内容。

三、装运出口

出口企业在备妥货物、落实信用证后,即应按合同和信用证的规定,及时履行装运货物的义务。安排货物装运出口主要涉及托运、投保、报关等工作。

（一）租船订舱

按 CIF 或 CFR 条件成交时，租船订舱工作由卖方负责。如系大宗货物，需要办理租船手续；当货物数量不大时，则需洽订舱位。下面以班轮运输为例，简单介绍出口货物的装运过程。

1. 出口商或其代理（即货运代理，简称货代）填写海运出口托运单，作为向船公司订舱的依据

出口商或货代在备妥货物，落实信用证后，即可根据合同和信用证的规定，选择合适的船公司，填写海运出口托运单（又称订舱委托单，见附表 2(A)），列明出口货物的名称、数量、包装、唛头、毛重、尺码、目的港和最迟装运日期等内容，作为向船公司或船代订舱的依据。托运单通常一式数份，分别用于船代留存、托运人留底、货代留底、装货单、收货单、运费通知、配舱回单等。

2. 船公司或船代收到托运单后，签发装货单，表示同意承运

船公司或船代收到托运单后，根据托运单的内容，结合船舶航线、挂靠港、船期和舱位等条件，认为合适的，在托运单上签章，表示接受托运。至此，订舱手续完成，运输合同成立。

船公司或船代配好船只和舱位后，向托运人（出口商或货代）签发装货单（见附表 3），列明船名、航次和装货单号，托运人凭装货单办理出口报关及装船手续。

（二）投保

CIF 出口合同，由卖方负责办理货物运输保险，因此出口商在备妥货物，订妥舱位后，应按合同和信用证的规定向保险公司办理货物运输的投保手续。

我国出口货物的投保，一般采取逐笔投保的方式，即每发生一笔国际货运业务，出口商即向保险公司办理一次投保手续。投保时，出口商首先向保险公司索取空白投保单（见附表 4），按合同和信用证的规定，填写货运投保单的内容。在投保单上列明被保险人的名称，被保险货物的名称、数量、包装和唛头，保险条款及投保险别，保险金额，保险起讫的地点，运输工具的名称、航次、启运日期，赔付地点等事项，送交保险公司。保险公司根据投保单确认承保后，向出口商签发保险单，保险单是出口商向银行议付的重要单据之一。

（三）货物集港及报关

1. 货物集港

出口商向船公司订妥舱位后，在船公司指定的时间内将出口货物运往装运港船公司所指定的仓库或货栈。

2. 出口报关

出口报关是指出口商或其代理人在货物出境时，向海关交验有关单据请求海关查验放行。根据我国《海关法》规定，出口货物出运前必须向海关申报，经海关查验放行后，才能装运出口。

我国出口报关的程序通常包括以下四个环节。

（1）申报：出口商或其代理在货物装船前至少 24 小时向海关提交《出口货物报关单》（见附表 5）及海关规定的其他单证。

(2) 配合查验：海关接受申报后，将对所申报的出口货物依法进行查验，出口商或其代理应海关要求配合海关查验。

(3) 缴纳税费：出口商凭海关所签发的"缴费通知单"，及时缴纳相应的税费。大多数的出口商品无须缴纳出口关税。

(4) 海关放行：出口商缴清税费后，海关在"装货单"及其他相关单据上签印放行，货物方可装船出运。

（四）货物装船出运

1. 货物装船

出口商或货代办结海关手续后，凭盖有海关放行章的"装货单"要求船长或大副将货物装船。货物装船完毕后，大副留下"装货单"，并根据装船的实际情况签发"收货单"（俗称"大副收据"）交给出口商或货代。出口商或货代凭"大副收据"，向船公司或船代付清运费后，换取正本海运提单。

2. 发转船通知

货物装船后，出口商根据合同或信用证的要求，及时向国外买方发出"装船通知"（SHIPPING ADVICE），以便买方备款、赎单、办理货运保险（按FOB或CFR成交的合同）、进口报关和接货等手续。

装船通知的内容一般包括合同号，信用证号，货物的名称、数量、总值、唛头、装运口岸和日期，船名、航次及预计开航日期等（见附表6）。

四、制单结汇

按信用证付款方式成交时，在出口货物装船发运之后，出口商应按信用证规定，整理和缮制各种单据，并在信用证规定的交单有效期内提交银行办理议付和结汇手续。

（一）出口制单

缮制正确的单据是出口商及时、安全收回货款的前提和保证。在制单工作中，要做到"单证（信用证）相符"和"单单一致"，各种单据的制作要求正确、完整、及时、简明和整洁。

在办理出口结汇时，通常提交的单据有下列几种。

1. 汇票（Draft）

出口贸易中通常使用的是跟单汇票（见附表7），汇票一般都是开具一式两份，只要其中一份付讫，另一份即自动失效。

汇票的填制方法如下所示。

(1) NO.（汇票号码）：汇票号码的编制有两种方法，一种是按汇票的顺序编号，另一种是按发票号码编号。因发票是全套单据的中心，我国出口贸易中多采用后者，即按发票号码编号，说明该汇票是对应发票下的。

(2) EXCHANGE FOR（汇票金额）：此栏填写汇票小写金额，它由支付货币名称缩写和金额数字构成。例如：USD20 000.00

(3) PLACE, DATE（出票地点和日期）：我国出口贸易中，汇票出票地点一般都已印好，出票地点后的横线是出票日期，多留空白，由银行代为填写。

(4) AT…SIGHT(付款期限)：付款期限有两种，即期付款和远期付款。采用即期付款时在"AT…SIGHT"之间的横线上打印上"＊＊＊＊＊＊"，即"AT＊＊＊＊＊SIGHT"式样；远期付款时在"AT…SIGHT"之间的横线上打印上付款期限，如"AT 60 DAYS SIGHT"（见票后60天付款）。

(5) PAY TO(收款人)：又称为汇票的抬头，指收取汇票金额的人。目前在我国出口合同的履行中，无论是 L/C 支付还是托收支付，均以议付行或托收行为汇票的收款人，例如 PAY TO THE ORDER OF BANK OF CHINA。

(6) THE SUM OF(大写金额)：大写金额应与小写金额一致，一般顶格打印在汇票虚线内，货币名称用全称并写在数额之前，最后加"ONLY"，例如，SAY HONGKONG DOLLARS TWENTY TWO THOUSAND THREE HUNDRED ONLY"。

(7) DRAWN UNDER(出票依据)：按 L/C 规定，无规定时注明 L/C 号、开证行名称、开证日期等。

(8) TO(付款人)：也称受票人，根据《UCP600》规定，议付信用证下汇票的受票人填写开证银行。

(9) 出票时，汇票的出票人，即出口商在汇票右下角签字盖章。

2. 商业发票(Commercial Invoice)

商业发票是卖方对买方开立的载有货物的名称、数量、价格等内容的清单，是买卖双方凭以交接货物和结算货款的主要单证，也是办理进出口报关、纳税所不可缺少的单证之一，是各种单据的核心（见附表8）。

商业发票无统一格式，但所需填制的内容却大体相同，发票在结构上分三部分。

(1) 首文：包括出口商的名称、地址，"INVOICE"（发票）字样，合同/信用证号，发票号，签发日期，发票抬头人的名称、地址，运输路线等。这些内容一般都是印好的固定格式，后面留有空格以便填写。

(2) 主文：即发票的主要部分，主要描述商品的全面情况，包括商品名称、规格、数量、包装、单价、总价、唛头等。

(3) 结尾：来证所需列明的进口许可证号、特殊证明条款、出口商签字盖章等。

以下是商业发票的填制方法：

(1) 出具人的名称：一般为出口人，在信用证的支付方式下，根据《UCP600》规定，除可转让信用证外，发票必须由信用证的受益人出具。

(2) 发票抬头人的名称：在信用证支付方式下，根据《UCP600》规定，除可转让信用证外，商业发票的抬头必须做成开证申请人。

(3) 发票的号码、合同号码、信用证的号码、开票日期：发票号码由出口商统一编制，一般采用顺序号，以便查对；合同号和信用证号如实填写；发票的开立日期必须在信用证的有效期内，并不晚于交单日。

(4) 装运港(地)和目的港(地)：按信用证要求填写，如遇世界上有重名的港口或城市，应加列国名或地区名。

(5) 运输标志：信用证指定唛头时，按信用证要求填写；如未指定，通常出口人自行设计，但应与包装上所刷制的唛头及其他单据上的唛头相一致。

(6) 货物的名称、规格、数量与包装：发票上有关货物的名称、规格、数量与包装的描述，必须与信用证要求完全相符,不能有任何差异。

(7) 单价和总值:这些是发票的主要内容,必须准确填写。单价和总值中均应列明贸易术语,且总值不能超过信用证金额。

(8) 自由处理区:位于发票格式的下方,用于表达其他栏目不能表达的内容。如:要求在发票上注明生产厂家名称、许可证号、其他文件的参考号以及对发票内容正确性、真实性及货物原产地的声明等。

(9) 签发人的签字或盖章:根据《UCP600》,除非信用证另有规定,商业发票无须签署,但习惯上通常由出具人签字盖章。

3. 装箱单(Packing List)

装箱单是表明出口货物的包装形式、包装内容、数量、重量、体积或件数的单据。其主要用途是作为海关、进出口商等验货的凭据和商业发票的补充,装箱单除列明商品包装的具体情况(商品名称、数量、规格、包装尺码、毛净重)外,其他项目内容填写与发票相类似(见附表9)。

4. 提单(Bill of Lading)

提单是由船公司或船代在收到其承运的货物后签发给托运人的货物收据,是承运人和托运人之间运输合同的证明和货物所有权的凭证,收货人凭正本提单提取货物(见附表10)。

在我国,海运提单通常由出口商或货代填制,货物装船后由船公司签署后交出口商。不同船公司设计的提单格式不尽相同,但内容基本相同。

提单的基本内容如下:

(1) B/L NO.(提单号码):提单必须注明承运人规定的提单编号,否则无效。提单号码一般与"装货单"号码一致。

(2) SHIPPER(托运人):一般为信用证的受益人。除非信用证另有规定,银行亦可接受以信用证受益人以外的一方为托运人的提单,此种提单被称为"第三方提单"(THIRD PARTY B/L)。

(3) CONSIGNEE(收货人):提单中收货人应严格按照信用证的要求。在实际业务中,信用证中大多规定提单抬头做成"凭指定"(TO ORDER)或"凭托运人指定"(TO THE ORDER OF SHIPPER)。这种提单必须经过托运人背书后方能流通转让。有时信用证中规定做成"凭××银行指定"(TO ORDER OF ×× BANK),例如,凭开证银行指定,这种提单必须经该银行背书后才能转让。

(4) NOTIFY PARTY(被通知人):货到目的港后船公司通知到货(或提货)的人。信用证对被通知人如何填写,一般都有明示的规定,须按信用证要求填写被通知人的名称和地址。若信用证无此项规定,通常将开证申请人作为被通知人。

(5) PRE-CARRIAGE BY,PLACE OF RECEIPT(前程运输及收货地点):货物转运时填写,其中前程运输填写第一程船的船名,如无须转运,则空白不填;收货地点填写收货港的名称,如无须转运,也空白不填。

(6) PORT OF LOADING(装货港):填写具体装货港名称,要与信用证规定一致。

(7) OCEAN VESSEL,VOY. NO.(船名、航次):按配舱回单填写。

(8) PORT OF DISCHARGE(卸货港):填写具体卸货港的名称,如有重名,应加注国名或地区名称;目的港为选择港时,在所列出的选择港前或后加注"OPTIONAL"(选择)字样;如需转船,且由第一程船公司出具转运提单,则卸货港为最终目的港,但同时注明"WITH TRANSHIPMENT AT ××"(在××港转船)。

(9) PLACE OF DELIVERY(交货地点):如货物的最终目的地是卸货港,该项不填;否则,填写货物的最终交货地点。

(10) SHIPPING MARKS(唛头):信用证有规定时,按信用证要求填写;信用证无规定的,按实际填写,并保持与发票等单据的一致;如不使用唛头注明"N/M"字样。

(11) NUMBER AND KIND OF PACKAGE,DESCRIPTION OF GOODS(包装的件数和种类、货物描述):包装的件数和种类按货物外包装的实际件数和种类填写,货物名称允许使用统称,但不得与信用证中货物的描述相抵触。

(12) GROSS WEIGHT、MEASUREMENT(毛重、尺码):除非信用证另有规定,一般以公吨作为重量单位,立方米作为体积单位,小数保留三位。提单上的毛重与尺码要与装箱单上的总毛重与总尺码一致。

(13) NUMBER OF ORIGINAL B/L(正本提单份数):按信用证的规定填写,并用大写数字,如"ONE"(一份),"TWO"(两份)等。如信用证仅规定"FULL SET"(全套),可按习惯填制一式两份或三份,即请船公司或船代签发一式两份或三份正本提单。按《UCP600》规定,全套提单是指承运人在签发的提单上所注明的全部正本份数,包括单份正本提单。

(14) PLACE AND DATE OF ISSUE(提单签发日期及地点):提单签发日期应为货物交付承运人接管或货物装船完毕的日期,不得晚于合同或信用证规定的最迟装运期。提单的签发地点应按照装运地点填写。

(15) SIGNED FOR THE CARRIER(签署):海运提单表面上须注明承运人名称,并由承运人或其代理人、船长或其代理人的签署。签署人亦须表明其身份,若为代理人签署,须表明被代理一方的名称和身份。

(16) 其他:除上述内容外,按信用证规定,提单有时还需要加列进口许可证号、信用证号、船公司在目的港代理的名称和地址等内容。

5. 保险单(Insurance Policy)

保险单是保险公司向投保人出具的承保证明,它规定了保险公司与投保人之间的权利义务关系,是被保险人凭以向保险公司索赔和保险公司理赔的依据。按CIF条件成交时,保险单是出口商向买方或银行必须提交的一种单据(见附表11)。

保险单一般由保险公司根据投保人的投保单出具,其内容如下。

(1) 保险公司名称。

(2) POLICY NO.(保险单编号)。

(3) INSURED(被保险人):在CIF和CIP条件下,一般为信用证的受益人,通常信用证要求由受益人空白背书,便于保险单的转让;在FOB或CFR条件下,如国外买方委托卖方代办保险,可做成"×××(卖方)on behalf of ×××",并按此形式背书。

(4) MARKS&NO.S(标记及唛头):与提单、发票及其他单据上的唛头相一致。保险公司在本栏通常仅打上"AS PER INVOICE NO. ×××"(同×××号发票)字样。这是因为发生保险索赔时,索赔方必须提供发票,便于两种单据互相参照。

(5) QUANTITY(包装及数量):保险公司按投保单填列。按惯例,保险单据货物的包装和数量应与发票内容相一致。

（6）DESCRIPTION OF GOODS（保险货物名称）：可使用货物的统称，但须与提单等单据相一致，并不得与信用证中货物的描述相抵触。

（7）AMOUNT INSURED（保险金额）：按信用证要求填写，如信用证中未规定，一般按CIF价格或CIP价格或发票金额的110%投保。保险金额取整数，使用货币与信用证币种一致。

（8）PREMIUM（保费及费率）：如信用证无特别规定，此栏一般填"AS ARRANGED（按协商）"。

（9）DATE OF COMMENCEMENT（启运日期）：一般填写提单日期，也可简单填写"AS PER B/L（同提单）"。

（10）PER CONVEYANCE（装载运输工具）：填写船名及航次，如 VICTORY（VH-07861）。如投保时已确定要在中途转船，在第一程船名后加注第二程船名，如第二程船名未知，则在第一程船名后加注"AND/OR STEAMERS"。

（11）FROM ××× VIA ××× TO ×××（自×××经由×××至×××）：运输路线，参照提单填写。

（12）CONDITIONS（承保险别）：与合同和信用证的规定相一致，包括险别、保险条款及文本日期，如"ALL RISKES AND WAR RISKE AS PER CIC 1/1/1981"。

（13）保险代理：一般由保险公司选定，便于收货人在货物出险后与其联系办理索赔，故需提供详细地址。

（14）CLAIM PAYABLE AT（保险赔付地点）：按信用证规定填写。信用证未规定时，填目的港名称。

（15）ISSUING DATE（出单日期）：根据《UCP600》，保险单出单日期必须不迟于运输单据上注明的货物装船或发运或接受监管的日期。保险公司通常以投保单日期作为保险单的出单日期。

（16）SIGNATURE（签署）：根据《UCP600》，保险单据表面上必须由保险公司或保险商或其代理人出具和签署。除非信用证另有授权，银行不接受保险经纪人出具的暂保单。

6. 产地证明书（Certificate of Origin）

产地证明书是一种证明货物原产地或制造地的文件，也是进口国海关核定进口货物应征税率的依据。

产地证按用途不同，主要分为普惠制原产地证和普通（一般）原产地证，前者由国家出入境检验检疫局签发，后者既可以通过国家出入境检验检疫局签发，也可申请贸促会签发。签发时，通常由出口商按合同和信用证的要求，填写相应的原产地证及其申请书，并附上其他必需的单据后，交到相应的签发机构申请签发。商检机构在调查或抽查的基础上，逐一审核申请单位提交的有关单证，无误后签发原产地证书，退出口商，用以办理结汇手续。

下面先简单介绍普惠制原产地证（FORM A）的填制方法。

普惠制原产地证（FORM A）（见附表12）共12栏，其中第4栏和第11栏由签证机构签署，其余各栏由出口商填制，填制须用英文或法文缮制，不得涂改。各栏的填制方法如下：

（1）GOODS CONSIGNED FROM（出口商名称、地址和所在国家）：本栏填写信用证受益人详细的名称和地址（包括街道、门牌号、城市名称及国名）。

(2) GOODS CONGINED TO(收货人名称、地址和国家)：本栏一般填写给惠国最终收货人(信用证指定收货人)的名称和地址。如收货人不明确，可填写发票抬头人或提单被通知人的名称和地址。

(3) MEANS OF TRANSPORT AND ROUTE(运输方式及路线)：例如，FROM XINGGANG TO PARIS VIA HONGKONG BY SEAWAY。

(4) FOR OFFICIAL USE(官方填写)：出口商不填，由签证机构根据实际情况填写。

(5) ITEM NUMBER(项目编号)：本证书下货物有不同品种，按不同品种分别填写1、2、3等。如只有单项商品，此栏填"1"，而不能空白不填。

(6) MARKS AND NUMBERS OF PACKAGES(包装唛头及标志号)：须与发票上的内容一致。如无唛头，填"N/M"。如唛头内容过多，可另附纸，附页的纸张要与原证书一样大小，在附页右上角打上证书号，并由申请单位和签证当局分别在附页末页的右下角和左下角手签、盖印，附页手签的笔迹、地点、日期均与证书第11、12栏相一致。有附页时，须在申请书备注栏注明"唛头见附页"。

(7) NUMBER AND KIND OF PACKAGES；DESCRIPTION OF GOODS(包装的件数及种类，货物名称)：包装件数须用大小写两种方式表示，例如100(ONE HUNDRED) CARTONS；商品名称要填写商品具体的名称和规格(具体到能找到相对应的4位HS编码)，但商品的商标、货号等可不填。此栏填完后，在次行加上表示结束的符号，如"＊＊＊＊＊＊"，以防被别人添加其他内容。如信用证中要求加注合同或信用证号，可加在此栏空白处。

(8) ORIGIN CRITERION(原产地标准)：此栏是海关审核的重点项目，必须按规定如实填写，具体要求是：

① 完全原产，不含进口成分，填"P"。

② 含有进口成分，但仍符合原产地标准的，填"W"。

③ 出口到挪威、瑞士、芬兰、瑞典、奥地利等欧盟成员国及日本的含有进口原料成分的产品，填"W"，并在其后加上出口产品的品目号，如"W"42.02。

④ 含有进口成分的产品，出口到加拿大，填写"F"。如果产品所含进口成分的价值超过产品出厂价的40%，则加拿大不给予该种商品普惠制待遇。

⑤ 含有进口成分的产品，出口到俄罗斯、乌克兰、白俄罗斯、哈萨克斯坦、捷克、斯洛伐克六国，填写"Y"，其后加上非原产成分价值占该产品离岸价格的百分比，例如"Y"38%。如果产品所含进口成分的价值超过该产品离岸价的50%，则不给予普惠制待遇。

⑥ 输往澳大利亚、新西兰的货物，此栏可以留空不填。

(9) GROSS WEIGHT OR OTHER QUANTITY(毛重或其他数量)此栏填写商品的正常计量单位，如"只""件""双""台""打"等。以重量计算的只填毛重；只有净重的，填写净重，但要标明N.W.(NET WEIGHT)。填写完毕后，在次行打上结束符号。

(10) NUMBER AND DATE OF INVOICE(发票号码及日期)：按发票填写，不得空白。

(11) CERTIFICATION(签证机构的证明)：由检验检疫机构加盖公章，并由授权的签证人手签。检验检疫机构原则上只签一份，副本概不盖章。此栏日期不得早于发票日期(第10栏)和申报日期(第12栏)，而且应早于货物的出运日期(第3栏)。

(12) DECLARATION BY THE EXPORT(出口商声明)：生产国(PRODUCTED IN)横线上填"CHINA"，进口国(EXPORTED TO)横线上填的进口国应为给惠国。本栏底部盖出口商印章，并由公司指派的专人手签，手签人的名单应事先在检验检疫局备案，正副本均需签章。最后填写出口商所在地及出单日期，日期不得迟于签证机构签发日期(第12栏)，也不得早于出运日期(第3栏)。

(13) REFERENCE NO.(证书号)：本项内容在证书右上角，应填写签证机构所编定的证书号。

一般原产地证(见附表13)也用英文或其他外文填写，填写方法与普惠制原产地证的方法基本相同，在此不再赘述。

(二) 交单议付

出口商在将货物装运出口，备妥各种单据后，应在信用证规定的交单期限内将单据送交银行(议付银行)，办理出口货物的交单结汇手续。

开证行审核单据与信用证完全相符后，才承担付款责任。由于任何不符点都可能成为银行拒绝付款的借口，因此出口企业在缮制单据时，必须做到"单证一致，单单一致"，各种单证的种类、内容、份数、交单期等都要符合信用证的规定。

在信用证项下的制单结汇中，银行要求"单、证表面严格相符"。但是，在实际业务中，由于种种原因，单证不符情况时常发生。一般来讲，议付行对单证不符的处理方法有以下几种。

1. 照常议付

尽管有不符点，但议付行从实践经验中得知这些不符点是微不足道的，这种情况下，开证行会照常付款。

2. 凭保议付

凭保议付又称"表提"。在单据不符点性质并不严重，不属于"要件"时，经征得开证申请人的同意，受益人出具保证书请求议付行"凭保议付"。具体做法是：出口商事先将单据中的不符点情况通知进口商(开证申请人)，进口商同意议付单据时，出口商向议付行出具担保书，议付行凭担保书议付、寄单，并在议付通知书中说明单据议付是"凭保议付"，同时将不符点一一表提。

需注意的是，"凭保议付"的说明对开证银行来说无约束力，事实上，它已失去开证行的信用保证，对出口商十分不利。即使出口商事先已取得进口商的同意，也仍有可能遭到开证行的拒付。

3. 电提

议付行发现单证不符点比较严重，又无法修改时，议付行将单据不符点先电告国外开证行请求授权议付，开证行接到电文后，一般先征求进口商(开证申请人)的意见，如果进口商同意，开证行再电复议付行同意议付。这时，议付行可以将不符单据作正常议付处理。

4. 改为跟单托收

如议付行对不符合信用证要求的单据不办理议付，或经电提后开证行拒绝付款，就只能改为跟单托收。此时收汇已无银行信用可言，甚至比一般托收的风险还大。因为开证行不接受单据的实质是开证申请人拒绝接受。除非确有把握或万不得已,不轻易采用此种方式。

(三)结汇

结汇是指出口商将出口所得外汇按外汇管理规定卖给银行,最终取得相应的人民币存进自己的账户。目前,我国出口业务中,有三种结汇方法:收妥结汇、出口押汇(买单结汇)、定期结汇。其中,出口押汇是国际比较通行的做法,在我国的使用越来越广泛。

1. 收妥结汇

议付行收到出口商的单据后,经审查无误,将单据寄交付款行索取货款,待收到付款行将款项拨入议付行账户的贷记通知书后,按当日外汇牌价,将货款折成人民币拨入出口商的账户。这种情况下,议付行不承担风险,不垫付资金,但企业收汇缓慢,主要用于托收方式的出口业务。

2. 出口押汇(买单结汇)

出口押汇是议付行在审单无误的情况下,按信用证条款贴现受益人(出口商)的跟单汇票或者以一定的折扣买入信用证项下的货运单据,从票面金额中扣除从议付日到估计收到票款之日的利息,将余款按议付日外汇牌价折成人民币,拨给出口企业。

出口押汇是国际银行界通常所采用的"议付"做法,议付行向受益人垫付资金、买入跟单汇票后,即成为汇票持有人,可凭票向付款行索取票款。这种结汇方式实际上是银行对出口企业资金上的融通,有利于企业的资金周转。

3. 定期结汇

议付行根据向国外付款行索偿所需要的时间,预先确定一个固定的结汇期限,并与出口商约定该期限期满后,无论是否已经收到国外付款行的货款,都主动将票面金额折成人民币拨交给出口商。

五、外汇核销和出口退税

(一)出口收汇核销

出口收汇核销是国家为了加强出口收汇管理,保证国家的外汇收入,防止外汇流失,指定外汇管理部门对出口企业贸易项下的外汇收入情况进行事后监督检查的一种制度。

办理出口收汇核销的程序如下所示。

1. 开户

出口单位初次申领出口收汇核销单之前凭申请书、外经贸部门批准经营进出口业务的批件正本及复印件、工商营业执照副本及复印件、企业法人代码证书及复印件、海关注册登记证明书复印件等有关资料,到外汇管理部门办理开户手续。外汇管理部门审核无误后,予以登记。

2. 领单

出口单位在开展出口业务前,由核销员到外汇管理局领取核销单(见附表14),应当当场在每张核销单的"出口单位"栏内填妥单位名称或者加盖单位名称章,核销单正式使用前加盖单位公章。核销单自领单之日起两个月以内报关有效,出口单位应当在失效之日起一个月内将未用的核销单退回外汇管理局注销。

3. 报关

根据我国《出口外汇核销管理办法及其实施细则》的规定，出口货物报关时，出口企业向海关提交事先填好的外汇核销单。海关将逐票核对报关单和出口核销单的内容是否一致。经审核无误后，海关在核销单的"海关核放情况"栏签注意见并加盖"验讫章"，同时向出口单位签发注有成交总价的、计算机打印的盖有"验讫章"的报关单。

4. 送交存根

出口单位应当自报关之日起60天内，附商业发票及报关单，向外汇局送交核销单存根。外汇局对出口单位提供的单证审核无误后，做收单登记。

5. 核销

出口收汇核销专用结汇水单和出口收汇核销专用收账通知单（上述两种凭证以下简称"出口收汇核销专用联"）是出口单位办理出口收汇核销的重要凭证。银行在为出口单位办理结汇手续后，出具加盖"出口收汇核销专用联章"的出口收汇核销专用联。出口单位应当在收到外汇之日起的30天内凭核销单、银行出具的出口收汇核销专用联到外汇局办理出口收汇核销。

（二）出口退税

出口退税是一个国家或地区为了降低出口产品成本，增强出口竞争力，对已经报送离境的出口货物，由税务机关将其在出口前的生产和流通等环节已经缴纳的国内增值税或消费税等间接税款退还给出口企业的一项税收制度。一般来说，加工程度较高的商品，退税税率越高。

出口退税的一般程序是：由出口企业专职或兼职的办理出口退税人员，按月填报出口货物退（免）税申请书，并提供有关凭证，先报外经贸主管部门稽查签章后，再报国税局进出口税收管理分局办理退税。目前，出口报关单、出口收汇核销单、出口税收缴款书已经全国联网，缺少其中一项信息，也不能退税。

12.2 进口合同的履行

进口合同签订以后，买卖双方应按照合同的约定，履行各自的义务。我国的进口业务，大多采用FOB价格条件和信用证的支付方式成交。对于进口方而言，履行合同的基本程序包括：申请开立信用证，租船订舱和催装，办理进口货运保险，审单付汇，报关报验，提货拨交，索赔等环节。以下以FOB合同为例，介绍进口合同的履约程序。

一、开立信用证

签订进口合同后，进口方应在合同规定的时间内填写开证申请书，向银行申请开立信用证。进口方申请开立信用证时，银行需核实其外汇来源，并针对不同情况要求开证申请人交付全额或一定比例的押金，或者适当的担保文件。开证申请人还需要向银行支付开证手续费。

（一）开证申请书

进口商填写开证申请书（见附表15）交银行，作为银行为其开立信用证的依据，也是开证申请人（进口商）与银行之间契约关系成立的依据。开证申请书的填写应以买卖合同为依据，按照合同的规定和要求填写。

1. 开证申请书的内容

开证申请书的内容一般包括以下两部分。

（1）开证申请人对开证银行的指示，即所开立的信用证的内容。这些内容是开证申请人按照买卖合同的条款要求开证银行在信用证上列明的条款，是开证银行凭以向受益人开出信用证并予以付款的依据。

（2）开证申请人对开证银行的声明，用以明确双方的责任。主要内容包括开证申请人承认在其付清货款赎单之前，开证银行对单据及单据所的代表货物拥有所有权；开证申请人保证单据到达后，如期付款赎单，否则，开证银行有权没收开证申请人所交付的押金或抵押品，作为开证申请人应付价款的一部分。

2. 开证申请书的填写

开证申请书使用英文填写，各银行使用的申请书的格式虽有所不同，但内容及填写方法基本一致，现简单介绍如下。

（1）Date（申请开证的时间）：按实际申请时间填写，一般买卖合同中规定开证时间为交货期前若干天。

（2）By（开证方式）：信开或电开，一般已经印好，选择需要的方式即可。

（3）信用证的性质：通常申请书会事先印上"Irrevocable Letter of Credit（不可撤销信用证）"，如系其他性质，如保兑的或可转让的信用证，则必须写上其性质。

（4）L/C No.（信用证号）：由银行填写。

（5）Applicant（申请人），Beneficiary（受益人）：按合同分别填写进口商和出口商的详细名称、地址（包括电话、传真和E-mail）。

（6）Partial shipment（分批装运），Transshipment（转船）：按合同要求选择。

（7）Shipment from…to…（运输条款）：按合同填写装运港、目的港以及装运期。

（8）Amount（金额），Trade Term（贸易条件）：金额分别用数字和文字两种形式填写并表明币种，与合同金额一致；贸易条件按合同选择或填写。

（9）Date and Place of Expiry（到期日和到期地点）：按合同填写，一般有效期多为提单日后21天，到期地点为出口商所在地。

（10）Description of Goods（货物条款）：按合同填写货物的名称、规格、包装和运输标志等。

（11）Credit available with draft（汇票条款）：例如，Available by your draft(S) Drawn 〔 〕at sight/〔 〕____Days after sight on 〔 〕us/〔 〕Advising bank/〔 〕Applicant for ____% of invoice value。分别对汇票期限、受票人、汇票金额等选项进行选择，并填写空白项目。

（12）Documents required（单据条款）：根据需要选择或者填写所需要的单据种类、份数、出单人以及单据内容等。

（13）Special instructions（附加条款）：按已经印就的格式进行选择或填写。

(14) 其他：开证申请人的声明，印鉴章，及其开户银行和账户，按实际情况填写。

（二）信用证的修改

当国外卖方收到信用证后，可能会要求买方修改信用证的某些内容。对此，进口方应首先考虑卖方所提出的修改要求是否合理，是否符合买卖合同条款，是否对己方不利等情况，再决定是否修改。因为改证不仅会增加进口方的费用，有时还会影响合同的正常履行。如果同意修改，买方应及时通知开证行办理改证手续；如不同意修改，也应及时通知国外卖方，督促其按原证条款履行。如信用证修改后，与合同条款有矛盾之处，则应办理相应的合同变更手续，以保证信用证和合同的一致性。

二、租船订舱和催装

按 FOB 条件签订的进口合同，由买方负责办理货物的运输手续。买方对于租船或订舱的选择，取决于进口货物的数量和性质。凡需整船装运的，则洽租适当船舶装运；对于小批量货物，则大多洽定班轮舱位。目前，我国进口货物的租船订舱工作，绝大多数是由外贸公司委托货代公司代办，极少数自己办理。

在实际业务中，为了做好船货的衔接工作，通常在买卖合同中规定卖方应在交货前的一定时间内，将预计装运日期通知买方。因此，买方在接到卖方的通知后，应及时办理租船订舱手续。具体手续为：买方按合同填写"进口订舱联系单"（见附表 16），然后将其连同进口合同副本送交货代公司，委托其具体安排进口货物运输事宜。"进口订舱联系单"的内容比较简单，根据实际情况填写即可。

进口商在办妥租船订舱的手续后，应在规定的期限内将船名、航次、船期、装运港口等事项及时通知出口商，并催告其如期装船。催装电文的格式如下：

FROM（进口商名称）：
TO（出口商名称）：
DATE：
DEAR SIRS：
　　　　　　　　RE：SHIPMENT OF CONTRACT NO. ×××
　　　　　　　　　　　LETTER OF CREDIT NO. ××××
　　WE WISH TO ADVISE THAT THE FOLLOWING STIPULATED VESSEL WILL ARRIVE AT×××××× PORT, ON/ABOUT ××××××
　　VESSEL NO.：　　　　　　　　　VOY. NO：
　　WE'LL APPRECIATED TO SEE THAT THE COVERING GOODS WILL BE SHIPPED ON THE ABOVE VESSEL ON THE DATE OF L/C CALLED.

三、办理保险

按照 FOB 条件成交的进口合同，货物在装运港越过船舷之后的风险由买方承担，因此进口商一般需要向保险公司办理进口货物的运输保险。对于进口货物运输保险，目前我国有两种做法，即逐笔投保和预约保险。

（一）逐笔投保

逐笔投保适用于临时办理进口货物运输保险的单位。进口商收到国外出口商发来的装船通知后,填写投保单或装货通知单,交保险公司办理投保手续。投保人缴付保险费后,保险公司向投保人出具保险单,保险责任生效。

（二）预约保险

预约保险适用于经常有货物进口的外贸公司。预约保险的做法是：外贸公司与保险公司签订预约保险合同（见附表17），规定总的保险范围、保险期限、保险金额、保险险别和费率、保险责任、投保手续、保险费、索赔手续和期限等事项。只要投保单位有预约保险合同规定的承保范围内的货物进口,投保单位在接到国外出口商的装船通知后,填写"国际运输预约保险起运通知书"（见附表18）,并送交保险公司。保险公司签章确认后即对进口货物负自动承保的责任。

四、审单付汇

在信用证支付方式下,国外出口商在装运货物后,即将全套信用证项下单据提交开证银行或其指定银行要求付款。开证行收到单据后,应在规定的工作日内,根据"单证一致"和"单单一致"的原则,对照信用证条款,对单据进行认真审核,并根据审核结果决定接受还是拒绝接受出口商所提交的单据。

（一）对单证不符的处理

如银行审核发现单证不符,银行一般会与进口商联系,征求进口商对不符单据的处理意见,并根据进口商的意见做出相应的处理。

1."不符"性质严重

"不符"性质严重,包括所提交的单据种类或份数与信用证规定不符,金额大于信用证金额,单据中重要项目的内容与信用证规定不符,或单据之间相同项目的填写不一致等。如出现上述不符,进口商可拒绝接受单据并拒付全部货款。

2."不符"性质不太严重

如"不符"性质不太严重,可按以下方法处理。

（1）部分付款,部分拒付。

（2）货到检验合格后再付款。

（3）凭担保付款。即买方要求卖方或议付行提供货物与合同相符的担保,然后凭担保付款。

（4）更正单据后付款。如不符系打印错误,并且时间允许,可卖方更改单据后再付款。

（二）单证一致,对外付款

如开证银行审单无误,则对外付款,并要求进口商付汇赎单。进口商在付汇之前,要对单据进行复审。若发现开证行错误地收下与信用证规定不符的单据时,进口商有权拒绝赎单;当然,也可以照样付汇赎单,但要求开证银行承担可能由此带来的损失。若开证行错误地将符合信用证规定的单据退单拒付,进口商同样有权向开证行提出赔偿损失的要求。

五、通关、报验、提货

进口货物到达目的港后,进口商应按照国家法律以及买卖合同的规定,办理货物的进口报关、报验手续。

（一）进口通关

进口货物的通关过程一般包括四个环节,即申报、查验、征税和放行。

1. 申报

申报是指进口货物的收货人或其代理人,在规定的期限内向海关递交进口货物报关单及其他有关单证,办理进口货物的申报手续。

2. 查验

海关接受申报后,将对进口货物进行查验。海关通过查验,一方面发现审单环节中不能发现的无证进出问题以及走私、违规和逃漏关税等问题;另一方面,通过查验保证关税的正确计收。海关查验过程中,进口货物收货人或其代理人应按海关要求配合查验。

3. 征税

海关查验货物后,对进口货物计征关税,并代征进口货物国内税(主要包括消费税和增值税)。进口货物收货人或其代理人应在规定的期限内凭海关填发的税款缴纳凭证到指定银行缴清税款。

4. 放行提货

进口货物收货人或其代理人在缴清税款后,海关在进口货物报关单和货运单据上签章放行,收货人或其代理人凭货运单据提取货物。

(二)报验

对于法定检验检疫的进口货物,根据"先报检、后报关"的原则,进口货物的收货人或其代理人在货物到岸后,首先到进境地口岸的出入境检验检疫机构办理报检登记手续。检验检疫机构在进口报关单上加盖"已接受登记"印章,海关凭报关单上的印章验放。货物通关放行后,进口商在规定的时间和地点,持有关单据到指定检验检疫机构报验,由检验检疫机构进行检验检疫。

非法定检验检疫的进口货物,进口商按照合同的规定,由合同规定的检验检疫机构在合同规定的时间和地点进行检验,并出具相应的检验证书,以备索赔之用。

六、索赔

进口商提货后,如发现商品的品质、数量、包装等不符合合同的要求,在弄清事实,分清责任归属的基础上,向有关责任方提出索赔。

项目导入分析

不需要修改信用证,只是要和承运人和买方提前沟通,所有单据数量均做成1460箱。卖方多收4箱的钱冲抵下次订单或直接退还给买方。

 项目拓展

结合跨境电商平台,分组讨论并归纳总结如何处理客户退货、投诉、差评等售后问题。查找相关案例佐证自己的观点。

重点名词

汇票 发票 箱单 普惠制原产地证书

1. 2014年6月15日我国内A公司收到日本一家银行开来的L/C。L/C有关数量条款规定如下：总金额USD 900 000.00，数量900公吨±5%，山东产花生仁，CIF大阪。A公司接到L/C后即备货，于6月25日全部货物装运完毕，持整套单据向银行交单议付。议付行经审单后不同意议付，其理由为议付金额超过L/C金额，L/C金额为USD 900 000.00，发票和汇票金额却为USD 936 000.00。请分析出现这种情况的原因是什么？作为出口商A公司，在此情况下该如何处理？

2. 我国内AB公司按CFR条件出口一批农产品，国外开来的L/C规定装运期为3/4月，未注明可否分批。AB公司订舱时因数量较大，没有足够的舱位，必须分2至3批装运。对此，AB公司是否应要求外商改证？

3. 根据所附合同主要条款，审核下列L/C，指出哪几处需要修改，并简要说明原因。

(1) L/C

From BangkokBank Ltd., Kuala Lumpur

Irrevocable Documentary Credit No. 14/0056,

Date：July 12, 2014

Advising Bank：Bank ofChina, Beijing Branch

Applicant：TaiHing Loong Sdn, Bhd., and P. O. B. 456 Kuala Lumpur

Beneficiary：China International TradingCorp., Beijing Branch

Amount：HKD 300 000.00(Hong Kong Dollars Four Hundred Thousand Only)

Expiry Date and Place：Sep. 15, 2014 in China

Dear Sirs,

We hereby issue this documentary credit in yourfavor, which is available by negotiation of your draft(s) in duplicate at sight drawn on the applicant bearing the clause："Drawn under L/C No. 14/0056 of Bangkok Bank Ltd., Kuala Lumpur dated July 12, 2014"accompanied by the following documents：

_Signed commercial invoice in quadruplicate counter signed by applicant.

_Full set of clean on board ocean bills of lading made out toorder, endorsed in blank, marked "freight collect" and notify beneficiary.

_Marine insurance policy or certificate for full invoice value plus 50% with claims payable in Kuala Lumpur in the same currency as the draft covering all risks and war risks from warehouse towarehouse up to Kuala Lumpur including SRCC clause as per PICC 1/1/1981.

_Packing List in quadruplicate.

_Certificate of origin issued by Bank of China, Beijing Branch

Covering:

About 300 000 yards of 65% polyester, 35% cotton grey lawn. As per buyer's order No. TH-102 June 4, 2014 to be delivered on two equal during July/August.

All banking charges outside Malaysia are for the account of the beneficiary. Shipment from China to Port Kelang latest Aug. 31, 2014. Partial Shipment are allowed. Transshipment prohibited.

We hereby engage with drawers, endorsers and bona fide holders that drafts drawn and negotiated in conformity with the terms of this credit will be duly honored on presentation.

Subject to <UCP500>

Bangkok Bank Ltd., KualaLumpur (Signed)

(2) S/C

Buyers: TaiHing Loong Sdn., Bhd, Kuala Lumpur

Sellers: China International Trading Corp., Tianjing Branch

100 000 yards 100% cotton grey lawn, @HKD3.00 per yard CIF Singapore

Shipment: during July/August, 2014 in transit to Malaysia.

Payment by irrevocable sight L/C.

Insurance to be effected by sellers covering WPA and War Risks for 10% over the invoice value.

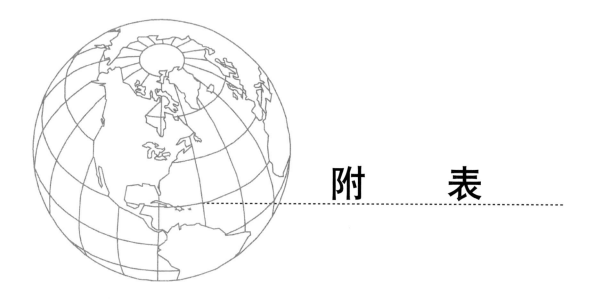

附 表

- 出境货物报检单
- 海运出口托运单(散货)
- 集装箱货物托运单
- 装货单
- 投保单
- 中华人民共和国海关出口货物报关单
- 装运通知
- 商业汇票
- 商业发票
- 装箱单
- 海运提单
- 货物运输保险单
- 普惠制产地证 FORM A
- 普通原产地证书
- 出口收汇核销单
- 信用证开证申请书
- 进口订舱联系单
- 进口货物运输预约保险合同
- 中国人民保险公司国际运输预约保险起运通知书

附表 1 出境货物报检单

中华人民共和国出入境检验检疫
出境货物报检单

报检单位(加盖公章)： * 编号_____

报检单位登记号： 联系人： 电话： 报检日期： 年 月 日

发货人	(中文)				
	(外文)				
收货人	(中文)				
	(外文)				

货物名称(中/外文)	H.S.编码	产 地	数量/重量	货物总值	包装种类及数量

运输工具名称号码		贸易方式		货物存放地点	
合同号		信用证号		用途	
发货日期		输往国家(地区)		许可证/审批号	
启运地		到达口岸		生产单位注册号	
集装箱规格、数量及号码					

合同订立的检验 检疫条款或特殊要求	标 记 及 号 码	随附单据(划"√"或补填)	
		□√合同 □√信用证 □√发票 □√换证凭单 □√装箱单 □厂检单	□包装性能结果单 □许可/审批文件 □ □ □ □

需要证单名称(划"√"或补填)		* 检验检疫费	
□品质证书　_正_副 □重量证书　_正_副 □数量证书　_正_副 □兽医卫生证书　_正_副 □健康证书　_正_副 □卫生证书　_正_副 □动物卫生证书　_正_副	□植物检疫证书　_正_副 □熏蒸/消毒证书　_正_副 □出境货物换证凭单 □出境货物通关单 □ □	总金额 (人民币元)	
		计费人	
		收费人	

报检人郑重声明： 1. 本人被授权报检。 2. 上列填写内容正确属实，货物无伪造或冒用他人的厂名、标志、认证标志，并承担货物质量责任。 签名：_____	领 取 证 单	
	日 期	
	签 名	

注：有"*"号栏由出入境检验检疫机关填写　　　　◆国家出入境检验检疫局制

附表 2(A)　海运出口托运单(散货)

托运人
Shipper _____

编号　　　　　　　　　　　　船名
No. _____　　S/S _____

目的港
For _____

标记及号码 Marks & No.	件数 Quantity	货名 Description of Goods	重量千克 Weight kilos	
			净重 Net	毛重 Gross
			运费付费方式	
共计件数(大写) Total Number of Packages in Writing				
运费计算		尺码 Measurement		
备注				
通知		可否转船	可否分批	
收货人		装　期	有效期	
		金　额	提单张数	
配货要求		银行编号	信用证号	

附表 2(B)　集装箱货物托运单

Shipper(发货人)		D/R No.(编号)
Consignee(收货人)		集装箱货物托运单
Notify Party(通知人)		
Pre-carriage by(前程运输)　Place of Receipt(收货地点)		
Ocean Vessel(船名)　Voy No.(航次)　Port of Loading(装货港)		
Port of Discharge(卸货港)　Place of Delivery(交货地点)　Final Destination(目的地)		

Container No.(集装箱号)	Seal No.(封志号) Marks & No.(标记与号码)	No. of Containers or P'kgs,(箱数或件数)	Kind of Packages; Description of Goods(包装种类与货名)	Gross Weight(毛重/千克)	Measurement(尺码/立方米)

Total Number of containers or Packages(IN WORDS)集装箱数或件数合计(大写)	

Freight & Charges(运费与附加费)	Revenue Tons(运费吨)	Rate(运费率)	Per(每)	Prepaid(运费预付)	Collect(到付)

ExRate(兑换率)	Prepaid at(预付地点)	Payable at(到付地点)	Place of Issue(签发地点)
	Total Prepaid(预付总额)	No. of Original B(S)/L(正本提单份数)	

Service Type on Receiving □—CY □—CFS □—DOOR	Service Type on Delivery □—CY □—CFS □—DOOR	Reefer-Temperature Required(冷藏温度)	F	C

Type of Goods(种类)	□Ordinary,□Reefer,□Dangerous,□Auto.　(普通)　(冷藏)　(危险品)　(裸装车辆) □Liquid,□Live Animal,□Bulk,□_____　(液体)　(活动物)　(散货)　其他	危险品	Class： Property： IMDG Code Page： UN No.

可否转船	可否分批
装　　期	有效期
金　　额	
制单日期	

附表3 装货单

中 国 外 轮 代 理 公 司

CHINA OCEAN SHIPPING AGENCY

<u>装货单</u>
<u>SHIPPING ORDER</u>   S/O No. _____

船名   航次   目的港
Vessel Name   Voy.   For

托运人
Shipper

收货人
Consignee

通知
Notify

兹将下列完好状况之货物装船后希签署收货单
Receive on board the undermentioned goods apparent in good order and sign the accompanying receipt for the same.

标记及号码 Marks & Nos.	件数 Quantity	货名 Description of Goods	毛重(公斤) Gross Weight In Kilos	尺码 Measurement 立方米 Cu. M.
共计件数(大写) Total Number of Package In Writing				

日期   时间
Date: Time:

装入何仓:
实收:
理货员签名   经办员
Tallied By: Approved By:

附表 4　投保单

中国人民保险公司南京市分公司
The People's Insurance Company of China Nanjing Branch

PICC

地址：中国南京太平南路393号　　邮编（POST CODE）：210002

电话（TEL）：(025)4502244　传真（FAX）：(025)4502244

出口货物运输保险投保单

发票号码		投保条款和险别	
被保险人	客户抬头	（　）PICC CLAUSE	
	过户	（　）ICC CLAUSE	
保险金额	USD(　　　)	（　）ALL RISKS	
	HKD(　　　)	（　）W. P. A. /W. A.	
	(　　)(　　)	（　）F. P. A.	
		（　）WAR RISKS	
		（　）S. R. C. C.	
启运港	（　）SHANGHAI	（　）STRIKE	
	（　）NANJING	（　）ICC CLAUSE A	
	(　　)(　　)	（　）ICC CLAUSE B	
		（　）ICC CLAUSE C	
目的港		（　）AIR TPT ALL RISKS	
转内陆		（　）AIR TPT RISKS	
开航日期		（　）O/L TPT ALL RISKS	
船名航次		（　）O/L TPT RISKS	
赔款地点		（　）TRANSHIPMENT RISKS	
赔付币别		（　）W TO W	
正本份数		（　）T. P. N. D.（偷窃）	
		（　）F. R. E. C.（存仓火险扩展条款）	
		（　）R. F. W. D.	
		（　）RISKS OF BREAKAGE	
其他特别条款			

以 下 由 保 险 公 司 填 写

保单号码		费　率	
签单日期		保　费	

投保日期　　　　　　　　　　　　　投保人签章

被保险人确认本保险合同条款和内容已经完全了解。

附表5 海关出口货物报关单

预录入编号：　　　　　　　　　　　　　　海关编号：

出口口岸	备案号		出口日期	申报日期
经营单位	运输方式		运输工具名称	提运单号
发货单位	贸易方式		征免性质	结汇方式
许可证号	运抵国（地区）		指运港	境内货源地
批准文号	成交方式	运费	保费	杂费
合同协议号	件数	包装种类	毛重（公斤）	净重（公斤）
集装箱号	随附单据			生产厂家
标记唛码及备注				

项号	商品编号	商品名称规格型号	数量及单位	最终目的国（地区）	单价	总价	币制	征免

税费征收情况

录入员　　录入单位	海关审单批注及放行日期（签章）
报关员　　　　　兹声明以上申报无讹并承担法律责任	审单　　　　审价
单位地址　　　　申报单位（签章）	征税　　　　统计
邮编　　电话　　填制日期	查验　　　　放行

附表6 装船通知

嘉和国际贸易公司
JIAHA INTERNATIONAL TRADING CO.,
60,NONGJU RD NANJING JIANGSU ,CHINA

SHIPPING ADVICE

MESSERS：YOUNGAN CO.,LTD　　　　　　　　INVOICE NO.：JH02005
　　　　　30,TAKAMA-CHO,NARA ICWO84　　DATE：APRIL 10,2002
DEAR SIRS,
　　　　　　　　　　　RE：L/C NO. LGU-002156
AS REQUESTED BY THE ABOVE CREDIT, WE HEREBY DECLARE THAT THE FOLLOWING GOODS HAVE BEEN SHIPPED TODAY.
COMMODITY：INSTRUMENTS
QUANTITY：34 SETS IN 5 WOODEN CASES
VALUE：USD13 585.00
CONVEYANCE：SKY BRIGHT V.047A
PORT OF LOADING：SHANGHAI,CHINA
DESTINATION：OSAKA,JAPAN
INSURANCE：EFFECTED BY JIAHA INTERNATIONAL TRADING CORP.
CONSIGNEE：TO THE ORDER OF SHIPPER
SHIPPING MARKS：　YOUNGAN
　　　　　　　　　JH02005
　　　　　　　　　OSAKA
　　　　　　　　　NOS1-5

　　　　　　　　　　　　　　JIAHE INTERNATIONAL TRADING CORP.

附表7 商业汇票

BILL OF EXCHANGE

No. JH02005

Exchange For USD13585.00　　　　　　　Nanjing，April 12,2002

At ****** sight of this **First of Exchange**(Second of the same tenor and date unpaid), pay to the Order of BANK OF CHINA, JIANGSU BRANCH
the sum of SAY UNITED STATES DOLLARS THIRTEEN THOUSAND FIVE HUNDRED AND EITHTY FIVE ONLY.
Drawn under L/C NO. LGU-002156 ISSUED ON MARCH 2,2002 BY THE NEWYORK BANK, OSAKA

TO：THE NEWYORK BANK, OSAKA, JAPAN　　JIAHE INTERNATIONAL TRADING
　　　　　　　　　　　　　　　　　　　　　　　　CORP(盖章)
　　　　　　　　　　　　　　　ZHANG HONG(签字)

附表 8　商业发票

嘉和国际贸易公司
JIAHA INTERNATIONAL TRADING CO.,
60,NONGJU RD NANJING JIANGSU ,CHINA

COMMERCIAL INVOICE

TO:　　YOUNGANCO.,LTD　　　　　　　　INVOICE NO.: JH02005
　　　　30,TAKAMA-CHO,NARA ICWO84　　　DATE: April 2,2002
　　　　　　　　　　　　　　　　　　　　L/C NO.: LGU-002156
　　　　　　　　　　　　　　　　　　　　CONTRACT NO.: ATF005

FROM:　SHANGHAI PORT TOOSAKA PORT BY SEA

Shipping Marks	Description of goods / Number and Kind of Package	Quantity	Unit Price USD CIF OSAKA,JAPAN	Amount
YOUNGAN JH02005 OSAKA NOS1-5	34 SETS OF INSTRUMENTS AS PER CONTRACT NO. ATF05, CIFOSAKA PACKED IN FIVE WOODEN CASES ARTICLE NO. 001 ARTICLE NO. 002 ARTICLE NO. 003	 3SETS 30SETS 1SETS	 US$1,195.00 US$300.00 US$1,000.00	 US$3,585.00 US$9,000.00 US$1,000.00
TOTAL:		34SETS		US$13,585.00

E. & O.E

　　　　　　　　　　　　　　　JIAHE INTERNATIONAL TRADING CORP(盖章)
　　　　　　　　　　　　　　　　　　ZHANG HONG(签字)

附表9 装箱单

嘉和国际贸易公司
JIAHA INTERNATIONAL TRADING CO.,
60,NONGJU RD NANJING JIANGSU ,CHINA

PACKING LIST

TO: YOUNGANCO.,LTD
30,TAKAMA-CHO,NARA ICWO84

INVOICE NO.: JH02005
DATE: April 2,2002
L/C NO.: LGU-002156
CONTRACT NO.: ATF005

FROM: SHANGHAI PORT TOOSAKA PORT BY SEA

Shipping Marks	Case No.	Description of goods Number and Kind of Package	Quantity	Net Weight	Gross Weight	Measurement (L×W×Hmm)
YOUNGAN JH02005 OSAKA NOS1-5		34 SETS OF INSTRUMENTS AS PER CONTRACT NO. ATF05, CIF OSAKA PACKED IN FIVE WOODEN CASES				
	1-5	Article No. 001	3PCS	500kg	600kg	800×600×600
	2-5	Article No. 002	10PCS	600kg	700kg	800×600×600
	3-5	Article No. 002	10PCS	600kg	700kg	800×600×600
	4-5	Article No. 002	10PCS	600kg	700kg	800×600×600
	5-5	Article No. 003	1PCS	1000kg	1200kg	1400×1200×800

JIAHE INTERNATIONAL TRADING CORP(盖章)

ZHANG HONG(签字)

附表10 海运提单

1. Shipper(Insert Name, Address and Phone) JIAHA INTERNATIONAL TRADING CO., 60,NONGJU RD NANJING JIANGSU ,CHINA TEL：025-8158783 FAX：025-8158786		B/L No TMSH5247.
2. Consignee(Insert Name, Address and Phone), TO THE ORDER OF SHIPPER		中国对外贸易运输总公司 CHINA NATIONAL FOREIGN TRADE TRANSPROTATION CORP
3. Notify Party(Insert Name, Address and Phone), (It is agreed that no responsibility shall attach to the Carrier or his agents for failure to notify) YOUNGANCO.,LTD 30,TAKAMA-CHO,NARA ICWO84 TEL:0＊＊＊-＊＊＊-＊＊＊＊＊＊		BILL OF LADING DIRECT OR WITH TRANSHIPMENT RECEIVED in external apparent good order and condition except as otherwise noted. The total number of packages or unites stuffed in the container, The description of the goods and the weights shown in this Bill of Lading are furnished by the Merchants, and which the carrier has no reasonable means of checking and is not a part of this Bill of Lading contract. The carrier has issued the number of Bills of Lading stated below, all of this tenor and date, One of the original Bills of Lading must be surrendered and endorsed or signed against the delivery of the shipment and whereupon any other original Bills of Lading shall be void. The Merchants agree to be bound by the terms and conditions of this Bill of Lading as if each had personally signed this Bill of Lading. SEE clause 4 on the back of this Bill of Lading (Terms continued on the back Hereof, please read carefully). Applicable Only When Document Used as a Combined Transport Bill of Lading.
4. Combined Transport＊ Pre-carriage by：	5. Combined Transport＊ Place of Receipt：	
6. Ocean Vessel,Voy. No. SKY BRIGHT V.047A	7. Port of Loading SHANGHAI,CHINA	
8. Port of Discharge OSAKA,JAPAN	9. Combined Transport＊ Place of Delivery：	

Marks & Nos. Container / Seal No. YOUNGAN JH02005 OSAKA NOS1-5	No. of Containers or Packages FIVE(5) WOODEN CASES	Description of Goods(If Dangerous Goods, See Clause 20) 34 SETS OF INSTRUMENTS AS PER CONTRACT NO. ATF05,CIFOSAKA	Gross Weight (Kgs) 3900.00KGS	Measurement 7.98CUBIC METERS
Description of Contents for Shipper's Use Only(Not part of This B/L Contract)				
10. Total Number of containers and/or packages (in words)：FIVE(5) WOODEN CASES Subject to Clause 7 Limitation				

11. Freight &Charges Declared Value Charge		Revenue Tons	Rate	Per	Prepaid	Collect
Ex. Rate：	Prepaid at		Payable at		Place and date of issue： ONApril 10,2002 IN SHANGHAI	
	Total Prepaid		No. of Original B(s)/L THREE(3) ORIGINAL		Signed for or on behalf of the Carrier,	

附表

附表11 货物运输保险单

中国人民保险公司南京分公司
The People's Insurance Company of China, Nanjing Branch
货物运输保险单
CARGO TRANSPORTATION INSURANCE POLICY

发票号(INVOICE NO.): JH02005
合同号(CONTRACT NO.): ATF005
信用证号(L/C NO.): LGU-002156
被保险人: JIAHA INTERNATIONAL TRADING CO.,
INSURED 60, NONGJU RD NANJING JIANGSU, CHINA

保单号次:
POLICY NO

中国人民保险公司(以下简称本公司)根据被保险人的要求,由被保险人向本公司缴付约定的保险费,按照本保险单承保险别和背面所载条款与下列特款承保下述货物运输保险,特立本保险单。
THIS POLICY OF INSURANCE WITNESSES THAT THE PEOPLE'S INSURANCE COMPANY OF CHINA(HEREINAFTER CALLED "THE COMPANY") AT THE REQUEST OF THE INSURED AND IN CONSIDERATION OF THE AGREED PREMIUM PAID TO THE COMPANY BY THE INSURED, UNDERTAKES TO INSURE THE UNDERMENTIONED GOODS IN TRANSPORTATION SUBJECT TO THE CONDITIONS OF THIS OF THIS POLICY AS PER THE CLAUSES PRINTED OVERLEAF AND OTHER SPECIAL CLAUSES ATTACHED HEREON.

标 记 MARKS&NOS	包装及数量 QUANTITY	保险货物项目 DESCRIPTION OF GOODS	保险金额 AMOUNT INSURED
YOUNGAN JH02005 OSAKA NOS1-5	34 SETS IN FIVE WOODEN CASES	INSTRUMENTS AS PER CONTRACT NO. ATF005	USD14 943.00

总保险金额
TOTAL AMOUNT INSURED: U. S. DOLLARS FOURTEEN THOUSAND NINE HUNDRED AND FORTY FIVE ONLY

保费: 启运日期 装载运输工具:
PERMIUM: AS ARRANGED   DATE OF COMMENCEMENT: AS PER B/L   PER CONVEYANCE:
SKY BRIGHT V. 047A

自   经   至
From: SHANGHAI   Via   To: OSAKA

承保险别:
CONDITIONS: COVERING ALL RISKS AND WAR RISKS AS PER CIC1/1/1981

所保货物,如发生保险单项下可能引起索赔的损失或损坏,应立即通知本公司下述代理人查勘。如有索赔,应向本公司提交保单正本(本保险单共有2份正本)及有关文件。如一份正本已用于索赔,其余正本自动失效。
IN THE EVENT OF LOSS OR DAMAGE WITCH MAY RESULT IN A CLAIM UNDER THIS POLICY, IMMEDIATE NOTICE MUST BE GIVEN TO THECOMPANY'S AGENT AS MENTIONED HEREUNDER. CLAIMS, IF ANY, ONE OF THE ORIGINAL POLICY WHICH HAS BEEN ISSUED IN 2 ORIGINAL(S) TOGETHER WITH THE RELEVANT DOCUMENTS SHALL BE SURRENDERED TO THE COMPANY. IF ONE OF THE ORIGINAL POLICY HAS BEEN ACCOMPLISHED. THE OTHERS TO BE VOID

赔款偿付地点
Claim Payable at: OSAKA, JAPAN
出单日期
Issuing date: April 6, 2002

中国人民保险公司南京市分公司
The People's Insurance Company of China, Nanjing Branch
Authorized Signature

附表 12　普惠制产地证 FORM A

ORIGINAL

1. Goods consigned from（Exporter's business name，address，country） **JIAHA INTERNATIONAL TRADING CO.，60，NONGJU RD NANJING JIANGSU，CHINA**	Reference No.（出入境检验检疫机构填写） **GENERALIZED SYSTEM OF PREFERENCES CERTIFICATE OF ORIGIN** （Combined declaration and certificate） FORM A Issued in　THE PEOPLES REPUBLIC OF CHINA （country） See Notes overleaf
2. Goods consigned to（Consignee's name，address，country） YOUNGAN CO.，LTD 30，TAKAMA-CHO，NARA ICWO84，JAPAN	
3. Means of transport and route（as far as known） FROM SHANGHAI PORT TO OSAKAPORT BY SEA	4. For official use 　　（供发证机构填写，通常不填）

5. **Item number**	6. Marks and numbers of packages	7. Number and kind of packages; description of goods	8. Origin criterion (see Notes overleaf)	9. Gros weight or other quantity	10. Number and date of invoices
1 *******	**YOUNGAN JH02005 OSAKA** <u>NOS1-5</u> ***********	34 SETS OF INSTRUMENTS AS PER CONTRACT NO. ATF05,CIF OSAKA PACKED IN FIVE WOODEN CASES *****************************	P ***********	THIRTY-FOUR (34)SETS **********	INVOICE NO. JH02005 DATED April 2,2002 **********

11. Certification It is hereby certified, on the basis of control carried out, that the declaration by the exporter is correct. 南京市出入境检验检疫局（盖章） ×××（签字） NANJING，APRIL 4,2002	12. Declaration by the exporter The undersigned hereby declares that the above details and statements are correct, that all the goods were produced in **CHINA** （country） and that they comply with the origin requirements specified for those goods in the Generalized System of Preferences for goods exported to JAPAN （importing country） JIAHE INTERNATIONAL TRADING CORP.（盖章） NANJING，APRIL 4,2002 张××（签字） （手签人的姓名需事先到出入境检验检疫局备案）
Place and date, signature and stamp of certifying authority	Place and date, signature and stamp of authorized signatory

附表 13　一般原产地证书

1. Exporter (full name and address)		Certificate No. **CERTIFICATE OF ORIGIN OF THE PEOPLE'S REPUBLIC OF CHINA**		
2. Consignee (full name and address and country)				
3. Means of transport and route		5. For certifying authority use only		
4. Destination Port				
6. Marks & numbers of packages;	7. Description of goods; Number and Kind of Packages	8. H.S. CODE	9. Quantity or weight	10. Number and date of invoice
11. Declaration by the exporter The undersigned hereby declares that the above details and statements are correct, that all the goods were produced in China and that they comply with the Rules of Origin of the People's Republic of China. Place and date, signature of authorized signatory		12. Certificate It is hereby certified that the declaration by the exporter is correct. Place and date, signatureand stamp of certifying authority		

附表 14　出口收汇核销单

出口收汇核销单 存根 编号：	出口收汇核销单 正联 编号：	出口收汇核销单 出口退税专用 编号：
出口单位： 单位代码： 出口币种总价： 收汇方式： 预计收款日期： 报关日期： 备注： 此单报关有效期截止到	出口单位： 单位代码 银行签单：类 别／币种金额／日 期／盖 章 海关签注栏： 外汇局签注栏： 　　年　月　日（盖章）	出口单位： 单位代码 货物名称／数 量／币种总价 报关单编号： 外汇局签注栏： 　　年　月　日（盖章）

附表 15　信用证开证申请书

APPLICATION FOR ISSUING LETTER OF CREDIT

To：BANK OF CHINA　　　　　　Date：
Please issue on our behalf and for our account the following IRREVOCABLE LETTER OF CREDIT by（　）TELEX/（　）AIRMAIL　　　　L/C No. (left for bank to fill)：

Beneficiary：(full name and address)	Advising Bank：(left for bank to fill)
Applicant：(full name and address)	Date of expiry：　　　Place of expiry：
Amount：(both in figure and words)	

We hereby issue our IRREVOCABLE LETTER OF CREDIT in yourfavor for account of the above applicant available by your draft(s) drawn [　]at sight/[　] _____ days after sight on[　]us/[　]advising bank/[　]applicant for _____% of invoice value as drawn under this L/C accompanied by following documents marked with X

A. Documents required(if any marked with X)

A1 [　]Signed Commercial Invoice in _____ copies indicating invoice no. , contract no.

A2 [　]Full/ [　] _____ set of clean on board ocean Bills of Lading [　]made out to order and blank endorsed/[　] _____ marked freight [　]to collect /[　] prepaid [　] showing freight amount [　] notifying _____

A3 [　][　]Air Waybills showing "freight[　]to collect / [　]prepaid [　]indicating freight amount" and consigned to _____ .

A4 [　]Memorandum issued by _____ consigned to _____

A5 [　]Forwarding Agent's cargo receipt consigned to _____

A6 [　] Insurance Policy / Certificate in _____ copies for _____ of the invoice value showing claims payable in China in currency of the draft, blank endorsed, covering [　]Ocean Marine Transportation / [　]Air Transportation / [　] Over Land Transportation　All Risks, War Risks.

A7 [　] Packing List / Weight Memo in _____ copies indicating quantity / gross and net weights of each package and packing conditions as called for by the L/C.

A8 [ ] Certificate of Quantity / Weight in _____ copies issued by [ ]below mentioned manufacturer/[ ]public recognized surveyor/[ ]_____
A9 [ ] Certificate of Quality in 3 copies issued by[ ]below mentioned manufacturer/[ ]public recognized surveyor/[ ]_____
A10 [ ] Beneficiary's certified copy of FAX dispatched to the accountees with _____ days after shipment advising[ ] name of vessel /[ ] date, quantity, weight and value of shipment.
A11 [ ] Beneficiary's Certificate certifying that extra copies of the documents have been dispatched according to the contract terms.
A12 [ ] Other documents, if any:
B. Description of Goods:
C. Special instructions:(if any marked with X)
C1 [ ] All banking charges outside the opening bank are for beneficiary's account.
C2 [ ] Both quantity and amount _____ more or less are allowed.
C3 [ ]Prepaid freight drawn in excess of L/C amount is acceptable against presentation of original charges voucher issued by Shipping Co. / Air line / or it's agent.
C4[ ]All documents to be forwarded in one cover, unless otherwise stated above.
D. Documents must be presented with _____ days after the date of issuance of the transport documents but within the validity of this credit.
E. Shipment from _____ to _____ not later than _____ transshipment is [ ]allowed/[ ]not allowed partial shipment are [ ]allowed/ [ ]not allowed on deck shipment is [ ] allowed/not [ ]allowed;third party transport documents are [ ] allowed/ [ ]not allowed.
Sealed & Signed by:_____
Account No.:_____

附表 16　进口订舱联系单

第　号　　　　　　　　　　　　　　　　　　　　　年　月　日

货名(填写英文)			
重　量		尺　码	
合同号		包　装	
装卸港		交货期	
交货条款			
发货人名称地址			
发货人电话/电传			
订妥船名		预抵港期	
备　注		委托单位	

附表17 进口货物运输预约保险合同

合同号：　　　　　　　　　　　　　　　签约日期：
　　　　　　　　　　　　　　　　　　　　签约地点：

甲方：
乙方：中国人民保险公司_____分公司

双方就进口货物的运输预约保险议定下列各条以资共同遵守：

1. 保险范围

甲方从国外进口的全部货物，不论运输方式，凡贸易条件规定由买方办理保险的，都属于本合同范围之内。甲方应根据本合同规定，向乙方办理投保手续并支付保险费。

乙方对上述保险范围内的货物，负有自动承保的责任，在发生本合同规定范围内的损失时，均按本合同的规定负责赔偿。

2. 保险金额

保险金额以进口货物的到岸价格（CIF）即货价加运费加保险费为准（运费可用实际运费，亦可由双方协定一个平均运费率计算）。

3. 保险险别和费率

各种货物需要投保的险别由甲方选定并在投保单中填明。乙方根据不同的险别规定不同的费率。现暂订如下：

货物种类	运输方式	保险险别	保险费率

4. 保险责任

各种险别的责任范围，按照所属乙方制定的"海洋货物运输保险条款""海洋货物运输战争险条款""航空运输综合险条款"和其他有关条款的规定为准。

5. 投保手续

甲方一经掌握货物发运情况，即应向乙方寄送起运通知书，办理投保。通知书一式五份，由保险公司签认后，退回一份。如果不办理投保，货物发生损失，乙方不予理赔。

6. 保险费

乙方按甲方寄送的起运通知书照前列相应的费率逐笔计收保费，甲方应及时付费。

7. 索赔手续和期限

本合同所保货物发生保险范围以内的损失时，乙方应按制定的"关于海运进口保险货物残损检验和赔款给付办法"迅速处理。甲方应尽力采取防止货物扩大受损的措施，对已遭受损失的货物必须积极抢救，尽量减少货物的损失。向乙方办理索赔的有效期限，以保险货物卸离海轮之日起满一年终止。如有特殊需要可向乙方提出延长索赔期。

8. 合同期限

本合同自_____年_____月_____日开始生效。

甲方：（签字盖章）　　　　　　　　　　　　乙方：（签字盖章）

附表 18　中国人民保险公司国际运输预约保险起运通知书

被保险人　　　　　　　　　　　　　　　　　　　　　　　　　　编号：　　字第　　号

保险货物项目（唛头）	包装及数量	价格条件	货价（原币）
合同号：	发票号码：	提单号码：	
运输方式：	运输工具名称：	运费：	
开航日期：　年　月　日		运输路线　自　　至	
投保险别	费率	保险金额	保险费
中国人民保险公司 年　月　日	被保险人签章 年　月　日	备　注	

本通知书填写一式五份送保险公司。保险公司签章后退回被保险人一份。

参 考 文 献

[1] 海闻,P. 林德特,王新奎.国际贸易[M].上海:上海人民出版社,2003.
[2] 刘诚.国际贸易[M].北京:中国金融出版社,2002.
[3] 周厚才.国际贸易理论与实务[M].2版.北京:中国财政经济出版社.
[4] 黎孝先.国际贸易实务[M].北京:中国人民大学出版社,2004.
[5] 毛加强,王欣.国际贸易学[M].西安:西北工业大学出版社,2005.
[6] 陈宪,张鸿.国际贸易—理论、政策、案例[M].上海:上海财经大学出版社,2004.
[7] 杨凤祥.国际贸易理论与实务[M].北京:科学出版社,2005.
[8] 贾建华,阐宏.国际贸易理论与实务[M].北京:首都经济贸易大学出版社,2002.
[9] 兰菁.国际贸易理论与实务[M].2版.北京:清华大学出版社,2003.
[10] 严云鸿.国际贸易理论与实务[M].北京:清华大学出版社,2007.
[11] 陈同仇,薛荣久.国际贸易[M].北京:对外经济贸易出版社,2008.
[12] 李左东.国际贸易理论、政策与实务[M].2版.北京:高等教育出版社,2006.
[13] 李毅,李晓峰.国际贸易救济措施[M].北京:对外经济贸易大学出版社,2005.
[14] 甘瑛.国际货物贸易中的补贴与反补贴法律问题研究[M].北京:法律出版社,2005.
[15] 马楚.WTO补贴与反补贴规则[M].广州:广东人民出版社,2001.
[16] 尹立.WTO反倾销、反补贴、保障措施规则及成案研究[M].济南:泰山出版社,2006.
[17] 汤秀莲.反补贴规则与实践[M].天津:南开大学出版社,2006.
[18] 孔庆峰.技术性贸易壁垒——理论、规则和案例[M].北京:中国海关出版社,2004.
[19] 占正军,田洪刚,陈静.国际商务与技术性贸易壁垒[M].北京:人民出版社,2005.
[20] 蒲凌尘.应诉欧共体反倾销律师业务[M].北京:法律出版社,2007.
[21] 肖伟.国际反倾销法律与实务——欧共体卷[M].北京:知识产权出版社,2005.
[22] 毛筠,孙琪.国际贸易理论与政策[M].杭州:浙江大学出版社,2003.
[23] 周岳梅.欧盟贸易壁垒新动态——绿色系列指令解析与应对[J].经济研究导刊,2007(9).
[24] 周岳梅.反吸收:警惕欧盟反倾销重拳打击[J].对外经贸实务,2007(10).
[25] 周岳梅.中国汽车出口要谨防反倾销[J].对外经贸实务,2007(6).
[26] 王俊宜,李权.国际贸易[M].2版.北京:中国发展出版社,2006.
[27] 陈泰锋.中美贸易摩擦[M].北京:社会科学文献出版社,2005.
[28] 闫国庆,毛筠,杜琪.国际贸易理论与政策[M].北京:中国商务出版社,2006.
[29] 叶全良,孟阳,田振花.国际商务与反补贴[M].北京:人民出版社,2005.
[30] 何荣.国际贸易[M].北京:机械工业出版社,2006.

[31] 黎友焕. 国际贸易[M]. 北京：中国商务出版社，2003.
[32] 姚东旭. 现代国际贸易[M]. 北京：经济管理出版社，2006.
[33] 张曙霄，李秀敏. 国际贸易——理论、政策、措施[M]. 北京：中国经济出版社，2001.
[34] 张鸿，文娟. 国际贸易——原理、制度、案例[M]. 上海：上海交通大学出版社，2006.
[35] 刘建廷，宋若臣，姚敏. 国际贸易理论与实务[M]. 济南：山东大学出版社，2006.
[36] 张亚芬. 国际贸易实务与案例[M]. 北京：高等教育出版社，2002.
[37] 尹忠明. 国际贸易理论与实务[M]. 成都：西南财经大学出版社，2002.
[38] 冯世崇. 国际贸易实务[M]. 广州：华南理工大学出版社，2002.
[39] 白洪声，张喜民. 国际贸易理论与实务[M]. 济南：山东人民出版社，2002.
[40] 方士华. 国际贸易——理论与实务[M]. 大连：东北财经大学出版社，2004.
[41] 李育良. 国际货物运输与保险[M]. 北京：清华大学出版社，2005.
[42] 孙家庆. 国际货运代理[M]. 大连：东北财经大学出版社，2003.
[43] 李育良，池娟. 国际货物运输与保险[M]. 北京：清华大学出版社，2005.
[44] 王玲，周勋章. 国际贸易理论与实务[M]. 成都：西南财经大学出版社，2007.
[45] 严启明，雷荣迪. 国际运输与保险[M]. 北京：中国人民大学出版社，1998.
[46] 鲁丹萍. 国际货物运输与保险[M]. 杭州：浙江大学出版社，2004.
[47] 胡骥. 对外贸易运输与保险[M]. 成都：西南交通大学出版社，2007.
[48] 毕甫清. 国际贸易实务与案例[M]. 北京：清华大学出版社，2006.
[49] 屠世超，申屠晓娟. 进出口业务中的法律问题[M]. 上海：上海财经大学出版社，2006.
[50] 郭晓晶. 国际结算[M]. 北京：科学出版社，2006.
[51] 姚新超. 国际结算——实务与操作[M]. 北京：对外经济贸易大学出版社，2004.
[52] 王小兰. 国际贸易实务[M]. 北京：科学出版社，2006.
[53] 陈红蕾. 国际贸易实务[M]. 广州：暨南大学出版社，2004.
[54] 陈宝岭. 国际贸易[M]. 上海：上海交通大学出版社，2001.
[55] 余世明. 国际贸易事务练习题及分析解答[M]. 广州：暨南大学出版社，2004.
[56] Edwin Vermulst. The 10 Major Problems with the Anti-dumping Instrument in the European Community [J]. Journal of World Trade 39(1)：105-113，2005.
[57] Daniels，Radebaugh & Sullivan，International Business Environments and Operations 10ed(影印版)[M]. 北京：中国人民大学出版社，2005.
[58] Glykerial J. Demataki. Absorption in EC Anti-dumping Proceedings [J]. Journal of World Trade 32(6)：58-77，1998.
[59] Edwin Vermulst，Folkert Graafsma. Commercial Defence Actions and Other International Trade Developments in the European Communities VII：1 July 1993～31 December 1993[J/OL]. European Journal of International Law 5(2) www.ejil.org/journal/Vol5/No2/sr1.pdf
[60] Paul R. Krugman，Maurice Obstfeld. International Economics 5ed[M]. Addison Wesley Longman，Inc.，2000.
[61] Miltiades Chacholiades. International Economics[M]. New Yotk：McGraw-Hill Inc.，1978.

[62] Horst Siebert. The World Economy[M]. London：Routledge,1999.

相 关 网 站

[1] 商务部网站 http：//www.mofcom.gov.cn
[2] 中国出口精英网 http：//www.cnexp.net
[3] 海关综合信息资讯网 http：//www.China-Customs.com
[4] 新景程物流网 http：//www.viewtrans.com
[5] 世贸人才网 http：// www.wtojob.com